Die Europäische Grundrechtscharta und ihre soziale Dimension

Europäische Hochschulschriften
Publications Universitaires Européennes
European University Studies

Reihe II
Rechtswissenschaft

Série II Series II
Droit
Law

Bd./Vol. 4098

PETER LANG
Frankfurt am Main · Berlin · Bern · Bruxelles · New York · Oxford · Wien

Teresa Winner

Die Europäische Grundrechtscharta und ihre soziale Dimension

PETER LANG
Europäischer Verlag der Wissenschaften

Bibliografische Information Der Deutschen Bibliothek
Die Deutsche Bibliothek verzeichnet diese Publikation in der Deutschen Nationalbibliografie; detaillierte bibliografische Daten sind im Internet über <http://dnb.ddb.de> abrufbar.

Zugl.: München, Univ., Diss., 2004

D 19
ISSN 0531-7312
ISBN 3-631-53333-0

www.peterlang.de

Vorwort

Aufgrund der Aufteilung der Hoheitsausübung zwischen der Europäischen Union und deren Mitgliedstaaten ist das System des Grundrechtsschutzes in Europa zweidimensional ausgestaltet: neben den durch die nationalen Verfassungen gewährleisteten Grundrechten existieren auch auf Gemeinschaftsebene Grundrechte, die der Europäische Gerichtshof in jahrzehntelanger Rechtsprechungstätigkeit im Wege richterlicher Rechtsfortbildung entwickelt hat.

Um den sich ständig erweiternden Kompetenzen der Europäischen Union einen wirksamen Grundrechtsschutz des Einzelnen gegenüberzustellen, wurde im Jahr 2000 die Charta der Grundrechte der Europäischen Union erarbeitet, die durch die Europäischen Organe im Dezember 2000 feierlich proklamiert wurde und mittlerweile Bestandteil des im Juni 2004 angenommenen Verfassungsvertrages für die Europäische Union ist. Ein besonderer Stellenwert kommt dabei den in großer Zahl in der Charta enthaltenen sozialen Grundrechten zu, die – insbesondere aus deutscher Sicht – ein verfassungsrechtliches Novum darstellen. Die Arbeit widmet sich daher vor allem der Auslegung und Analyse dieser Bestimmungen unter Berücksichtigung der höchst unterschiedlichen nationalen Verfassungstraditionen auf dem Gebiet des Sozialen, wobei insbesondere der konkrete grundrechtliche Wirkungsgehalt der einzelnen sozialen Bestimmungen aufgezeigt wird.

Die vorliegende Arbeit wurde im Sommersemester 2004 der juristischen Fakultät der Ludwig-Maximilians-Universität München als Dissertation vorgelegt. Die erst nach Abgabe der Arbeit erzielte Einigung der Staats- und Regierungschefs über den Verfassungsvertrag für die Europäische Union auf dem Gipfel am 17./18. Juni 2004 in Brüssel wurde in die Druckfassung ergänzend eingearbeitet.

Mein besonderer Dank gilt meinem Doktorvater Herrn Prof. Dr. Dr. h.c. Heinrich Scholler für seine wertvollen Anregungen sowie seine Geduld und Hilfsbereitschaft bei der Betreuung der Arbeit. Herrn Prof. Dr. Rudolf Streinz danke ich für die Übernahme und Abfassung des Zweitgutachtens sowie seine weiterführenden Hinweise, die vor Drucklegung noch in die Arbeit aufgenommen werden konnten.

Einen wesentlichen Beitrag für das Zustandekommen dieser Arbeit hat auch Herr Rechtsanwalt Dr. Stefan Strassmair geleistet, der mir nicht nur als Diskussionspartner sowie bei allen Recherche- und Korrekturarbeiten zur Seite stand, sondern mich auch immer wieder ermutigt hat, diese Arbeit trotz meiner beruflichen Tätigkeit zum Abschluss zu bringen. Der größte Dank gebührt jedoch meinen Eltern, die mich auf allen meinen Wegen mit ihrer Liebe begleitet haben.

Traunstein, im Oktober 2004

Teresa Winner

Inhaltsverzeichnis

1. Teil: Die europäischen Grundrechte in der Rechtsprechung des Europäischen Gerichtshofes

Zu Beginn dieser Arbeit soll die Verfassungslage im Raum der Europäischen Union vor Schaffung der Europäischen Grundrechtscharta dargestellt werden, wobei insbesondere auf die Entwicklung von gemeinschaftseigenen Grundrechten durch den Europäischen Gerichtshof (EuGH) einzugehen ist. In diesem Zusammenhang stellt sich zugleich die Frage, warum die nationalen Grundrechtsgarantien auf der Ebene der Mitgliedstaaten keinen ausreichenden Schutz vor Grundrechtsbeeinträchtigungen der Unionsbürger bieten, sondern vielmehr auf der übergeordneten, wenngleich auch räumlich deckungsgleichen Ebene der Europäischen Union ein zusätzlicher Grundrechtskatalog vonnöten ist.

A. Funktion und Bedeutung Europäischer Grundrechte

Ausgangspunkt für den gesamten europäischen Integrationsprozess ist die politische Grundentscheidung, dass bestimmte hoheitliche Aufgaben nicht mehr von den einzelnen Mitgliedstaaten, sondern auf Dauer von einem neuen, supranationalen Hoheitsträger wahrgenommen werden sollen. In der Bundesrepublik Deutschland hat diese Grundentscheidung in Art. 24 GG (nunmehr Art. 23 Abs. 1 GG) ihren Ausdruck gefunden, der nach den Worten des Bundesverfassungsgerichts die nationale Rechtsordnung derart öffnet, dass der ausschließliche Herrschaftsanspruch der Bundesrepublik Deutschland im Geltungsbereich des Grundgesetzes zurückgenommen und der unmittelbaren Geltung und Anwendbarkeit eines Rechts aus anderer Quelle innerhalb des staatlichen Herrschaftsbereichs Raum gelassen wird[1].

I. Konstitutionsfunktion

Angesichts der Tatsache, dass ein neuer supranationaler Hoheitsträger entstanden ist, drängt sich nach deutschem Verfassungsverständnis als erste und wichtigste Funktion der Grundrechte ihre sog. Konstitutionsfunktion auf: Der Schutz der Grundrechte ist der wesentliche Zweck des Staates, um dessentwillen er bestehen soll und rechtfertigt damit seine Existenz[2]. Diese Funktion betrifft jedoch primär Staaten im Sinne eines traditionellen Staatsverständnisses; dagegen handelt es sich bei der Europäischen Union um keinen Staat, insbesondere um keinen Bundesstaat, sondern um einen

---

[1] BVerfGE 37, 271 = NJW 1974, 1697 ff. (1698) - Solange I

[2] Hilf, EuR 1991, 19 ff. (24); Hirsch, Eine Grundrechtscharta für Europa?, FCE 5/99, Rn. 24

Staatenverbund, der einen "Qualitätssprung" gegenüber herkömmlichen zwischenstaatlichen Einrichtungen i.S.d. Art. 24 GG a.F. aufweist[3]. Der Konstitutionsgedanke ist daher auf die Union, die sich aus den Mitgliedstaaten zusammensetzt und als "wirtschaftspolitischer Zweckverband" ihren Anfang nahm, nicht ohne weiteres und ohne Modifikationen übertragbar. Jedoch bringen die gemeinschaftseigenen Grundrechte zum Ausdruck, dass die Gemeinschaft nicht nur zur Sicherung der Marktfreiheiten in Europa, sondern auch um der Freiheitsrechte ihrer Bürger willen besteht. Der Grundrechtskatalog der Gemeinschaften trägt damit der Weiterentwicklung dieser Wirtschaftsgemeinschaft zu einer Rechts- und Wertegemeinschaft Rechnung und schafft nachträglich einen konstitutionellen Rahmen, also gewissermaßen einen "Unterbau".

II. Die unmittelbare Geltung des Gemeinschaftsrechts - Anwendungsvorrang und Autonomie

Die Funktion der Gemeinschaftsgrundrechte lässt sich aber auch spezifisch gemeinschaftsrechtlich mit der Wirkungsweise des Gemeinschaftsrechts begründen. Die Notwendigkeit eines Grundrechtsschutzes auf Gemeinschaftsebene ist Konsequenz zweier Grundannahmen des EuGH, nämlich der unmittelbaren Geltung des Gemeinschaftsrechts sowie des Anwendungsvorrangs gemeinschaftsrechtlicher vor nationalen Bestimmungen.

So postulierte der EuGH mit den Grundsatzentscheidungen *van Gend & Loos*[4] und *Costa/Enel*[5] zunächst die unmittelbare Anwendbarkeit des Gemeinschaftsrechts mit der Folge, dass dieses ohne weiteren Vollzugsakt durch die Mitgliedstaaten in die nationale Rechtssphäre hineinwirkt und unter bestimmten Voraussetzungen auch unmittelbare Rechte und Pflichten für die Bürger der Mitgliedstaaten begründet. Die unmittelbare Betroffenheit der Rechtsstellung des Einzelnen von der sich zunehmend ausweitenden Hoheitsgewalt der Gemeinschaft begründet damit grundrechtsspezifische Gefährdungslagen; die Grundrechte führen demgegenüber in ihrer klassischen Abwehrfunktion als negative Kompetenznormen zu einer Rechtsbindung und Beschränkung der öffentlichen Gewalt.

Die zweite Prämisse des EuGH, die einen Grundrechtsschutz gerade auf Gemeinschaftsebene erforderlich macht, ist der in der Entscheidung *Internationale Handelsgesellschaft* entwickelte Anwendungsvorrang des Gemeinschaftsrechts, demzufolge nationales Recht, das dem Gemein-

---

[3] Dieser Qualitätssprung war Grund für die Schaffung des neuen Europaartikels im Grundgesetz (Art. 23 GG).

[4] EuGH, Slg. I 1963, 1 = NJW 1963, 974

[5] EuGH, Slg. I 1964, 1251

schaftsrecht widerspricht, nicht anwendbar ist: Die einheitliche Geltung des Gemeinschaftsrechts sei beeinträchtigt, wenn bei der Entscheidung über die Gültigkeit von Handlungen der Gemeinschaftsorgane Normen oder Grundsätze des nationalen Rechts herangezogen würden; vielmehr könnten dem vom Vertrag geschaffenen, somit aus einer autonomen Rechtsquelle fließenden Recht wegen seiner Eigenständigkeit keine wie auch immer gearteten innerstaatlichen Rechtsvorschriften vorgehen[6].

Die Erstreckung des Anwendungsvorranges selbst auf nationales Verfassungsrecht und die damit einhergehende Ausschaltung der Grundrechtsprüfung durch das nationale Verfassungsgericht machte es daher erforderlich, auch auf Gemeinschaftsebene Grundrechte zu entwickeln, um der Hoheitsausübung durch die Gemeinschaft Schranken zu ziehen und die Gemeinschaftsbürger vor unverhältnismäßigen Eingriffen in ihre Freiheitsausübung zu schützen. Insbesondere erfüllten auch die im EG-Vertrag verankerten Grundfreiheiten als grundrechtsähnliche Rechte diese Schutzfunktion nicht, da sie nur wenige der klassischen Grundrechtsbereiche betreffen und grundsätzlich nur in Fallkonstellationen mit grenzüberschreitenden Bezügen anwendbar sind[7].

Während der EuGH den Anwendungsvorrang gemeinschaftsrechtlich - später auch unter Hinweis auf Art. 10, 12 und Art. 249 EGV - begründet, sieht das Bundesverfassungsgericht Art. 23 Abs. 1 GG in Verbindung mit dem entsprechenden Zustimmungsgesetz als sedes materiae der Vorrangregel an[8]. Der Anwendungsvorrang des Gemeinschaftsrechts ist somit an die Bedingung eines im Wesentlichen vergleichbaren Grundrechtsschutzes auf Gemeinschaftsebene geknüpft, da Art. 23 Abs. 1 GG formuliert, Deutschland wirke bei der Entwicklung der Europäischen Union mit, die einen dem Grundgesetz im Wesentlichen vergleichbaren Grundrechtsschutz gewährleiste[9]. Somit kommt den Gemeinschaftsgrundrechten die weitere Funktion zu, mitgliedstaatliche Prüfungsvorbehalte durch einen ausreichenden eige-

---

[6] EuGH, Slg. 1970, 1125 / 1135

[7] Kenntner, ZRP 2000, 423 ff. (423)

[8] BVerfGE 31, 145 (173 ff.); E 73, 339 (275); Kingreen, Jus 2000, 857 ff. (858)

[9] Vgl. BVerfGE 37, 271 = NJW 1974, 1697 ff. (1698) – Solange I; BVerfGE 73, 339 = NJW 1987, 577 ff. (580) – Solange II. Die Sicht des Bundesverfassungsgerichts offenbart damit zugleich das Spannungsverhältnis zwischen Gemeinschaftsrecht und nationalem Verfassungsrecht: einerseits muss um der Rechtseinheit in der Gemeinschaft willen Gemeinschaftsrecht einheitlich gelten und Vorrang vor nationalem Recht haben und darf deshalb nicht an diesem gemessen werden; andererseits bilden die konstituierenden Strukturen der deutschen Verfassungsordnung, darunter insbesondere der unaufgebbare Grundrechtsteil, einen Rahmen, der nicht nur nationalem Recht, sondern auch der Anwendung von Gemeinschaftsrecht in Deutschland Grenzen setzt; vgl. Hirsch, Eine Grundrechtscharta für Europa?, FCE 5 / 99, Rn. 16.

nen Grundrechtsschutz zu kompensieren[10] und damit die Autonomie des Gemeinschaftsrechts zu wahren.

III. Die Reaktion der nationalen Verfassungsgerichte, insbesondere des Bundesverfassungsgerichts

Die damit notwendig gewordene Entwicklung von gemeinschaftseigenen Grundrechten wurde beschleunigt durch die vom italienischen Corte Costituzionale und dem deutschen Bundesverfassungsgericht geäußerten Kritik am unzureichenden gemeinschaftsrechtlichen Grundrechtsstandard.

In seiner *Solange I* - Entscheidung[11] aus dem Jahr 1974 erklärte sich das Bundesverfassungsgericht für zuständig, Gemeinschaftsakte am Maßstab der nationalen Grundrechte zu messen, solange der Integrationsprozess der Gemeinschaft nicht so weit fortgeschritten sei, dass das Gemeinschaftsrecht auch einen von einem unmittelbar demokratisch legitimierten Parlament beschlossenen und in Geltung stehenden Katalog von Grundrechten enthalte, der dem Grundrechtskatalog des Grundgesetzes adäquat sei. Im Falle einer Kollision einer Vorschrift des Gemeinschaftsrechts mit Grundrechten des Grundgesetzes könne es daher die fragliche Vorschrift für in Deutschland nicht anwendbar erklären.

Einen nicht ganz so weitreichenden, im übrigen aber ähnlichen nationalen Prüfungsvorbehalt formulierte auch der italienische Corte Costituzionale in seinem Urteil in der Rechtssache *Frontini*[12] vom 27.12.1973, in dem es um die Verfassungsmäßigkeit des italienischen Ratifikationsgesetzes zum EWG-Vertrag ging. Der Verfassungsgerichtshof erkannte zwar grundsätzlich an, dass die Gemeinschaft so sichere Garantien biete, dass eine Verletzung des Kernbestandes an Grundrechten schwer vorstellbar sei. Trete ein solcher Fall jedoch ein, so sei offensichtlich, dass der Verfassungsgerichtshof den Kernbestand der Grundrechte schützen würde.

B. Die Entwicklung von EG-Grundrechten als Teil der allgemeinen Rechtsgrundsätze durch die Rechtsprechung des Europäischen Gerichtshofes

Im folgenden Abschnitt soll in einem kurzen Überblick die Entwicklung von gemeinschaftseigenen Grundrechten durch den EuGH dargestellt werden, die das Bundesverfassungsgericht schließlich in seinem *Solange II* - Beschluss[13] dazu veranlasst hat, seine eigene Rechtsprechungsgewalt zurückzunehmen und die grundsätzliche Primärverantwortung des EuGH für

---

[10] Beutler, in: von der Groeben / Schwarze, Art. 6 EU, Rn. 42, 52
[11] BVerfGE 37, 271 = NJW 1974, 1697 ff. – Solange I
[12] Corte Costituzionale, Urteil vom 18.12.1973, EuR 9 (1974), 255 ff.
[13] BVerfGE 73, 339 = NJW 1987, 577 ff. – Solange II

die Verwirklichung des Grundrechtsschutzes auf Gemeinschaftsebene anzuerkennen.

I. Richterliche Rechtsfortbildung durch den Europäischen Gerichtshof mit vertraglicher Verankerung in Art. 6 Abs. 2 EUV

Die Römischen Verträge enthalten bekanntlich keinen geschriebenen Grundrechtskatalog; die Einbeziehung von Grundrechten erschien zum damaligen Zeitpunkt auch nicht als erforderlich: zunächst deshalb, weil man sich nicht vorstellen konnte, dass innerhalb der Gemeinschaft die klassischen Grundrechtsprobleme, wie man sie innerhalb eines Staatswesens kennt, auftreten können[14]. Zum anderen gingen die Vertragsparteien davon aus, Grundrechte seien ausschließlich Bestandteil der nationalen Rechtsordnungen und durch diese ausreichend geschützt; das Gemeinschaftsrecht wurde dagegen primär völkerrechtlich als zwischenstaatlicher Vertrag definiert[15]. In ähnlicher Weise vertrat auch *Bismarck* bei der Schaffung der deutschen Reichsverfassung 1871 die Auffassung, dass ein Grundrechtsschutz auf Länderebene notwendig und ausreichend sei, da sich der Vollzug des Reichsrechtes auf dieser Ebene abspiele; die Landesgrundrechte seien ohnehin funktionell ein Teil der politischen Grundordnung des Reiches[16]. Unter anderem auch aus diesem Grund lehnte er die Aufnahme von Grundrechten in die Reichsverfassung ab.

Mit der fortschreitenden Etablierung der ursprünglichen Wirtschaftsgemeinschaft als Rechtsgemeinschaft stellte sich dem Gerichtshof jedoch die Grundsatzfrage, ob die Gemeinschaft über das geschriebene Recht hinaus an eine allgemeine rechtliche Werteordnung gebunden ist[17]. So erkannte man bald, dass eine Rechtsordnung, die den Bürgern Rechte verleiht und Pflichten auferlegt, nur dann allgemeine Geltung und Akzeptanz beanspruchen kann, wenn sie Grundrechte enthält, die als negative Kompetenznormen die hoheitliche Machtausübung begrenzen. Daher begann der EuGH schrittweise – nicht zuletzt auch auf Druck der nationalen Verfassungsgerichte -, diese "Vertragslücke" durch die Entwicklung ungeschriebener Gemeinschaftsgrundrechte im Wege richterlicher Rechtsfortbildung auszufüllen.

---

[14] Pescatore, in: Mosler / Bernhardt / Hilf, S. 67, 74 Ziff. 3

[15] Kenntner, ZRP 2000, 423 ff. (423); diese Sichtweise liegt auch den Urteilen in den Rechtssachen Stork (EuGH, Rs. 1/58, Slg. 1959, 43) und Ruhrkohlenverkaufsgesellschaften (verb. Rs. 36-38 und 40/59, Slg. 1960, 885) zugrunde.

[16] Huber, Grundrechte im Bismarckschen Reichssystem, in: Festschrift für Scheuner, S. 163 ff. (164)

[17] Hirsch, Eine Grundrechtscharta für Europa ?; FCE 5 / 99, Rn. 5, 6

Die Entwicklung des prätorischen[18] Grundrechtsschutzes begann im Jahr 1969 mit der Entscheidung *Stauder*, in der der EuGH in einem obiter dictum ohne normative Ableitung und inhaltliche Konkretisierung schlicht mitteilte, dass die Grundrechte der Person zu den allgemeinen Rechtsgrundsätzen der Gemeinschaftsrechtsordnung gehörten, deren Wahrung der Gerichtshof zu sichern habe[19].

Eine erste Präzisierung des Grundrechtsschutzes erfolgte im Urteil *Internationale Handelsgesellschaft*, in dem der EuGH auf Geltungsgrund und Grenzen der gemeinschaftlichen Grundrechte einging. Die Gewährleistung der Grundrechte müsse von den gemeinsamen Verfassungsüberlieferungen der Mitgliedstaaten getragen sein, sich aber zugleich auch in die Struktur und Ziele der Gemeinschaft einfügen[20]. Damit gab der EuGH zu erkennen, dass er die Grundrechtsgarantien aus einem Vergleich der Verfassungen der einzelnen Mitgliedstaaten ermittelt, wobei jedoch Struktur und Ziele der Gemeinschaft in den wertenden Rechtsfindungsprozess mit einfließen[21].

Die Entscheidung in der Rechtssache *Nold* führte zu einer weiteren Vertiefung der Grundrechtsrechtsprechung des Gerichtshofes. Der EuGH unterstrich, dass er keine Maßnahmen als rechtens anerkennen könne, die unvereinbar seien mit den von den Verfassungen dieser Staaten anerkannten und geschützten Grundrechten. Zudem gab er zu erkennen, dass er als weitere Rechtserkenntnisquelle – neben den nationalen Verfassungen – auch die internationalen Verträge über den Schutz der Menschenrechte, "an deren Abschluss die Mitgliedstaaten beteiligt waren oder denen sie beigetreten sind", berücksichtige[22]. Wie aus der späteren Rechtsprechung des Gerichtshofes deutlich hervorgeht[23], nahm er sich dadurch insbesondere des Schutzes der in der Europäischen Menschenrechtskonvention verankerten Menschenrechte an[24], ohne allerdings eine förmliche Bindung an die EMRK einzugehen[25]; vielmehr schrieb er dieser (lediglich) eine wichtige O-

---

[18] Dieser Begriff geht zurück auf das "droit prétorien", also das Richterrecht der Prätoren (auch ius honorarium) vor der Justinianischen Kodifikation; Pescatore bezeichnet das Vorgehen des Europäischen Gerichtshofes dementsprechend als "prätorianisch", in: Mosler / Bernhardt / Hilf, S. 70.

[19] EuGH, Rs. 29/69, Slg. 1969, 419 ff. (425) (Stauder / Ulm); Kingreen, JuS 2000, 857 ff. (857)

[20] EuGH, Rs. 11/70, Slg. 1970, 1125 ff. (1135) (Internationale Handelsgesellschaft)

[21] Vgl. Lenz, EuGRZ 1993, 585 ff. (586); Wetter, S. 38 f.

[22] EuGH, Rs 4/73, Slg. 1974, 491 ff. (507) (Nold)

[23] Erstmals in EuGH, Rs. 36/75, Slg. 1975, 1219 ff. (Rutili) im Zusammenhang mit der Einschränkung der Grundfreiheit der Freizügigkeit; später auch im Zusammenhang mit der Grundrechtslehre, EuGH, Rs. 44/79, Slg. 1979, 3727 ff. (3745 f.) (Hauer)

[24] Wenige Tage zuvor war Frankreich als letzter EG-Mitgliedstaat der EMRK beigetreten, vgl. Lenz, EuGRZ 1993, 585 ff. (586).

[25] Dauses, JZ 1980, 293 ff. (293); gegen eine unmittelbare Geltung der EMRK und eine

rientierungsfunktion bei der Ermittlung des gemeinschaftlichen Grundrechtsstandards zu.

Mit dem Urteil in der Rechtssache *Hauer*[26] erweiterte der Gerichtshof schließlich sein zur Rechtsermittlung zur Verfügung stehendes Instrumentarium um die gemeinsame feierliche Erklärung des Europäischen Parlaments, des Rates und der Kommission aus dem Jahre 1977[27].

Die in der Zwischenzeit bis heute vom Gerichtshof judizierten Grundrechte decken ein weites Spektrum von "klassischen" wirtschaftsliberalen Grundrechten über einzelne, auch wirtschaftsfernere Freiheitsrechte, wie beispielsweise die Unverletzlichkeit der Wohnung, die Meinungs- und Informationsfreiheit und die Religionsfreiheit, bis zu verfahrensrechtlichen Gewährleistungen und institutionellen Garantien ab[28].

Diese gefestigte Grundrechtsrechtsprechung des Europäischen Gerichtshofes veranlasste bekanntlich das Bundesverfassungsgericht in seinem *Solange II* - Beschluss[29] zu der Feststellung, dass durch die Rechtsprechung in der Gemeinschaft ein Maß an Grundrechtsschutz erwachsen sei, das nach Konzeption, Inhalt und Wirkungsweise dem Grundrechtsstandard des Grundgesetzes im Wesentlichen gleichzuachten sei. Deshalb werde das Bundesverfassungsgericht - solange der Europäische Gerichtshof einen wirksamen Grundrechtsschutz generell gewährleiste - seine Gerichtsbarkeit insoweit nicht mehr ausüben.

In der *Maastricht* - Entscheidung[30] schließlich konkretisierte das Bundesverfassungsgericht diese Rechtsprechung und verwendete erstmals den Begriff des "Kooperationsverhältnisses", das zwischen ihm und dem EuGH im Bereich des Grundrechtsschutzes bestehe. Auf das Verhältnis zwischen Bundesverfassungsgericht und EuGH wird ausführlich im Zusammenhang

---

entsprechende Vertragsbindung der Gemeinschaft auch Rengeling, S. 184 f.; Beutler, in: von der Groeben / Schwarze, Art. 6 EU, Rn. 62; a.A. ist Pescatore, der aufgrund der Mitgliederidentität von EG und EMRK von einem Substitutions- und Sukzessionseffekt ausgeht; er nimmt daher eine Bindung der Gemeinschaft an, soweit diese Befugnisse ausübt, die in der Hand der Mitgliedstaaten in den Geltungsbereich der Konvention fielen; andernfalls könnten sich Staaten durch die Übertragung von Kompetenzen an zwischen- und überstaatliche Einrichtungen von völkerrechtlichen Bindungen freistellen, so Pescatore in: Mosler / Bernhardt / Hilf, 64 ff. (70 f.); dies wird überwiegend unter Hinweis auf die fehlende Manifestation eines Rechtsnachfolgewillens und wegen Unvereinbarkeit mit der Art der internationalen Vereinbarung abgelehnt.

[26] EuGH, Rs 44/79, Slg. 1979, 3727 ff. (Hauer)

[27] Gemeinsame Erklärung der Organe der Gemeinschaft, EuGRZ 1977, 157 f.

[28] Beutler, in: von der Groeben / Schwarze, Art. 6 EU mit detaillierter Aufzählung in den Rn. 76 ff.; Streinz, Europarecht, Rn. 372; Magiera, DÖV 2000, 1017 (1018); Rengeling, S. 11 ff.

[29] BVerfGE 73, 339 = NJW 1987, 577 ff. – Solange II; bekräftigt durch den Bananenmarkt-Beschluss vom 7.6.2000, BVerfGE 102, 147 = EuGRZ 2000, 328 ff.

[30] BVerfGE 89, 155 ff.

mit dem Problem des Verhältnisses der Grundrechtscharta zu den nationalen Verfassungsordnungen einzugehen sein.

II. Die Rechtsqualität und der Rang der gemeinschaftseigenen Grundrechte

Was die Rechtsqualität der richterrechtlich entwickelten Grundrechte betrifft, so bedient sich der EuGH in ständiger Rechtsprechung des Begriffes der allgemeinen Rechtsgrundsätze. Dieser aus dem allgemeinen Völkerrecht entlehnte Terminus bezeichnet eine neben dem Vertragsrecht und dem Völkergewohnheitsrecht stehende dritte Rechtsquelle, die auf einem Vergleich der Rechtssätze der nationalen Rechtsordnungen beruht[31]. Maßgeblich ist dafür der Gedanke, dass die Staaten auch in ihren gegenseitigen Beziehungen etwas als Recht ansehen, was sie schon in ihrem innerstaatlichen Recht übereinstimmend als Recht betrachten[32]. Die Gemeinschaftsverträge enthalten in Art. 288 Abs. 2 EGV und Art. 188 Abs. 2 EAGV einen Hinweis auf die Geltung der allgemeinen Rechtsgrundsätze als Rechtsquelle und zugleich eine Methodenanweisung für deren Ermittlung, nämlich durch Vergleich der einzelnen Rechtsordnungen der Mitgliedstaaten. Auf diese Methode wird an späterer Stelle noch einzugehen sein.

Seit dem Vertrag von Maastricht ist die Bindung der Gemeinschaft an die Grundrechte in Form eines rechtsverbindlichen Bekenntnisses in Art. 6 Abs. 2 EUV ausdrücklich positiviert und damit in den verfassungsrechtlichen Rang der Gemeinschaftsverträge erhoben[33]. Diese Vorschrift übernimmt fast wortgleich und sachlich übereinstimmend die Bezugsformel des EuGH zur Begründung gemeinschaftlicher Grundrechte, indem sie bestimmt, die Union achte "die Grundrechte, wie sie in der am 4. November 1950 in Rom unterzeichneten Europäischen Konvention zum Schutze der Menschenrechte und Grundfreiheiten gewährleistet sind und wie sie sich aus den gemeinsamen Verfassungsüberlieferungen der Mitgliedstaaten als allgemeine Grundsätze des Gemeinschaftsrechts ergeben". Diese unspezifische Formel überlässt die Konkretisierung einzelner grundrechtlicher Gewährleistungen allerdings weiterhin der Rechtsprechung des Gerichtshofes, dessen Judikatur zudem die Überprüfung des Art. 6 Abs. 2 EUV nunmehr durch Art. 46 lit. d EUV ausdrücklich unterstellt ist.

---

[31] Bleckmann, Grundgesetz und Völkerrecht, S. 63

[32] Bleckmann, Europarecht, S. 139

[33] Die Präambel der Einheitlichen Europäischen Akte vom 28.2.1986 und des Unionsvertrages vom 7.2.1992 enthalten zwar ebenfalls ein Bekenntnis zu den Grundrechten, entfalten aber keine konstitutive, rechtsverbindliche Wirkung, da derartige Präambeln allgemein nur für die Auslegung des eigentlichen Vertragstextes von Bedeutung sind, aber keine selbständigen rechtlichen Pflichten der Vertragsparteien begründen sollen; zur Wirkung von Präambeln vgl. auch Streinz, EUV/EGV, EUV Präambel, Rn. 12, 13.

Von ihrem Rang her gehen die Gemeinschaftsgrundrechte - entsprechend ihrer Funktion - dem sekundären Gemeinschaftsrecht vor, so dass das sekundäre Recht am Maßstab der gemeinschaftlichen Grundrechte zu prüfen ist. Dies hat der EuGH in zahlreichen Entscheidungen, in denen er die Vereinbarkeit von Verordnungen und Richtlinien des Rates und der Kommission mit Grundrechten prüfte, bestätigt[34]. Dagegen wird überwiegend von einem Gleichordnungsverhältnis zwischen den Grundrechten und dem primären Gemeinschaftsrecht ausgegangen[35]. Allerdings ist unklar, ob innerhalb der Rangstufe des Primärrechts weitere Differenzierungen vorzunehmen sind, d.h. ob die obersten Verfassungsprinzipien und damit auch die Grundrechte dem sonstigen einfachen Vertragsrecht übergeordnet sind oder umgekehrt die Grundrechte zwischen Sekundär- und Primärrecht anzusiedeln sind und damit dem primären Vertragsrecht nachgehen[36]. Diese Frage wird in der Rechtsprechung des Gerichtshofes nicht erörtert, allerdings legt schon die Erwähnung der Grundrechte in den einleitenden Gemeinsamen Bestimmungen des Vertrages zur Europäischen Union eine übergeordnete Bedeutung der Grundrechte nahe. Die damit gegebene theoretische Möglichkeit, dass eine Bestimmung des primären Vertragsrechts wegen Verletzung eines gemeinschaftlichen Grundrechts für nichtig erklärt wird, dürfte angesichts der Tatsache, dass das primäre Vertragsrecht nur wenige den Einzelnen verpflichtende Bestimmungen enthält, praktisch kaum relevant werden und wird sich zudem durch eine grundrechtskonforme Auslegung des Primärrechts in aller Regel vermeiden lassen[37].

III. Rechtserkenntnisquellen

Abschließend zur Grundrechtsrechtsprechung des EuGH ist nun noch auf die Frage einzugehen, welche Rechtserkenntnisquellen bisher die Grundlage für die Auffindung der grundrechtlichen Rechtsgrundsätze durch den EuGH bildeten, da diese Frage auch für den Rechtsfindungsprozess der Chartarechte aufschlussreich sein kann[38].

1. Grundsätze des Gemeinschaftsrechts

Grundrechtliche Zielvorgaben allgemeiner Art enthalten die Präambel des EUV, in der der Passus enthalten ist, die Regierungschefs unterzeichneten

---

[34] Z.B. EuGH, verb. Rs 117/76 und 16/77 (Ruckdeschel), Slg. 1977, S. 1753 (1769 ff.); EuGH, Rs. 10/78 (Belbouab), Slg. 1978, 1915 (1923)

[35] Beutler, in: von der Groeben / Thiesing / Ehlermann, EUV/EGV, 5. Aufl. 1997, Art. F EUV, Rn. 73; Oppermann, Rz. 496

[36] So Bleckmann, NVwZ 1993, 824 (826)

[37] Wetter, S. 98

[38] Vgl. dazu auch Bernsdorff, in: Meyer, Kommentar zur Charta der Grundrechte, Vorbemerkung zu Kapitel II, Rn. 2

den Vertrag "in Bestätigung ihres Bekenntnisses zu den Grundsätzen der Freiheit, der Demokratie und der Achtung der Menschenrechte und Grundfreiheiten und der Rechtsstaatlichkeit", sowie Art. 6 Abs. 2 EUV, der die Achtung der Grundrechte durch die Union festschreibt.

Der EG-Vertrag enthält nur einzelne spezifische Grundrechtsverbürgungen; die wenigen dort normierten Diskriminierungsverbote waren ursprünglich gemäß ihrer historischen Zielsetzung im Zusammenhang mit der Gründung einer Europäischen Wirtschaftsgemeinschaft allein darauf gerichtet, die im Wirtschaftsraum verbürgten Grundfreiheiten zu realisieren. So findet sich in den Art. 12 Abs. 1, 39 Abs. 2 EGV das Verbot von Diskriminierungen aus Gründen der Staatsangehörigkeit sowie in Art. 141 EGV das Gebot der Gleichbehandlung von Männern und Frauen, allerdings beschränkt auf den Grundsatz des gleichen Entgelts für gleiche Arbeit. Daneben sind die fünf Grundfreiheiten als an die Mitgliedstaaten adressierte und auf grenzüberschreitende Sachverhalte beschränkte grundrechtsähnliche Garantien zu nennen, die der EuGH schon wiederholt als Anknüpfungspunkt für die Entwicklung von (echten) Grundrechten herangezogen hat[39]. So leitete er aus einer Gesamtschau der primär auf das Wirtschaftsleben bezogenen Grundfreiheiten die Wettbewerbs- und Berufsfreiheit ab. Das Diskriminierungsverbot von Erzeugern oder Verbrauchern landwirtschaftlicher Produkte in Art. 34 Abs. 2 Uabs. 2 EGV sowie die speziellen Diskriminierungsverbote aus Art. 12, 141 EGV dienten als Erkenntnisquelle für die Anerkennung des allgemeinen Gleichheitssatzes[40]; das Verbot von auf dem Geschlecht beruhenden Diskriminierungen steht nach Ansicht des EuGH als allgemeiner Rechtsgrundsatz neben der spezifischen Bestimmung des Art. 141 EGV[41]. Die grundsätzliche Respektierung des Eigentumsrechts schließlich läßt sich positivrechtlich an Art. 20 und Art. 295 EGV nachweisen.

2. Gemeinsame Verfassungsüberlieferungen der Mitgliedstaaten; Methode der wertenden Rechtsvergleichung

Der Rückgriff auf die gemeinsamen Rechtsauffassungen der Mitgliedstaaten erfolgt methodologisch im Wege der wertenden Rechtsvergleichung[42]. Dazu fordert der EuGH bei der Abteilung "Forschung und Dokumentation" eine sog. "note de recherche" an, in der die Rechtslage in den einzelnen

---

[39] Kritisch zur Herleitung von Grundrechten aus den Verträgen Everling, in: Mosler / Bernhardt / Hilf, Aussprache, S. 86

[40] Grabitz/Hilf, Art. 164, Rz. 52; EuGH, Rs. 117/76 (Ruckdeschel), Slg. 1977, 1753/1770; Oppermann, Rz. 490

[41] EuGH, Rs. 149/77, Slg. 1978, 1365 ff. (1379) – Defrenne / Sabena

[42] Dazu ausführlich: Wetter, S. 41 ff.; Streinz, Bundesverfassungsgerichtlicher Grundrechtsschutz und Europäisches Gemeinschaftsrecht, S. 429 ff.; Rengeling, § 36, S. 223 ff.

Mitgliedstaaten in Bezug auf die jeweilige Fragestellung dargelegt wird. Die Wertung wird sodann allein vom EuGH vorgenommen, der sich dabei weder an dem in allen Mitgliedstaaten übereinstimmenden Kern eines Rechts (Minimaltheorie), noch an einem arithmetischen Mittel oder an dem jeweils unter Rechtsschutzgesichtspunkten höchsten Schutzmaßstab (Maximaltheorie) orientiert[43]. Vielmehr bemüht sich der EuGH nach überwiegender Meinung um eine autonome Lösung, die sich nach einer kritischen rechtsvergleichenden Umschau unter Berücksichtigung der Ziele und Strukturprinzipien der EG als die "beste Lösung" erweist[44]. Diese Methode erfordert keine genaue Feststellung des jeweiligen Schutzniveaus der einzelnen nationalen Grundrechte, die kaum fehlerfrei zu treffen sein dürfte, da nicht nur die jeweiligen Schutzbereiche, sondern zugleich auch die Schranken und die gegenseitigen Wechselwirkungen und Interdependenzen mit anderen Grundrechten zu berücksichtigen wären. Vielmehr sind die nationalen Rechtsordnungen lediglich Ausgangspunkt der wertenden Rechtsvergleichung. Aus den Lösungen, die die mitgliedstaatlichen Verfassungen anbieten, ist auf EG-Ebene die Lösung herauszufiltern, die sich am besten in die Struktur und Ziele der Gemeinschaft einfügt und zugleich zu einer sachgerechten Ausbalancierung der Interessen der EG und des Einzelnen führt[45]. Dass auch die Interessen des Einzelnen in diese Abwägung eingestellt werden müssen, zeigt Art. 2 EGV, der als Ziel der Gemeinschaft die Hebung der Lebenshaltung und Lebensqualität der Einzelnen definiert. Darunter versteht man in der neueren Entwicklung nicht nur die Einkommensverhältnisse, sondern den gesamten Bereich der Interessen, die nach der liberalen Tradition gerade auch in der Maximierung der Freiheit bestehen[46]. Um mit *Kutscher* zu sprechen ist als optimale Lösung diejenige anzusehen, die dem Grundrecht die stärkste Wirkung zuerkennt, ohne Struktur und Ziele der Gemeinschaft zu beeinträchtigen[47].

Danach ist es möglich, ein Grundrecht sogar dann als allgemeinen Rechtsgrundsatz anzuerkennen, wenn es in der vom Gerichtshof definierten Form

---

[43] Borchardt, in: Randelzhofer / Scholz / Wilke, S. 40

[44] Grabitz / Hilf, Art. 164, Rn. 58; Wetter, S. 53; Rengeling, S. 224; daneben werden noch zahlreiche andere Methoden der Rechtsvergleichung diskutiert, darunter das Modell der "relativen Grundrechtsgeltung", das den einschlägigen Grundrechtsstandard von der jeweiligen Nationalität des Klägers abhängig macht (vgl. Bleckmann, DVBl. 1978, 457 ff. (458)), die Methode der Interessenabwägung (Bleckmann, S. 460 f.) oder des "relativierten Maximalstandards mit negativer Kontrollfunktion" (vgl. Streinz, Bundesverfassungsgerichtlicher Grundrechtsschutz und Europäisches Gemeinschaftsrecht, S. 434 ff.), wonach das im Wege wertender Rechtsvergleichung gefundene Ergebnis darauf überprüft werden muss, ob es mit der Verfassung eines der Mitgliedstaaten unvereinbar und damit für diesen unakzeptabel ist.

[45] Wetter, S. 48

[46] Bleckmann, in: Festschrift für Börner, S. 35

[47] Kutscher, in: Kutscher / Rogge / Matscher, S. 35 ff. (46)

nur in einer mitgliedstaatlichen Verfassung zu finden ist.[48] Ebenso ist es durchaus denkbar, dass die beste Lösung im Einzelfall dem Maximal- bzw. Minimalstandard entspricht. So entschied sich der EuGH beispielsweise in der Rechtssache *AM&S*[49] zur Anwendung des englischen Konzepts des "legal privilege", das hinsichtlich der Vertraulichkeit des Schriftwechsels zwischen Anwalt und Mandant das höchste Schutzniveau in der Gemeinschaft aufweist. Umgekehrt versagte er in der Rechtssache *Hoechst*[50] Geschäftsräumen den Schutz der Unverletzlichkeit der Wohnung und zog sich damit auf die Methode des "kleinsten gemeinsamen Nenners" zurück.

3. Internationale Verträge über den Schutz der Menschenrechte

Als weitere Bezugsgröße zieht der EuGH seit dem Urteil in der Rechtssache *Nold*[51] im Jahre 1974 die "internationalen Verträge über den Schutz der Menschenrechte heran, an deren Abschluss die Mitgliedstaaten beteiligt waren oder denen sie beigetreten sind", da Verpflichtungen, die ein Staat in seinem Außenverkehr übernommen hat, auch im Innenverkehr der EU nicht außer Acht gelassen werden können[52]. Hauptanwendungsfall eines solchen internationalen Vertrages ist die Europäische Konvention zum Schutz der Menschenrechte und Grundfreiheiten (EMRK) vom 4.11.1950, die im Rahmen des Europarates ausgearbeitet wurde. Allerdings hat die Mitgliedschaft aller Mitgliedstaaten der Gemeinschaft in der EMRK – anders als beim GATT[53] – nicht eine entsprechende Vertragsbindung der Gemeinschaft an die EMRK zur Folge. Während nämlich der EuGH nach seiner Terminologie von den gemeinsamen Verfassungsüberlieferungen "ausgeht", können die internationalen Menschenrechtsverträge lediglich "Hinweise" geben, die im Rahmen des Gemeinschaftsrechts zu berücksichtigen sind[54]. Aus dem Urteil in der Rechtssache *Hoechst* lässt sich demgegenüber entnehmen, dass der EuGH die völkerrechtlichen Verträge und die gemeinsamen Verfassungstraditionen als gleichwertige und gleichrangige Rechtserkenntnisquellen ansieht, wenn er formuliert, dass er die Grundrechte "im Einklang mit den gemeinsamen Verfassungsüberlieferungen der

---

[48] de Gucht, EuGRZ 1989, 208
[49] EuGH, Rs. 155/79; Slg. 1982, 1575 ff.
[50] EuGH, verb. Rs. 46/87 und 227/88, Slg. 1989, 2859 ff.
[51] EuGH, Rs. 4/73, Slg. 1974, 491 ff. (507)
[52] Wetter, S. 60
[53] =General Agreement on Tariffs and Trade; insoweit nimmt der Gerichtshof eine unmittelbare Bindung der Gemeinschaft an; EuGH, verb. Rs. 21-24/72, Slg. 1972, 1219 ff. (1227 f.) - Internationale Fruit Company
[54] Beutler, in: von der Groeben / Thiesing / Ehlermann, EUV/EGV, 5. Aufl. 1997, Art. F EUV, Rn. 69 mit Hinweis auf EuGH, Slg. 1974, 491 ff. (507) – Nold; in der 6. Aufl. 2003, Art. 6 EU, Rn. 57 geht Beutler nunmehr von der Gleichwertigkeit der internationalen Verträge als Rechtserkenntnisquellen aus.

Mitgliedstaaten und mit den völkerrechtlichen Verträgen (...)" zu wahren habe[55].

Weitere Anwendungsfälle derartiger internationaler Menschenrechtserklärungen sind auf der Ebene der Vereinten Nationen die Allgemeine Erklärung der Menschenrechte vom 10.12.1948, der Internationale Pakt über bürgerliche und politische Rechte sowie der Pakt über wirtschaftliche, soziale und kulturelle Rechte, die beide am 16.12.1966 angenommen wurden. Allerdings ist die Verwertbarkeit der Allgemeinen Erklärung der Menschenrechte im Rahmen der Gemeinschaft umstritten, da es sich dabei nur um eine Proklamation ohne Rechtscharakter handelt[56]. Neben Akten der Konferenz für Sicherheit und Zusammenarbeit in Europa (KSZE)[57] kommt auch der Europäischen Sozialcharta, die am 18.10.1961 von den Mitgliedstaaten des Europarates unterzeichnet wurde, und den multilateralen Sozialabkommen der Internationalen Arbeitsorganisation (ILO) mit ihren arbeits- und sozialpolitischen Mindestnormen Bedeutung zu[58]. Zwar ist die Union nicht Vertragspartei der Europäischen Sozialcharta, jedoch haben sich die Mitgliedstaaten der Gemeinschaft in der Präambel zur Einheitlichen Europäischen Akte (EEA) auf die in der "Sozialcharta anerkannten Grundrechte, insbesondere Freiheit, Gleichheit und soziale Gerechtigkeit" bezogen, um ihr Bekenntnis zur Demokratie zu bekräftigen.

4. „Soft law"

Unbeschadet der Tatsache, dass sich eine allgemein anerkannte Definition des Phänomens "soft law" noch nicht herausgebildet hat, lässt es sich umschreiben als die einer rechtlichen Bindung ähnlich wirkende Anbindung eines Völkerrechtssubjektes an eine Norm, die von ihm mitgeschaffen oder unterstützt wurde, die aber tatsächlich keine rechtlich verbindliche (vertragliche oder normative) Wirkung besitzt[59]. Jedoch muss sich das Völkerrechtssubjekt nach dem Prinzip von Treu und Glauben an den Regelungssätzen festhalten lassen, da es durch die Mitwirkung an deren Erzeugung zumindest konkludent zum Ausdruck gebracht hat, dass es sie für und gegen sich gelten lassen will. So verstanden kommt "soft law" zumeist die

[55] EuGH, verb. Rs. 46/87 und 227/88, Slg. 1989, 2859 ff. (2923, Rn. 13)
[56] Vgl. die Nachweise bei Wetter, S. 60
[57] Z.B. Titel VII der KSZE-Schlussakte von Helsinki vom 1.8.1975 über die Achtung der Menschenrechte und Grundfreiheiten; Dokument des Kopenhagener Treffens der Konferenz über die menschliche Dimension der KSZE vom 29.6.1990; Charta von Paris über ein neues Europa, Erklärung des Pariser KSZE-Treffens der Staats- und Regierungschefs vom 21.11.1990; Dokument des Moskauer Treffens der Konferenz über die menschliche Dimension der KSZE vom 3.10.1991
[58] EuGH, Rs. 149/77, Slg. 1978, 1365 ff. (1379, Rn. 26/29) - Defrenne III; Wetter, S. 61, 69
[59] Ehricke, NJW 1989, 1906 ff. (1907)

Funktion einer Auslegungshilfe oder der Lückenfüllung bei Regelungslücken zu[60]. Im Bereich des europäischen Grundrechtsschutzes werden insbesondere die Erklärungen der Organe zu den Grundrechten zum "soft law" gezählt.

In diesem Zusammenhang ist zuerst die Gemeinsame Erklärung von Parlament, Rat und Kommission vom 5.4.1977[61] zu nennen, der auch das Bundesverfassungsgericht gemeinschaftsintern wie im Verhältnis zu den Mitgliedstaaten eine rechtserhebliche Bedeutung zuerkannt hat[62]. Ebenfalls zum "soft law" zählen die Erklärung des Europäischen Parlaments über Grundrechte und Grundfreiheiten vom 12.4.1989[63], die Erklärung des Europäischen Rates zur Demokratie vom 8.4.1978[64] und die Deklaration des Europäischen Rates zur Europäischen Union vom 20.6.1983[65]; auch durch diese Erklärungen sind die europäischen Organe eine gewisse Selbstbindung eingegangen.

Derartige Erklärungen enthalten aus Sicht der erklärenden Organe Empfehlungsaussagen, die Anstoßwirkung für die Weiterentwicklung des Grundrechtsschutzes auf Gemeinschaftsebene erzeugen sollen. Der Gerichtshof hat sich das "soft law" insbesondere zur rechtspolitischen Absicherung seiner dynamischen Grundrechtsjudikatur nutzbar gemacht, es aber nicht ausdrücklich zu einer selbständigen Quelle des Gemeinschaftsrechts erhoben[66].

---

[60] Ehricke, NJW 1989, 1906 ff. (1907)
[61] ABl. der Europäischen Gemeinschaften Nr. C 103 vom 27.4.1977, S. 1
[62] BVerfGE 73, 339 ff. (383 f.); der EuGH hat sich erstmals in der Rechtssache Hauer auf diese Erklärung berufen (vgl. oben)
[63] EuGRZ 1989, 204 ff. = ABl. 1989 Nr. C 120, S. 52 ff.
[64] Bulletin EG Nr. 3 / 1978, S. 5
[65] Bulletin EG Nr. 6 / 1983, S. 26
[66] So wohl Schwarze, EuGRZ 1986, 293 ff. (294)

2. Teil: Entstehung, Inhalt und Wirkungsweise der Charta

A. Entstehungsgeschichte der Charta

I. Mandatserteilung

Auf Vorschlag der deutschen Präsidentschaft erteilte der Europäische Rat von Köln am 4.6.1999 das Mandat, eine Charta der Grundrechte zu erstellen, um "die überragende Bedeutung der Grundrechte und ihre Tragweite für die Unionsbürger sichtbar zu verankern."[67] Vorausgegangen war eine 25 Jahre währende Diskussion über die Notwendigkeit einer Grundrechtscharta - insbesondere von Seiten der Europäischen Organe und der Literatur[68] -, nachdem die Forderung nach einem Grundrechtskatalog erstmals vom Bundesverfassungsgericht in seinem *Solange I*-Beschluss erhoben worden war[69].

II. Konventsverfahren, Beteiligte

Der Europäische Rat setzte zur Erarbeitung der Charta der Grundrechte ein Gremium ein, dessen Zusammensetzung und Arbeitsverfahren durch den Europäischen Rat von Tampere am 15. und 16. Oktober 1999[70] im Einzelnen konkretisiert wurde und das sich nach seiner konstituierenden Sitzung vom 17.12.1999 selbst als "Konvent" bezeichnete.

1. Mitglieder

Der Konvent umfasste 62 Mitglieder, davon 15 Beauftragte der Staats- und Regierungschefs, 1 Beauftragter des Kommissionspräsidenten, 16 Mitglieder des Europäischen Parlaments und 30 Mitglieder der nationalen Parlamente. Zum Vorsitzenden wurde der deutsche Altbundespräsident und ehemalige Präsident des Bundesverfassungsgerichts *Roman Herzog* gewählt. Ihm war ein Präsidium zur Seite gestellt, in das jede der drei gro-

---

[67] Europäischer Rat von Köln, Beschluss vom 4. Juni 1999, EuGRZ 1999, 364 f. (364)

[68] Beginnend mit dem Bericht von Helga Seibert zum Pariser Kolloquium 1975, EuGRZ 1975, 316 f.; von den zahlreichen Vorstößen der Europäischen Organe sind insbesondere die Gemeinsame Erklärung der Organe vom 5.4.1977(ABl. 1977, Nr. C 103/1), die Erklärung des Rates zur Demokratie vom 8.4.1978 (Bulletin EG 3/1978, S. 5), die Erklärung des Europäischen Parlaments über Grundrechte und Grundfreiheiten vom 12.4.1989 (ABl. 1989, Nr. C 120/51 ff.) und Titel VIII der Entschließung des EP vom 10.2.1994 über "das Projekt einer Europäischen Verfassung" (ABl. EG 1994 Nr. C 61, S. 155) zu nennen.

[69] BVerfGE 37, 271 ff. (280)

[70] Europäischer Rat von Tampere, EuGRZ 1999, 615

ßen Gruppierungen des Konvents - Staats- und Regierungschefs der Mitgliedstaaten, Europäisches Parlament und Vertreter der nationalen Parlamente - je ein Mitglied wählte.

Die Erarbeitung der Charta in der dargestellten personellen Zusammensetzung unterscheidet sich deutlich vom geltenden Verfahren zur Änderung der Gründungsverträge der Europäischen Union nach Art. 48 EUV, insbesondere fällt auf, dass ¾ der Mitglieder kraft ihrer Parlamentszugehörigkeit – sei es zum Europäischen Parlament, sei es zu den nationalen Parlamenten - unmittelbar demokratisch legitimiert sind, während im Rahmen des Verfahrens nach Art. 48 EUV dem unmittelbar demokratisch legitimierten Europäischen Parlament lediglich ein Anhörungsrecht zusteht. Demgegenüber räumt das Konventsverfahren dem Europäischen Parlament eine konstitutive Mitgestaltungsmöglichkeit ein.

Zudem erfährt die "Legitimationsbasis" der Europäischen Union eine starke Beteiligung, da mit den 15 Beauftragten der Staats- und Regierungschefs und 30 Mitgliedern der nationalen Parlamente ¾ der Mitglieder unmittelbar dem Rechtskreis der Mitgliedstaaten angehören. Damit sollte sichergestellt werden, dass mögliche nationalstaatliche Widerstände, die der späteren Ratifizierung durch die mitgliedstaatlichen Parlamente im Wege gestanden hätten, rechtzeitig abgebaut werden. Zugleich trägt die Besetzung des Konvents auch der Struktur von Mitgliedstaaten mit einem Zweikammersystem Rechnung: denn der Umstand, dass jeder Mitgliedstaat zwei Vertreter der nationalen Parlamente in den Konvent entsenden darf, lässt in Ländern mit einem Zweikammersystem die Beteiligung eines Repräsentanten jeder Kammer zu. Für Deutschland konnte somit neben einem Vertreter des Bundestages auch ein Mitglied des Bundesrates in den Konvent entsandt werden, wodurch eine Berücksichtigung der Interessen der Bundesländer ermöglicht und damit eine breitere Akzeptanz der Charta gefördert wurde[71].

Die gewählte Besetzung des Konvents lässt aber auch eine andere Interpretation zu: versteht man nämlich die Entsendung der 15 Beauftragten der Staats- und Regierungschefs und des Kommissionspräsidenten als verkleinertes Abbild des Europäischen Rates (Art. 4 EUV), so ergibt sich daraus eine gleichgewichtige Beteiligung von Europäischem Parlament und Europäischem Rat mit jeweils 16 Mitgliedern. Dies entspricht dem "dualen Legitimationsverständnis" der EU als Union von Völkern wie auch als Union von Staaten, wie es das Bundesverfassungsgericht in seinem *Maastricht*-Urteil vertreten hat[72]. Zugleich lässt sich aus den jeweiligen Mitgliederzahlen aber auch eine nahezu paritätische Zusammensetzung des Konvents aus Vertretern der europäischen Organe (Europäischer Rat und Europäisches Par-

---

[71] Alber/Widmaier, EuGRZ 2000, 497 ff. (497)

[72] BVerfGE 89, 155 (182) = NJW 1993, 3047; Weber, NJW 2000, 537 ff. (538)

lament mit insgesamt 32 Mitgliedern) und der nationalen Parlamente (mit 30 Mitgliedern) erkennen. Insgesamt weist der Konvent damit eine überaus ausgewogene Besetzungsstruktur auf.

2. Sonstige Beteiligte

Über den Kreis der genannten Mitglieder hinaus wurden je zwei Vertreter des EuGH und des Europarates als Beobachter beteiligt, zudem erfolgte eines Anhörung des Wirtschafts- und Sozialausschusses (Art. 257 ff. EGV), des Ausschusses der Regionen (Art. 263 ff. EGV) sowie des Europäischen Bürgerbeauftragten (Art. 195 EGV); überdies wurde auch ein Gedankenaustausch mit den nächsten Beitrittsländern geführt, da diese die Charta als Teil des "acquis communautaire" übernehmen und deshalb in die Kodifizierungsdiskussionen eingebunden sein sollten. Schließlich wurden sonstige Gremien, gesellschaftliche Gruppen und Sachverständige gehört[73]. Insgesamt war so ein europaweiter Diskurs sichergestellt.

Im Ergebnis ist festzuhalten, dass die gewählte Zusammensetzung des Konvents und der Verfahrensmodus, insbesondere die hohe Anzahl unmittelbar demokratisch legitimierter Mitglieder und die starke Einbindung der Mitgliedstaaten sowie der Öffentlichkeit, die Bedeutung und Akzeptanz der Charta beträchtlich erhöht, dass also auch dem Verfahren durchaus legitimationsverstärkende Wirkung zugeschrieben werden kann[74]. Nicht zuletzt aufgrund der effektiven und erfolgreichen Arbeitsweise des Konvents wurden nach der feierlichen Proklamation der Grundrechtscharta auf dem Europäischen Gipfel von Nizza zahlreiche Stimmen laut, die eine Übertragung des Konventsverfahrens auf eine künftige europäische Verfassungsgebung befürworteten; das herkömmliche Verfahren einer Regierungskonferenz mit Vertretern der Mitgliedstaaten nach Art. 48 EUV ist dagegen insbesondere wegen der nichtöffentlichen Verhandlungsführung und der geringen Beteiligungsrechte des Europäischen Parlaments und der nationalen Parlamente[75] zunehmend Kritik ausgesetzt[76]. So wurde letztendlich auch die Erarbeitung des Entwurfs eines Vertrages über eine Verfassung für Europa auf

---

[73] Vgl. Ziff. A. III-VI des Beschlusses des Europäischen Rates von Tampere, EuGRZ 1999, 615

[74] Weber, NJW 2000, 537 ff. (538)

[75] Nach Art. 48 Abs. 2 EUV ist lediglich die Anhörung des Europäischen Parlaments im Hinblick auf den Zusammentritt einer Regierungskonferenz vorgesehen; die Einbeziehung der nationalen Parlamente erfolgt im Rahmen des innerstaatlichen Ratifizierungsverfahrens nach Art. 48 Abs. 3 EUV.

[76] Riedel, ZRP 2002, 241 (242); FAZ vom 8.3.2001 (Nr. 57), S. 8: Das Schlüsselwort Konvent. Beanstandet wird auch, dass die meisten Staats- und Regierungschefs nur für die nationalen Interessen kämpfen.

dem Europäischen Gipfel am 14./15. Dezember 2001 in Laeken[77] einem Europäischen Konvent überantwortet. Nach dem am 18. Juli 2003 vorgelegten Entwurf des Verfassungsvertrages soll das Konventsverfahren mit Verfassungsrang ausgestattet werden, so dass – im Falle des Inkrafttretens des Verfassungsvertrages - künftig alle Vertragsveränderungen von einem Konvent vorbereitet werden[78].

3. Die Arbeit des Konvents und der Abschluss des Konventsverfahrens

Der Konvent legte seinen Arbeiten das Ratsverfahren zugrunde, d.h. sämtliche Änderungsanträge wurden den Beratungen zugrundegelegt und in den Entwurf eingearbeitet, ohne dass über jeden Antrag gesondert verhandelt und abgestimmt werden musste. Er tagte in nicht-öffentlichen und öffentlichen Sitzungen[79]; erstere dienten der internen Aussprache und Beratung, letztere vor allem der Anhörung von gesellschaftlichen Gruppen, wie NGOs[80], Gewerkschaften, Kirchen und anderen interessierten bzw. betroffenen Kreisen. So wurden über 1500 Stellungnahmen und Anträge aus den Reihen des Konvents selbst behandelt; in einer öffentlichen Anhörung kamen 67 Vertreter der gesellschaftlichen Gruppen zu Wort, über das Internet wurden weitere 300 Eingaben gemacht[81].

Der ausgearbeitete Charta-Entwurf wurde gem. Punkt B. Ziffer V. des Beschlusses von Tampere nach Feststellung eines umfassenden Einvernehmens über den Entwurf am 2.10.2000 dem Europäischen Rat zugeleitet und von diesem im Rahmen des informellen Rats von Biarritz am 13. / 14. Oktober 2000 ohne jede Änderung akzeptiert; am 7. Dezember 2000 schloss sich die feierliche Proklamation der Charta durch das Europäische Parlament, den Rat und die Kommission in Nizza an[82].

---

[77] Europäischer Rat von Laeken, EuGRZ 2001, 662

[78] Art. IV-7 des Entwurfs des Verfassungsvertrages; danach soll der Konvent mit Vertretern der nationalen Parlamente der Mitgliedstaaten, der Staats- und Regierungschefs der Mitgliedstaaten, des Europäischen Parlaments und der Kommission besetzt sein; seine Aufgabe besteht darin, Änderungsentwürfe zu prüfen und eine Empfehlung für die Konferenz der Vertreter der Regierungen der Mitgliedstaaten auszuarbeiten.

[79] Zwischen dem 17. Dezember 1999 und dem 2. Oktober 2000 fanden insgesamt 18 formelle und informelle Sitzungen statt, die jeweils vom Präsidium vorbereitet wurden; daneben gab es getrennte Sitzungen der jeweiligen Vertreter der Regierungen, der nationalen Parlamente und des Europäischen Parlaments, Altmaier, ZG 2001, 195 (197)

[80] Non Governmental Organisations

[81] Vgl. das über 700-seitige Charta-Dokument Nr. 4332/00, Convent 35; Alber/Widmaier, EuGRZ 2000, 497 ff. (498)

[82] Veröffentlicht ist die Grundrechtscharta im ABl. der Europäischen Gemeinschaften 2000, Nr. C 364, 01; EuGRZ 2000, 554

III . Überblick über den Inhalt der Charta

Nach Auffassung des Europäischen Rats von Köln sollte die zu erstellende Charta neben Freiheits-, Gleichheits- und Verfahrensgrundrechten auch spezielle Bürgerrechte sowie wirtschaftliche und soziale Rechte umfassen; soziale Rechte allerdings mit der Einschränkung, dass sie "nicht nur Ziele für das Handeln der Union begründen."[83]

Entsprechend dieser Vorgabe gliedert sich die nun vorliegende Charta in sechs Abschnitte mit materiellen Rechten, die durch eine Präambel und vier horizontale Schlussbestimmungen im letzten Kapitel eingerahmt werden. Die Menschenwürde (Kapitel I) wurde als oberstes Prinzip an die Spitze gestellt, es folgen Freiheits- und Gleichheitsrechte (Kapitel II und III) sowie wirtschaftliche und soziale Rechte im Kapitel Solidarität (IV); abschließend sind spezielle Bürgerrechte (Kapitel V) sowie die justiziellen Rechte (Kapitel VI) aufgeführt. Die Schlussbestimmungen im letzten Kapitel (VII) befassen sich mit dem Adressatenkreis, den Grundrechtsschranken und dem Verhältnis zu anderen Grundrechtsquellen.

Damit enthält die Charta eine umfassende Verbürgung von Menschen- und Bürgerrechten: sowohl die klassischen bürgerlichen und politischen Freiheitsrechte als liberale Abwehrrechte gegen den Staat, wie sie seit der französischen Revolution eingefordert wurden, wie auch wirtschaftliche, soziale und kulturelle Rechte, die seit dem 19. Jahrhundert im Gefolge der industriellen Revolution entstanden sind. Zwar können soziale Grundrechte nicht mit derselben Verbindlichkeit gewährleistet werden, wie die herkömmlichen Freiheitsrechte; dennoch entspricht ihre Aufnahme in den Grundrechtskanon der modernen Verfassungsentwicklung, wie die Verfassungen von Spanien, Portugal und Griechenland zeigen. Dementsprechend hebt auch die Charta nach dem Grundsatz der Unteilbarkeit die strikte Trennung zwischen bürgerlichen und politischen Rechten einerseits und wirtschaftlichen und sozialen Rechte andererseits auf[84]. Schließlich sind in der Charta Gleichheitsrechte und justizielle Rechte sowie spezielle Bürgerrechte für Unionsbürger verbürgt. Nicht zuletzt trägt die Charta auch neueren Gefährdungslagen individueller Freiheit Rechnung, insbesondere im Bereich der Medizin und Bioethik (Art. 3 Abs. 2 GRC) sowie im Bereich des Datenschutzes (Art. 8 GRC).

Angesichts der Tatsache, dass sich in der Union Länder mit völlig unterschiedlichen Rechtssystemen und Verfassungstraditionen vereinigen[85],

---

[83] Europäischer Rat von Köln, Beschluss vom 4. Juni 1999, EuGRZ 1999, 364 f. (364)

[84] Vgl. z.B. den Internationalen Pakt über bürgerliche und politische Rechte vom 19.12.1966 und den zum gleichen Zeitpunkt zustande gekommenen Pakt über wirtschaftliche, soziale und kulturelle Rechte der Vereinten Nationen

[85] In diesem Zusammenhang ist insbesondere das anglo-amerikanische common law mit seinem judikativ geprägten Rechtssystem (Case law) auf der einen Seite und das konti-

verdient es große Anerkennung, dass trotz dieser enormen Unterschiede keine mühsamen Minimalkompromisse, die sich zumeist in unübersichtlich langen, detaillierten Formulierungen niederschlagen, in der Charta niedergelegt wurden, sondern vielmehr ein inhaltlich umfassender, formal übersichtlich gestalteter und verständlich formulierter Katalog zustande gekommen ist.

IV. Methode der Normierung

Hinsichtlich der nunmehr zu erörternden Frage der für die Normierung maßgeblichen Methode müssen zwei verschiedene Problemkreise auseinandergehalten werden: Zum einen geht es dabei um die maßgeblichen Rechtserkenntnisquellen, zum anderen um den Umfang des Grundrechtskataloges.

1. Rechtserkenntnisquellen

Bei der vorliegenden Grundrechtscharta handelt es sich nicht um eine von Grund auf neue Rechtsschöpfung. Der Konvent konnte sich vielmehr bei seinen Arbeiten auf eine Vielzahl vorhandener Grundlagen stützen, insbesondere auf die umfangreiche Grundrechtsjudikatur des Europäischen Gerichtshofs, die nationalen Grundrechtskataloge, die EMRK mit ihren Zusatzprotokollen sowie auf zahlreiche Studien und Expertisen aus der Wissenschaft sowie aus dem Kreis der Europäischen Organe[86].

Angesichts der Vielzahl der vorhandenen Orientierungsmöglichkeiten bedarf es einer Klärung, welche Erkenntnisquellen der Konvent bei seiner Arbeit herangezogen hat[87].

---

nental-europäische oder römisch-germanische Recht als legislativ geprägtes Rechtssystem (Gesetzgebungsrecht) auf der anderen Seite zu erwähnen. Während Großbritannien über keine einheitliche Verfassungsurkunde, sondern über ein zwar gefestigtes, aber ungeschriebenes Verfassungsrecht verfügt, besitzt Portugal einen ausführlichen und detaillierten Verfassungstext von fast 300 Artikeln. Auch die italienische Verfassung enthält zahlreiche Abwehrrechte und soziale Grundrechte. Die französische Verfassung geht demgegenüber einen Mittelweg: Sie verweist in ihrer Präambel auf die Grundrechte der Verfassung der IV. Republik, welche die französische Deklaration der Menschenrechte von 1789 und die Prinzipien der großen republikanischen Gesetze zu Grundrechten erklärt. Während der französische Staatsrat nur in freier Anlehnung an diese Verfassungsprinzipien allgemeine Rechtsgrundsätze entwickelt hat, erkennt der Verfassungsrat die Grundrechte als echte Grundrechte an, die er punktuell entwickelt.

[86] Entschließungen des EP zu den verfassungsmäßigen Grundlagen der Europäischen Union vom 12.12.1990 und zur Verfassung der Europäischen Union von 10.2.1994 (ABl. EG 1994 Nr. C 61, 155); Entschließung des EP vom 12.4.1989 zur Erklärung der Grundrechte und Grundfreiheiten (ABl. EG 1989, Nr. C 120, 51 ff.)

[87] Zu den verschiedenen Optionen vgl. Weber, NJW 2000, 539 f.

Als erste denkbare Option kommt die bloße Festschreibung der in der Rechtsprechung des EuGH bisher anerkannten Grundrechte in Betracht. Wie im Folgenden noch ausführlich darzustellen sein wird, bereitet die Systematisierung des kasuistisch entwickelten Grundrechtsschutzes aber erhebliche Schwierigkeiten. Die Konkretisierung der Grundrechte folgte bislang den Besonderheiten des zu entscheidenden Falles, so dass eine normative Verfestigung der teilweise hinsichtlich Schutzbereich, Schranken oder Schranken-Schranken äußerst unbestimmten Grundrechte kaum möglich erscheint.

Die als weitere Alternative in Betracht zu ziehende direkte oder wesentliche Übernahme der in der Europäischen Menschenrechtskonvention und ihren Zusatzprotokollen enthaltenen Grundrechte käme faktisch einem Betritt der Gemeinschaften zur EMRK gleich, ohne die bestehenden strukturellen und funktionellen Unterschiede[88] hinreichend zu berücksichtigen. Eine deckungsgleiche Übernahme würde zudem die Gefahr von Rechtsprechungsdivergenzen zwischen dem Europäischen Gerichtshof (EuGH) und dem Europäischen Gerichtshof für Menschenrechte (EGMR) heraufbeschwören. Bezüglich der sozialen und wirtschaftlichen Grundrechte, der gemeinschaftlichen Rechte im engeren Sinne und der sogenannten neuen Rechte entbehrt die EMRK – mit Ausnahme der im 1. Zusatzprotokoll der EMRK verankerten Rechte auf Eigentum und Bildung - jeglicher Anknüpfungspunkte.

Als dritte Option kommt schließlich die Übernahme der Entschließung des Europäischen Parlaments über Grundrechte und Grundfreiheiten vom 12.4.1989 bzw. des Vertragsentwurfs des Europäischen Parlaments vom 10.2.1994 über die Verfassung der Union in Betracht. Diese Entwürfe bieten insoweit eine geeignete Grundlage, als sie auch einige soziale Grundrechte enthalten, die Anhaltspunkte für entsprechende neuzuschaffende Rechte in der Grundrechtscharta liefern könnten. Allerdings vermitteln die sozialen Grundrechte in den genannten Erklärungen nicht durchweg individuelle Rechte, sondern enthalten z.T. lediglich objektive Gewährleistungen[89]; eine deckungsgleiche Übernahme der in den Erklärungen enthaltenen sozialen Grundrechte widerspräche damit der Vorgabe des Europäischen Rats von Köln, wonach soziale Rechte nur insoweit in die Charta aufzunehmen sind, als sie "nicht

---

[88] Unterschiedliche Zielsetzungen, unterschiedlicher Kreis der grundrechtsverpflichteten Staaten; subsidiärer Grundrechtsschutz nach Erschöpfung des mitgliedstaatlichen Rechtswegs durch die EMRK einerseits, primärer Grundrechtsschutz auf Gemeinschaftsebene

[89] So scheinen beispielsweise die Bestimmungen über sozialen Schutz und Umweltschutz eher Gesetzgebungsaufträge zu enthalten, vgl. Art. 15, 24 der Erklärung.

nur Ziele für das Handeln der Union begründen."[90] Die Grundrechtserklärungen können daher als Richtschnur und Orientierungshilfe dienen, bedürfen aber gründlicher Überprüfung und Erörterung im Hinblick auf die ausgewählten Grundrechte und die Grundrechtssystematik.[91]

Schließlich kann eine neue Grundrechtskodifikation auch im Wege wertender Grundrechtsvergleichung der in den mitgliedstaatlichen Verfassungen verankerten Grundrechte erstellt werden. Gegen einen derartigen ausschließlichen Ansatz sprechen aber neben pragmatischen Erwägungen diejenigen Bedenken, die schon bisher gegen die Anwendung dieser Methode durch den EuGH vorgebracht wurden.[92]

Eine Grundrechtsvergleichung lässt sich schließlich auch unter Heranziehung von internationalen Menschenrechtsverträgen wie dem Internationalen Pakt über bürgerliche und politische Rechte, dem Internationalen Pakt über wirtschaftliche und soziale Rechte, der Europäischen Sozialcharta sowie der Gemeinschaftscharta der sozialen Grundrechte der Arbeitnehmer[93] durchführen.

Die dargestellten Optionen lassen sich zudem beliebig miteinander kombinieren, so dass sich ein noch erheblich breiteres Spektrum an Gestaltungsmöglichkeiten ergibt.

Versucht man nun die bei der Erstellung der Charta tatsächlich zugrunde gelegten Rechtserkenntnisquellen zu ermitteln, lässt sich ein erster Hinweis aus der Formulierung des Beschlusses des Europäischen Rats von Köln vom 4. Juni 1999 entnehmen. Danach sollten sich die Freiheits-, Gleichheits- und Verfahrensgrundrechte offenbar primär an der EMRK und den gemeinsamen Verfassungsüberlieferungen der Mitgliedstaaten als allgemeinen Grundsätzen des Gemeinschaftsrechts orientieren. Für die wirtschaftlichen und sozialen Rechte sollten demgegenüber die Europäische Sozialcharta und die Gemeinschaftscharta der sozialen Grundrechte der Arbeitnehmer die maßgebliche Leitlinie darstellen[94].

Damit wurde offenbar die Option eines Kombinationsmodells gewählt, indem sich die Charta zwar einerseits an die Grundrechte der EMRK und ihrer Zusatzprotokolle anlehnt, aber zugleich – wie sich aus dem Verweis auf die allgemeinen Grundsätze ergibt - die in der Rechtsprechung des EuGH entwickelten Grundrechte als Ergebnis wertender Rechtsvergleichung der gemeinsamen Verfassungstraditionen der Mitgliedstaaten berücksichtigt. Die Europäische Menschenrechtskonvention erfüllt damit in gewisser Weise

---

[90] Europäischer Rat von Köln, Beschluss vom 4. Juni 1999, EuGRZ 1999, 364 f. (364)
[91] Weber, NJW 2000, S. 540
[92] Vgl. unten B I 2.
[93] Beschlossen am 8./9.12.1989 vom Europäischen Rat, abgedruckt in: Soziales Europa 1/90, S. 52 ff.
[94] Europäischer Rat von Köln, Beschluss vom 4. Juni 1999, EuGRZ 1999, 364 f. (364)

eine Sockelfunktion, wobei dieses Fundament durch den weiterreichenden gemeinschaftlichen Besitzstand aufgestockt wird. Hinsichtlich der wirtschaftlichen und sozialen Rechte scheidet demgegenüber ein Rückgriff auf die EMRK in Ermangelung eines entsprechenden Inhalts von vornherein aus; weitgehende Anhaltspunkte lassen sich insoweit jedoch der Europäischen Sozialcharta und der Gemeinschaftscharta der sozialen Grundrechte der Arbeitnehmer entnehmen. Die Heranziehung dieser unterschiedlichen Rechtsquellen steht auch in Einklang mit den Bestimmungen der Präambel des Unionsvertrages, Art. 6 Abs. 2 EUV und Art. 136 EGV: während Art. 6 Abs. 2 EUV allgemein hinsichtlich der Grundrechte auf die EMRK und die sich aus den gemeinsamen Verfassungsüberlieferungen der Mitgliedstaaten ergebenden allgemeinen Grundsätze des Gemeinschaftsrechts verweist, erfolgt hinsichtlich der sozialen Ziele der Gemeinschaft in Übereinstimmung mit der Präambel des Unionsvertrages durch Art. 136 EGV insoweit eine Spezifizierung, als dafür die Europäische Sozialcharta und die Gemeinschaftscharta der sozialen Grundrechte der Arbeitnehmer die maßgeblichen Anhaltspunkte liefern sollen. Auf die genannten Rechtsquellen wird zudem in den Erläuterungen des Präsidiums des Konvents zur Charta[95] sowie in der Präambel Bezug genommen.

2. Umfang

a) Parallelität von Kompetenzen und Grundrechtsschutz oder umfassender Katalog?

Hinsichtlich der Normierung von gemeinschaftseigenen Grundrechten ist es grundsätzlich denkbar, an die bestehenden Kompetenzen der Gemeinschaft anzuknüpfen, weil die Gemeinschaft gerade kein allkompetenter Staat ist und demzufolge nur die Ausübung der nach dem Prinzip der begrenzten Einzelermächtigung übertragenen Kompetenzen eine Gefahr für die Freiheit der Bürger begründen kann[96]. Demnach müsste die Gemeinschaft als vorwiegend wirtschaftlicher Zusammenschluss[97] auch vorwiegend wirtschaftlich relevante Grundrechte bzw. Grundrechte vorwiegend unter wirtschaftlichen Aspekten schützen. Soweit also die Union über keine einschlägigen Kompetenzen verfügt, fehlt es an einer Gefährdungslage, so dass weitergehende Grundrechte „ins Leere gehen"[98].

---

[95] Diese wurden vom Konventspräsidium am 11.10.2000 vorgelegt, entfalten allerdings nach einem entsprechenden Vermerk "keine Rechtswirkung, sondern dienen lediglich dazu, die Bestimmungen der Charta zu verdeutlichen", vgl. Charta Dokument 4473/00 Convent 49, EuGRZ 2000, 559 ff.
[96] In diesem Sinne Pernice, DVBl. 2000, 847 ff. (852)
[97] Vgl. den Katalog der Zielsetzungen in Art. 2, 3 EGV
[98] Meyer/Borowsky, Kommentar, Art. 51, Rn. 40, 41

Demgegenüber wurde vom Konvent – wie bereits angesprochen - ein umfassender Ansatz gewählt, wobei auch Grundrechte in die Charta Aufnahme gefunden haben, denen unmittelbar keine Regelungskompetenz der Union gegenübersteht. Als Beispiel seien das Verbot der Todesstrafe (Art. 2 Abs. 2 GRC), das Verbot der Zwangsarbeit und Sklaverei (Art. 5 Abs. 1 und 2 GRC), die über die Charta verstreuten familienrechtlichen Regelungen oder das Recht auf unentgeltlichen Pflichtschulunterricht (Art. 14 Abs. 2 GRC) genannt.

Dass sich eine strikte Ausrichtung des Grundrechtskataloges an den Zielen der Gemeinschaften nicht durchhalten lässt, zeigt beispielhaft die Entwicklung der Religionsfreiheit durch den EuGH im Fall *Prais*[99]. Auf den ersten Blick besteht hier keinerlei Bezug zu rein wirtschaftlichen Aspekten; die Religionsfreiheit wird im Fall *Prais* lediglich insoweit als Grundrechtsverbürgung relevant, als der Klägerin der wirtschaftlich erhebliche Zugang zu einem Arbeitsplatz verwehrt wurde, weil sie als bekennende Jüdin aufgrund ihrer Glaubensvorschriften an dem für die Einstellungsprüfung angesetzten Termin weder reisen noch schreiben durfte. Auch wenn die Religionsfreiheit als ein von wirtschaftlichen Bezügen abhängiges "Annexgrundrecht" bezeichnet und damit nicht als Vollgrundrecht entwickelt wurde[100], zeigt dies doch, dass die Gemeinschaft potentiell auch Grundrechte ohne unmittelbaren wirtschaftlichen Bezug verletzen kann und somit eine strikte Parallelität von Kompetenzen und Grundrechtsschutz nicht durchführbar ist. Ebenso können agrarrechtliche Regelungen zum Schlachten von Tieren faktisch die Religionsfreiheit beeinträchtigen, soweit es um das Schächten von Tieren geht. In ähnlicher Weise kann der Schutz der Familie mittelbar wirtschaftlich relevant werden, beispielsweise im Hinblick auf das Nachzugsrecht für Familienangehörige von Wanderarbeitnehmern.[101] Die genannten Beispiele zeigen, dass insbesondere im Hinblick auf nicht gezielte, faktische Grundrechtsbeeinträchtigungen ein grundrechtliches Schutzbedürfnis auch in solchen Lebensbereichen auftreten kann, in denen auf den ersten Blick keine Parallele zu einer bestehenden Unionskompetenz ersichtlich ist.

Gegen eine enge kompetenzakzessorische Grundrechtssicherung sprechen darüber hinaus noch weitere Gesichtspunkte: es bestünde nicht nur die Gefahr, dass der Katalog bei jeder Kompetenzerweiterung fortlaufend ergänzt werden müsste; überdies würde es auch der Symbolfunktion der Charta nicht gerecht, wenn diese nur ein unvollständiges Bild der Werte und Traditionen vermittelte, die die Union prägen und leiten sollen. So wäre

---

[99] EuGH, Rs. 130/75, Slg. 1976, 1589 ff.

[100] Hoffmann, S. 53

[101] Auch Hilf (in: Mosler / Bernhardt / Hilf, Aussprache S. 83) weist auf die Relevanz der sog. klassischen Grundrechte über den Bereich der wirtschaftlichen Grundrechte hinaus hin.

international zweifelsohne ein fataler Eindruck entstanden, wenn das Verbot der Todesstrafe nicht in die Charta aufgenommen worden wäre, wenngleich es kaum vorstellbar erscheint, dass die Union jemals die Kompetenz zur Wiedereinführung oder Verhängung der Todesstrafe erhalten wird. Schließlich stellt die Charta auch für die Beurteilung der Beitrittsfähigkeit von Drittstaaten einen wichtigen Orientierungspunkt dar[102].

Eine Beschränkung auf rein wirtschaftliche Rechte ist weiter deshalb nicht möglich, weil den Grundrechten bei widerstreitender Freiheitsausübung auch die Funktion verfassungsimmanenter Schranken zukommt, d.h. dass das jeweils in Anspruch genommene Freiheitsrecht des einen mit dem jeweiligen Gegengrundrecht eines anderen Grundrechtsträgers in einen verhältnismäßigen Ausgleich gebracht werden muss. Es bedarf also auch der Gewährleistung nicht-wirtschaftlicher Grundrechte, um einer sonst unbeschränkten Ausübung von wirtschaftlichen Freiheitsrechten Grenzen zu setzen.

b) Aufnahme sozialer und kultureller Grundrechte?

Die Frage, ob auch soziale Rechte in die Europäische Grundrechtscharta Eingang finden sollen, war von Anfang an heftig umstritten. Während sich insbesondere deutsche, österreichische und britische Delegierte für eine Beschränkung auf klare, einklagbare Freiheits- und Abwehrrechte und damit gegen Staatszielbestimmungen und kaum einklagbare soziale Grundrechte aussprachen, bestanden die französischen sowie spanische, portugiesische, italienische und griechische Delegierte auf einem ausgewogenen Verhältnis zwischen „Menschenrechten“ einerseits und „sozialen Rechten“ andererseits[103].

Gegen die Aufnahme sozialer Rechte in den Grundrechtskatalog wurde vor allem angeführt, dass die Union auf dem Gebiet des Sozialen nur über sehr begrenzte Kompetenzen verfüge. Es müsse daher vermieden werden, Versprechen zu geben und Begehrlichkeiten bei den Bürgern zu wecken, die die EU mangels Kompetenz nicht einlösen könne. Teilweise wurde auch der Befürchtung Ausdruck verliehen, die Statuierung sozialer Grundrechte könne eine kompetenzerweiternde oder -ansaugende Wirkung zugunsten der Union und zulasten der Mitgliedstaaten entfalten. Zum anderen wurde vorgebracht, dass es praktisch nicht möglich sei, soziale Rechte als justiziable Positionen zu formulieren, soziale Gewährleistungen enthielten vielmehr Zielvorgaben für das staatliche Handeln im Sinne von Programmsätzen, Gestaltungsaufträgen oder Förderungspflichten[104]. Die Aufnahme von

---

[102] von Bogdandy, JZ 2001, 157 (158)
[103] Altmaier, ZG 2001, 195 (197)
[104] Nach deutscher Grundrechtsdogmatik bestehen für die rechtstechnische Umsetzung

umfassenden sozialen Gewährleistungen widerspräche daher der Vorgabe des Europäischen Rats von Köln, wonach soziale Rechte nur insoweit Eingang in die Charta finden sollten, als sie nicht nur Ziele für das Handeln der Union begründen[105].

Dagegen lässt sich jedoch anführen, dass liberale Freiheitsrechte und soziale Grundrechte schon deshalb eine untrennbare Einheit bilden, weil soziale Grundrechte die wirtschaftlichen und sozialen Bedingungen für die reale und effektive Freiheitsausübung gewährleisten[106]. Der Einzelne ist ohne die Hilfe der Allgemeinheit nicht in der Lage, seine Freiheit zu verwirklichen und sich gegen soziale Übermacht durchzusetzen. So ist die Unteilbarkeit und gegenseitige Bedingtheit von politischen und bürgerlichen Rechten einerseits und wirtschaftlichen und sozialen Rechten andererseits nicht nur von der „Simitis-Kommission“[107], die im Auftrag der Europäischen Kommission ein Gutachten zur Frage der Grundrechtscharta erarbeitet hat, sondern auch von der UN - trotz der Kodifikation dieser Rechte in zwei getrennten Konventionen[108] - betont worden[109]. Schließlich entspricht eine umfassende Grundrechtskodifikation unter Einschluss der sozialen Grundrechte auch der Tendenz der modernen Verfassungsgebungen in den europäischen Mitgliedstaaten; insbesondere die Verfassungen Spaniens, Portugals und Griechenlands sehen eine Vielzahl sozialer Rechte vor.

Soweit aus kompetenziellen Gründen Bedenken gegen eine Einbeziehung von sozialen Grundrechten in die Europäische Grundrechtscharta vorgebracht werden, ist darauf hinzuweisen, dass Grundrechte in ihrer Primärfunktion als Abwehrrechte gegenüber staatlicher Machtausübung kompetenzbegrenzende und nicht kompetenzbegründende Wirkung entfalten; mit anderen Worten bedeutet die Verpflichtung, die Grundrechte zu wahren, primär eine Einschränkung für das Handeln der Union und keine Ermächti-

---

sozialer Rechte insbesondere folgende Möglichkeiten: subjektives Recht, objektivrechtlicher Programmsatz, Einrichtungsgarantie, Gesetzgebungsauftrag, Staatszielbestimmung.

[105] Europäischer Rat von Köln, Beschluss vom 4. Juni 1999, EuGRZ 1999, 364 f. (364)

[106] Häberle, VVDStRL 30 (1972), 43 (90 ff.); Murswiek, HBdStR, § 112, Rn. 40: „Die Idee der sozialen Grundrechte ist darauf gerichtet, die sozialen Voraussetzungen der Freiheitsausübung zu garantieren.“; Straßmair, S. 93

[107] „Jeder Versuch, die Grundrechte ausdrücklich anzuerkennen, muss sowohl die politischen als auch die sozialen Grundrechte einbeziehen. Wer sich über ihre Wechselwirkung hinwegsetzt, stellt den Schutz beider in Frage.“, Bericht der Expertengruppe "Grundrechte" der Europäischen Kommission, S. 23

[108] Internationaler Pakt über bürgerliche und politische Rechte; Internationaler Pakt über wirtschaftliche und soziale Rechte

[109] Vgl. Weber, NJW 2000, 537 (541) mit Verweis auf UN-Resolution 32/130 v. 12.12.1966: „all human rights und fundamental freedoms are indivisible and interdependent; equal attention and urgent consideration should be given to the implementation, promotion and protection of both civil and political, and economic, social and cultural rights.“

gung, in diesem Bereich gesetzgeberisch tätig zu werden[110]. Ob den sozialen Grundrechten über die primäre abwehrrechtliche Funktion hinaus auch leistungsrechtliche Komponenten zu entnehmen sind, ist von deren Auslegung abhängig, die sich unter anderem an der bestehenden Kompetenzverteilung zwischen Union und Mitgliedstaaten zu orientieren hat.

Vor diesem Hintergrund ist eine umfassende Grundrechtskodifikation auf Gemeinschaftsebene im Sinne der „Unteilbarkeitslehre" richtig: fehlende Kompetenzen zwingen nämlich nicht zur thematischen Beschränkung des Grundrechtskataloges, sondern führen lediglich zu einer Einschränkung der Wirkungsweise des jeweiligen Grundrechts[111]. Die Grundrechtscharta ist damit offen für Weiterentwicklungen der europäischen Integration, da die in ihr verbürgten Grundrechte im Hinblick auf ihre Wirkungsweise dynamisch nach Maßgabe des Fortschritts der Integration ausgelegt werden können[112]; die zukünftige Ausweitung der Kompetenzen auf Gemeinschaftsebene kann damit ohne weiteres zu einer Funktionserweiterung der bestehenden Grundrechte führen. Umgekehrt wird aber vermieden, dass nach jeder Vertragsrevision, die neue Kompetenzen mit sich bringt, die Grundrechtscharta novelliert und erweitert werden muss.

Im Einzelnen soll auf die Problematik der sozialen Grundrechte jedoch im vierten Teil der Arbeit eingegangen werden.

B. Gründe für eine Kodifizierung

Angesichts der im ersten Teil dargestellten Entwicklung gemeinschaftseigener Grundrechte durch die Rechtsprechung des EuGH stellt sich nunmehr die Frage, welche Vorteile die Kodifizierung der Grundrechte in einer Grundrechtscharta gegenüber der bisherigen prätorischen Lösung mit vertraglicher Verankerung in Art. 6 EUV bietet und welche Unterschiede zu einem ebenfalls lange diskutierten, wenn auch nicht ganz unproblematischen Beitritt zur EMRK bestehen.

---

[110] So hat bereits der Gerichtshof in seinem Gutachten 2/94 vom 28. März 1996, Slg. 1996, I – 1759 klar zwischen der Verpflichtung zur Einhaltung der Grundrechte und der Befugnis, auf dem Gebiet der Grundrechte Rechtsvorschriften zu erlassen, unterschieden.

[111] Lindner, DÖV 2000, S. 549

[112] Dies entspricht der Eigenart des europäischen Rechts als eines „ius semper construendum".

I. Vorteile eines geschriebenen Grundrechtskataloges[113]

Dass eine Kodifizierung nicht zwingend erforderlich ist, zeigt das britische Beispiel: die lange und ausdifferenzierte Rechtsprechungstradition Großbritanniens im Bereich der Grundrechte ist nicht in einem geschriebenen Grundrechtskatalog niedergelegt[114], ohne dass dies ein rechtsstaatlich bedenkliches Schutzdefizit begründen würde. Die Kritik an dem Fehlen eines geschriebenen Grundrechtskataloges auf europäischer Ebene wird demgegenüber vor allem mit dem Fehlen ausreichender *Rechtsstaatlichkeit* sowie einer unzureichenden *Legitimation* der Gemeinschaftsgewalt begründet.

Berührungspunkte zum *Rechtsstaatsprinzip* weist dabei die Kodifizierungsfrage insofern auf, als dieses Prinzip – nach deutschem Verfassungsverständnis - auch die Gebote der Bestimmtheit, der Rechtssicherheit und des Vertrauensschutzes und damit Maßstäbe für die Kalkulierbarkeit und Verlässlichkeit des Grundrechtsschutzes enthält. Zwar können nationalstaatliche Maßstäbe von Rechtsstaatlichkeit nach dem Grundsatz der Eigenständigkeit der Gemeinschaftsrechtsordnung nicht ein rechtsstaatliches Defizit auf Gemeinschaftsebene begründen; jedoch ist auch für die Gemeinschaft die Geltung des Rechtsstaatsprinzips als allgemeiner Rechtsgrundsatz unbestritten[115], insbesondere hat der EuGH auch die Rechtssicherheit[116] und den Vertrauensschutz[117] als rechtsstaatliche Gebote anerkannt.

Das Stichwort "*Legitimation*" hat im europäischen Recht vor allem zwei Bezugspunkte: zum einen wird darunter die Frage der Stärkung der demokratischen Legitimität der Gemeinschaften durch eine Kompetenzausweitung zugunsten des Europäischen Parlaments diskutiert, zum zweiten geht es dabei um einen Ausbau des Grundrechtschutzes. Gegenstand dieser Erörterung soll der zweite Punkt der Legitimationsdiskussion sein.

---

[113] Vgl. den Überblick bei Rengeling, S. 169 sowie die ausführliche Darstellung von Hilf, EuR 1991, S. 19 ff.; ders. in: Weidenfeld, S. 56 ff.

[114] Bleckmann, DVBl. 1978, 457

[115] EuGH, Rs. 294/83, Slg. 1986, 1339 ff. (1365) – Les Verts: "Dazu ist zunächst hervorzuheben, dass die Europäische Wirtschaftsgemeinschaft eine Rechtsgemeinschaft der Art ist, dass weder die Mitgliedstaaten noch die Gemeinschaftsorgane der Kontrolle darüber entzogen sind, ob ihre Handlungen im Einklang mit der Verfassungsurkunde der Gemeinschaft, dem Vertrag, stehen."

[116] EuGH, Rs. 78/74, Slg.1975, 421 ff. (433); Rs. 157/89, Slg. 1991, 57 ff. (88)

[117] Erste Ansätze finden sich in EuGH verb. Rs 7/56 und 3-7/57, Algera, Slg. 1957, S. 87 f.; im Laufe der Zeit hat der EuGH den zunächst als allgemeinen Rechtsgrundsatz erkannten Vertrauensschutz durch die Formulierung einzelner Voraussetzungen näher ausgestaltet und zu einer unmittelbar auf den Einzelfall anwendbaren Rechtsregel ausgebildet, vgl. auch EuGH Rs.1/73, Westzucker, Slg. 1973, S. 723 f.; Rs. 74/74, CNTA, Slg. 1975, S. 533 ff.; Rs. 120/87, Mulder, EuGRZ 1988, S. 321; Rs. 170/87, von Deetzen, EuGRZ 1988, S. 324; ausführlich Borchardt, Vertrauensschutz im Europäischen Gemeinschaftsrecht, EuGRZ 1988, S. 309 ff.

1. Klarstellungs- und Transparenzfunktion

Angesichts der immer dichter werdenden Grundrechtsrechtsprechung des EuGH bestehen zwar hinsichtlich der grundsätzlichen Anerkennung bestimmter Grundrechtsgewährleistungen kaum noch Zweifel; bislang war es jedoch für den Laien kaum möglich, sich über den Stand des gemeinschaftlichen Grundrechtsschutzes Klarheit zu verschaffen[118], jedenfalls setzte dies ein umfassendes Studium der verschiedenen Rechtsquellen, vor allem aber der umfangreichen Grundrechtsjudikatur des EuGH voraus. Demgegenüber enthält die Europäische Grundrechtscharta eine sichtbare Kodifizierung des in der Europäischen Union erreichten Entwicklungsstandes des Grundrechtsschutzes; der Einzelne kann sich ohne weiteres anhand dieses Regelwerkes seiner individuellen Rechte versichern und jedenfalls in Grundzügen erkennen, welche Grundrechte der Gerichtshof in welchem Umfang auf einen bestimmten Fall anwenden wird. Die Grundrechtscharta schafft damit in erster Linie Rechtsklarheit und Transparenz für den Bürger[119] und stärkt dessen Vertrauen in den Rechtsschutz vor Grundrechtsverletzungen. Dies bringt auch der vierte Erwägungsgrund der Präambel zum Ausdruck, in dem es heißt:

> „Zu diesem Zweck ist es notwendig, [...] den Schutz der Grundrechte zu stärken, indem sie in einer Charta sichtbarer gemacht werden."

2. Rechtssicherheit

Ein weiterer Vorteil der Grundrechtskodifizierung liegt in der damit einhergehenden Generalisierung der bisher nur punktuell und einzelfallbezogen entwickelten und anerkannten Grundrechte[120].

Während die schlichte Existenz einer ganzen Reihe von Grundrechten auch vor Schaffung der Europäischen Grundrechtscharta hinreichend verlässlich und kalkulierbar feststand, bestanden erhebliche Unsicherheiten hinsichtlich des konkreten Geltungsumfangs, der Grundrechtsträgerschaft, der Adressaten und der Grundrechtsschranken bis hin zu den Schranken-Schranken, da sich aufgrund der kasuistischen, also fallbezogenen Grundrechtsentwicklung keine eigentliche Grundrechtsdogmatik herausbilden konnte[121]. So ist in einem Urteil stets nur ein ganz bestimmter Rechtsfall zu entscheiden, der manche rechtlichen Gesichtspunkte stärker, andere weni-

---

[118] Hoffmann, S. 40

[119] Vgl. die Forderung der Expertengruppe "Grundrechte" der Europäischen Kommission unter Vorsitz von Spiros Simitis nach "Erkennbarkeit", Ziff. IV 3

[120] Scholz, in: Festschrift für E. Steindorff, S. 1424: "Denn Einzelfallgerechtigkeit und die Ausformulierung allgemeiner Prinzipien verharren von vornherein bzw. wesensgemäß in einem spannungsgeladenen Verhältnis."

[121] Streinz, Bundesverfassungsgerichtlicher Grundrechtsschutz und Europäisches Gemeinschaftsrecht, S. 399

ger stark oder überhaupt nicht betrifft; Ausführungen allgemeiner Art ohne Bezug zur konkreten Fallproblematik stehen dem EuGH nicht zu. Daraus erklärt sich die Tatsache, dass der EuGH bisher nicht bezüglich aller anerkannten Freiheitsrechte auch über die Schranken entschieden hat[122], die Entwicklung einer spezifischen Schrankentheorie noch nicht erfolgt ist[123] und auch bezüglich des Kreises der Adressaten und der Grundrechtsträger erhebliche Unsicherheiten bestehen[124]. Verallgemeinerungen waren bislang nur insoweit möglich, als der EuGH im Rahmen von Vorabentscheidungsverfahren Urteile von allgemeiner Bedeutung formulierte, die dann Bindungswirkung für vergleichbare Fälle entfalteten[125]. Für den Einzelnen war damit die Präzisierung und Konkretisierung der Grundrechte - nicht zuletzt aufgrund der dabei angewandten Methode der wertenden Rechtsvergleichung - ungewiss und wenig berechenbar[126]. Mit der zunehmenden Ausgestaltung des Grundrechtsschutzes verliert dieser Einwand zwar an Gewicht; insbesondere bedürfen auch geschriebene Grundrechte einer Konkretisierung, Präzisierung und Aktualisierung durch die Rechtsprechung; jedoch tragen insbesondere die horizontalen Schlussbestimmungen der Charta in den Art. 51 ff. GRC dazu bei, dass auch die Konturen der jeweiligen Grundrechtsgewährleistungen besser vorhersehbar werden: sie enthalten u.a. eine an den Kompetenzen orientierte Bestimmung der Adressaten sowie eine für alle Grundrechte einheitliche Schranken- und Schranken-Schrankensystematik.

Ein weiterer Kritikpunkt gegenüber der bisherigen prätorischen Lösung erweist sich demgegenüber bei genauerem Hinsehen als weniger stichhaltig. Richterrecht[127] sei prinzipiell jederzeit durch die Rechtsprechung abänderbar, soweit dieses nicht schon zum allseits verbindlichen Gewohnheitsrecht erstarkt sei[128]. Diese Skepsis gegenüber einem rein richterrechtlichen An-

---

[122] Schildknecht, S. 257

[123] Streinz, Bundesverfassungsgerichtlicher Grundrechtsschutz und Europäisches Gemeinschaftsrecht, S. 410; Hoffmann, S. 62; Oppermann, Rz. 492

[124] Hoffmann, S. 55, 58

[125] Wetter, S. 237; bei diesen sog. actes éclairés entfällt die Vorlageberechtigung und -pflicht der nationalen Gerichte, EuGH, Rs. 283/81, Slg. 1982, 3415 (3431 f.) (C.I.L.F.I.T.)

[126] Hilf, in: Weidenfeld, S. 56 ff. (59)

[127] Um solches handelt es sich nach wohl überwiegender Meinung; andere Vertreter der Literatur sind dagegen der Ansicht, die allgemeinen Rechtsgrundsätze seien stillschweigend in das Gemeinschaftsrecht übernommen worden und gälten dort als Vertragsrecht (Lecheler, Die allgemeinen Rechtsgrundsätze in der Rechtsprechung des Europäischen Gerichtshofes, S. 167); wieder andere sehen aufgrund der langjährigen Gerichtshofsrechtsprechung die Grundrechte als gemeinschaftliches Gewohnheitsrecht an; einer Reduzierung ihres Schutzumfanges oder einer Abschaffung stünde daher der geschaffene Vertrauenstatbestand entgegen (Hoffmann, S. 34-36).

[128] Hoffmann, S. 28; Bleckmann, Europarecht, S. 133 ff.; Everling, in: Weidenfeld, S. 73 ff. (74); auch Entscheidungen des Bundesverfassungsgerichts entfalten nur ausnahmsweise – wenn Gesetze für nichtig erklärt oder für vereinbar bzw. unvereinbar mit der Ver-

satz äußert sich auch in der *Solange I* - Entscheidung des Bundesverfassungsgerichts: der richterrechtliche Grundrechtsschutz durch den EuGH stehe nicht ausreichend zuverlässig und für die Zukunft unzweideutig fest und gewährleiste damit nicht die erforderliche Rechtsgewissheit[129]. Allerdings bestehen heute hinsichtlich der grundsätzlichen Anerkennung zentraler Grundrechtspositionen keine Zweifel mehr; sie sind nach zutreffender überwiegender Meinung aufgrund der langjährigen Gerichtshofsrechtsprechung zu gemeinschaftlichem Gewohnheitsrecht erstarkt.[130] So hat auch das Bundesverfassungsgericht im Jahre 1987 seine in der *Solange I* - Entscheidung geäußerten Bedenken aufgegeben[131], da sich die gefestigte Rechtsprechung des EuGH an den Verfassungen der Mitgliedstaaten und der EMRK orientiere und sich alle Hauptorgane der Gemeinschaft in rechtserheblicher Form dazu bekannt hätten, dass sie sich von der Achtung vor den Grundrechten als Rechtspflicht leiten lassen würden[132]. Damit hat das Bundesverfassungsgericht jedenfalls hinsichtlich der generellen Gewährleistung der unabdingbaren Grundrechtsstandards die gefestigte Grundrechtsjudikatur des EuGH als „Katalogersatz" anerkannt.

Allerdings hat das Bundesverfassungsgericht damit keine Aussage über die Frage der hinreichenden Verlässlichkeit der Konturen bzw. Randbereiche der Grundrechte getroffen. Diese sind durch den Beitritt von Drittstaaten und den Wandlungsprozess der nationalen Rechtsordnungen inhaltlichen Veränderungen unterworfen, die einer gewohnheitsrechtlichen Verfestigung insoweit entgegenstehen. Wenngleich die Randbereiche der generell anerkannten Grundrechte damit prinzipiell abänderbar sind, begegnet dies keinen durchgreifenden Bedenken im Hinblick auf den rechtsstaatlich gebotenen Vertrauensschutz, steht doch die Rechtsprechung insoweit wesensgemäß unter dem Vorbehalt der Fortbildung und Korrektur. Auch insoweit absolute Rechtssicherheit zu fordern, hieße die Grundrechte jedem Wandel zu entziehen.

Kritik wurde auch an der Methode der wertenden Rechtsvergleichung zur Gewinnung von Grundrechten als allgemeinen Rechtsgrundsätzen geübt. Dieser Methode fehlten eindeutige Maßstäbe und damit zugleich die Kriterien zur Prüfung, was als beste Lösung anzusehen sei[133]. Diese Kritik, die

---

fassung gehalten werden – nach § 32 Abs. 2 BVerfGG Gesetzeskraft; nur der Gesetzgeber kann damit eine Änderung oder Aufhebung vornehmen.

[129] BVerfGE 37, 271 = NJW 1974, 1697 ff. (1698) – Solange I

[130] Oppermann, Rz. 489 zählt sie zu den allgemeinen Rechtsgrundsätzen.

[131] BVerfGE 73, 339 = NJW 1987, 577 ff. (580) - Solange II

[132] Gemeint ist die Gemeinsame Erklärung von Europäischem Parlament, Rat und Kommission vom 5.4.1977 zum Grundrechtsschutz in der EG (EuGRZ 1977, 157 f.) sowie die Erklärung zur Demokratie des Europäischen Rats vom 7./8.4.1978 (Bull. EG 3-1978, S.5).

[133] Hoffmann, S. 26; Sasse, in: Mosler / Bernhardt / Hilf, S. 51 ff. (62); Streinz, Bundes-

nicht selten im Vorwurf der Willkür gipfelt, rührt wohl insbesondere aus der Tatsache, dass sich in den Urteilen des EuGH zumeist keine detaillierte rechtsvergleichende Analyse finden lässt[134]. Die Rechtsschöpfungsbefugnis des EuGH erfährt jedoch eine Begrenzung durch den Zweck und die Ziele der Gemeinschaftsverträge, den Mindeststandard der EMRK sowie den Grundsatz "in dubio pro libertate", wonach diejenige gemeinschaftsgerechte Auslegung gewählt werden muss, die dem Grundrecht in Übereinstimmung mit den Zielen der Verträge die bestmögliche Entfaltungsmöglichkeit bietet[135]. Jedoch ist schon aufgrund der Vielfalt der zu berücksichtigenden Erkenntnisquellen zu bezweifeln, ob im Rahmen der angewandten Methode überhaupt ein aus der Sicht der Kritiker ausreichendes Maß an Transparenz und Überschaubarkeit der Rechtsfindung zu erzielen ist. Die Rechtsprechung kann vielmehr schon von ihrer Aufgabenstellung her keine geschlossene Systembildung vornehmen; dies wird vielmehr allgemein von der Wissenschaft geleistet[136]. Unter diesem Gesichtspunkt kann wohl nur ein Grundrechtskatalog Abhilfe schaffen. Die Methode der wertenden Rechtsvergleichung wird damit erheblich an Bedeutung verlieren, da der Gerichtshof den Katalog gemäß seinem Rechtsprechungsauftrag aus Art. 220 EGV als erst- und vorrangige Erkenntnisquelle heranziehen wird.

3. Legitimation europäischer Herrschaft

Als ein weiterer wesentlicher Vorteil einer geschriebenen Grundrechtscharta ist die damit einhergehende Verbreiterung der Legitimationsgrundlage der Gemeinschaft anzusehen[137].

Auch wenn oftmals die Gewährleistung individuellen Rechtsschutzes und damit die Verhinderung von Unrecht im Einzelfall als zentrale Funktion der Grundrechte erscheint, dienen sie doch vor allem auch der Legitimation öffentlicher Gewalt. Da sich die europäische Öffentlichkeit einem stetig wachsenden System von Gewaltausübung gegenübersieht, bedarf es einer Rechtfertigung für den allgemeinen Geltungsanspruch der supranationalen

---

verfassungsgerichtlicher Grundrechtsschutz und Europäisches Gemeinschaftsrecht, S. 437

134 Streinz, Bundesverfassungsgerichtlicher Grundrechtsschutz und Europäisches Gemeinschaftsrecht, S. 369; Beleg für eine rechtsvergleichende Arbeit sind insbesondere die Schlussanträge der Generalanwälte und die Zusammensetzung des Gerichtshofs mit Richtern aus allen Mitgliedstaaten; der Entscheidungsstil des EuGH zeichnet sich durch eine französischen Urteilen vergleichbare Kürze der Entscheidungsgründe aus, Streinz, a.a.O., S. 372

135 Wetter, S. 55

136 Streinz, Bundesverfassungsgerichtlicher Grundrechtsschutz und Europäisches Gemeinschaftsrecht, S. 372

137 Beutler, in: von der Groeben / Schwarze, Art. 6 EU, Rn. 40 f., 99; ausführlich zur Legitimationsfunktion: Rosemann, in: Frank / Jenichen / Rosemann, S. 91 ff.

Rechtsordnung in den nationalen Rechtsordnungen, damit die betroffene Bevölkerung die Gemeinschaft und ihre Tätigkeit akzeptiert, sich ihren Befehlen freiwillig unterwirft und sie befolgt. Das Demokratieprinzip kann diese Funktion nur teilweise übernehmen, weil es mit dem Mehrheitsprinzip staatliche Entscheidungen gestattet, die unter Umständen von der Minderheit nicht als legitim angesehen werden[138]. Auch die im Rechtsstaatsprinzip wurzelnde Machtkontrolle durch Gewaltenteilung gewährleistet nur einen Teil der erforderlichen Legitimation. Da die gesetzgebenden Akte nicht in die primäre Entscheidungskompetenz des Europäischen Parlaments fallen, sondern durch die nur mittelbar demokratisch legitimierten Vertreter der nationalen Exekutiven im Rat vorgenommen werden, bedarf es einer stärkeren Kontrolle der Judikative gegenüber der Exekutive als in einem Staatengebilde, in dem das legislative Organ Gesetze erlässt und die Exekutive fortlaufend kontrolliert[139]. Weitergehende Legitimation wird daher durch ein System des Grundrechtsschutzes erzielt, das Kompetenzausübungsschranken enthält.

Eine verstärkte Legitimation würde die Akzeptanz der europäischen Union, insbesondere das Vertrauen der Bürger in die europäische Hoheitsgewalt entscheidend fördern, da augenblicklich die Idee des geeinten Europa zwar weit verbreitet, doch bei weitem noch nicht allgemein akzeptiertes Gemeingut ist und daher starken Popularitätsschwankungen ausgesetzt ist. Die Akzeptanz gegenüber der Gemeinschaftsgewalt bzw. gegenüber zunehmender Vergemeinschaftung scheint vielmehr zugunsten einer stärkeren Betonung nationaler Interessen nachzulassen[140].

Unter diesem Gesichtspunkt kann nur ein geschriebener Grundrechtskatalog und die damit einhergehende Stärkung der Rechte der Bürger als Gegengewicht zum viel zitierten und kritisierten "Wasserkopf Brüssel" Abhilfe schaffen. Denn die schriftliche Fixierung spielt im Bewusstsein der Bürger in legislativ geprägten Rechtssystemen eine entscheidende Rolle[141]; die Grundrechte sind dadurch auch für den juristischen Laien jedenfalls in Grundzügen nachlesbar und erlangen eine größere Publizität, was entscheidend dazu beiträgt, dass die Grundrechte in die öffentliche Meinung aufgenommen und von ihr verstärkt werden. Die Grundrechtscharta entfaltet damit vor allem eine für den Bürger greifbare Legitimationswirkung, da sie die Bindung der sich ständig erweiternden Gemeinschaftsgewalt an Demokratie, Rechtsstaat und Grundrechte sinnfällig macht. Vielleicht kann

---

[138] Bleckmann, Staatsrecht II - Die Grundrechte, Rn. 241

[139] Gündisch, in: Schwarze, S. 97 ff. (117)

[140] Hoffmann, S. 106; ähnlich Tsatsos, EuGRZ 2000, 517 ff. (520)

[141] Glaesner (EuR 1980, 119 ff. (123)) qualifiziert das Misstrauen gegen einen ausschließlich durch ein Gericht erarbeiteten Grundrechtsschutz zutreffend als "Ausfluss kontinentalen Rechtsdenkens".

die Charta so dazu beitragen, die zunehmende Abkühlung der europafreundlichen Grundstimmung der Bevölkerung aufzuhalten.

4. Beitrag zur Bildung einer europäischen Identität; Integrationsfunktion

Schon *Rudolf Smend*[142] betonte die Integrationswirkung von Grundrechten, da sie zu der für politische Entscheidungen notwendigen Einheit des Volkes beitragen, indem sie ein starkes Gefühl der Zusammengehörigkeit hervorrufen, zur Identifikation der Fremd- mit den Eigeninteressen führen und schließlich eine Einigung des Volkes auf ein bestimmtes politisches Programm bewirken.[143]

Diese integrierende und unitarisierende Wirkung lässt sich durch einen Vergleich mit der amerikanischen Unionsverfassung und der Paulskirchenverfassung belegen. So dienten auch die zehn Amendments, die in die 1787 in Kraft getretene amerikanische Bundesverfassung aufgenommen wurden, und die Grundrechte der Paulskirchenverfassung von 1848 dem Zweck, das Einheitsverlangen der Bürger zu unterstützen und die Herausbildung einer nationalen Identität zu fördern[144]. Umgekehrt lehnte *Bismarck* aus eben diesem Grund und aus der Befürchtung, Grundrechte auf Reichsebene könnten zu Lasten der Einzelstaaten kompetenzerweiternd wirken, im Jahr 1871 die Katalogisierung von Grundrechten ab[145].

Zwar kann es auf der Ebene der Europäischen Union nicht um die Herausbildung einer nationalstaatlichen Identität gehen, da die Europäische Union als Gemeinwesen „irgendwo" vor der Stufe eines europäischen Bundesstaates stehen bleiben soll[146]; jedoch bedarf es auch auf Gemeinschaftsebene politischer Integrationsfaktoren mit konstitutioneller Qualität, gerade weil sich die Einheit und Integration in Europa nicht auf ein geschlossenes Nationalbewusstsein gründen kann[147]. So bekennen sich auch die Unterzeichnerstaaten der EMRK deutlich zur Einigungsfunktion des Rechts, wenn sie in der Präambel proklamieren, dass eines der Mittel zur Erreichung des Ziels der Herstellung einer engeren Verbindung zwischen den Mitgliedern in der Wahrung und in der Entwicklung der Menschenrechte und Grundfreiheiten bestehe.

---

142 Smend, Integrationslehre, 475 (482)
143 Vgl. Bleckmann, Staatsrecht II - Die Grundrechte, Rn. 242
144 Zur Paulskirchenverfassung vgl. Scholler, in: Bahners/Roellecke, S. 71 ff.
145 Mit der Weimarer Reichsverfassung von 1919, die in den Artikeln 109 – 134 Grundrechtsverbürgungen enthielt, verlagerte sich das Grundrechtsbewusstsein der Einzelnen aber dann endgültig von der partikularstaatlichen auf die gesamtstaatliche Ebene; Huber, Grundrechte im Bismarckschen Rechtssystem, S. 181.
146 Hilf, in: Weidenfeld, S. 62
147 Scholz, Festschrift für E. Steindorff, 1413 ff. (1413 f.)

5. Entwicklungsschub auf dem Gebiet des Grundrechtsschutzes

Die Europäische Grundrechtscharta bringt zudem eine beträchtliche Erweiterung der anerkannten Grundrechte mit sich und ist gekennzeichnet durch das Bemühen, künftigen Problemlagen im Bereich des Grundrechtsschutzes antizipatorisch durch entsprechende Schutzgewährleistungen gerecht zu werden. Dagegen vollzog sich die Grundrechtsentwicklung bisher kasuistisch entsprechend dem Zufall der dem EuGH unterbreiteten Rechtssachen; die Entwicklung neuer Grundrechte setzte damit einen entsprechenden Entscheidungsbedarf im Rahmen anhängiger Verfahren voraus[148].

Die Charta hingegen bringt die Grundrechtsentwicklung auf europäischer Ebene "auf einen Schlag" ein großes Stück voran - insbesondere im Hinblick auf soziale Grundrechte und Grundrechte der sog. Vierten Generation - und vermittelt ihr damit einen neuen Anstoß.

6. Konsens- und Bekenntnisfunktion; Dokumentation einer Wertebasis

Überdies schreibt die Charta einen Konsens der Werte fest, die der europäischen Einigung zugrunde liegen und verstärkt damit das normative Fundament der Gemeinschaft. Dass zentrales Anliegen der Charta die Sichtbarmachung des gegenwärtigen Standes des europäischen Wertekonsenses ist, bestätigt auch die Bezugnahme auf die "Grundlage gemeinsamer Werte" in der Präambel der Charta[149]. Diese Werte werden anschließend konkretisiert, wenn es dort weiter heißt:

> "In dem Bewusstsein ihres geistig-religiösen und sittlichen Erbes gründet sich die Union auf die unteilbaren und universellen Werte der Würde des Menschen, der Freiheit, der Gleichheit und der Solidarität. Sie beruht auf den Grundsätzen der Demokratie und der Rechtsstaatlichkeit. Sie stellt die Person in den Mittelpunkt ihres Handelns, indem sie die Unionsbürgerschaft und einen Raum der Freiheit, der Sicherheit und Rechts begründet."

---

[148] Die Nachteile dieses Vorgehens kennzeichnet Sasse mit folgenden Worten: „Ich meine (...), dass wir das Grundrechtsproblem aus dieser engen Perspektive der individuellen Gerechtigkeit lösen und es hineinstellen müssen in den Zusammenhang des Werdens einer neuen politischen Ordnung (...). Wir bekommen das Problem des Gesamtkonsenses über die Gestalt der neuen europäischen Ordnung nicht recht in den Griff, wenn wir uns lediglich darauf beschränken wollten, in jedem Einzelfall die adäquate justizielle Lösung zu finden.", Sasse, in: Mosler / Bernhardt / Hilf, S. 94

[149] Der Präambel kommt für die Auslegung der Charta entscheidende Bedeutung zu, da sich aus ihr die Beweggründe und Absichten entnehmen lassen, die die Verfasser verfolgt haben.

Die in der Charta enthaltenen Garantien stellen insoweit Einzelausformungen dieser gemeinsamen Werte dar, zu denen sich die Union am Ende der Präambel noch einmal ausdrücklich bekennt:

> "Daher erkennt die Union die nachstehend aufgeführten Rechte, Freiheiten und Grundsätze an."

Schließlich beinhaltet ein Katalog der Grundrechte eine Anerkennung der Gemeinschaft als Verfassungsordnung und Rechtsgemeinschaft[150]. Zwar haben die Menschenrechte nach deutschem Verfassungsverständnis als "Grundlage jeder menschlichen Gemeinschaft"[151] naturrechtlichen, also vorstaatlichen Charakter und liegen damit auch der Union als Verbund von mehreren Nationalstaaten voraus. Der Verfassungsgebung kommt aber immerhin die Aufgabe zu, diese natürlichen Rechte zu positivieren und zu staatlichen Garantien auszuformen. Als solche sind die Grundrechte essentieller Bestandteil des Rechtsstaats. Die Charta dokumentiert damit den Wandlungsprozess der Gemeinschaft: sie ist in ihrer heutigen Form nicht auf wirtschaftliche Integration und politische Zusammenarbeit beschränkt, sondern bildet eine Rechtsgemeinschaft, die sich durch die Verwirklichung von Werten und durch die Garantie von Freiheiten auszeichnet[152].

7. Fehlende Legitimation des Gerichtshofes?

Ein Grundrechtskatalog könnte zudem dazu dienen, die nach vielfach geäußerter Ansicht kompetenzwidrige Tätigkeit des Gerichtshofes auf dem Gebiet des Grundrechtsschutzes für die Zukunft zu unterbinden. So wird die Kompetenz des EuGH zur Entwicklung von gemeinschaftseigenen Grundrechten immer wieder unter dem Gesichtspunkt der Gewaltenteilung in Zweifel gezogen.

In Art. 220 EGV ist die Funktion des EuGH dahingehend umschrieben, dass er die Wahrung des Rechts bei der Auslegung und Anwendung des Vertrages zu sichern habe. Allerdings besteht dieses Recht i.S.v. Art. 220 EGV auf Gemeinschaftsebene nur unvollkommen und lückenhaft, so dass der EuGH gerade im Bereich der Grundrechte nicht vorhandenes Recht selbst schaffen musste. Genau genommen geht es dabei nicht mehr um die Schließung von Lücken oder die inhaltliche Ausgestaltung bestehender Rechtssätze und damit um Rechtsfortbildung, sondern um originäre

---

150 Rothley, in: Weidenfeld, S. 19 ff. (20); auch Scholz (Festschrift für E. Steindorff, S. 1430) konstatiert, dass ein Katalog dem rechtspolitischen Anliegen entgegenkommen würde, die Verfassungsqualität der heutigen Gemeinschaft sichtbar zu machen.

151 Vgl. Art. 1 Abs. 2 GG

152 Alber/Widmaier, EuGRZ 2000, 497 ff. (498)

Rechtsschöpfung[153]. Kritische Stimmen in der Literatur werfen daher dem EuGH eine unzulässige Wahrnehmung von Legislativkompetenzen – wenn auch in Anlehnung an bestehende Kodifikationen – vor: er sei "nicht selten in die Bresche gesprungen", wenn eine Vertragsergänzung oder eine sekundäre Gesetzgebung nicht realisierbar waren[154].

Der EuGH selbst verfolgt - ohne sich mit dem Geltungsgrund der Grundrechte näher auseinander zu setzen - einen eher praktischen Ansatz. Er sieht sich zur Entwicklung allgemeiner Rechtsgrundsätze im Rahmen der bei ihm zur Entscheidung anstehenden Rechtsstreitigkeiten verpflichtet, um sich nicht dem Vorwurf der Rechtsverweigerung auszusetzen und damit seinen Auftrag, die Wahrung des Rechts zu sichern, zu missachten[155]. Zudem erfordere auch die Einheit und Wirksamkeit des Gemeinschaftsrechts eine derartige Rechtsprechungstätigkeit[156].

Nach zutreffender Ansicht ist Art. 220 EGV eine Kompetenz des EuGH zur Entwicklung allgemeiner Rechtsgrundsätze zu entnehmen[157], da das Wort "Recht" über das geschriebene (Vertrags-) Recht hinaus den Inbegriff der Gerechtigkeitsidee der europäischen Verfassungskultur in das Gemeinschaftsrecht mit einbezieht, wie sie aus den mitgliedstaatlichen Verfassungen hervorgeht[158]. Demgemäß hat der EuGH diejenigen Rechtssätze anerkannt, die zwar als notwendiger rechtsstaatlicher Mindestgehalt einer jeden Rechtsordnung auch der Gemeinschaftsrechtsordnung immanent sind, aber keine positivrechtliche Regelung durch die Gründungsverträge erfahren haben[159].

---

153 Schwarze, Die Befugnis zur Abstraktion im europäischen Gemeinschaftsrecht, S. 223 f.

154 Schwarze, Die Befugnis zur Abstraktion im europäischen Gemeinschaftsrecht, S. 233

155 Borchardt, in: Randelzhofer / Scholz / Wilke, S. 30; EuGH, verb. Rs. 7/56 und 3-7/57, Slg. 1957, 83 ff. (118) - Algera

156 EuGH, Rs. 44/79, Slg. 1979, 3727 ff. (3744, Rn. 14) - Hauer; Rs. 11/70, Slg. 1970, 1125 ff. (1135, Rn. 3) - Internationale Handelsgesellschaft

157 So z.B. Grabitz/Hilf, Art. 164, Rn. 42; nach einem anderen Ansatz begründet die Gewaltenteilung keine ausschließliche Zuständigkeit des Gesetzgebers, sondern ist als konkurrierende Zuständigkeit von Legislative und Judikative zu verstehen (so z.B. Borchardt, in: Randelzhofer / Scholz / Wilke, S. 39); soweit daher der Gesetzgeber von seiner Kompetenz keinen Gebrauch macht, kann der EuGH seine konkurrierende Kompetenz in Anspruch nehmen; dieser Gedanke der konkurrierenden Zuständigkeit entstammt dem Rechtskreis des Common Law und findet sich insbesondere in Louisiana und Quebec verwirklicht, wo das Recht starke kontinentaleuropäische Einflüsse aufweist.

158 Streinz, Bundesverfassungsgerichtlicher Grundrechtsschutz und Europäisches Gemeinschaftsrecht, S. 382; dem entspricht es, wenn die rechtsprechende Gewalt in Deutschland nach Art. 20 Abs. 3 GG an "Gesetz *und* Recht" gebunden ist, womit über einen reinen Rechtspositivismus hinaus eine rechtsethische Verpflichtung statuiert wird, Hirsch, NJW 2000, 1817 ff. (1821)

159 Borchardt, in: Randelzhofer / Scholz / Wilke, S. 31; Rengeling, S.8; Pernice, JZ 1977, 777 ff. (779) formuliert: "Die normative Kraft der Grundrechte ergibt sich für das Gemein-

Gegen diese Auffassung ließe sich einwenden, dass nur elementare Grundwerte wie die Menschenwürde und die Freiheit an sich als Bestandteile des überpositiven Rechts der Gemeinschaftsrechtsordnung vorausliegen, nicht aber konkrete Erscheinungsformen der Freiheit, die durch die Grundrechte gewährleistet sind. Die Grundrechte bedürfen somit trotz ihrer originären Geltung der Konkretisierung und Ausgestaltung durch die Rechtsprechung. Dennoch erscheint die Tätigkeit des Gerichtshofes auf der Basis einer originären Geltung der Grundrechte in einem ganz anderen Licht: da die Grundrechte danach in ihren elementaren "überpositiven" Grundzügen der Gemeinschaftsrechtsordnung immanent sind, handelt es sich bei der Tätigkeit des Gerichtshofes nicht um Rechtsschöpfung, vielmehr lässt sich diese als inhaltliche Ausgestaltung bestehender überpositiver Rechtssätze verstehen und damit als Rechtsfortbildung einordnen. Anders formuliert lässt sich von Rechtsschöpfung nur dann reden, wenn man den Rahmen des bisher positiv gesetzten Rechts zugrundelegt; bezieht man dagegen überpositive Grundsätze in den Begriff des Rechts i.S.v. Art. 220 EGV mit ein, handelt es sich um Rechtsfortbildung, gegen deren Zulässigkeit keine durchgreifenden Bedenken bestehen.

Das idealtypische Bild *Montesquieus* vom Richter, als "la bouche qui prononce les paroles de la loi", ist nämlich in keinem Rechtskreis ausnahmslos verwirklicht; vielmehr beruhen auch legislativ geprägte Rechtssysteme weitgehend auf richterlicher Rechtsfortbildung, wofür die umfangreiche Rechtsprechung des Bundesverfassungsgerichts in über 100 Bänden hinreichend Beweis liefert. So hat auch das Bundesverfassungsgericht die richterliche Rechtsfortbildung durch den EuGH – noch dazu im besonders sensiblen Bereich des Kompetenzrechts – in seiner *Kloppenburg* - Entscheidung[160] ausdrücklich gebilligt. Es führt dazu aus:

> "...ebensowenig aber können Zweifel daran bestehen, dass die Mitgliedstaaten die Gemeinschaft mit einem Gericht ausstatten wollten, dem Rechtsfindungswege offenstehen sollten, wie sie in jahrhundertelanger gemeineuropäischer Rechtsüberlieferung und Rechtskultur ausgeformt worden sind. (...). Die Gemeinschaftsverträge sind auch im Lichte gemeineuropäischer Rechtsüberlieferung und Rechtskultur zu verstehen. Zu meinen, dem Gerichtshof der Gemeinschaften wäre die Methode der Rechtsfortbildung verwehrt, ist angesichts dessen verfehlt."[161]

---

schaftsrecht wie auch für die Verfassungen selbst aus der Unabdingbarkeit der dort niedergelegten Wertidee, der "idée d'oeuvre" im Sinne der institutionellen Grundrechtslehre."

[160] BVerfGE 75, 223 ff. = NJW 1988, 1459 ff. - Kloppenburg

[161] BVerfG, NJW 1988, 1459 ff. (1462)

Von der Zulässigkeit richterlicher Rechtsfortbildung ist daher auch für den Bereich des Grundrechtsschutzes auszugehen, zumal es hier nicht um die Erweiterung von Kompetenzen, sondern im Gegenteil um deren Beschränkung durch negative Kompetenznormen geht. Unter dem Gesichtpunkt der Gewaltenteilung ist daher ein geschriebener Grundrechtskatalog nicht zwingend erforderlich.

8. Maßstab für künftige Beitritte gem. Art. 49 EUV

Die Grundrechtscharta setzt schließlich auch Maßstäbe für den Beitritt neuer Mitglieder. So haben die Mitgliedstaaten der EU am 16.4.2003 mit acht mittel- und osteuropäischen Staaten sowie Malta und Zypern Verträge über den Beitritt zur EU abgeschlossen, die zum 1.5.2004 vollzogen werden. Rechtsgrundlage dieser Beitritte sind gemäß Art. 49 Abs. 2 EUV die Beitrittsverträge, die Bestandteil des Primärrechts werden[162]. Aus Art. 5 Abs. 3 der Beitrittsakte 2003[163] ergibt sich, dass Erklärungen, Entschließungen und sonstige Stellungnahmen des Rates sowie die Gemeinschaft oder Union betreffende Erklärungen, Entschließungen und Stellungnahmen, die von den Mitgliedstaaten im gegenseitigen Einvernehmen angenommen wurden, durch die neuen Mitglieder mit demselben Gehalt und Geltungsgrund übernommen werden ("befinden sich in derselben Lage"). Die Grundrechtscharta gehört daher mit ihrem Inkrafttreten zum "acquis communautaire", also zu der Gesamtheit der gemeinschaftsrechtlichen Vorschriften, die neu in die Gemeinschaft eintretende Staaten von Anfang an übernehmen müssen[164].

Demgegenüber konnte der Beitritt neuer Mitgliedstaaten nach dem bisherigen prätorischen System die gemeinsamen Rechtsüberzeugungen verändern bzw. anders akzentuieren, da sich der für die Rechtsvergleichung in Betracht kommende Rahmen der nationalen Grundrechtskataloge erweiterte. Da es - mit Ausnahme der EMRK und der mitgliedstaatlichen Prüfungsvorbehalte hinsichtlich des Wesensgehalts - keinen Mindeststandard gab, der keinesfalls unterschritten werden durfte, war damit das Rechtsfundament der Gemeinschaft durch die wachsende Zahl der Mitgliedstaaten einem stetigen Wandel unterworfen, der prinzipiell auch einen Rückschritt im Schutzniveau erlaubte. Ein vergleichbarer Wandel ist auf der Basis einer verbindlichen Grundrechtscharta nicht mehr denkbar, da diese nur für den Nachweis weiterreichender Verfassungstraditionen einen Rückgriff auf die nationalen Grundrechtskataloge erlaubt[165], indessen einen Rückschritt hinter den verbindlich niedergelegten Mindeststandard auch im Falle eines Beitritts neuer Mitgliedstaaten nicht zulässt.

---

[162] Streinz, Europarecht, Rn. 55e
[163] BT-Drucks. 15/1100
[164] Schweitzer / Hummer, Europarecht, S. 313, Rn. 1019
[165] Vgl. die Bestimmung des Art. 53 GRC

9. Ergebnis

Im Ergebnis ist festzustellen, dass ein Grundrechtskatalog die Schwächen, die aus der Nichtschriftlichkeit herrühren, sowie die Defizite der richterlich-kasuistischen Rechtsfindung beseitigen kann[166]. Der Charta der Grundrechte der Europäischen Union kommt somit - unabhängig von ihrem rechtlichen Mehrwert, der gerichtlich durchsetzbare Bindungswirkungen voraussetzte - jedenfalls ein (rechts-)politischer Mehrwert gegenüber dem bisherigen prätorischen Grundrechtsschutz zu. Schon als feierliche Proklamation, also als politischer Text, präzisiert die Charta die gemeinsame Auffassung der Organe und der Mitgliedstaaten von den einzelnen Grundrechten und gibt der Rechtsprechung eine Bezugsgrundlage. Zudem erleichtert die Grundrechtscharta den Bürgern, ihre Rechte gegenüber den europäischen Organen wahrzunehmen und geltend zu machen und verstärkt damit die Akzeptanz europäischer Hoheitsgewalt. Überdies entfaltet die Charta schon jetzt – also vor ihrer Inkorporation in das Europäische Primärrecht – eine hohe Symbolwirkung, da sie als gemeinsame Wertebasis möglicherweise die Bildung einer europäischen Identität bei den Bürgern zu fördern geeignet ist. Schließlich bestimmt sie auch die Politik der Union nach außen – insbesondere im Hinblick auf den Beitritt neuer Mitgliedstaaten.

II. Mögliche Gefahren

1. Rückschritt im Schutzniveau durch Einigung auf den kleinsten gemeinsamen Nenner

In der Diskussion um die richtige Methode der Verstärkung des Grundrechtsschutzes auf Gemeinschaftsebene wurde immer wieder auf die Gefahr hingewiesen, dass in einem geschriebenen Grundrechtskatalog ein Grundrechtsstandard definiert werde, der nur den kleinsten gemeinsamen europäischen Nenner beinhalte; so könnten die unterschiedlichen Rechtsvorstellungen, Traditionen und Interessenlagen der Mitgliedstaaten dazu führen, dass nur schwer ein Konsens in dem zu durchlaufenden Gesetzgebungsverfahren zu erzielen sei und sich die gemeinschaftliche Grundrechtskodifikation im Ergebnis auf dem Schutzniveau der EMRK einpendele und damit sinnlos wäre[167]. Nur durch schrittweises Vorgehen der Rechtsprechung könne negativer staatlicher Einfluss auf die Ausgestaltung der Grundrechte zurückgedrängt und somit ein intensiverer Grundrechtsschutz

---

166 Hoffmann, S. 75

167 Pescatore, in: Mosler / Bernhardt / Hilf, S. 64 ff. (70); Dauses, JZ 1980, 293 ff. (298); Wetter, S. 241

entwickelt werden, als es auf diplomatischem Wege in langwierigen Verhandlungen möglich sei[168].

Diese Bedenken werden durch die nun vorliegende Charta entkräftet. Diese enthält nicht nur eine umfassende Verbürgung der bürgerlichen und politischen, wirtschaftlichen und sozialen wie auch neuer Rechte, sondern hält mit Art. 53 GRC auch einen Schutzmechanismus bereit, der ein Absinken unter das gegenwärtig auf Gemeinschaftsebene erreichte Schutzniveau ausschließt. Danach ist im Wege der Kumulierung der Systeme des Grundrechtsschutzes das jeweils höchste Schutzniveau maßgeblich, wobei auch die bisherige Grundrechtsrechtsprechung des EuGH aufgrund der ausdrücklichen Bezugnahme auf das „Recht der Union" nach wie vor als Maßstab dient, so dass zumindest eine Konservierung des status quo gewährleistet ist.

2. Behinderung der Weiterentwicklung des Grundrechtsstandards

Als Argument für eine schrittweise Verwirklichung des Grundrechtsschutzes durch den EuGH wird häufig angeführt, dieser könne auf die fortlaufenden Veränderungen und Fortentwicklungen der Rechtserkenntnisquellen, insbesondere der nationalen Rechtsordnungen und der alle Mitgliedstaaten bindenden internationalen Menschenrechtsverträge, mit größerer Flexibilität reagieren; überdies sei eine ständige Anpassung an die Besonderheiten und Erfordernisse der Gemeinschaft erforderlich, da sich die Grundrechte nach der Rechtsprechung des EuGH in Struktur und Ziele der Gemeinschaft einfügen müssten. Demgegenüber sei für eine Kodifizierung ein langwieriges Gesetzgebungsverfahren zu durchlaufen, was zu einem Verlust der dynamischen Entwicklung der europäischen Grundrechte führen würde.

Dem ist entgegenzuhalten, dass diese Flexibilität zwar notwendige Voraussetzung für die Anwendung der Methode der wertenden Rechtsvergleichung ist, die sich an den Verfassungsüberlieferungen der Mitgliedstaaten sowie den Internationalen Menschenrechtsverträgen einerseits und an der Struktur und den Zielen der Gemeinschaft andererseits orientiert. Soweit die Grundrechte jedoch nunmehr inhaltlich in der Europäischen Grundrechtscharta fixiert sind, bedarf es eines Rückgriffs auf die genannten Erkenntnisquellen und die Ziele der Gemeinschaft nur noch im Hinblick auf deren Auslegung. Da sich die Auslegung aber naturgemäß durch die Gerichte anhand eines konkreten Einzelfalles vollzieht, bestehen unter dem Gesichtspunkt der Flexibilität insoweit keine Bedenken. Ein Blick auf das nationale Verfassungsrecht zeigt zudem, dass gerade ein geschriebener

---

[168] Zuleeg, DÖV 1975, 44 ff. (46); Sasse, in: Mosler / Bernhardt / Hilf, S. 51 ff. (57)

Verfassungstext die Grundlage eines rechtsschöpferischen Prozesses bildet.

Was die Erweiterung des Grundrechtsstandards angeht, so ist angesichts der Regelung in Art. 52 Abs. 3 S. 2 GRC nicht zu befürchten, dass der Grundrechtsschutz auf dem gegenwärtigen Schutzniveau "eingefroren" bleibt. Denn nach dieser Vorschrift bleibt die Gewährung eines über die Charta hinausgehenden Schutzes durch den Nachweis weiterreichender Verfassungstraditionen jederzeit möglich. Schon deshalb ist die Befürchtung verfehlt, der Gerichtshof werde angesichts der neuen "originären", nicht mehr abgeleiteten Rechtsquelle seine rechtsvergleichende Rechtsprechung vollends aufgeben[169]. Dieser ist vielmehr von Rechts wegen weiterhin zur rechtsvergleichenden Analyse verpflichtet und kann sich nicht nur auf die Interpretation des "autonomen" geschriebenen Grundrechtskataloges zurückziehen. Zudem schließt es die Vorschrift des Art. 52 Abs. 3 S. 2 GRC auch ausdrücklich aus, dass neue Grundrechte verfahrensrechtlich nur noch im Wege der Einigung zwischen den Mitgliedstaaten gewonnen werden können. Vielmehr bezieht sich die Einigung der Mitgliedstaaten über die Grundrechtscharta eben auch auf die Möglichkeit einer Weiterentwicklung im Wege des "Richterrechts". Die Charta ist damit zukunftsoffen und die notwendige Dynamisierung des Grundrechtsschutzes sichergestellt.

3. Kompetenzerweiterung

Wie schon oben im Zusammenhang mit den sozialen Grundrechten erwähnt, wurde gegen einen geschriebenen Grundrechtskatalog vorgebracht, dieser könne gleichsam "durch die Hintertür" zu einer Kompetenzerweiterung zugunsten der Gemeinschaft im Widerspruch zu dem in Art. 5 EUV und Art. 5 EGV niedergelegten Prinzip der begrenzten Einzelermächtigung führen.

Diese Befürchtung wird schon durch die Bestimmung des Art. 51 Abs. 2 GRC entkräftet, wonach die Charta weder neue Zuständigkeiten noch neue Aufgaben für die Gemeinschaft und für die Union begründet, noch die in den Verträgen festgelegten Zuständigkeiten und Aufgaben ändert. Überdies enthalten zahlreiche Vorschriften einen limitierenden Verweis auf das nationale Recht, wie z.B. ein Blick auf die Solidaritätsvorschriften und die in Art. 9 GRC enthaltene Gewährleistung des Rechts, eine Ehe einzugehen, zeigt. Schließlich wurde auch das geforderte Recht auf Arbeit mangels europäischer Zuständigkeit in Art. 15 Abs. 1 der Charta lediglich als "Recht, zu arbeiten" verbürgt.

---

[169] Hoffmann, S. 83

Einige Grundrechte der Charta weisen zudem einen direkten Bezug zur zweiten und dritten Säule der Union, der intergouvernementalen Zusammenarbeit in den Bereichen der gemeinsamen Außen- und Sicherheitspolitik gem. Art. 11 ff. EUV und der polizeilichen und justiziellen Zusammenarbeit in Strafsachen gem. Art. 29 ff. EUV auf: so enthalten das Verbot der Todesstrafe (Art. 2 Abs. 2 GRC), das Verbot der Folter und unmenschlicher oder erniedrigender Strafe oder Behandlung (Art. 4 GRC) sowie das Verbot der Zwangsarbeit (Art. 5 Abs. 2 GRC) Vorgaben für die gem. Art. 29 letzter Spiegelstrich EUV anzugleichenden Strafvorschriften der Mitgliedstaaten und stehen in unmittelbarem Zusammenhang mit den absolut schützenswerten, allgemein geltenden Werten wie der Würde des Menschen und dem Recht auf Leben.

Von der Kompetenzbegrenzung her gesehen schwieriger zu erklären sind allerdings die Rechte auf unentgeltlichen Pflichtschulunterricht (Art. 14 Abs. 2 GRC) oder auf einen unentgeltlichen Arbeitsvermittlungsdienst (Art. 29 GRC) sowie das Recht des Kindes auf Kontakt zu beiden Elternteilen (Art. 24 Abs. 3 GRC)[170]. In Anbetracht des in Art. 51 GRC enthaltenen Kompetenzvorbehalts kommt diesen Bestimmungen wohl nur ein geringerer Wirkungsgehalt zu. Letztlich wird hier eine kompetenzorientierte Auslegung zu dem Ergebnis führen, dass diesen Bestimmungen kein positiver leistungsrechtlicher Gehalt zuzuschreiben ist, der bestehende Kompetenzen voraussetzte, sondern im wesentlichen nur ein negativer abwehrrechtlicher Gehalt. Soweit aber nur die abwehrrechtliche Dimension von Grundrechten inmitten steht, die ein Sichenthalten des grundrechtsverpflichteten Hoheitsträgers verlangt, besteht keine Gefahr für die geltende Kompetenzordnung, im Gegenteil sind hier Kompetenzüberschreitungen der Union in Form von Maßnahmen, die die genannten Rechte beeinträchtigen, bereits durch die Charta untersagt.

Schließlich ist in diesem Zusammenhang darauf hinzuweisen, dass die Charta inhaltlich bereits einen künftigen Kompetenzzuwachs der Union berücksichtigt, damit sie nicht bei jeder Änderung der Zuständigkeitsordnung einer Erweiterung bedarf[171].

---

[170] Alber/Widmaier, EuGRZ 2000, 497 ff. (500)

[171] So hat die Gemeinschaft bislang beispielsweise keine Befugnis zum Erlass von Strafvorschriften; trotzdem enthält die Charta im Vorgriff auf künftige Zuständigkeitserweiterungen das Verbot von rückwirkender Strafe und Doppelbestrafung.

III. Probleme und Nachteile eines bloßen Beitritts zur Europäischen Menschenrechtskonvention (EMRK)

Als Alternative zur Schaffung einer eigenen Grundrechtscharta wurde die Möglichkeit eines Beitritts der Union zur EMRK seit langem kontrovers diskutiert[172]. Ihren vorläufigen Schlusspunkt fand diese Diskussion mit einem Gutachten des EuGH vom 28.3.1996[173], in dem dieser sich auf einen entsprechenden Antrag des Rates der Europäischen Union gem. Art. 300 Abs. 6 EGV hin mit der Frage befasst hatte, ob der Beitritt der Europäischen Gemeinschaft zur EMRK mit dem Vertrag zur Europäischen Gemeinschaft vereinbar ist. Darin kam der Gerichtshof zu dem Ergebnis, dass keine Bestimmung des Vertrages den Gemeinschaftsorganen die Befugnis verleihe, völkerrechtliche Verträge auf dem Gebiet der Menschenrechte zu schließen. Eine entsprechende Kompetenz könne auch Art. 308 EGV nicht entnommen werden, da ein Beitritt zur EMRK eine grundlegende Änderung des Systems des Schutzes der Menschenrechte in der Gemeinschaft mit gewichtigen institutionellen Auswirkungen mit sich brächte, damit eine verfassungsrechtliche Dimension aufweise und über die Grenzen des Art. 308 EGV hinausgehe. Ein Beitritt könne sich daher nur im Wege einer Vertragsänderung nach Art. 48 EUV vollziehen.

Damit schließt der EuGH einen Beitritt zur EMRK zwar nicht aus, sondern stellt ihn lediglich unter den Vorbehalt einer Vertragsänderung, die letztlich auch für die Schaffung eines eigenen Grundrechtskataloges erforderlich wäre; allerdings bestehen aus anderen Gründen gewichtige Bedenken gegen diese Lösung.

1. Die fehlende Staatsqualität der Europäischen Union

Die EMRK ist gegenwärtig auf Staaten als Völkerrechtssubjekte und nicht auf Staatengemeinschaften zugeschnitten. Dem gemäß verlangt Art. 66 EMRK i.V.m. Art. 4 der Satzung des Europarates die Staatsqualität als Beitrittsvoraussetzung zur EMRK. Ein Beitritt der Union wäre also völkerrechtlich nur dann zu realisieren, wenn in Form eines Zusatzprotokolls oder einer Öffnungsklausel in der Satzung des Europarates der Kreis der beitrittsfähigen Völkerrechtssubjekte auf Staatengemeinschaften erweitert würde[174].

---

[172] Zuletzt vgl. Ziff. 15 b der Entschließung des Europäischen Parlaments vom 16.3.2000 (A5 - 0064/00); Ziff. 27 b des Dimitrakopoulos/Leinen-Berichts vom 27.3.2000 über die Vorschläge des Europäischen Parlaments für die Regierungskonferenz (A5 - 0085/2000)

[173] Gutachten des EuGH, EuGRZ 1996, 197

[174] Pernice, DVBl. 2000, 854; Wetter, S. 232

2. Die unterschiedlichen Zielsetzungen der beiden Schutzsysteme

Auch in materiell-rechtlicher Hinsicht weist ein Beitritt der Union zur EMRK Schwierigkeiten auf, da die Gewährleistungen der EMRK den Bedürfnissen der EU nicht angepasst sind. Die EMRK enthält nur einen Mindeststandard, insbesondere sind in ihr keine sozialen und wirtschaftlichen Grundrechte enthalten. Dies liegt entstehungsgeschichtlich darin begründet, dass in die EMRK nach nur 14-monatiger Beratung dasjenige übernommen wurde, was bei den Beratungen des späteren UN-Pakts von 1966 über bürgerliche und politische Rechte bis dato zu Papier gebracht worden war[175]. Leistungs- und Teilhaberechte, wie sie im späteren Pakt über wirtschaftliche und kulturelle Rechte enthalten sind, finden sich in der EMRK daher nicht.

Zudem würde das grundrechtliche Schutzniveau durch einen Beitritt zur EMRK keine Änderung erfahren, da der EMRK-Schutzstandard mit der Maastrichter Vertragsänderung bereits verbindlich geworden ist. Zwar führt Art. 6 Abs. 2 EUV nicht zu einer unmittelbaren Geltung der dort genannten Bezugsquellen, zu denen unter anderem die EMRK zählt[176], denn dies wäre schon mit der vom Gerichtshof postulierten Eigenständigkeit der Gemeinschaftsrechtsordnung nicht in Einklang zu bringen. Gleichwohl enthält Art. 6 Abs. 2 EUV ein rechtsverbindliches Bekenntnis zur EMRK als Maßstab für die Rechtsfindung. Überdies ist faktisch ein Zurückbleiben des Schutzstandards auf Gemeinschaftsebene hinter dem Niveau der EMRK angesichts der Vertragsbindung sämtlicher Mitgliedstaaten undenkbar, wenn man nicht ohnehin aufgrund der EMRK-Mitgliedschaft aller EU-Staaten eine Sukzession der Union in die Vertragspflichten der EMRK annimmt[177].

Problematisch ist ferner die unterschiedliche Bindungsintensität der EU-Mitgliedstaaten an die EMRK. Zwar haben alle Mitgliedstaaten der Union die EMRK ratifiziert, jedoch nicht alle in gleichem Umfang. So haben beispielsweise die Niederlande, Italien und Großbritannien das 4. Protokoll nicht ratifiziert[178]; in Irland, Dänemark und Großbritannien hat die Menschenrechtskonvention keine interne Geltung[179]. Diese Unterschiede würden für den Bürger schwer nachvollziehbare Rechtsschutzdivergenzen nach sich ziehen, je nachdem, ob die EMRK im Rahmen des nationalen oder des EU-Rechts zur Anwendung kommt.

---

175 Golsong, in: Mosler / Bernhardt / Hilf, S. 7 ff.

176 Beutler, in: von der Groeben / Schwarze, Art. 6 EU, Rn. 44

177 In diesem Sinne Tomuschat, EuR 1990, 340 (357); Pescatore, in: Mosler / Bernhardt / Hilf, S. 64 ff. (70 f.)

178 Stein, in: Mosler / Bernhardt / Hilf, S. 147 ff. (147)

179 Nickel, ZRP 1980, 161 ff. (165)

3. Das Problem der "institutionellen Verklammerung" von Organen der EMRK und Organen der Europäischen Gemeinschaft

Ein Unionsbeitritt zur EMRK würde zugleich eine Unterwerfung unter das institutionelle Rechtsschutzsystem der EMRK implizieren. Damit fungierte der Europäische Gerichtshof für Menschenrechte (EGMR) auch gegenüber dem EuGH als Appellationsinstanz in Rechtssachen mit Grundrechtsbezügen, so dass nicht nur eine beträchtliche Verfahrensverlängerung, sondern auch ein Unterordnungsverhältnis der Union unter ein Organ des Europarates einträte, was mit dem Selbstverständnis der EU wohl kaum vereinbar wäre[180]. Bislang waren EuGH und EGMR demgegenüber voneinander unabhängig[181]; so hat die Europäische Kommission für Menschenrechte (EKMR) im Verfahren *M & Co.*[182] festgestellt, dass sich die Straßburger Organe nicht für zuständig ansähen, über Akte von EU-Organen zu entscheiden, da diese nicht der EMRK angehörten. Überdies existiere ein äquivalentes Grundrechtsschutzsystem innerhalb der EU, so dass das hiernach eingerichtete Organ, der EuGH, ausschließlich zuständig sei.

Als letztes Argument gegen einen Unionsbeitritt zur EMRK sei schließlich noch angeführt, dass dadurch im Anwendungsbereich des Gemeinschaftsrechts eine Zweiteilung des Schutzinstrumentariums gegen Grundrechtsverletzungen mit unterschiedlichen letztinstanzlichen Gerichtszuständigkeiten auf supranationaler Ebene entstehen würde; denn der EGMR wäre letztinstanzlich nur für die Menschenrechtssachen zuständig, die Gegenstand der Konvention sind. Für den Schutz der übrigen Grundrechte, insbesondere der wirtschaftlichen und sozialen Rechte, bliebe der EuGH zuständig.

4. Ergebnis

Zusammenfassend ist somit festzustellen, dass einem Beitritt der Union zur EMRK sowohl in formaler als auch in materiell-rechtlicher Hinsicht Bedenken entgegenstehen. Angesichts der Tatsache, dass der Beitritt zudem durch alle 36 Mitgliedstaaten der Konvention abschließend ratifiziert werden müsste, wäre diese Alternative nur in einem äußerst langwierigen Prozess und damit nicht in absehbarer Zeit zu verwirklichen.

---

[180] Klein, in: Mosler / Bernhardt / Hilf, S. 166 f.; Losch / Radau, ZRP 2000, 86

[181] Zum Verhältnis zwischen EuGH und EGMR vgl. die Urteile des EGMR in den Rechtssachen Cantoni vs. France vom 15.11.1996 (EuGRZ 1999, 193) und Matthews vs. UK vom 18.02.1999 (EuGRZ 1999, 200).

[182] EKMR, .M & Co. ./. Deutschland, Beschluss vom 9.2.1990, abgedr. in ZaöRV 50 (1990), 865 ff.

C. Die Rechtsnatur der Charta

I. Der "als ob" - Ansatz des Konvents mit der Option einer späteren Einbeziehung in das Primärrecht

Nach der Vorgabe des Europäischen Rates von Köln war eine verbindliche Einbeziehung der Charta in die Verträge zunächst nicht beabsichtigt; vielmehr sollte erst nach der Erarbeitung einer unverbindlichen Fassung in einem zweiten Schritt geprüft werden, "ob und gegebenenfalls auf welche Weise die Charta in die Verträge aufgenommen werden soll."[183]

Daher wurde auf Anregung des Vorsitzenden *Roman Herzog* beschlossen, den Entwurf so auszuarbeiten, "als ob" er in die Verträge eingefügt werden müsse, so dass dem Europäischen Rat die Wahl überlassen bliebe.

Es fragt sich daher, welche Rechtswirkungen die Europäische Grundrechtscharta in ihrer gegenwärtigen Gestalt entfaltet.

II. Die Bindungswirkungen

Nach der in Art. 249 EGV enthaltenen Typologie der gemeinschaftlichen Rechtsakte unterscheidet man auf der Ebene des Gemeinschaftsrechts Verordnungen, Richtlinien, Entscheidungen, Empfehlungen und Stellungnahmen, denen unterschiedliche Rechts- bzw. Bindungswirkungen zukommen. In diesen Katalog lässt sich die von den drei Gemeinschaftsorganen Rat, Parlament und Kommission proklamierte Grundrechtscharta weder der Form nach noch nach ihrem materiellen Gehalt ohne weiteres einordnen, weil die genannten Handlungsformen ohne Ausnahme der Ebene des sekundären Gemeinschaftsrechts zuzuordnen sind, während die Grundrechte nach der Rechtsprechung des EuGH jedenfalls über dem sekundären Recht anzusiedeln sind[184].

Daraus ist aber nicht ohne weiteres der Schluss zu ziehen, bei der Charta handele es sich lediglich um eine rechtlich unverbindliche Proklamation; denn die genannte Bestimmung des EG-Vertrages enthält keineswegs eine vollständige Aufzählung der Handlungsformen der Gemeinschaftsorgane. So sehen sogar die Gemeinschaftsverträge selbst an anderer Stelle Handlungsformen vor, deren Rechtswirkungen nirgendwo allgemein definiert sind, so z.B. die in Art. 46 Abs. 3 Ziff. 2 EGKSV erwähnten „Programme"; in der Praxis existiert darüber hinaus eine Vielzahl von "Erklärungen" - wie z.B. die Gemeinsame Grundrechtserklärung aus dem Jahr 1977 - und Kommuniqués von Konferenzen der Staats- und Regie-

---

[183] Europäischer Rat von Köln, Beschluss vom 4. 6. 1999, EuGRZ 1999, 364 f. (365)

[184] Vgl. Teil 1, Punkt B, Ziff. II

rungschefs, in denen deren "Beschlüsse", "Übereinkommen" oder "Feststellungen" niedergelegt werden[185].

Um den rechtlichen Stellenwert der Grundrechtscharta zu erhellen, ist zunächst deren Urheber präzise zu bestimmen. So wurde die Charta zwar vom sog. Konvent ausgearbeitet, jedoch erst im Rahmen des informellen Europäischen Rats von Biarritz akzeptiert und durch die drei europäischen Organe anschließend feierlich proklamiert, die damit ihren Geltungswillen zum Ausdruck brachten. Die Charta ist daher in ihrem gegenwärtigen Stadium als gemeinsamer Akt der Organe Rat, Parlament und Kommission zu qualifizieren.

1. Die Bindung von Rat, Parlament und Kommission

Die Annahme eines für die Organe verbindlichen Interorganvertrages scheidet von vornherein aus, da es sich bei der Charta nicht um einen Akt handelt, der die Beziehungen zwischen den Organen der Gemeinschaften zum Gegenstand hat, sondern die Beziehungen der Organe (und Mitgliedstaaten) zu den Unionsbürgern im Geltungsbereich des Gemeinschaftsrechts regelt, so dass es sich nicht um gegenseitige Willenserklärungen, sondern vielmehr um gemeinsame einseitige und gleichgerichtete Willensbekundungen der Organe nach außen handelt.

Der Charta könnte aber für die Organe rechtliche Bedeutung in Form einer Selbstbindung nach Treu und Glauben zukommen, wie sie für das oben beschriebene "soft law" typisch ist. Zwar haben Rat, Parlament und Kommission nicht unmittelbar bei der Erzeugung der Grundrechtscharta mitgewirkt; indem sie aber durch deren feierliche Proklamation ihre Zustimmung erklärt haben, könnten sie zum Ausdruck gebracht haben, dass sie die Charta für und gegen sich gelten lassen wollen. Allerdings kann die Bindungsintensität von "soft law" verschieden stark sein und über eine strenge Bindung mit gleichsam vertraglicher oder gesetzlicher Wirkung in verschiedenen Abstufungen bis hin zu einer lockeren Bindung im Sinne einer freiwilligen Übernahme der Regelungen reichen; es kann rechtsstützende bzw. rechtsergänzende Funktion oder die Funktion einer Auslegungshilfe haben[186].

Ein erster Anhaltspunkt hinsichtlich der Bindungsintensität der Charta lässt sich aus einem am 7.3.2001 von der Agence Europe mitgeteilten Kommuniqué des Präsidenten der Europäischen Kommission[187] entnehmen, in

[185] Bothe, in: Festschrift für Schlochauer, S. 761 ff. (761)
[186] Ehricke, NJW 1989, S. 1907
[187] Mitteilung der Kommission, Application de la Charte, SEK (2001) 380/3 vom 13. März 2001

dem die in der Charta verbürgten Rechte als "guideline for conduct" bezeichnet werden. Darin heißt es weiter:

> "This must constitute an imperative in the daily action of the Commission, not only in our relations with citizens and with those for whom decisions are intended, but also in our internal rules and procedures. But it must also be reflected in the exercise by the Commission of its right of own legislative initiative and its regulatory power. In future, any proposal for a legislative or regulatory act should be the subject of prior control of its compatibility with the Charter."

In dieser Erklärung lässt sich zwar eine gewisse Tendenz zu einer Selbstbindung erkennen, allerdings deutet schon der sprachliche Ausdruck ("must", "should") auf die Vagheit und Unverbindlichkeit des erklärten "guten Willens" hin.

Der Rat hat sich zwar noch nicht dafür entschieden, die Charta als verbindlich zu betrachten, allerdings bereits in mehreren Beschlüssen und Entschließungen ausdrücklich auf sie verwiesen[188]. Zudem legt bereits Art. 58 der Geschäftsordnung des Europäischen Parlaments fest, dass bei der Prüfung eines Legislativvorschlags besonders darauf zu achten ist, ob er mit der Grundrechtscharta vereinbar ist. Neben Bezugnahmen in Berichten[189] und Entschließungen des Europäischen Parlaments auf die Charta stützen sich drei im Rahmen des Mitentscheidungsverfahrens angenommene Rechtsakte ebenfalls auf Verweise auf die Charta[190].

Demnach beruht die Anwendung der Charta durch die Organe der Europäischen Union derzeit allein auf Freiwilligkeit, so dass man von einer politischen Verpflichtung bzw. Absichtserklärung sprechen könnte, die die drei unterzeichnenden Organe gegenüber der Öffentlichkeit politisch und moralisch bindet, aber keine Rechtsverpflichtung im eigentlichen Sinne begründet. In diesem Sinne wurde beispielsweise auch die Gemeinsame Erklärung der drei Organe vom 4.3.1975 über das Konzertierungsverfahren zwischen Rat, Parlament und Kommission bei Beschlüssen über finanz-

---

[188] Vgl. Beschluss 2001/903/EG des Rates über das Europäische Jahr der Menschen mit Behinderungen; Beschluss 2002/187/JI des Rates über die Errichtung von Eurojust zur Verstärkung der Bekämpfung der schweren Kriminalität; Rahmenbeschluss 2002/475/JI des Rates zur Terrorismusbekämpfung und Rahmenbeschluss 2002/584/JI des Rates über den Europäischen Haftbefehl und die Übergabeverfahren zwischen den Mitgliedstaaten; Entschließung 2002/C50/01 des Rates zur Förderung der Sprachenvielfalt und des Erwerbs von Sprachkenntnissen und Entschließung 2002/C163/01 des Rates zum lebensbegleitenden Lernen

[189] Vgl. die Hinweise im Duff-Bericht über die Wirkung der Charta, EP-Dok. A 5-332 / 2002

[190] Verordnung (EG) Nr. 1049/2001, Beschluss Nr. 50/2002/EG, Richtlinie 2002/47/EG

wirksame Rechtsakte der EG[191] von der Kommission qualifiziert[192]. Eine solche politische und damit nicht-rechtliche Verpflichtung schafft Verhaltenserwartungen der Gemeinschaft, bietet aber im Vergleich zu rechtlich verbindlichen Normen geringere Sicherheit gegen Übertretungen, da derartige Verhaltungserwartungen nicht der gerichtlichen Durchsetzung fähig sind[193].

Unbeschadet der rechtlichen Unverbindlichkeit und der damit einhergehenden fehlenden gerichtlichen Durchsetzbarkeit gibt es jedoch Gründe für die (freiwillige) Befolgung politischer Verpflichtungen: zum einen das schlichte Rechtsbewusstsein, d.h. das Bewusstsein einer Verpflichtung unabhängig von den Sanktionen einer Nichtbefolgung, zum anderen die Furcht vor nachteiligen "politischen" Konsequenzen, d.h. vor nachteiligen Reaktionen der Partner und kritischen öffentlichen Meinungsäußerungen[194]. Auf diese Weise können auch nicht-rechtliche Mechanismen zu ähnlichen Ergebnissen wie gerichtliche Durchsetzungsverfahren führen.

In den internationalen Beziehungen ist eine solche nicht-rechtliche Gestaltung häufig für zukunftsweisende Grundsatzfestlegungen, die die Umrisse der künftigen Politik skizzieren, wenn eine rigide rechtliche Festlegung noch nicht akzeptiert würde[195]. Den Mitgliedstaaten eröffnet diese Vorgehensweise - zumindest theoretisch - Raum für einen Rückzug und für eine Beeinflussung der Entwicklung in Richtung auf eine abweichende politische Gestaltung. In gleicher Weise enthält auch die Europäische Grundrechtscharta mit ihrem zukunftsorientierten Inhalt einen Vorstoß der Organe für einen grundlegenden Wandel im "Verfassungsrecht" der Gemeinschaft; bis ein übergreifender Konsens in den Mitgliedstaaten erreicht ist, soll daher die Charta auf der Vorstufe einer politischen Absichtserklärung der Organe stehen bleiben.

Im Ergebnis ist festzuhalten, dass die Charta bislang als "soft law" mit einer schwachen Bindungsintensität im Sinne einer politischen Absichtserklärung einzuordnen ist, die gleichwohl als „guideline for conduct" zur präventiven

---

[191] ABl. Nr. C 89 vom 22.4.1975, S. 1

[192] ABl. 1977 Nr. C 180, S. 18

[193] Die geschilderte Abgrenzung von rechtlichen und politischen Verpflichtungen weist Parallelen zur angelsächsischen Unterscheidung zwischen strict law und conventions (Verfassungsbrauch) auf.

[194] Bothe, in: Festschrift für Schlochauer, S. 761 ff. (771)

[195] Bothe, in: Festschrift für Schlochauer, S. 761 ff. (769); so entspricht es ständiger Praxis der Vereinten Nationen, die Ausarbeitung von neuen Menschenrechtsstandards in Stufen vorzunehmen: solange ein Konsens noch unsicher ist, wird zunächst nur eine Entschließung (Resolution) oder Erklärung (Deklaration) in feierlicher Form zur Abstimmung gestellt, die wesentliche inhaltliche, d.h. materiell-rechtliche Elemente enthält, um dann zu einem späteren Zeitpunkt, wenn die Staatengemeinschaft größeres Vertrauen entwickelt hat, in einen Vertrag mit voller Rechtsbindung einzumünden; Riedel, in: Menschenrechte, Dokumente und Deklarationen, S. 12

Kontrolle des Handelns von Rat, Parlament und Kommission herangezogen wird[196].

Die ständige freiwillige Befolgung der Grundrechtscharta durch die Organe könnte jedoch – sofern eine entsprechende Rechtsüberzeugung hinzutritt - auf Dauer zu einer Änderung ihrer Qualität, d.h. zu einer Umwandlung in rechtsverbindliche Normen des Gewohnheitsrechts führen[197]. Sollte also die Charta nicht in Zukunft durch eine Aufnahme in den Unionsvertrag oder in eine selbständige „Verfassungsurkunde" der Europäischen Union Rechtsverbindlichkeit erlangen, könnte nur durch die langsame Herausbildung von Gewohnheitsrecht eine verpflichtende Bindung an die Grundrechte der Grundrechtscharta eintreten. Ein solcher Prozess wäre jedoch der angestrebten Wirkung der Grundrechtscharta höchst abträglich und sollte daher unter allen Umständen vermieden werden[198].

2. Die Bindung des Europäischen Gerichtshofes

Weiterhin ist der Frage nachzugehen, welche Wirkungen die Charta derzeit für die europäische Rechtsprechung entfaltet, ob und inwieweit sich also der Europäische Gerichtshof an den in der Charta niedergelegten Grundrechten orientiert. Denkbar erscheinen insoweit mehrere Alternativen: Der EuGH könnte erstens die Charta-Grundrechte als Rechtsquelle im Sinne eines Geltungsgrundes von Recht oder als selbständige Erkenntnisquelle berücksichtigen oder zweitens die Charta lediglich als zusätzliche Auslegungshilfe zur Absicherung bereits gefundener Ergebnisse heranziehen.

Vor einer verbindlichen Einbeziehung der Charta in die Verträge scheidet ersteres, also die Annahme einer selbständigen Rechtsquelle mit unmittelbar durchsetzbarem Gehalt, von vornherein aus. Demgegenüber erscheint es denkbar, die Charta als zusätzliche Interpretationshilfe heranzuziehen, da die Rechte der Charta letztlich auf denselben Grundlagen basieren wie die durch die Rechtsprechung des EuGH anerkannten Grundrechte[199]. Die Charta könnte damit als „mittelbare Rechtsquelle" bei der Ermittlung der gemeinsamen Verfassungsüberlieferungen der Mitgliedstaaten berücksichtigt werden[200]. Dies würde der oben gefundenen Einordnung der Charta als

---

196 Pernice/Mayer sprechen von einer grundrechtsschützenden Vorwirkung bzw. von einer „faktischen Geltung" der Grundrechtscharta, in: Grabitz/Hilf, nach Art. 6 EUV, Rn. 24, 27.

197 Bothe, in: Festschrift für Schlochauer, S. 761 ff. (773); Oppermann, Rz. 481; Graser spricht von einem Prozess der „allmählichen Verhärtung", ZIAS 2000, 342

198 So nachdrücklich auch Pache, EuR 2001, 475 (493/494)

199 So geht Streinz davon aus, dass die Charta derzeit als Hilfsmittel zur inhaltlichen Konkretisierung der gemeinsamen Verfassungsüberlieferungen fungiert, die ihrerseits Rechtserkenntnisquelle für die allgemeinen Rechtsgrundsätze im Sinne von Art. 6 Abs. 2 EUV sind, Kommentar, Vorbemerkung zur Grundrechtscharta, Rn. 11.

200 Pache, EuR 2001, 475 (486); von einer „Beweislastumkehr" geht Altmaier aus: da-

"soft law" entsprechen, das der EuGH auch bisher zwar nicht als selbständige Erkenntnisquelle herangezogen, gleichwohl aber zur rechtspolitischen Absicherung seiner Grundrechtsrechtsprechung nutzbar gemacht hat[201].

Dass die Grundrechtscharta für die europäische Rechtsprechung zunehmend an Bedeutung gewinnt, zeigt allein die Tatsache, dass mittlerweile die Generalanwälte in mehr als 20 Schlussanträgen auf sie Bezug genommen haben.[202] Als einer der ersten hat Generalanwalt *Tizzano* in der Rechtssache C-173/99[203] in seinem Schlussantrag vom 8.02.2001 ausgeführt:

> "I think therefore that, in proceedings concerned with the nature and scope of a fundamental right, the relevant statements of the Charter cannot be ignored; in particular, we cannot ignore its clear purpose of serving, where its provisions so allow, as a substantive point of reference for all those involved – Member States, institutions, natural and legal persons – in the Community context."

Nicht nur als Bezugspunkt für das Handeln der Gemeinschaftsorgane und Mitgliedstaaten auf Unionsebene, sondern als Auslegungshilfe für das Gemeinschaftsrecht wurde die Bestimmung des Art. 36 der Europäischen Grundrechtscharta durch Generalanwalt *Alber* in seinem Schlussantrag vom 01.02.2001 in der Rechtssache C-340/99[204] herangezogen. Ebenso hat Generalanwalt *Colomer* in der Rechtssache C-466/00[205] die Charta als wesentlichen Maßstab für alle in der Gemeinschaft Handelnden, als höchste Ebene der Wertmaßstäbe in allen Mitgliedstaaten und als wertvolle Quelle zur Bestimmung des gemeinsamen Nenners der rechtlichen Grundwerte aller Mitgliedstaaten, aus denen die allgemeinen Rechtsgrundsätze des Gemeinschaftsrechts abgeleitet sind, bezeichnet.

Dem Beispiel der Generalanwälte folgend hat das Gericht erster Instanz inzwischen in zwei Urteilen die Charta als zusätzliche Erkenntnisquelle benannt[206]. Der Rechtsprechung des Europäischen Gerichtshofs ist zwar bis-

---

nach reiche künftig der bloße Verweis auf die Konkretisierung der gemeinsamen Verfassungsüberlieferung durch die Charta aus; es müsse dann der „Gegenbeweis" erbracht werden, dass das in Frage stehende Grundrecht gerade nicht von den Verfassungsüberlieferungen der Mitgliedstaaten gedeckt ist, ZG 2001, 195 (206)

[201] Vgl. oben Teil 1, Punkt B, Ziff. III. 4

[202] Meyer/Borowsky, Kommentar, Vorbemerkung zu Kapitel VII, Rn. 3

[203] BECTU vs. Secretary of State for Trade and Industry; Rz. 28 des Schlussantrages (Auszug in EuGRZ 2001, 352)

[204] TNT Traco SpA vs. Poste Italiane SpA

[205] Arben Kaba, Schlussantrag vom 11.7.2002; vgl. dazu Meyer/Borowsky, Kommentar, Vorbemerkung zu Kapitel VII, Rn. 3

[206] Urteil vom 30. Januar 2002, Rs. T-54/99, max.mobil Telekommunikation Service GmbH gegen Kommission, EuGRZ 2002, 266 (danach bestätigt die Charta ein Recht auf gerichtliche Nachprüfung als allgemeinen Grundsatz des Gemeinschaftsrechts); Urteil

lang eine ausdrückliche Bezugnahme auf die Charta noch nicht zu entnehmen; gleichwohl scheint die Charta seine Rechtsprechung zunehmend zu beeinflussen, nachdem sich in der jüngst ergangenen Entscheidung zur Biopatent-Richtlinie erstmalig ein Bekenntnis zur Menschenwürde findet[207]. Damit erscheint es absehbar, dass der EuGH die Charta in Zukunft als Verkörperung der gemeinsamen Verfassungsüberlieferungen der Mitgliedstaaten wie auch des Grundrechtsbestands der EMRK über die Brücke der Art. 6 Abs. 2 und 46 EUV in Verbindung mit Art. 220 EGV ausdrücklich in seine Rechtsprechung mit einbezieht[208], um die auf der Grundlage von Art. 6 Abs. 2 EUV gewonnenen Ergebnisse abzusichern und zu bekräftigen.

3. Die Bindung der Mitgliedstaaten

Eine unmittelbare Verpflichtungswirkung zulasten der Mitgliedstaaten kann der Charta als gemeinsamem Rechtsakt der Organe schon deshalb nicht entnommen werden, weil den Organen insoweit keine Kompetenz zusteht. Der Souveränität der einzelnen Mitgliedstaaten würde es allein entsprechen, wenn diese als "Herren der Verträge" selbst ihren rechtlichen Bindungswillen zum Ausdruck brächten[209]. Eine entsprechende Annahme der Charta durch die Mitgliedstaaten würde dazu führen, dass diese als Ausdruck einer allgemeinen Rechtsüberzeugung der Mitgliedstaaten als selbständige Erkenntnisquelle bei der Rechtsfindung zu berücksichtigen wäre. Insbesondere können internationale Verträge schon dann als Grundlage der Gemeinschaftsgrundrechte dienen, wenn sie von den Mitgliedstaaten unterzeichnet, nicht aber ratifiziert worden sind, wie aus der Formulierung des EuGH hervorgeht, dass "internationale Verträge über den Schutz der Menschenrechte, an deren Abschluss die Mitgliedstaaten beteiligt waren oder denen sie beigetreten sind" Hinweise im Rahmen der wertenden Rechtsvergleichung geben könnten[210]. Die Differenzierung zwischen einer "Beteiligung" und einem förmlichen "Beitritt" durch Ratifikation legt jedenfalls eine solche Deutung nahe.

---

vom 3.Mai 2002, Rs. T-177/01, Jégo-Quéré et Cie SA gegen Kommission, EuGRZ 2002, 438 (betreffend den Zugang zu effektivem Rechtsschutz); vgl. Meyer/Borowsky, Kommentar, Vorbemerkung zu Kapitel VII, Rn. 4

[207] Vgl. auch den Beschluss des Präsidenten des EuGH vom 18.10.2002 zur Rs. C-232/02 P (R), Kommission / Technische Glaswerke Ilmenau, Slg. 2002, I-8977 Rn. 85: Hinweis auf Art. 41 GRC als Stützargument (s. Streinz, EUV/EGV, GR-Charta Vorbem. 8, Fn. 20)

[208] Steiner, in: Festschrift für Maurer, S. 1005 (1013)

[209] Als erster Schritt in diese Richtung sind die Bezugnahmen auf die Grundrechtscharta durch die Verfassungsgerichte einzelner Mitgliedstaaten zu werten; vgl. BVerfGE 104, 214 (219) – NDP-Verbot (zu Art. 51 GRC); österr. VerfGH, Vorlage gem. Art. 234 EGV im Dez. 2000; span. Verfassungsgericht, Tribunal Constitucional, TC 292/2000 vom 30.11.2000 (zu Art. 8 GRC).

[210] Zuleeg, EuGRZ 2000, 511 ff. (514)

Allerdings erscheint es denkbar, aus der in Art. 10 EUV niedergelegten Gemeinschaftstreuepflicht eine mittelbare Bindung der Mitgliedstaaten an die Charta herzuleiten. Zwar handelt es sich bei der Charta nach den getroffenen Feststellungen nicht um eine "Verpflichtung", wie sie der Wortlaut des Art. 10 EGV voraussetzt; dennoch verpflichtet der Gerichtshof über Art. 10 EGV die Mitgliedstaaten dazu, auf erreichte Kompromisse Rücksicht zu nehmen, auch wenn sie noch keine Rechtsförmigkeit erlangt haben[211]. So entnahm der EuGH in der Rechtssache *Frankreich / Vereinigtes Königreich* aus einem an sich unverbindlichen Ratsbeschluss[212] in Verbindung mit Art. 10 EGV eine Verpflichtung der Mitgliedstaaten, wenn anders dringliche Maßnahmen - wie im entschiedenen Fall solche zur Erhaltung der Fischbestände - auf einem Gebiet alleiniger Verantwortlichkeit der Gemeinschaft nicht rechtzeitig getroffen würden[213]. Abgesehen von dieser Sonderkonstellation ist jedoch Art. 10 EGV nicht geeignet, unverbindliche Bestimmungen mit verbindlicher Wirkung auszustatten[214]. Daher ist die Einhaltung der Charta durch die Mitgliedstaaten im gegenwärtigen Stand auch nicht mittelbar über die Gemeinschaftstreuepflicht aus Art. 10 EGV erzwingbar.

4. Ergebnis

Bislang ist die Charta als eine für die Grundrechtsverpflichteten nicht bindende und für die Grundrechtsträger nicht einklagbare Erklärung einzuordnen; für den EuGH handelt es sich lediglich um eine Auslegungshilfe bei der Ermittlung von Grundrechtsgarantien[215]. Erst mit der Aufnahme in die Verträge wird die Charta den Vorrang des Primärrechts gegenüber Sekundärrecht teilen und unmittelbare Wirkung für den Unionsbürger gegen Akte der Gemeinschaftsgewalt und mitgliedstaatliche Akte im Rahmen des Gemeinschaftsrechts entfalten[216].

---

[211] EuGH, Rs. 141/78, Frankreich / Vereinigtes Königreich, Slg. 1979, 2923 ff.
[212] Anlage VI zu der Entschließung über die Fischerei, die der Rat am 30.10.1976 in Den Haag gefasst und am 3.11.1976 förmlich angenommen hatte.
[213] Nach Leitsatz 2 dieser Entscheidung konkretisiert die Entschließung des Rates auf dem besonderen Gebiet, für das sie gilt, die Mitwirkungspflichten, die die Mitgliedstaaten gem. Art. 5 EWG-Vertrag [nunmehr Art. 10 EG] durch ihren Beitritt zur Gemeinschaft übernommen haben.
[214] Bleckmann, DVBl. 1978, 483
[215] Winkler, EuGRZ 2001, 26
[216] Weber, NJW 2000, 537 ff. (538)

D. Die „verfassungsgebende" Kompetenz

Der Befund der weitgehenden Unverbindlichkeit der Charta in ihrer jetzigen Form drängt die weitere Fragestellung auf, in welcher Weise die Charta unmittelbare Rechtsverbindlichkeit erlangen könnte und welchem Gremium insoweit die Rechtsetzungskompetenz zusteht; denn die verbindliche Annahme der Grundrechtscharta wäre ein wichtiger Fortschritt im Sinne der von der Präambel zum Unionsvertrag bezeichneten "Notwendigkeit, feste Grundlagen für die Gestalt des zukünftigen Europas zu schaffen."[217]

I. Beschluss des Europäischen Parlaments

Möglich wäre zunächst, die Verbindlichkeit der Charta durch einen entsprechenden Beschluss des Parlaments als unmittelbar demokratisch legitimiertem Repräsentativorgan herzustellen. So hat das Europäische Parlament wiederholt die Auffassung vertreten, einen verfassungsgebenden Auftrag zu besitzen. Bereits im Zusammenhang mit der Ausarbeitung der Erklärung der Grundrechte und Grundfreiheiten vom 12.4.1989 wurde betont, das Europäische Parlament betrete damit den wesentlichsten seiner gesetzgeberischen Bereiche; diese Aufgabe sei mit der Souveränität des Parlaments untrennbar verbunden, die es aus seiner Direktwahl ableite[218].

Auch wenn sich das Europäische Parlament intensiv um einen europäischen Grundrechtskatalog und eine Europäische Verfassung bemüht hat[219], steht ihm eine verfassungsgebende Befugnis derzeit sicher nicht zu[220], da es nicht über die demokratische Grundlegitimation der Repräsentanz eines „europäischen Staatsvolkes" verfügt[221]. Das Europäische Parlament übt vielmehr nach Art. 189 EGV und entsprechend dem Grundsatz der begrenzten Einzelermächtigung nur die Befugnisse aus, die ihm nach dem Vertrag zustehen, so dass seine Rechtsetzungsbefugnisse auf den Tätigkeitsbereich der Gemeinschaft beschränkt sind. Daran hat auch die Tatsache der kontinuierlichen Ausweitung der Kompetenzen des Europäischen Parlaments, zuletzt durch den Vertrag von Amsterdam, nichts geändert[222]. Sollte dagegen dem Europäischen Parlament die Kompetenz zuge-

---

[217] Pernice, DVBl. 2000, 847 ff. (859)

[218] Ziff. 22 des de Gucht - Berichts, EuGRZ 1989, 207 ff. (211)

[219] Vgl. den Entwurf eines „Vertrags zur Gründung der Europäischen Union" von 1984 (ABl. 1984 Nr. C 77, S. 33), die „Erklärung der Grundrechte und Grundfreiheiten" von 1989 (ABl. 1989 Nr. C 120, S. 52) und den Entwurf einer „Verfassung der Europäischen Union" aus dem Jahr 1994 (ABl. 1994 Nr. C 61, S. 155)

[220] Rengeling, S. 183 unter Verweis auf Pernice, NJW 1990, 2415; die Auffassung von de Gucht, EuGRZ 1989, 211 sei demgegenüber bedenklich.

[221] Scholz, in: Festschrift für Maurer, S. 993 (997) mit Verweis auf Scholz, in: Battis / Kunig / Pernice / Randelzhofer, S. 28 ff.

[222] Angesichts der starken Fragmentierung des Europäischen Parlaments erscheint es zudem aus heutiger Sicht wenig realistisch, dass dieses als Gesetzgebungsorgan

sprochen werden, aus sich selbst heraus verfassungsgebend tätig zu werden, so würde sich die Gemeinschaft qualitativ grundlegend ändern und einen wesentlichen Zugewinn an Eigenstaatlichkeit erhalten[223].

Im Ergebnis ist daher festzustellen, dass ein Beschluss des Parlaments der Charta keine Verbindlichkeit verleihen kann; vielmehr würde diese auch im Falle eines Parlamentsbeschlusses auf der Stufe des "soft law" stehen bleiben.

II. Rechtsetzungsverfahren nach Art. 249 ff. EGV

Auch das Rechtsetzungsverfahren nach den Art. 249 ff. EGV ist nicht geeignet, die Charta rechtsverbindlich werden zu lassen, denn dieses Verfahren betrifft nur sekundärrechtliche Rechtsakte, während die Grundrechte in der Normenhierarchie über dem Sekundärrecht anzusiedeln sind. Zudem lässt sich aus dem Gutachten des EuGH zum EMRK-Beitritt[224] folgern, dass auch insoweit die Voraussetzungen der Verbandskompetenz nach Art. 308 EGV wegen der verfassungsrechtlichen Dimension der Grundrechtsfrage nicht gegeben sind.

III. Vertragsänderung gem. Art. 48 EUV

Damit kann die Charta - die mit ihrem grundrechtlichen Gehalt nach überwiegender Meinung auf der Ebene des Primärrechts steht - nur durch eine Einbeziehung in das Primärrecht im Wege eines Vertragsänderungsverfahrens nach Art. 48 EUV verbindlich werden. Es bedarf somit einer vertraglichen Vereinbarung durch die Konferenz von Vertretern der Regierungen der Mitgliedstaaten, die anschließend von den Mitgliedstaaten durch Zustimmungsgesetz ratifiziert werden muss.

Jedoch erscheinen Zweifel angebracht, ob dieses Verfahren den demokratischen Legitimationserfordernissen entspricht, wenn es um die Setzung des an der Spitze der Normenhierarchie stehenden Verfassungsrechts geht[225]. Nach nationalstaatlichem Verständnis bilden die Grundrechte neben Kompetenz- und Organisationsvorschriften einen wesentlichen Teil einer Verfassung; so könnte man auch die Europäische Grundrechtscharta als ersten Teil einer künftigen europäischen Verfassung einordnen. Geht man nun aber davon aus, dass allein dem Volk die verfassungsgebende Gewalt zukommt, ist im Rahmen des Vertragsänderungsverfahrens eine

---

mehrheits- und damit entscheidungsfähig wäre.

223 Hirsch, Eine Grundrechtscharta für Europa?, FCE 5/99, Rn. 26

224 EuGH, Gutachten vom 28.2.1996, EuGRZ 1996, 197; vgl. bereits Punkt B, Ziff. III

225 So stellt auch Scholz die Frage, ob ein nach Art. 48 EUV ergänzter Unionsvertrag auch die Qualität eines „europäischen Verfassungsvertrages“ annehmen dürfte; in: Festschrift für Maurer, S. 993 ff. (995).

ausreichende Beteiligung der „Völker Europas“ bei der Verfassungsgebung nicht gewährleistet; denn eine unmittelbare Beteiligung der Unionsbürger sieht das Verfahren nach Art. 48 EUV nicht vor; auch dem Europäischen Parlament als Vertretung der Völker steht lediglich ein Anhörungsrecht zu. Hingegen verfügen die nationalen Regierungsvertreter im Rat als gewählte Repräsentanten ihrer Länder nur über eine mittelbare Legitimation und unterliegen damit keiner ausreichenden demokratischen Kontrolle.

Angesichts dieses Befundes befürworten einige Vertreter der Literatur die Durchführung eines abschließenden europäischen Referendums, um die Legitimationsgrundlage für die Grundrechtscharta zu verbreitern und ihrer verfassungsrechtlichen Dimension gerecht zu werden[226].

Andererseits erscheint die Parallele zu nationalstaatlicher Verfassungsgesetzgebung insofern verfehlt, als der Union nach ihrer besonderen Konzeption keine Staatsqualität zukommt; sie ist vielmehr ein auf zwischenstaatlichen Vereinbarungen aufbauender Staatenverbund. Dieser rein konsensualen Struktur der Union entspricht es, auch grundlegende Änderungen des Staatenverbundes nur vertraglich zu vereinbaren; die Mitgliedstaaten entscheiden damit als Herren der Verträge über den Bestand und den Inhalt der zwischenstaatlichen Gemeinschaft, ihnen kommt der „pouvoir constituant“ zu[227].

Für eine solche „vertragsrechtliche Lösung“ spricht schließlich der Umstand, dass die Inkorporation der Grundrechtscharta in die Verträge zwar die Union in ihrer "verfassungsrechtlichen" Substanz aufwerten wird, aber die Verträge nicht zu einer staatlichen Verfassung werden lässt. Insbesondere werden dadurch nicht die Grenzen der aus der verfassungsrechtlichen Sicht Deutschlands zulässigen Integration übertreten: denn die Grenze für die Entwicklung europäischer Verfassungsgrundsätze wird erst dort erreicht, wo - wie das Bundesverfassungsgericht in seinem *Solange II* - Beschluss formuliert hat - "die Identität der geltenden Verfassungsordnung der Bundesrepublik durch Einbruch in ihr Grundgefüge, in die sie konstituierenden Strukturen aufgegeben würde."[228]

---

[226] Beutler, in: von der Groeben / Thiesing / Ehlermann, EUV/EGV, 5. Aufl. 1997, Rn. 122; Pernice, DVBl. 2000, 847 ff. (858); ebenso wurde vor der Ratifizierung des Maastrichter Vertrages von Teilen der Literatur geltend gemacht, eine derart weitreichende Übertragung von Hoheitsrechten, die aus der Europäischen Union ein staatsähnliches Gebilde mache, bedürfe einer unmittelbaren Legitimation durch das Volk (Murswiek, Der Staat 1993, S. 161 ff.); demgegenüber sah das Bundesverfassungsgericht Art. 23 GG als ausreichende Rechtsgrundlage an, da es sich um einen bloßen Staatenverbund handele.

[227] Hirsch, NJW 2000, 46 f. (47); Oppermann, Rz. 501

[228] BVerfGE 73, 339 ff. (375 f.); Schwarze, Die Entstehung einer europäischen Verfassungsordnung, S. 185

Zusammenfassend ist daher festzuhalten, dass die Regierungskonferenz die Charta zunächst nach dem Verfahren des Art. 48 EUV in den Unionsvertrag integrieren und diese Änderung durch die Parlamente der Mitgliedstaaten ratifiziert werden müsste; ein europäisches Referendum ist zwar nicht Voraussetzung wirksamer Vertragsänderung, würde der Charta aber mehr Eigengewicht geben und ihre besondere Bedeutung als Dokumentation der Grundlagen des europäischen Gesellschaftsvertrages unterstreichen[229].

Rechtstechnisch könnte entweder der gesamte Text der Charta in die Verträge integriert oder Art. 6 Abs. 2 EUV um einen Verweis auf die Charta ergänzt werden, die dann in der Form eines Protokolls zu den Verträgen als eigenständiger Text bestehen bliebe. Damit würde die Jurisdiktionsgewalt des EuGH aus Art. 46 lit. d) EUV automatisch auf die Charta erstreckt.

---

[229] In diesem Sinne auch Pernice, DVBl. 2000, 847 ff. (859); de lege ferenda wäre daher an eine gleichberechtigte Mitwirkung des Europäischen Parlaments als unitarische Kammer "in Vertretung der Völker Europas" neben dem Rat als föderativ strukturiertem Vertretungsorgan der Regierungen und eine dahingehende Änderung des Art. 48 EUV zu denken, Weber, NJW 2000, 537 ff. (539). Auch Bundespräsident Rau hat in seiner Rede vor dem Europäischen Parlament am 4.4.2001 vorgeschlagen, künftig in allen Bereichen der Rechtsetzung Entscheidungen gemeinsam und gleichberechtigt durch eine „Staatenkammer“, d.h. den bisherigen Ministerrat, und eine „Bürgerkammer“, d.h. das bisherige Europäische Parlament, treffen zu lassen.

3. Teil: Sozialpolitik und soziale Grundrechte in Europa

A. Entwicklung der Sozialpolitik und sozialpolitische Kompetenzen auf Gemeinschaftsebene

I. Die Entwicklung der Sozialpolitik in der Europäischen Gemeinschaft

Bevor auf den gegenwärtigen Entwicklungsstand der europäischen Integration auf dem Gebiet des Sozialen eingegangen werden kann, soll im Folgenden ein kurzer geschichtlicher Abriss der Entwicklung der Sozialpolitik in Europa dargestellt werden[230].

1. Die Gründungsphase der Europäischen Gemeinschaft

In der Gründungsphase der Europäischen Gemeinschaft führte die europäische Sozialpolitik ein Schattendasein. Die Wirtschaftspolitik wurde als Kerngebiet europäischer Politik, die Sozialpolitik dagegen nur als Annex der Wirtschaftspolitik angesehen[231]. Insbesondere Deutschland vertrat im Gegensatz zu Frankreich die Auffassung, die Angleichung der Sozialstandards in den Mitgliedsländern solle sich allmählich über das Spiel der Marktkräfte von selbst einstellen, gezielte Gemeinschaftsaktionen auf diesem Gebiet seien dagegen nicht erforderlich[232].

Der EWG-Vertrag (EWGV) von 1957 enthält daher einen Kompromiss: zwar wurde eine soziale Zielvorgabe in den Gründungsvertrag aufgenommen, indem Art. 2 EWGV u.a. formulierte, das Handeln der Gemeinschaft solle auf das Ziel eines hohen Maßes an sozialem Schutz und die Hebung der Lebenshaltung und Lebensqualität ausgerichtet sein; das eigentliche Kapitel über die Sozialpolitik sah jedoch im Wesentlichen nur eine Koordinierung anstelle einer tatsächlichen Harmonisierung der Rechtsordnungen vor[233]; die sozialpolitische Angleichung sollte sich vielmehr aus dem Wirken

---

230 Eingehend zur geschichtlichen Entwicklung der europäischen Sozialpolitik: Joussen, ZIAS 2000, S. 191 ff.

231 Schulte, Sozialpolitische Zielsetzungen des EG-Vertrages, S. 26

232 Frankreich hatte bei Gründung der Gemeinschaften relativ hohe Sozialkosten und vertrat daher den Standpunkt, dass die Sozialpolitik als Wettbewerbsfaktor vorrangig harmonisiert werden müsse, vgl. Streinz, Europarecht, Rn. 903.

233 Die zentrale Kompetenzzuweisung für die Gemeinschaft beinhalteten die Art. 48 ff. EWGV; Art. 51 EWGV übertrug beispielsweise der Gemeinschaft die Zuständigkeit zur Abstimmung der Systeme der sozialen Sicherheit ihrer Mitgliedstaaten zur Verwirklichung der Grundfreiheit der Freizügigkeit; die ursprünglich im Abschnitt Sozialpolitik vorhandenen Art. 117 ff. EWGV beinhalteten hingegen keine Kompetenzen, sondern im Wesentlichen nicht mehr als Programmsätze, Joussen, ZIAS 2000, S. 200; EuGH, Rs. 149/77 Defrenne/ Sabena, Slg.1978, S. 1365

des Marktes und der Angleichung der Rechts- und Verwaltungsvorschriften ergeben.

Die gleichrangige Nennung des wirtschaftlichen und sozialen Fortschritts im zweiten Erwägungsgrund der Präambel des EWGV stellte somit zunächst nur ein Lippenbekenntnis dar: Gemessen an der tatsächlichen Kompetenzausstattung der Gemeinschaft kam den wirtschaftlichen Zielen in der Gründungsphase der Europäischen Gemeinschaft die eindeutige Priorität zu. Die Sozialpolitik sollte indes nur dazu dienen, die ökonomische Funktionsfähigkeit der primär als Wirtschaftsgemeinschaft betrachteten Vereinigung sicherzustellen und Schwierigkeiten auf sozialer Ebene, die diesen Prozess stören könnten, zu beheben[234]. So wurden auch die Regelungen zur Freizügigkeit der Arbeitnehmer in den Art. 48 ff. EWGV (Art. 39 ff. EGV) und der Grundsatz des gleichen Entgelts für Männer und Frauen in Art. 119 EWGV (Art. 141 EGV), denen unzweifelhaft auch eine soziale Komponente zu entnehmen ist, ursprünglich aus wirtschaftlichen Gründen in den EWG-Vertrag aufgenommen[235]. Zumindest aber eröffnete die soziale Zielbestimmung in Art. 2 EWGV das Gebiet des Arbeits- und Sozialrechts als Betätigungsfeld der Gemeinschaft und ermöglichte damit eine Fortentwicklung in den Folgejahren.

2. Die Phase von 1974 bis 1980

Die anfängliche Phase der Zurückhaltung gegenüber der Verwirklichung sozialer Zielvorstellungen wurde durch die häufig als „Goldenes Zeitalter der Harmonisierung" bezeichnete Phase in den Jahren 1974 bis 1980 abgelöst. Begünstigt durch Regierungswechsel in mehreren Mitgliedstaaten hin zu sozialdemokratisch bzw. sozialistisch geführten Regierungen, die Erweiterung der Gemeinschaft durch neue Mitgliedstaaten mit eigenen sozialen Traditionen und das wirtschaftliche Wachstum in Europa setzte sich allmählich die Erkenntnis durch, „dass die wirtschaftliche Expansion nicht Selbstzweck ist, sondern dazu dienen muss, die Lebensqualität und den Lebensstandard zu verbessern."[236] Eingeleitet wurde diese Wende bereits durch den Pariser Gipfel des Europäischen Rates von 1972, der die „Vision eines sozialen Europas" entwarf und den damaligen Bundeskanzler *Willy Brandt* dazu veranlasste, von der Entwicklung der Europäischen Gemeinschaft zu einer „Sozialunion" zu sprechen[237]. Das im Anschluss an den Pa-

---

[234] Krebsbach, Europäische Sozialpolitik, S. 146

[235] Schulte, S. 28/29, Graser ZIAS 2000, 336 (337)

[236] So formuliert im 1974 verabschiedeten Sozialpolitischen Aktionsprogramm, ABl. der EG 1974 Nr. C 13/1

[237] Willy Brandt, Bulletin des Presse- und Informationsamtes der Bundesregierung vom 24.10.1972, 1761

riser Gipfel verabschiedete Sozialpolitische Aktionsprogramm[238] formulierte als wesentliche sozialpolitische Ziele der Gemeinschaft die Etablierung einer Vollbeschäftigungspolitik, die Verbesserung der Lebens- und Arbeitsbedingungen und die Einbeziehung der Sozialpartner in bestimmte Entscheidungen der Gemeinschaft.

Der erkennbare politische Wille der Gemeinschaft war damit darauf gerichtet, der sozialpolitischen Zielsetzung des Vertrages ein eigenständiges Profil zu verleihen, wenngleich die Kompetenzen für diesbezügliche Angleichungs- oder Koordinierungsmaßnahmen nach wie vor aus dem wirtschaftlichen Bereich stammten und damit faktisch die sozialen Zielvorstellungen den wirtschaftlichen untergeordnet waren. So wurden zwar in dieser Zeit zahlreiche wichtige arbeitsrechtliche Richtlinien verabschiedet[239], als Kompetenznorm stand dafür jedoch lediglich die auf die Errichtung und das Funktionieren des Gemeinsamen Marktes gerichtete Rechtsangleichungskompetenz des Art. 100 EWGV zur Verfügung.

Wie oben bereits angesprochen, war die Gemeinschaft in der Gründungsphase trotz der ausdrücklichen Aufnahme sozialer Zielsetzungen in den Vertrag nur mit ausgesprochen schwachen Kompetenzen auf dem Gebiet der Sozialpolitik ausgestattet und besaß insbesondere keine umfassende Legitimation zur sozialpolitischen Rechtsetzung. Die Art. 117, 118 EWGV bezeichneten vielmehr ausdrücklich die Mitgliedstaaten als Träger der Sozialpolitik und wiesen in diesem Zusammenhang der Gemeinschaft lediglich die Aufgabe der Förderung einer engen Zusammenarbeit zwischen den Mitgliedstaaten in sozialen Fragen zu. Nach Art. 118 EWGV sollte sich dieses Tätigwerden der Gemeinschaft auf Untersuchungen, Stellungnahmen und die Vorbereitung von Beratungen beschränken[240]. Die Umsetzung sozialpolitischer Ziele erfolgte daher in der Anfangsphase unter Zuhilfenahme der allgemeinen Handlungsermächtigungen aus Art. 100, 235 EWGV.

Zur zentralen Kompetenznorm sozialpolitischer Tätigkeit wurde Art. 100 EWGV (Art. 94 EGV), auf den bis 1987 nahezu alle sozialpolitischen Maßnahmen der Gemeinschaft gestützt wurden[241]. Diese Vorschrift ermächtigt den Rat, auf Vorschlag der Kommission gegenüber den Mitgliedstaaten verbindliche Richtlinien für die Angleichung derjenigen Rechts- und Verwaltungsvorschriften zu erlassen, die sich unmittelbar auf die Errichtung oder das Funktionieren des Gemeinsamen Marktes auswirken. Art. 100 EWGV erlaubt damit keine originäre Gemeinschaftssozialpolitik, sondern setzt als

[238] ABl. der EG 1974 Nr. C 13/1 ff.
[239] in erster Linie die Richtlinien 75/117/EWG, 76/207/EWG, 79/7/EWG, 77/185/EWG, 75/129/EWG, 77/187/EWG und 80/987/EWG
[240] Bleckmann, Europarecht, Rn. 1846
[241] Franzen, ZeuP 1995, 796 ff., 798

Rechtsangleichungskompetenz zum einen die Existenz unterschiedlicher nationaler Regelungen voraus, die zum anderen das Funktionieren des Gemeinsamen Marktes unmittelbar beeinträchtigen, d.h. zu Wettbewerbsverzerrungen führen müssen.

Zudem wurde zur Umsetzung sozialpolitischer Zielsetzungen auf die ergänzende Rechtsetzungsbefugnis aus Art. 235 EWGV (Art. 308 EGV) zurückgegriffen, die aber ebenfalls keine Grundlage für eine umfassende eigenständige europäische Sozialpolitik beinhaltet. Art. 235 EWGV ermächtigt den Rat auf Vorschlag der Kommission, jede geeignete Setzung von Gemeinschaftsrecht vorzunehmen, wenn dies zur Erreichung der vertraglichen Ziele im Rahmen des Gemeinsamen Marktes erforderlich wird, die hierfür erforderlichen Befugnisse aber nicht zur Verfügung stehen. Zu den in dieser Vorschrift in Bezug genommen Vertragszielen gehört aber auch die in Art. 117 EWGV angestrebte Verbesserung der Lebens- und Arbeitsbedingungen.

3. Die Einheitliche Europäische Akte von 1986

Die nächsten wesentlichen Schritte auf dem Weg zu einer allmählichen Gleichstellung der sozialen mit den wirtschaftlichen Zielen der Europäischen Gemeinschaft markieren die Einheitliche Europäische Akte aus dem Jahr 1986[242] und die Gemeinschaftscharta der sozialen Grundrechte aus dem Jahr 1989[243].

Zwar ließ die Einheitliche Europäische Akte trotz der erkannten sozialpolitischen Herausforderungen des Binnenmarktes die Art. 117, 118 EWGV unverändert; während die Gemeinschaft jedoch bislang lediglich über konsultative und informative Möglichkeiten des Tätigwerdens auf dem Gebiet der Sozialpolitik verfügte, wurde mit dem neuen Art. 118a EWGV erstmals eine ausschließlich sozialpolitisch motivierte Kompetenz der Gemeinschaft für die Verbesserung der Arbeitsumwelt in den Vertrag eingefügt, indem der Rat ermächtigt wurde, auf dem Gebiet des Arbeitsschutzes Richtlinien mit Mindestvorschriften zu erlassen, ohne dass die Verwirklichung des Binnenmarktes wesentliches Ziel der Richtlinie sein musste[244]. Daneben wurde mit der Einheitlichen Europäischen Akte die Bestimmung des Art. 118b EWGV zur Förderung des sozialen Dialogs zwischen den Sozialpartnern in den Vertrag aufgenommen.

---

[242] Einheitliche Europäische Akte (EEA) vom 17. und 28.02.1986, BGBl. II, 1104

[243] Verabschiedet am 09.12.1989 von den Regierungschefs der Mitgliedstaaten mit Ausnahme Großbritanniens, vorgelegt von der Kommission, KOM (89), 248/471 endg. vom 02.10.1989

[244] Vgl. dazu Bleckmann, Europarecht, Rn. 1860 ff.

Der Einheitlichen Europäischen Akte folgte die am 9.12.1989 von elf Staats- und Regierungschefs (ohne das Vereinigte Königreich) angenommene „Gemeinschaftscharta der sozialen Grundrechte der Arbeitnehmer“[245], der zwar als feierliche Erklärung der verbindliche Rechtscharakter fehlte, aber für die Auslegung und die Weiterentwicklung des Richterrechts des Europäischen Gerichtshofes unmittelbare Rechtsbedeutung zukam[246]. Die Charta bekräftigte die Absicht, bei der Schaffung des Europäischen Binnenmarktes den sozialen Fragen die gleiche Bedeutung wie den wirtschaftlichen Fragen beizumessen und sie daher in ausgewogener Weise weiterzuentwickeln[247].

4. Das Sozialprotokoll von Maastricht 1992

Im Rahmen der Regierungskonferenz, die schließlich zum Vertrag von Maastricht 1992 führte, waren Vorschläge zur Änderung des Gründungsvertrages ausgearbeitet worden, die eine Stärkung der Sozialpolitik im Gemeinschaftsrecht, u.a. durch die Einführung der qualifizierten Mehrheit für Maßnahmen im sozialen Bereich, anstrebten. Da eine Einigung wegen des Widerstands der damaligen konservativen britischen Regierung nicht zustande kam, verabschiedeten die Mitgliedstaaten ein „Protokoll über die Sozialpolitik“, das diese – mit Ausnahme von Großbritannien - ermächtigte, die Organe, Verfahren und Mechanismen des Vertrages in Anspruch zu nehmen, um auf dem von der Gemeinschaftscharta der sozialen Grundrechte der Arbeitnehmer von 1989 vorgezeichneten Weg weiter zu gehen und die erforderlichen Rechtsakte und Beschlüsse zur Umsetzung des dazu beschlossenen Abkommens über die Sozialpolitik anzunehmen und anzuwenden[248]. Das Abkommen[249] trat damit als zusätzliche Rechtsgrundlage für sozialpolitische Vorhaben neben den EG-Vertrag und enthielt über Art. 118a EGV a.F. hinausgehende Rechtsetzungskompetenzen auf dem Gebiet des Arbeitsrechts im Verfahren der Zusammenarbeit nach Art. 189c EGV a.F. mit der Möglichkeit einer Beschlussfassung mit qualifizierter Mehrheit.

---

[245] Die Gemeinschaftscharta stellt die Fortführung des Dokuments der Kommission über die soziale Dimension des Binnenmarktes von 1988 (Bulletin EG Nr. 2-1988, S. 26 ff.) dar, in dem die Kommission für eine aktive Sozialpolitik plädierte und die Schaffung eines „sozialen Sockels“ bis 1992 vorsah, der die Gleichrangigkeit der sozialen mit der wirtschaftlichen Dimension des Binnenmarktes deutlich machen sollte, Streinz, Europarecht, Rn. 904.

[246] Streinz, Rn. 906 mit Verweis auf EuGH, R. C-322/88, Grimaldi, Slg. 1989, I-4407, Rn. 18 f.

[247] 2. Erwägungsgrund der Präambel

[248] Coen, EuZW 1995, S. 50 f.

[249] BGBl. 1992 II, 1314

Nicht zuletzt aufgrund der zweifelhaften Rechtsnatur der Abkommens und der darauf beruhenden Rechtsakte[250] sowie der rechtlichen Schwierigkeiten, die sich aus dem Nebeneinander der Gemeinschaft und Großbritannien auf dem Gebiet der Sozialpolitik[251] mit der Gefahr der Entstehung zwei verschiedener europäischer Arbeits- und Sozialrechtsordnungen[252] ergaben, wurde von den Möglichkeiten des Abkommens über die Sozialpolitik nur sehr zurückhaltend Gebrauch gemacht[253].

Der Vertrag von Maastricht brachte ferner Änderungen der Vorschriften über den Europäischen Sozialfonds (Art. 146-148 EGV) sowie eine Gemeinschaftskompetenz für die allgemeine und berufliche Bildung und Jugend (Art. 149-150 EGV).

5. Der Vertrag von Amsterdam

Spätestens mit dem am 1. Mai 1999 in Kraft getretenen Vertrag von Amsterdam[254] wurde das Ungleichgewicht zwischen Wirtschafts- und Sozialpolitik durch die Erweiterung des Kompetenzrahmens der Gemeinschaft auf sozialem Gebiet weitgehend behoben, so dass sich die Europäische Gemeinschaft auch faktisch von einer reinen Wirtschaftsgemeinschaft zu einer Wirtschafts- und Sozialunion fortentwickelt hat.

In der Fassung des Vertrages von Amsterdam enthält der EG-Vertrag einen neuen Titel XI (Art. 136 ff. EGV), der mit den Begriffen „Sozialpolitik, allgemeine und berufliche Bildung und Jugend" überschrieben ist. In diesen Titel wurden die Regelungen der Art. 117 ff. EGV a.F. sowie die im Abkommen über die Sozialpolitik enthaltenen Vorschriften aufgenommen, die nunmehr die für alle Mitgliedstaaten gleichermaßen geltende Grundlage der europäischen Sozialpolitik darstellen.

Art. 136 EGV benennt in Konkretisierung der Präambel und des allgemeinen Aufgabenkataloges der Gemeinschaft aus Art. 2 EGV sechs Ziele der europäischen Sozialpolitik und einige allgemeine Grundsätze, die bei ihrer Verwirklichung durch die Mitgliedstaaten und die Gemeinschaft zu beachten sind[255]. Zugleich nimmt die Vorschrift Bezug auf die in Turin verabschiedete Europäische Sozialcharta von 1961 und die Gemeinschaftscharta der sozialen Grundrechte der Arbeitnehmer von 1989, die damit zwar nicht in den Rang unmittelbar anwendbaren Primärrechts gehoben werden,

---

[250] Coen, EuZW 1995, S. 51

[251] Kampmeyer, Protokoll und Abkommen über die Sozialpolitik der Europäischen Union, 1998

[252] Zum „Europe à deux vitesses" Eichenhofer, Das dem Vertrag über die Europäische Union angefügte „Protokoll über die Sozialpolitik", S. 161 ff.

[253] Steinmeyer, RdA 2001, 13

[254] BGBl. 1998 II, S. 387

[255] Callies / Ruffert – Krebber, EUV/EGV, Art. 136 Rn. 27

gleichwohl aber als Richtlinien bei den Aktivitäten der Gemeinschaft und der Mitgliedstaaten zu berücksichtigen sind. Die wohl bedeutendste Änderung ist aber darin zu sehen, dass Art. 136 EGV neben den Mitgliedstaaten erstmals auch die Gemeinschaft selbst als Trägerin der Sozialpolitik benennt. Von der Rechtsnatur handelt es sich bei Art. 136 EGV allerdings - wie schon bei Art. 117 EGV a.F. - um einen nicht justiziablen Rechtssatz von vor allem programmatischem Charakter[256].

Art. 137 EGV, der weitestgehend Art. 2 des Sozialabkommens von 1992 übernimmt, beinhaltet die bedeutendste Ermächtigungsgrundlage für die Gemeinschaft im Bereich der Sozialpolitik. Sie räumt der Gemeinschaft nicht nur eine Unterstützungs- und Ergänzungsfunktion für die Tätigkeit der Mitgliedstaaten, sondern vor allem auch eine Richtlinienkompetenz für Mindestvorschriften in weiten Teilen des Arbeits- und Sozialrechts ein. Entsprechend der Grundaussage des Art. 136 EGV, wonach die Gemeinschaft und die Mitgliedstaaten als Träger der europäischen Sozialpolitik eingesetzt sind, betont somit auch die Kompetenzverteilung in Art. 137 EGV die beiderseitige Verantwortung von Gemeinschaft und Mitgliedstaaten auf dem Gebiet des Arbeits- und Sozialrechts.

Über die dargestellten Änderungen hinaus hat der Vertrag von Amsterdam auch im Bereich der Gleichstellung von Männern und Frauen, der schon bislang einen wesentlichen Bestandteil europäischer Sozialpolitik ausmachte, eine Stärkung der Gemeinschaftsorgane erbracht. Der Vorschrift des Art. 3 EGV, der die Tätigkeiten der Gemeinschaft in allgemeiner Form aufzählt, wurde ein neuer Abs. 2 angefügt, der die Gleichstellung nunmehr als Querschnittsaufgabe für alle in Abs. 1 genannten Tätigkeitsbereiche und damit für die gesamte europäische Politik definiert. In diesem Zusammenhang ist zudem der neue Art. 141 Abs. 3 EGV zu erwähnen, der eine Rechtsgrundlage für die Verwirklichung der Chancengleichheit und der Gleichbehandlung von Männern und Frauen in Arbeits- und Beschäftigungsfragen vorsieht und damit in seinem Geltungsbereich über die auf das Gebiet der Lohndiskriminierungen beschränkte Vorschrift des Art. 141 Abs. 1 EGV hinausgeht. Damit erhält die Gemeinschaft erstmals eine Kompetenz zur Rechtsetzung auf allen Gebieten, die im weitesten Sinne Einfluss auf die Gleichbehandlung haben können, während sich die Gleichstellung bisher im Wesentlichen über die Rechtsprechung und das Sekundärrecht vollzog.

Mit dem Amsterdamer Vertrag wurde schließlich auch der Bereich der Beschäftigungspolitik in einem eigenständigen Titel des EG-Vertrages

---

[256] Steinmeyer, RdA 2001, S. 12; zu Art. 117 EGV a.F. EuGH Rs. 149/77 Defrenne /Sabena, Slg. 1978, 1365; darüber hinaus bietet er Anhaltspunkte für die Auslegung des primären und sekundären Gemeinschaftsrechts im Sozialbereich, vgl. Schulte, in: Soziale Grundrechte in der Europäischen Union, S. 29

(Art. 125 ff. EGV) verankert, der das in Art. 2 EGV aufgenommene Gemeinschaftsziel der „Förderung eines hohen Beschäftigungsniveaus“ konkretisiert. Allerdings belassen die Bestimmungen der Art. 125 ff. EGV die Kompetenzen im Bereich der Beschäftigungspolitik vollständig in der Zuständigkeit der Mitgliedstaaten und räumen der Gemeinschaft lediglich die Möglichkeit ein, die Zusammenarbeit zwischen den Mitgliedstaaten zu fördern und deren Maßnahmen in diesem Bereich zu unterstützen (Art. 127 EGV)[257]. Der neue Titel VIII zur Beschäftigungspolitik ist daher weniger kompetenzrechtlich als vielmehr politisch relevant, indem er das Anliegen der Beschäftigungspolitik aus dem ausschließlich nationalen Interesse heraushebt und ihm eine europäische Dimension verleiht.

II. Kompetenzen der Gemeinschaft im Bereich der Sozialpolitik

1. Grundsätzliches zur Kompetenzverteilung

Die Gemeinschaft verfügt aufgrund der begrenzten Übertragung von Hoheitsmacht durch die Mitgliedstaaten über abgeleitete Hoheitsrechte, deren Änderung, Erweiterung oder Aufhebung in der Hand der Mitgliedstaaten als den „Herren der Verträge“ liegt. Eine originäre Kompetenz-Kompetenz, also die Fähigkeit, selbst Kompetenzen zu begründen, steht der Gemeinschaft als supranationalem Staatenverbund im Gegensatz zum Bundesstaat nicht zu. Nach dem in Art. 5 Abs. 1 EGV niedergelegten Prinzip der begrenzten Einzelermächtigung kann die Gemeinschaft daher nur dann tätig werden, wenn ihr eine ausdrückliche Befugnis im EG-Vertrag verliehen ist; die bloße Nennung von Gemeinschaftsaufgaben bzw. –zielen im EG-Vertrag lässt dagegen nicht den Schluss auf eine entsprechende Befugnis zu. Soweit der EG-Vertrag die entsprechenden Ermächtigungsgrundlagen vorsieht, sind der Ministerrat und die Kommission nach Art. 249 EG-Vertrag zum Erlass verbindlicher Rechtsakte in Form von Verordnungen, Richtlinien und Entscheidungen berechtigt, die entgegenstehendes nationales Recht verdrängen[258]. Allerdings können das in Art. 5 Abs. 2 EGV verankerte Subsidiaritätsprinzip und der in Art. 5 Abs. 3 EGV niedergelegte

[257] Diese Tätigkeit beschränkt sich im Wesentlichen auf die Erstellung eines Jahresberichts zur Beschäftigungslage in der Gemeinschaft und die Festlegung von beschäftigungspolitischen Leitlinien (Art. 128 EG-Vertrag). Zudem kann der Rat nach Art. 129 EG-Vertrag im Verfahren der Mitentscheidung Maßnahmen mit Anreizcharakter zur Förderung der Zusammenarbeit zwischen den Mitgliedstaaten und zur Unterstützung ihrer Beschäftigungsmaßnahmen beschließen; die Harmonisierung der Rechts- und Verwaltungsvorschriften der Mitgliedstaaten ist hingegen von dieser Kompetenz ausdrücklich ausgeschlossen (Art. 129 Abs. 2 EG-Vertrag).

[258] Vgl. etwa EuGH Rs. 6/64 (Costa/ENEL), Slg. 1964, S. 1251 ff.

Verhältnismäßigkeitsgrundsatz als Kompetenzausübungsschranken bestehende Befugnisse der Gemeinschaft begrenzen.

Neben den ausdrücklichen Einzelermächtigungen können der Gemeinschaft auch ungeschriebene Befugnisse auf der Grundlage der implied-powers-Theorie oder in Form von Annexkompetenzen zustehen. Nach der implied-powers-Lehre können aus bereits vorhandenen Kompetenzen ungeschriebene Befugnisse abgeleitet werden, wenn diese zur Erfüllung der Gemeinschaftsaufgaben benötigt werden, wenn also die ausdrücklichen Gemeinschaftskompetenzen „bei deren Fehlen sinnlos wären oder nicht in vernünftiger und zweckmäßiger Weise zur Anwendung gelangen könnten."[259] Sie dienen der Abrundung vorhandener Befugnisse und entsprechen damit im Wesentlichen den Kompetenzen kraft Sachzusammenhangs nach bundesdeutschem Verfassungsrecht. Dagegen werden unter Annexkompetenzen solche ungeschriebenen Befugnisse verstanden, die die Gemeinschaft für die Vorbereitung und Durchführung ihrer Akte benötigt, sind also vorwiegend verfahrensrechtlicher Art.

2. Der Kompetenzrahmen der Gemeinschaft auf dem Gebiet der Sozialpolitik seit dem Vertrag von Amsterdam

Wie bereits angesprochen, wurden mit dem Vertrag von Amsterdam zahlreiche neue Kompetenzen der Gemeinschaft auf dem Gebiet der Sozialpolitik in den EG-Vertrag eingefügt, denen nicht wie bislang lediglich eine Hilfsfunktion für die Verfolgung der wirtschaftlichen Ziele des Vertrages zukommt, sondern die ausschließlich sozialpolitisch motiviert sind. Damit wurde auch auf kompetenzrechtlicher Ebene anerkannt, dass Fortschritte im sozialen Bereich nicht die schlichte Folge wirtschaftlichen Fortschritts sind, sondern ein eigenständiges und zielgerichtetes Handeln erforderlich machen[260]. Insbesondere wurden auch die Kompetenzen, die der Gemeinschaft durch die Mitgliedstaaten mit Ausnahme Großbritanniens bereits mit dem Protokoll und Abkommen über die Sozialpolitik übertragen worden waren, im Rahmen der Amsterdamer Vertragsrevision in den Vertrag aufgenommen, so dass wieder ein einheitlicher sozialpolitischer Rechtsraum hergestellt wurde.

Im Folgenden soll der Kompetenzkatalog der Gemeinschaft auf dem Gebiet des Sozialen einer genaueren Betrachtung unterzogen werden.

---

[259] EuGHE 1955/56, S. 311 ff. – Rs 8/55; die ungeschriebenen Befugnisse beruhen damit letztendlich auf dem teleologischen Auslegungsgrundsatz des "effet utile"

[260] Steinmeyer, RdA 2001, 10 (12)

a) Titel VIII des EG-Vertrages: Beschäftigung

Mit dem Vertrag von Amsterdam wurde die Union – wie bereits oben erwähnt - mit eigenen Befugnissen im Bereich der Beschäftigungspolitik ausgestattet. Als deren Ziele legt Art. 125 EGV die Anhebung der Qualifikation der Arbeitnehmer sowie die Stärkung der Anpassungsfähigkeit der Arbeitsmärkte fest. Wenngleich die Zuständigkeit für die Beschäftigungspolitik nach Art. 126 und 127 Abs. 1 S. 2 EGV bei den Mitgliedstaaten verbleibt, trägt die Gemeinschaft insoweit zu einem hohen Beschäftigungsniveau bei, als sie nach Art. 127 EGV die Zusammenarbeit zwischen den Mitgliedstaaten fördern und deren Maßnahmen unterstützen und ergänzen kann[261]. Im Mittelpunkt steht insoweit die alljährliche Erhebung der Beschäftigungslage in der EU und die Verabschiedung beschäftigungspolitischer Schlussfolgerungen nach Art. 128 EGV. Ziel dieser Tätigkeit ist es, einen Wettbewerb zwischen den Mitgliedstaaten in Gang zu setzen, um deren Leistungsfähigkeit in der Beschäftigungspolitik zu erhöhen und die besten Praktiken im gesamten EU-Raum zu verbreiten[262]. Darüber hinaus sieht Art. 129 EGV vor, dass der Rat im Verfahren der Mitentscheidung gewisse Maßnahmen mit Anreizcharakter zur Förderung der Zusammenarbeit zwischen den Mitgliedstaaten und zur Unterstützung ihrer Beschäftigungsmaßnahmen beschließen kann; Harmonisierungsmaßnahmen sind davon jedoch ausdrücklich nicht erfasst. Insgesamt dürfte das Kapitel zum Thema Beschäftigung damit mehr politische als juristische Bedeutung entfalten, da zwar einerseits die Förderung der Beschäftigung als gemeinsames Interesse festgeschrieben, der Gemeinschaft aber insoweit keine „harten" Kompetenzen verliehen werden[263].

b) Titel XI des EG-Vertrages: Sozialpolitik, allgemeine und berufliche Bildung und Jugend

aa) Die Ziele, Art. 136 EG-Vertrag

Die erste Vorschrift im Kapitel der Sozialvorschriften, Art. 136 EGV, umschreibt zunächst in allgemeiner Form die Ziele der Gemeinschaft im Bereich der Sozialpolitik in Anlehnung an die Formulierung aus Art. 1 Abs. 1 des Abkommens über die Sozialpolitik. Danach verfolgt die Gemeinschaft die Ziele der Förderung der Beschäftigung, der Verbesserung der Lebens- und Arbeitsbedingungen, eines angemessenen sozialen Schutzes, des sozialen Dialoges, der Entwicklung des Arbeitskräftepotentials im Hinblick auf ein dauerhaft hohes Beschäftigungsniveau sowie der Bekämpfung von

---

[261] Aufgrund der Querschnittsklausel des Art. 127 Abs. 2 EGV ist das Ziel eines hohen Beschäftigungsniveaus auch bei anderen Gemeinschaftspolitiken und –maßnahmen zu berücksichtigen.

[262] Eichenhofer, Sozialrecht der Europäischen Union, § 3, Rn. 34

[263] Steinmeyer, RdA 2001, 10 (21/22)

Ausgrenzungen. Die umfassenden Vorgaben über die erstrebenswerten Ziele der Gemeinschaft verleihen der Gemeinschaft jedoch – dem programmatischen Charakter der Vorschrift gemäß – noch keine Kompetenzen, es kann also nicht schon von der Aufgabe auf die Zuständigkeit der Gemeinschaft geschlossen werden; dazu bedarf es vielmehr nach dem Prinzip der begrenzten Einzelermächtigung einer ausdrücklichen Ermächtigung durch die Mitgliedstaaten als den „Herren der Verträge".

Art. 136 Abs. 2 EGV, der im Kern nichts anderes darstellt als eine Wiederholung und Konkretisierung des Subsidiaritätsprinzips, fordert explizit, dass die Gemeinschaft und die Mitgliedstaaten bei ihren Maßnahmen der Vielfalt der einzelstaatlichen Gepflogenheiten sowie der Notwendigkeit, die Wettbewerbsfähigkeit der Wirtschaft zu erhalten, Rechnung zu tragen haben. Das erstgenannte Gebot bezieht sich dabei auf die Ausgestaltung, das letztgenannte dagegen auf die Reichweite der Maßnahmen[264]. Gemeinschaftliche Maßnahmen sind daher zum einen so zu gestalten, das sie einen vereinheitlichenden Effekt unter Wahrung der unterschiedlich gestalteten Arbeits- und Lebensbedingungen in den Mitgliedstaaten erzielen können, zum anderen sind sie in ihrer Reichweite im Hinblick auf die wirtschaftliche Belastbarkeit begrenzt, da die Verwirklichung sozialer Ziele auch mit wirtschaftlichen Belangen in Einklang gebracht werden muss. Maßnahmen nach Art. 137 EGV, die der Verwirklichung der in Art. 136 EGV genannten sozialpolitischen Ziele dienen sollen, stehen daher unter dem doppelten Vorbehalt, sowohl den sozialpolitischen Entwicklungen in den Mitgliedstaaten als auch der Wettbewerbsfähigkeit der Wirtschaft in der Gemeinschaft gerecht zu werden. Im Übrigen ist ein Handeln der Gemeinschaft aufgrund des Subsidiaritätsprinzips nur statthaft, falls die erstrebten Ziele nicht durch ein Handeln der Mitgliedstaaten erreicht werden können.

bb) Kompetenz zum Erlass von Mindestvorschriften mit qualifizierter Mehrheit, Art. 137 Abs. 2 EG-Vertrag

Art. 137 EGV ermächtigt die Gemeinschaft zu unterstützendem und ergänzendem Tätigwerden in Teilbereichen der in Art. 136 EGV genannten Ziele. Nach Art. 137 Abs. 2 EGV kann der Rat gemäß dem Verfahren der Mitentscheidung und nach Anhörung des Wirtschafts- und Sozialausschusses sowie des Ausschusses der Regionen unter Berücksichtigung der in den einzelnen Mitgliedstaaten bestehenden Bedingungen und technischen Regelungen durch Richtlinien Mindestvorschriften erlassen, die schrittweise anzuwenden sind. Es genügt also nach Art. 251 EGV – abgesehen von der erforderlichen Zustimmung des Parlaments - eine qualifizierte Mehrheitsentscheidung des Rates, was die politische Realisation europäischer Rege-

[264] Eichenhofer, § 3, Rn. 38

lungen deutlich erleichtern dürfte[265]. Durch die Beschränkung der Rechtsetzungsbefugnis auf den Erlass von Mindestvorschriften soll die mitgliedstaatliche Handlungsfreiheit mit Blick auf die Beibehaltung bzw. Einführung höherer Standards gewahrt bleiben.

Zu den in Art. 137 EGV genannten Teilbereichen der in Art. 136 EGV formulierten Ziele gehört zunächst nach Art. 137 Abs. 1, 1. Spiegelstrich EGV die Verbesserung der Arbeitsumwelt zum Schutz der Gesundheit und der Sicherheit der Arbeitnehmer. Inhaltlich geht die Vorschrift damit auf die im Rahmen der Einheitlichen Europäischen Akte in den Vertrag eingeführte Regelung des Art. 118a EWGV zurück, die auf einem Vorschlag Dänemarks beruhte[266]. Während im Anwendungsbereich des Art. 118a EWGV Streit darüber herrschte, ob die auf dieser Vorschrift beruhenden Richtlinien einen Bezug zur Sicherheit und Gesundheit der Arbeitnehmer aufweisen müssen oder ob die Vorschrift allgemein Richtlinien auf dem Gebiet der Arbeitsumwelt und damit beispielsweise auch arbeitsorganisatorische Regelungen zulässt, stellt Art. 137 Abs. 1, 1. Spiegelstrich EGV klar, dass die Förderung der Arbeitsumwelt lediglich das Mittel zur Erreichung des Ziels eines Schutzes der Gesundheit und Sicherheit der Arbeitnehmer darstellt[267]. Die Vorschrift ermächtigt die Gemeinschaft damit zu individual- wie auch kollektivarbeitsrechtlichen Regelungen auf dem Gebiet des technischen und des sozialen Arbeitsschutzes[268].

Die Bestimmung des Art. 137 Abs. 1, 2. Spiegelstrich EGV erfasst den Bereich der Arbeitsbedingungen. Der Begriff der Arbeitsbedingungen wird zwar an verschiedenen Stellen im EG-Vertrag – insbesondere in den Art. 136, 140, 39 EGV - erwähnt, aber nicht definiert. Art. 136 EGV nennt die Arbeitsbedingungen zusammen mit den Lebensbedingungen; nach der herrschenden extensiven Auslegung umfasst dieses Begriffspaar sämtliche wirtschaftlichen und sozialen Faktoren, die zur Entstehung und Vollendung der Persönlichkeit des Arbeitnehmers im Rahmen seiner Berufstätigkeit beitragen[269]. Der Anwendungsbereich des Art. 137 Abs. 1, 2. Spiegelstrich EGV kann daher negativ dahingehend bestimmt werden, dass er Maßnahmen auf sämtlichen Feldern des Individualarbeitsrechts mit Ausnahme der von Art. 137 Abs. 6 EGV ausgeschlossenen Bereiche erlaubt, soweit Art. 137 EGV keine speziellen Befugnisse enthält - wie z.B. Art. 137 Abs. 3

---

265 Graser, ZIAS 2000, 336 (345)

266 Bleckmann, Europarecht, Rn. 1861; der Begriff „Arbeitsumwelt" ist daher im Lichte des dänischen Rechts auszulegen.

267 Steinmeyer, RdA 2001, S. 10 ff. (13, 14)

268 Während der technische Arbeitsschutz den Schutz vor Arbeitsmitteln und Arbeitsstätten beinhaltet, geht es beim sozialen Arbeitsschutz beispielsweise um die Festsetzung von Höchstarbeitszeiten und eines Mindesturlaubes sowie um den Mutter- und Jugendarbeitsschutz; Steinmeyer, RdA 2001, S. 14.

269 Balze, Die sozialpolitischen Kompetenzen der Europäischen Union, S. 262

EGV für die Beendigung von Arbeitsverhältnissen. Schwerpunktmäßig erfasst Art. 137 Abs. 1, 2. Spiegelstrich EGV damit Regelungen über die Begründung und den Inhalt von Arbeitsverhältnissen.

Art. 137 Abs. 1, 3. Spiegelstrich EGV ermächtigt die Gemeinschaft zum Erlass von Maßnahmen bezüglich der Unterrichtung und Anhörung der Arbeitnehmer. Inhaltlich bedarf die Vorschrift insbesondere einer Abgrenzung zu Art. 137 Abs. 3, 3. Spiegelstrich EGV, der für Maßnahmen zur Vertretung und kollektiven Wahrnehmung der Arbeitnehmer- und Arbeitgeberinteressen einschließlich der Mitbestimmung Einstimmigkeit im Rat voraussetzt. Die Grenzziehung hat sich an der Intensität der Einbeziehung der Arbeitnehmer in Entscheidungsprozesse zu orientieren, also danach, ob sich die betreffende Maßnahme auf die Etablierung von Informations- und Konsultationsverfahren beschränkt oder ob sie darüber hinaus auch eine Mitbestimmung der Arbeitnehmer bei Entscheidungen vorsieht, die für das Unternehmen von besonderer Relevanz sind[270]. Die Vorschriften stehen daher nicht nur hinsichtlich der erforderlichen Abstimmungsmehrheit im Rat, sondern auch hinsichtlich der Intensität der Einbeziehung der Arbeitnehmer in einem Stufenverhältnis.

Die Ermächtigung für Maßnahmen auf dem Gebiet der beruflichen Eingliederung der aus dem Arbeitsmarkt ausgegrenzten Personen in Art. 137 Abs. 1, 4. Spiegelstrich EGV ist im Zusammenhang mit Art. 150 EGV zu sehen, der Ziele der beruflichen Bildung - insbesondere auch zum Zwecke der Erleichterung der beruflichen Eingliederung und Wiedereingliederung in den Arbeitsmarkt - festschreibt und zur Verwirklichung dieser Ziele Maßnahmen der Gemeinschaft ermöglicht, Harmonisierungsmaßnahmen allerdings ausdrücklich ausschließt, Art. 150 Abs. 4 EGV. Der Begriff „unbeschadet“, durch den Art. 150 EGV mit Art. 137 Abs. 1 EGV in Beziehung gesetzt wird, wird überwiegend dahingehend interpretiert, dass auch im Anwendungsbereich des Art. 137 EGV keine Harmonisierung erfolgen darf[271].

Schließlich verleiht Art. 137 Abs. 1, 5. Spiegelstrich EGV der Gemeinschaft eine eigene Rechtsetzungsbefugnis auf dem Gebiet der Chancengleichheit von Männern und Frauen auf dem Arbeitsmarkt und der Gleichbehandlung am Arbeitsplatz. Während Art. 137 EGV den Erlass von Richtlinien mit Mindestvorschriften vorsieht, wird das Spektrum der möglichen Maßnahmen durch den neugefassten Art. 141 EGV auf Maßnahmen zur Gewährleistung der Anwendung des Grundsatzes der Chancengleichheit und der Gleichbehandlung von Männern und Frauen in allen Arbeits- und Beschäftigungsfra-

---

[270] Steinmeyer, RdA 2001, S. 14 m.w.N.

[271] Steinmeyer, RdA 2001, S. 15; Coen, in: Lenz / Borchardt, EGV-Kommentar, Art. 137 Rn. 32

gen erweitert[272]. Art. 141 Abs. 4 EGV erlaubt den Mitgliedstaaten darüber hinaus positive Aktionen, die auf eine Beseitigung von Ungleichheiten und eine effektive Gleichstellung von Männern und Frauen abzielen. Die Beseitigung von Ungleichheiten und die Förderung der Gleichstellung von Männern und Frauen wird schließlich in Art. 3 Abs. 2 EGV als Querschnittsaufgabe definiert, der in sämtlichen Politikbereichen Rechnung zu tragen ist.

In diesem Zusammenhang sei auch auf die inhaltlich noch umfassendere Befugnis zu Antidiskriminierungsmaßnahmen nach Art. 13 EGV hingewiesen. Diese Vorschrift ermächtigt den Rat, nach Anhörung des Europäischen Parlaments geeignete Vorkehrungen zu treffen, um Diskriminierungen zu bekämpfen. Die möglichen Interventionsanlässe reichen dabei von Diskriminierungen aus Gründen des Geschlechts, der Rasse oder der ethnischen Herkunft bis hin zu Benachteiligungen aus Gründen der Religion, der Weltanschauung, einer Behinderung, des Alters oder der sexuellen Ausrichtung. Art. 13 EGV ermöglicht damit ein präventives Tätigwerden der Gemeinschaft bei drohenden Diskriminierungen, enthält also einen Schutzmechanismus zur Verhinderung der Verletzung sozialgrundrechtlicher Verbürgungen. Allerdings ist zu beachten, dass die Gemeinschaft derartige Maßnahmen nur in denjenigen Bereichen treffen kann, in denen ihr nach den Verträgen eine sachliche Regelungskompetenz zusteht; eine allgemeine Kompetenz zur Bekämpfung von Diskriminierungen ist der Vorschrift des Art. 13 EGV dagegen nicht zu entnehmen[273].

cc) Kompetenz zum Erlass von Mindestvorschriften mit einstimmigem Beschluss, Art. 137 Abs. 3 EG-Vertrag

Für Maßnahmen auf den in Art. 137 Abs. 3 EGV genannten Gebieten des Arbeits- und Sozialrechts ist zwar wie früher bei Rechtsetzungstätigkeiten auf der Grundlage von Art. 100, 235 EWGV Einstimmigkeit im Rat erforderlich, allerdings muss die gesetzgeberische Maßnahme im Gegensatz zur früheren Rechtslage nicht mehr mit einem wirtschaftlichen Zweck verknüpft sein. Trotz des Einstimmigkeitserfordernisses bringt damit auch diese Vorschrift die gesteigerte Bedeutung der sozialen Zielverwirklichung und deren Eigenständigkeit im Rahmen der europäischen Integration zum Ausdruck. Unterschiede gegenüber Art. 137 Abs. 2 EGV ergeben sich auch insoweit, als bei Maßnahmen aufgrund von Art. 137 Abs. 3 EGV das Europäische Parlament lediglich anzuhören ist.

---

[272] Bei dem früheren Art. 119 EGV handelte es sich dagegen um eine auf das Problem der Lohndiskriminierungen zwischen männlichen und weiblichen Arbeitnehmern beschränkte Sonderbestimmung; vgl. EuGH, Rs. 149/77 Defrenne-Sabena, Slg. 1978, S. 1365, 1. Leitsatz (Defrenne I).

[273] Steinmeyer, RdA 2001, 10 (22)

Art. 137 Abs. 3, 1. Spiegelstrich EGV benennt die soziale Sicherheit und den sozialen Schutz der Arbeitnehmer als Gebiet möglicher Gemeinschaftsgesetzgebung und enthält damit die Befugnis zum Erlass von Mindestvorschriften, die Regelungen auf dem Gebiet des Sozialrechts einschließlich der Sozialhilfe enthalten. Gegenüber dem bisherigen Rechtszustand ist damit eine erhebliche Ausweitung der Gemeinschaftskompetenzen verbunden, da nach Art. 51 EGV a.F. (Art. 42 EGV n.F.) lediglich Regelungen zur Koordination von Sozialleistungssystemen zum Zwecke der Herstellung der Freizügigkeit der Arbeitnehmer möglich waren. Art. 137 Abs. 3 EGV erlaubt demgegenüber Harmonisierungsmaßnahmen auf dem Gebiet des Sozialrechts, beispielsweise in Bezug auf die Angleichung der Altersgrenzen bei den Alterssicherungssystemen oder die Annäherung der Invaliditätsbegriffe[274].

Die Bestimmung des Art. 137 Abs. 3, 2. Spiegelstrich EGV sieht eine Kompetenz zum Erlass von Mindestvorschriften zum Schutz der Arbeitnehmer bei Beendigung des Arbeitsvertrages vor und ergänzt damit die Befugnisnorm des Art. 137 Abs. 1, 2. Spiegelstrich EGV, die den Erlass von Richtlinien auf dem Gebiet der Arbeitsbedingungen, also insbesondere in Bezug auf die Begründung und den Inhalt von Arbeitsverhältnissen, erlaubt.

Eine Kompetenzzuweisung für den Bereich der Vertretung und kollektiven Wahrnehmung der Arbeitnehmer- und Arbeitgeberinteressen enthält Art. 137 Abs. 3, 3. Spiegelstrich EGV, so dass die Gemeinschaft Mindestvorschriften zu Fragen der betrieblichen Mitbestimmung wie auch der Unternehmensmitbestimmung erlassen kann[275]. Der wichtigste Rechtsetzungsakt, der noch zur Zeit des Abkommens über die Sozialpolitik auf diese Vorschrift gestützt wurde, war die Verabschiedung der Richtlinie über die Einsetzung eines Europäischen Betriebsrates[276].

In Art. 137 Abs. 3, 4. Spiegelstrich EGV wird die Gemeinschaft zu Maßnahmen im Bereich der Beschäftigungsbedingungen der Staatsangehörigen dritter Länder, die sich rechtmäßig im Gebiet der Gemeinschaft aufhalten, ermächtigt; die Vorschrift trägt damit der kontinuierlich anwachsenden Mobilität von Arbeitskräften Rechnung, die nicht auf Staatsangehörige der Mitgliedstaaten beschränkt ist.

Die letzte Kompetenznorm des Art. 137 Abs. 3, 5. Spiegelstrich EGV steht in Zusammenhang mit dem neu in den Vertrag aufgenommenen Titel VIII

---

[274] Steinmeyer, RdA 2001, 10 (16)

[275] Die Abgrenzungsprobleme zu Art. 137 Abs. 1, 3. Spiegelstrich EGV wurden bereits oben erläutert.

[276] Richtlinie 94/45/EG des Rates über die Einsetzung eines Europäischen Betriebsrats oder die Schaffung eines Verfahrens zur Unterrichtung und Anhörung der Arbeitnehmer in gemeinschaftsweit operierenden Unternehmen und Unternehmensgruppen vom 22.9.1994, ABl. EG Nr. L 254 vom 30.9.1994, S. 64

zur Beschäftigung und ermöglicht die Regelung finanzieller Beiträge zur Förderung der Beschäftigung und zur Schaffung von Arbeitsplätzen außerhalb des Instrumentariums des Europäischen Sozialfonds nach den Art. 146 – 148 EGV[277].

dd) Bereichsausnahmen, Art. 137 Abs. 6 EG-Vertrag

Auch nach der Vertragsrevision von Amsterdam sind - wie bereits im Abkommen über die Sozialpolitik - gewisse Bereiche ausdrücklich aus der Rechtsetzungskompetenz der Gemeinschaft ausgeklammert. Nach Art. 137 Abs. 6 EGV bleiben die Mitgliedstaaten in den Bereichen des Arbeitsentgelts, des Koalitionsrechts, des Streikrechts sowie des Aussperrungsrechts ausschließlich zuständig. Dies mag darin begründet liegen, dass es sich bei diesen Materien um solche handelt, die in den meisten Mitgliedsländern der Regelungskompetenz der Tarifparteien unterliegen und von deren Tarifautonomie erfasst sind[278]; letztlich zeigt sich jedoch in dieser Ausnahmeregelung auch das Bestreben der Mitgliedstaaten, gewisse Kernbereiche arbeitsrechtlicher Gesetzgebung der einzelstaatlichen Souveränität vorzubehalten[279].

ee) Kompetenz zur Förderung der sozialpolitischen Zusammenarbeit, Art. 140 EG-Vertrag

Schließlich sei innerhalb der Sozialvorschriften noch auf die Bestimmung des Art. 140 EGV verwiesen, die der Gemeinschaft zur Erreichung der Ziele des Art. 136 EGV eine Rahmenkompetenz zur Förderung der Zusammenarbeit zwischen den Mitgliedstaaten und zur Erleichterung eines abgestimmten Vorgehens in allen Bereichen des Kapitels über die Sozialpolitik verleiht. Ihr Instrumentarium ist jedoch insoweit auf Untersuchungen, Stellungnahmen und die Vorbereitung von Beratungen beschränkt.

ff) Kompetenzen im Bereich Bildung und Jugend, Art. 149 ff. EG-Vertrag

Im Bereich der Bildung und Jugend weist Art. 149 EGV der Gemeinschaft eine äußerst begrenzte Mitzuständigkeit zu, die sich zudem nur auf die in Absatz 2 genannten „europarelevanten" Ziele im Bildungsbereich bezieht. Umgekehrt betonen die Bestimmungen der Art. 149, 150 EGV nachdrücklich die Verantwortung der Mitgliedstaaten für Inhalt und Gestaltung des Bildungssystems; der Gemeinschaft werden insoweit nur fördernde, unterstützende und ergänzende Funktionen zugewiesen. Eine zusätzliche Ein-

---

277 Zum Sozialfonds vgl. Graser, ZIAS 2000, 336 (346)
278 Kampmeyer, S. 71
279 Steinmeyer, RdA 2001, S. 17

schränkung erfährt der Rahmen der möglichen Gemeinschaftsmaßnahmen durch die von Art. 149 EGV geforderte Beachtung der Vielfalt der Kulturen und Sprachen der Mitgliedstaaten, die jegliche Harmonisierungsmaßnahmen durch die Gemeinschaft verbietet. Im Ergebnis sieht daher Art. 149 Abs. 4 EGV lediglich im Verfahren der Mitentscheidung zu beschließende Fördermaßnahmen sowie Empfehlungen von Seiten der Gemeinschaft vor. Daneben gibt Art. 150 EGV der Gemeinschaft zwar die Möglichkeit zu einer eigenen Politik auf dem Gebiet der beruflichen Bildung, dieser kommt aber aufgrund der Primärverantwortung der Mitgliedstaaten ebenfalls nur eine die einzelstaatlichen Maßnahmen unterstützende und ergänzende Funktion zu.

c) Titel XIII des EG-Vertrages: Gesundheitswesen

Mit dem Vertrag von Maastricht wurde das Gesundheitswesen als eigenständiger Politikbereich in den Titel X (nunmehr XIII) des EG-Vertrages wie auch in den allgemeinen Aufgabenkatalog des Art. 3 EGV aufgenommen[280]. Während der frühere Art. 129 EGV lediglich komplementäre Kompetenzen der Gemeinschaft im Gesundheitswesen vorsah und ihr die Förderung der Zusammenarbeit der Mitgliedstaaten durch Empfehlungen und Fördermaßnahmen zuschrieb, beginnt Art. 152 EGV nunmehr mit einer Querschnittsklausel, die die Sicherstellung eines hohen Gesundheitsschutzniveaus in allen Politikbereichen und bei allen Maßnahmen der Gemeinschaft verlangt. Die systematische Stellung dieser Querschnittsklausel am Anfang des Art. 152 EGV macht deutlich, dass die Gewichte gemeinschaftsrechtlichen Handelns verschoben worden sind und in Zukunft der Gesundheitsschutz auf Gemeinschaftsebene verstärkt über Querschnittsmaßnahmen, also durch die Berücksichtigung gesundheitsrelevanter Aspekte in anderen Politikbereichen, erreicht werden soll[281]. Zudem erweitert Art. 152 EGV im Vergleich zur früheren Rechtslage den Handlungsrahmen der Gemeinschaft, indem nunmehr ausdrücklich die „Verbesserung der Gesundheit der Bevölkerung" als Ziel der gemeinschaftlichen Tätigkeit benannt wird. Allerdings ist in Absatz 5 nach wie vor unmissverständlich klargestellt, dass die Verantwortung für die Organisation des Gesundheitswesens und die medizinische Versorgung und damit die vorrangige Zuständigkeit bei den Mitgliedstaaten liegt, während die Tätigkeit der Gemeinschaft lediglich diejenige der Mitgliedstaaten ergänzt. Das wesentliche Betätigungsfeld der Gemeinschaft liegt insoweit gem. Art. 152 Abs. 4 EGV in dem Erlass von Standardisierungsnormen und sonstigen

---

[280] Meyer/Riedel, Kommentar, Art. 35, Rn. 2
[281] Meyer/Riedel, Kommentar, Art. 35, Rn. 2

Fördermaßnahmen, die den Schutz und die Verbesserung der menschlichen Gesundheit zum Ziel haben.

d) Titel XIV des EG-Vertrages: Verbraucherschutz

Seit 1992 besitzt die Gemeinschaft auch auf dem Gebiet des Verbraucherschutzes Zuständigkeiten, die durch den Amsterdamer Vertrag noch einmal wesentlich gestärkt wurden[282]. So gehört es nach Art. 3 Abs. 1 lit. t), Art. 153 EGV zu den Aufgaben der Gemeinschaft, einen Beitrag zum Schutz der Verbraucherinteressen zu leisten. Als Handlungsinstrumentarium der Gemeinschaft sieht Art. 153 Abs. 3 EGV zum einen eine Rechtsangleichungsmöglichkeit durch Richtlinien vor; daneben kann die Gemeinschaft aber auch im Verfahren der Mitentscheidung Maßnahmen zur Unterstützung, Ergänzung und Überwachung der Verbraucherschutzpolitik der Mitgliedstaaten beschließen. Nachdem der Verbraucherschutz - ebenso wie der Gesundheitsschutz - in Art. 153 Abs. 2 EGV als Querschnittsaufgabe definiert wird, ist ihm schließlich auch bei der Festlegung und Durchführung der anderen Gemeinschaftspolitiken und –maßnahmen Rechnung zu tragen.

e) Titel XIX des EG-Vertrages: Umwelt

Mit der Einheitlichen Europäischen Akte 1986 und ihren Ergänzungen in Maastricht 1992 und Amsterdam 1997 ist die Europäische Umweltpolitik als besonderer Titel XIX in die Politiken der Gemeinschaft aufgenommen worden[283]. In Art. 174 EGV sind zunächst vier grundlegende umweltpolitische Ziele der Gemeinschaft konkretisiert und darüber hinaus die für die Gestaltung der Umweltpolitik maßgeblichen Grundprinzipien - das Vorbeugungsprinzip, das Ursprungsprinzip und das Verursacherprinzip - festgelegt. Ferner bestimmt die Querschnittsklausel des Art. 6 EGV, dass die Erfordernisse des Umweltschutzes bei der Festlegung und Durchführung anderer Gemeinschaftspolitiken einbezogen werden müssen. Hierdurch wird der Gedanke des Umweltschutzes als ein überall und ständig mitzubedenkender Grundsatz besonders aufgewertet. Die grundsätzliche Verantwortung für die Finanzierung und Durchführung von Umweltmaßnahmen wird jedoch durch Art. 175 Abs. 4 EGV den Mitgliedstaaten zugewiesen. Die Handlungsmöglichkeiten der Gemeinschaft im Rahmen ihrer konkurrierenden Zuständigkeit[284] sind in Art. 175 EGV konkretisiert. Danach beschließt der Rat im Mitentscheidungsverfahren, also mit qualifizierter Mehrheit, über das Tätigwerden der Gemeinschaft im Bereich der durch Art. 174

---

[282] Oppermann, Europarecht, Rn. 2039
[283] Oppermann, Europarecht, Rn. 2005
[284] Oppermann, Europarecht, Rn. 2015

EGV festgelegten Ziele. Vorschriften steuerlicher Art und Maßnahmen im Bereich der Raumordnung, Bodennutzung und der Bewirtschaftung der Wasserressourcen sowie hinsichtlich der Energieversorgung bedürfen dagegen eines einstimmigen Beschlusses. In anderen Bereichen beschließt der Rat mit qualifizierter Mehrheit allgemeine Aktionsprogramme, in denen die vorrangigen Ziele der Umweltpolitik festgelegt werden. Insgesamt ist die Gemeinschaft damit für die ganze Breite des Umweltschutzrechts mit Rechtsetzungskompetenz ausgestattet.

B. Soziale Rechte in den Verfassungen der Mitgliedstaaten und anderen europäischen Regelwerken

I. Die Entwicklung sozialer Rechte in der europäischen Verfassungsgeschichte

1. Soziale Rechte und Solidaritätsprinzip

Das Solidaritätsprinzip zählt zu den fundamentalen Prinzipien des menschlichen Zusammenlebens. Der Gedanke der Solidarität, verstanden als Ausdruck der Zusammengehörigkeit bei gegenseitiger Hilfe und Unterstützung[285], entstammt dem vorstaatlichen Bereich der Familien- und Sippenverbände; diese stellen die urtypischste Form jedes Sozialwesens und die Grundform jeder Solidargemeinschaft dar. Mit dem Anwachsen der Zivilisation und der Bildung von staatlichen Gemeinschaften entstanden im Laufe der Geschichte die unterschiedlichsten Formen von Solidargemeinschaften, deren Mitglieder sich gegenseitige Hilfe und Unterstützung in Notlagen leisteten. Diese Gemeinschaften basierten ausnahmslos auf dem Prinzip der Selbsthilfe[286]. Ihre Mitglieder leisteten Beiträge aus ihrem Einkommen, um sich und ihre Familien beim Eintritt bestimmter Lebensrisiken wie Tod, Krankheit oder Invalidität durch die Unterstützung der Solidargemeinschaft abgesichert zu wissen. Mit der Verrechtlichung dieser Einstandspflicht der Gemeinschaft entstanden auch die ersten sozialen Rechte, die die Beziehungen der Mitglieder dieser Gemeinschaften und insbesondere das gegenseitige Füreinander-Einstehen regelten. Ein Blick auf die Geschichte des Sozialwesens in Europa zeigt, dass Solidarität und soziale Rechte keine Errungenschaft der Neuzeit sind:

Frühe Formen eines staatlichen Sozialwesens, die auf dem Solidaritätsprinzip beruhten, entwickelten sich bereits im Altertum. Im antiken Rom traten etwa seit Beginn unserer Zeitrechnung soziale Kassenvereine auf, die

[285] So das heute wohl vorherrschende Begriffsverständnis, vgl. Meyers Großes Taschenlexikon, Band 20, S. 240
[286] Straßmair, S. 37

unter staatlicher Konzession und staatlicher Aufsicht Unterstützungsleistungen für ihre in Not geratenen Mitglieder erbrachten[287]. Diese Vereine hatten eigene Satzungen, welche die Beiträge der Mitglieder und die Voraussetzungen für die Leistungen des Vereins festlegten. Das römische Recht kannte also auf der Ebene des autonomen Satzungsrechts soziale Rechtsansprüche gegen einen Kassenverein, die eine frühe Form sozialer Rechte darstellten.

Mit dem Niedergang des Römischen Reiches und dem Eintritt in das Mittelalter verschwanden diese Formen von Solidargemeinschaften und damit auch die sozialen Rechte zunächst wieder. Im frühen Mittelalter war die Hilfe für arme und in Not geratene Menschen fast ausschließlich die Aufgabe der christlichen Caritas und wurde von Klöstern und Orden wahrgenommen[288]. Erst mit dem Aufkommen eines Genossenschaftswesens etwa um das 13. Jahrhundert bildeten sich wieder vermehrt berufsständische Solidargemeinschaften. Die Knappschaften im Bergbau und die Zünfte und Innungen im Handwerk gaben sich Ordnungen und Satzungen, in denen auch Hilfsleistungen an notleidende Mitglieder geregelt waren[289]. Allmählich begann sich so ein berufsständisches Kassenwesen zu entwickeln, das in Deutschland als Vorbild für die erst viel später auftretende gesetzliche Sozialversicherung diente und das in seinen wesentlichen Grundzügen bis heute existiert[290].

Als unter dem Eindruck der Aufklärungsepoche am Ende des 18. Jahrhunderts das Industriezeitalter begann und immer mehr Menschen in die stetig anwachsenden Städte drängten, wurde auch die soziale Not des so genannten Industrieproletariats immer größer. Im 19. Jahrhundert wurde schließlich soziale Sicherheit und Solidarität zur Staatsaufgabe und zu einem bedeutenden Gegenstand staatlicher Sozialpolitik[291]. So entstanden in Frankreich bereits um die Mitte des 19. Jahrhunderts staatliche Altersversorgungsanstalten[292]. In Deutschland nahm sich der Staat erstmals in größerem Umfang den sozialen Problemen der Arbeiterschaft mit dem Erlass der bismarckschen Reichssozialgesetze an, die durch den preußischen Kaiser *Wilhelm I.* in seiner Kaiserlichen Botschaft vom 17. November 1881

---

[287] Peters, Die Geschichte der Sozialversicherung, S. 16 f.

[288] Unter christlicher Caritas wird insbesondere die tätige Nächstenliebe und uneigennützige Fürsorge für Hilfsbedürftige verstanden, vgl. Peters, S. 19.

[289] Zu den frühen Rechtsquellen der Knappschaften und Zünfte siehe: Peters, S.23, 25 f.

[290] Gitter, Sozialrecht, S. 9

[291] Der Begriff der Sozialpolitik kam in der zweiten Hälfte des 19. Jahrhunderts auf und steht im Zusammenhang mit der sog. Arbeiterfrage und der Gründung des „Vereins für Socialpolitik" im Jahr 1872; siehe: Frerich / Frey, Handbuch der Geschichte der Sozialpolitik, Band 1, Einleitung, S. V.

[292] Peters, S. 48

angekündigt worden waren[293]. Gegenstand dieser Gesetze war der Aufbau einer Sozialversicherung, durch welche die Arbeiterschaft gegen den Eintritt von Lebensrisiken wie Krankheit, Unfall, Invalidität und Alter abgesichert sein sollte[294]. Bemerkenswert an der bismarckschen Sozialversicherung war der Rückgriff auf das alte Prinzip der Solidargemeinschaften, indem die Kassen als mitgliedschaftlich organisierte juristische Personen des öffentlichen Rechts mit Selbstverwaltung ausgestaltet wurden[295]. Diese Solidargemeinschaften konnten aufgrund ihrer Satzungsautonomie auch über die einschlägigen Gesetze hinausgehende soziale Rechte selbst erlassen. Die Reichssozialgesetze stellten in Deutschland den Beginn einer umfangreichen Gesetzgebungstätigkeit auf sozialem Gebiet dar, die sich im 20. Jahrhundert insbesondere unter den Folgen zweier Weltkriege noch verstärkte. Neben den Solidargemeinschaften trat im 20. Jahrhundert zunehmend auch der Staat als Träger der sozialen Sicherheit auf.

In den Mitgliedstaaten der Europäischen Union findet sich heute ein kaum mehr überschaubarer Bestand an Rechten zur sozialen Sicherheit. So unterschiedlich die soziale Sicherheit in Europa auch geregelt sein mag - es finden sich doch in allen Europäischen Staaten Systeme, bei denen Solidargemeinschaften eine bedeutende Rolle beim Aufbau des staatlichen Sozialwesens übernehmen[296].

2. Die Entwicklung sozialer Rechte im Verfassungsrecht

Das Problem der so genannten sozialen Grundrechte wurde durch die sozialen Folgen der Industrialisierung aufgeworfen. Der liberale Rechtsstaat, wie er sich im 19. Jahrhundert entwickelte, war auf die Interessen des Dritten Standes, des Bürgertums, zugeschnitten, während dem Vierten Stand, dem Industrieproletariat, weitgehend die materiellen Voraussetzungen fehlten, um die bürgerlich-liberalen Freiheitsrechte überhaupt wahrnehmen zu können[297]. Mit der sozialen Verelendung der Arbeiterschaft wurde deshalb die Forderung nach sozialen Verfassungsgewährleistungen als Gegenge-

---

[293] Vgl. zur Kaiserlichen Botschaft: Frerich / Frey, S. 92 ff. mit einem Faksimile-Abdruck der Originalschrift.

[294] Die drei Säulen der Sozialversicherung bildeten die folgenden Gesetze: das Gesetz betreffend die Krankenversicherung der Arbeiter vom 15.06.1883 (RGBl. S.73), das Unfallversicherungsgesetz vom 06.07.1884 (RGBl. S. 69) und das Gesetz betreffend die Invaliditäts- und Altersversicherung vom 22.06.1889 (RGBl. S. 97).

[295] Gitter, S. 14 ff.

[296] Eine gute Übersicht zum Aufbau und zur Organisation der Sozialen Sicherheit in den einzelnen Mitgliedsstaaten der Europäischen Union geben die vergleichenden Tabellen unter: http://europa.eu.int/comm/employment_social/missoc2000/index_de.htm

[297] Kimmel, Einführung zur dtv-Textausgabe der Verfassungen der EU-Mitgliedstaaten, S. XVIII; die Freiheitsrechte wurden dadurch für die Lohnarbeiterschaft zur „leeren Formel"; Böckenförde, Staat, Demokratie, Verfassung, S. 148

wicht zu den Freiheitsgrundrechten und der Eigentumsgarantie der besitzenden bürgerlichen Klasse immer lauter. Denn die intensive Nutzung der allgemeinen Handlungs- und Erwerbsfreiheit auf der Grundlage der Rechtsgleichheit führte nicht etwa zu einer Relativierung der natürlichen und wirtschaftlichen Ungleichheit der Menschen, sondern im Gegenteil zu einer Vergrößerung der sozialen Unterschiede zwischen den Klassen[298]. Deshalb sollte der Staat in der Verfassung dazu verpflichtet werden, jedem Bürger gewisse materielle Mindestbedingungen der Grundrechtsausübung zu garantieren. Eine der wesentlichsten dieser Bedingungen ist die Garantie für die Existenzgrundlagen der Bürger. Ein bedeutsames soziales Grundrecht ist daher das Recht auf Arbeit und auf Erhalt der materiellen Lebensgrundlagen, um dessen verfassungsrechtliche Verankerung in der europäischen Geschichte oft gestritten wurde.

Die Idee, soziale Rechte zum Gegenstand einer Staatsverfassung zu machen, ist so alt wie die europäische Grundrechtsgeschichte selbst. Der Begriff der Grundrechte entstand in Frankreich um das Jahr 1770[299]. Die nordamerikanischen Verfassungen, wie z.B. die „Bill of Rights“ von Virginia aus dem Jahre 1776, die neben einem Recht auf Gleichheit auch ein (soziales) Recht auf Glück und Sicherheit enthält[300], lieferten das Vorbild für die französische Menschen- und Bürgerrechtserklärung von 1789. Die gleichzeitig beginnende französische Revolution, in der Freiheit, Gleichheit und Brüderlichkeit - und damit die Solidarität aller Menschen - gefordert wurde, nahm maßgeblichen Einfluss auf die Verfassung von 1793, die sogenannte Jakobinerverfassung. In ihr waren auch soziale Rechte, wie ein Recht auf Arbeit und Unterstützung bei Arbeitsunfähigkeit enthalten[301]. Die Jakobinerverfassung trat jedoch nie in Kraft[302].

In Deutschland kam der Gedanke an die Aufnahme sozialer Rechte in eine Verfassung erstmals im Verlaufe der Revolution von 1848/49 auf. So wurde im Verlauf der Verfassungsdiskussion der Frankfurter Paulskirche heftig um die Verankerung sozialer Rechte in der neuen Verfassung gestritten[303].

---

[298] Böckenförde, Staat, Demokratie, Verfassung, S. 148

[299] Pieroth / Schlink, Rn. 23

[300] Verfassung von Virginia vom 12.06.1776, Sect.1: „Namely the enjoyment of life and liberty with the means of acquiring an possessing property and pursuing and obtaining happiness and safety." Hierzu Scholler, Die Interpretation des Gleichheitssatzes, S. 16

[301] Art. 21 der Jakobinerverfassung bestimmt: Die Gesellschaft übernimmt ...„den Unterhalt der ins Unglück geratenen Bürger, sei es nun, dass sie ihnen Arbeit gibt oder denjenigen, welche arbeitslos sind, die Mittel ihres Unterhalts zusichert“.

[302] Zur französischen Verfassung von 1795 siehe: Pieroth / Schlink, Rn. 25

[303] Zur Grundrechtsdiskussion in der Frankfurter Paulskirche siehe: Scholler, Die sozialen Grundrechte in der Paulskirche, in: Der Staat 1974, S. 51 ff.; ders., Soziale Frage und soziale Rechte, in: Festschrift für Zacher, S. 965 ff.; ders., Die soziale Frage und die Forderung sozialer Grundrechte, in: Bahners/Roellecke (Hrsg.), 1848 - Die Erfahrung der Freiheit, S. 71 ff.

Nachdem die Paulskirchenverfassung jedoch scheiterte, wurde erst im Jahre 1918 wieder ein Grundrechtskatalog in eine deutsche Verfassung eingefügt, in dem auch soziale Rechte eine gewichtige Rolle einnahmen. So enthielt die Weimarer Reichsverfassung auch eine Gewährleistung, die im weiteren Sinne als ein Recht auf Arbeit angesehen werden kann, wenn sie bestimmt: „Jedem Deutschen soll die Möglichkeit gegeben werden, durch wirtschaftliche Arbeit seinen Unterhalt zu erwerben"[304]. Unter dem Eindruck der erfolgreichen bismarckschen Sozialgesetzgebung wurden in die Weimarer Reichsverfassung noch zahlreiche weitere soziale Gewährleistungen aufgenommen, die als soziale Grundrechte bezeichnet werden können[305]. Von der Rechtswissenschaft der Weimarer Zeit wurde diesen Förder- und Schutzgewährleistungen des Staates gegenüber seinen Bürgern jedoch keine allzu große Bedeutung zugesprochen. Wegen ihrer oft recht unpräzisen Ausformulierung und erheblichen Variationsbreite wurden sie nicht als einklagbare Ansprüche des Einzelnen gegen den Staat, sondern als Programmsätze und Gesetzgebungsaufträge betrachtet. Gleichwohl stellten die sozialen Grundrechte der Weimarer Reichsverfassung keine bloßen Leerformeln dar; so gibt es zahlreiche Beispiele für eine Umsetzung sozialer Grundrechte und ihre Konkretisierung im einfachen Recht[306].

In der Verfassungsgeschichte Osteuropas findet sich als ein frühes Beispiel sozialer Rechte ein ganzer Katalog von sozialen Grundrechten, der Bestandteil der Verfassung der russischen Sowjetrepublik vom Juli 1918 war[307]. Zwar spielten die Verfassungen der sozialistischen und kommunistischen Staaten des früheren Ostblocks für die Verfassungsgeschichte der Europäischen Union bislang keine wesentliche Rolle; mit dem Beitritt von einigen dieser früheren Ostblockstaaten zur Europäischen Union am 1. Mai 2004, werden Staatsbild und Staatsverständnis dieser Staaten, das von ihren früheren sozialistischen Verfassungen geprägt ist, jedoch zu berücksichtigen sein.

Im Rahmen des nachfolgenden Überblicks über den heutigen Bestand an sozialen Rechten in den Verfassungen der Mitgliedsstaaten ist daher auch auf die Verfassungen der osteuropäischen Beitrittskandidaten -zumindest beispielhaft- einzugehen.

---

[304] Art. 163 Abs. 2 Satz 1 WRV

[305] Ein Überblick über die sozialen Grundrechte in der WRV findet sich bei Lange, Soziale Grundrechte in der deutschen Verfassungsentwicklung, in: Böckenförde / Jekewitz / Ramm, S. 50 f.

[306] Lange, in: Böckenförde / Jekewitz / Ramm, S. 53 f., führt zahlreiche Sozialgesetze aus der Weimarer Zeit auf, die auf Verfassungsnormen der WRV zurückgeführt werden können.

[307] Böckenförde, Die sozialen Grundrechte im Verfassungsgefüge, in: ders./Jekewitz/Ramm, S. 7; Böckenförde, Staat, Demokratie, Verfassung, S. 147

II. Soziale Rechte in den Verfassungen der Mitgliedstaaten

Schon vor der Erarbeitung der Grundrechtscharta hat der Europäische Gerichtshof im Rahmen seiner Grundrechtsrechtsprechung wesentlich auf die gemeinsamen Verfassungsüberlieferungen der Mitgliedstaaten zurückgegriffen und im Wege der wertenden Rechtsvergleichung die gemeinschaftseigenen ungeschriebenen Grundrechte entwickelt[308]. In gleicher Weise sind die gemeinsamen Verfassungsüberlieferungen der Mitgliedstaaten nunmehr eine wichtige Vorgabe für das Verständnis und die Auslegung der in der Charta niedergelegten Rechte, zumal diese bei der Erarbeitung der Chartagrundrechte maßgeblich zugrunde gelegt wurden[309]. So findet sich im fünften Absatz der Präambel der Grundrechtscharta bereits ein Hinweis darauf, dass die Charta die Rechte bekräftigt, die sich u.a. aus den gemeinsamen Verfassungstraditionen der Mitgliedstaaten ergeben. Des weiteren wird auf die Verfassungen der Mitgliedstaaten in Art. 53 GRC Bezug genommen, der sich mit dem Schutzniveau der Chartarechte beschäftigt; danach darf keine Bestimmung der Charta als eine Einschränkung oder Verletzung der Menschenrechte und Grundfreiheiten ausgelegt werden, die durch die Verfassungen der Mitgliedstaaten anerkannt werden.

Angesichts dieser großen Bedeutung des mitgliedstaatlichen Verfassungsrechts soll im folgenden Abschnitt kursorisch der Bestand an sozialen Rechten in den Verfassungen der EU-Mitgliedstaaten aufgezeigt werden.

1. Soziale Rechte im deutschen Grundgesetz

In der deutschen Verfassungsgeschichte waren – wie oben bereits ausgeführt - ausdrückliche soziale Rechte in der Weimarer Reichsverfassung von 1919 niedergelegt. Grundrechte sollten nicht nur der Verteidigung des status quo im Interesse des Bürgertums dienen, sondern auch die Arbeiterschaft in die Lage versetzen, an der gesellschaftlichen Gesamtleistung zu partizipieren und in den tatsächlichen Genuss von Freiheitsrechten zu kommen[310]. In Verfolgung dieses Anliegens sah die Weimarer Reichsverfassung beispielsweise die Garantie der Sozialversicherung und Arbeitslosenunterstützung, Bestimmungen über die Unentgeltlichkeit der Schulen und eine Regelung über die Bindung des Eigentums vor. Allerdings wurden die sozialen Grundrechte im Gegensatz zu den Freiheitsrechten, denen durch Grundrechtsrechtsprechung und –lehre immer stärkere Geltungskraft zuteil wurde, nicht angemessen umgesetzt, vielmehr überwiegend zu blo-

---

[308] Vgl. dazu Teil 1

[309] Vgl. das Mandat des Europäischen Rats von Köln, EuGRZ 1999, 364

[310] Der Grundrechtsteil der Weimarer Reichsverfassung war insoweit Ausdruck eines „Klassenkompromisses“, Pieroth / Schlink, § 2, Rn. 37, 38.

ßen Programmsätzen herabgestuft[311]. Die Sozialrechtsartikel der Weimarer Verfassung blieben damit weithin uneingelöste Versprechungen.

Nach den Erfahrungen der Weimarer Zeit verzichtete der Parlamentarische Rat im Wesentlichen auf die Normierung sozialer Grundrechte im Grundgesetz[312] und nahm statt dessen die soziale Idee in das Sozialstaatsprinzip des Art. 20 Abs. 1 GG auf. Soziale Rechte sind damit im Gegensatz zu den klassischen Grundrechten nicht konkret im Grundgesetz aufgeführt, werden jedoch vom Sozialstaatsprinzip mitumfasst. Die Einführung konkret benannter sozialer und ökonomischer Grundrechte wurde zwar nach der deutschen Wiedervereinigung durch den Verfassungsentwurf des Runden Tisches wieder thematisiert[313]. Die Gemeinsame Verfassungskommission von Bundesrat und Bundestag lehnte indes die Einführung derartiger Rechte ab; empfohlen wurde lediglich die Aufnahme einer Staatszielbestimmung zum Schutz der Umwelt in Art. 20a GG sowie die Ergänzung des Art. 3 Abs. 2 GG im Hinblick auf die tatsächliche Durchsetzung der Gleichberechtigung von Frauen und Männern[314]. Zudem wurde das Grundgesetz schließlich trotz ablehnender Haltung der Gemeinsamen Verfassungskommission auf massiven Druck der Behindertenverbände um eine Bestimmung zum Behindertenschutz in Art. 3 Abs. 3 GG ergänzt[315].

Die Betonung der Freiheitsrechte durch das Grundgesetz entspricht dem klassischen liberalen Staatsverständnis, wonach Grundrechte in erster Linie dazu bestimmt sind, die Freiheitssphäre des Einzelnen vor Eingriffen der öffentlichen Gewalt zu sichern, also in erster Linie abwehrrechtlichen Charakter haben. Inwieweit den Grundrechten auch eine leistungsrechtliche Komponente innewohnt, inwieweit sie also auch Rechte auf positive Handlungen des Staates begründen, gehört zu den umstrittensten Fragen der Grundrechtsdogmatik. Da aber gerade den sozialen Grundrechten eine primär leistungsrechtliche Funktion zugeschrieben wird, ist dieser Frage weiter nachzugehen.

Im Grundgesetz findet sich – im Gegensatz zu einzelnen Landesverfassungen – nur ein einziges explizites soziales Grundrecht im Sinne eines subjektiven Rechts auf Leistung und zwar das Recht der Mutter auf Schutz und Fürsorge der Gemeinschaft (Art. 6 Abs. 4 GG). Im Übrigen ist man darauf

---

311 Lange, in: Böckenförde / Jekewitz / Ramm, S. 50 f.

312 Ausnahmen bilden die Garantie des Mutterschutzes (Art. 6 Abs. 4 GG) und der Gesetzgebungsauftrag zur Gleichstellung der unehelichen Kinder (Art. 6 Abs. 5 GG).

313 Art. 5 des Einigungsvertrags vom 31. August 1990 verpflichtete die gesetzgebenden Körperschaften des vereinten Deutschland, im Rahmen einer allgemeinen Verfassungsrevision die Aufnahme von Staatszielbestimmungen in das Grundgesetz zu prüfen.

314 BT-Drucks. 12/6000, S. 15, 75 ff.; Pieroth / Schlink, § 2, Rn. 42

315 Vgl. dazu Straßmair: Der besondere Gleichheitssatz aus Art. 3 Abs. 3 Satz 2 GG

angewiesen, Bestimmungen, die nach ihrem Wortlaut gerade keine subjektiven Rechte auf Leistungen enthalten, leistungsrechtlich zu interpretieren. Anhaltspunkte für eine derartige Interpretation finden sich insbesondere in der Verpflichtung aller staatlichen Gewalt zum Schutz der Würde des Menschen (Art. 1 Abs. 1 Satz 2 GG) und in der Sozialstaatsklausel (Art. 20 Abs. 1, 28 Abs. 1 Satz 1 GG). So leitet das Bundesverfassungsgericht das ungeschriebene soziale Grundrecht auf die Sicherung des Existenzminimums aus der Verpflichtung des Staates zur Sicherung der Mindestvoraussetzungen für ein menschenwürdiges Dasein ab[316]. Das Recht auf Teilhabe an den vorhandenen Ausbildungseinrichtungen begründet das Gericht aus dem Gleichheitssatz in Verbindung mit Art. 12 Abs. 1 GG und dem Sozialstaatsprinzip[317]. Das letztgenannte Beispiel macht deutlich, dass auch und gerade den Freiheitsrechten zentrale Bedeutung bei der Herleitung von ungeschriebenen sozialen Leistungsrechten zukommt: denn die sozialen Leistungsrechte sichern die tatsächlichen Bedingungen für die Ausübung der Freiheiten.

Im Ergebnis lässt sich somit festhalten, dass auch dem deutschen Grundgesetz soziale Leistungsrechte im Wege der Interpretation zu entnehmen sind. Maßgeblich für diese leistungsrechtliche Interpretation sind vor allem die zu schützende Würde des Menschen aus Art. 1 GG, das Sozialstaatsprinzip und die Freiheitsrechte. Diese Lösung mag zwar der wünschenswerten Transparenz einer Verfassung für den Bürger nicht gerade zuträglich sein; sie vermeidet aber andererseits das in der Ausformulierung sozialer Leistungsrechte liegende Problem, dass Versprechungen gegeben werden, die sich letztlich als uneinlösbar erweisen könnten.

2. Soziale Rechte in den Verfassungen der übrigen Mitgliedstaaten

In den meisten Mitgliedsländern der Europäischen Union sind wirtschaftliche und soziale Grundrechte als integraler Bestandteil in den Verfassungen enthalten[318]. Im Folgenden soll daher ein Überblick über die verschiedenen Ansätze der Verfassungen der Mitgliedstaaten gegeben werden, ohne zugleich auch auf die Einzelheiten der Dogmatik der Verfassungsrechtsleh-

---

[316] BVerfGE 40, 121 (133)

[317] Numerus-Clausus Entscheidung, BVerfGE 33, 303 ff., E 43, 291 ff.

[318] So z.B. das Recht auf Bildung (Art. 24 Belgien, § 76 Dänemark, § 16 Finnland, Art. 42 Abs. 4 Irland, Art. 23 Luxemburg, Art. 27 Spanien), das Recht auf Eigentum (§ 73 Dänemark, § 15 Finnland, Art. 17 Griechenland, Art. 43 Irland, Art. 116 Luxemburg, Art. 33 Spanien), das Recht auf Arbeit (§ 18 Finnland, Art. 22 Griechenland, Art. 45 Abs. 2 Irland, Art. 35 ff. Italien, Art. 11 Luxemburg, Art. 19 Niederlande, Art. 58 Portugal, Art. 35 Spanien), das Recht auf soziale Sicherheit (§ 19 Finnland, Art. 11 Luxemburg, Art. 20 Niederlande, Art. 63 Portugal, Art. 41 Spanien) und das Recht auf Wohnen (Art. 21 Abs. 4 Griechenland, Art. 65 Portugal, Art. 47 Spanien)

re und der Rechtsprechung der nationalen Verfassungsgerichte eingehen zu wollen.

a) Belgien

Die belgische Verfassung vom 17. Februar 1994, die ursprünglich im Jahr 1831 verabschiedet und seitdem mehrfach reformiert wurde, enthält im Vergleich zu anderen jüngeren Verfassungen nur verhältnismäßig wenige soziale Grundrechte, die in den Artikeln 23 und 24 der Verfassung niedergelegt sind.

Art. 23 der belgischen Verfassung räumt zunächst jedem das grundlegende Recht ein, ein menschenwürdiges Leben zu führen; dieses Recht wird anschließend durch die Benennung einzelner sozialer Rechte präzisiert, die das Gemeinwesen zum Zwecke eines menschenwürdigen Lebens gewährleistet. Zu diesen Einzelgewährleistungen gehören das Recht auf Arbeit, das Recht auf gerechte Entlohnung, auf soziale Sicherheit, auf Gesundheitsschutz, auf sozialen, medizinischen und rechtlichen Beistand, auf eine angemessene Wohnung, eine gesunde Umwelt sowie kulturelle und soziale Entfaltung. Der Staat ist nach den Vorgaben der Verfassung für die Umsetzung dieser Rechte durch den Erlass geeigneter Gesetze verantwortlich; ein Instrument für die Durchsetzung sozialer Rechte auf verfassungsrechtlicher Ebene gibt es jedoch nicht[319].

Das in Art. 23 der belgischen Verfassung enthaltene umfassende Recht auf ein menschenwürdiges Leben wird ergänzt durch Art. 24, der einen Anspruch auf freie und neutrale Ausbildung, das Recht auf unentgeltlichen Pflichtschulunterricht sowie auf moralische oder religiöse Erziehung gewährt.

b) Luxemburg

Die Verfassung Luxemburgs vom 17. Oktober 1868, zuletzt geändert am 2. Juni 1999, orientiert sich stark am Staatsrecht der Nachbarländer, insbesondere an der Verfassung Belgiens. Ursache hierfür ist vor allem die Tatsache, dass das Großherzogtum Luxemburg über keine eigene Rechtsfakultät verfügt, so dass die luxemburgischen Juristen aufgrund ihres Studiums in den benachbarten Beneluxländern von der nachbarlichen Verfassungslehre geprägt sind.

Soziale Grundrechte haben nur sehr eingeschränkt in den Art. 11 und 23 Aufnahme in die luxemburgische Verfassung gefunden. Unter dem Titel „Die Luxemburger und ihre Rechte“ enthält Art. 11 die Gewährleistung eines Rechts auf Arbeit sowie eine gesetzgeberische Verpflichtung zur Vor-

---

[319] Butt / Kübert / Schultz: Soziale Grundrechte in Europa, S. 11

sorge für die soziale Sicherheit, den Schutz der Gesundheit sowie die Erholung der Arbeiter. Trotz der subjektiven Formulierung des Rechts auf Arbeit soll der Gesetzgeber durch diese Vorgaben lediglich aufgefordert sein, die sozialen Rechte weiter auszugestalten und sie den wirtschaftlichen Rahmenbedingungen anzupassen[320]. In Art. 23 der luxemburgischen Verfassung wird der Staat dazu verpflichtet, Sorge für die Organisation des Grundschulunterrichts zu tragen, der obligatorisch und unentgeltlich ist. Zugleich ist bestimmt, dass die Kranken- und die Sozialfürsorge durch das Gesetz geregelt werden. Auch diese Rechte stellen keine Grundrechte des Einzelnen dar, sondern Aufträge zur gesetzlichen Ausgestaltung, also Gesetzgebungsprogramme[321].

Neben den genannten Artikeln mit konkretem sozialen Gehalt ist eingangs des Art. 11 der luxemburgischen Verfassung eine globale Verbürgung der Naturrechte der menschlichen Person und der Familie enthalten. Diese Bestimmung ist allerdings wohl eher als ein Prinzip, unter dem die nachfolgenden Rechte betrachtet werden müssen, denn als Grundlage für die Ableitung von Grundrechten sozialer Natur zu verstehen[322]. Jedenfalls wurde in letzterem Sinne von dieser Vorschrift noch nicht Gebrauch gemacht.

c) Frankreich

Die französische Verfassung vom 4. Oktober 1958 enthält nur ein Minimum an Grundrechten[323] und keinerlei soziale Rechte. Ihr Schwerpunkt liegt auf der Präambel, die auf die Menschenrechte und die Prinzipien nationaler Souveränität, wie sie in der Präambel der Verfassung von 1946 und der Erklärung der Menschen- und Bürgerrechte von 1789 niedergelegt wurden, verweist und ihnen damit verfassungsrechtlichen Rang verleiht[324]. Die Menschenrechtserklärung von 1789 enthält „die natürlichen, unveräußerlichen und geheiligten Menschenrechte“ und damit einklagbare „klassische“ Grundrechte. Die Verfassung von 1946, die von den Erfahrungen des Totalitarismus geprägt ist, zielt dagegen vor allem auf den Schutz der Arbeiter, der wirtschaftlichen Struktur und der Gesellschaftsordnung ab und widmet sich damit auch sozialen Rechten. Diese sind jedoch – im Gegensatz zu den Rechten der Menschenrechtserklärung von 1789 – (überwiegend) als

---

320 Pieters, in: Grabitz, Grundrechte in Europa und USA, S. 467

321 Pieters, in: Grabitz a.a.O., S. 467, 469

322 Pieters, in: Grabitz a.a.O., S. 463 f.

323 Das Gleichheitsprinzip und den Grundsatz der religiösen Freiheit (Art. 1), die freie Bildung und Betätigung von Parteien und politischen Gruppierungen (Art. 4) und die Bewegungsfreiheit (Art. 66)

324 In einer Entscheidung vom 16. Juli 1971 erklärte der Verfassungsrat die Menschenrechtserklärung von 1789 und die Präambel der Verfassung von 1946 zu konstituierenden Bestandteilen der Verfassung.

Gesetzgebungsaufträge und nicht als subjektive Rechte ausgestaltet[325]. Zwar räumt beispielsweise Absatz 5 der Präambel von 1946 nach seinem Wortlaut neben der Pflicht zu arbeiten auch ein Recht auf Beschäftigung ein; diese subjektive Formulierung ist jedoch als Auftrag an den Gesetzgeber zu verstehen, Lösungen für die Arbeitslosigkeit zu finden[326]. Ebenfalls staatlicher Gestaltung obliegt die im zehnten Absatz der Präambel enthaltene Sicherung der Entwicklungsvoraussetzungen für den Einzelnen und die Familie wie auch der im elften Absatz statuierte Schutz der Gesundheit, materiellen Sicherheit, Ruhe und Freizeit. Über die genannten Gewährleistungen hinaus enthält die Präambel von 1946 ein Recht auf angemessene Mittel für arbeitsunfähige Personen im zwölften Absatz sowie ein Recht auf Bildung und Ausbildung im dreizehnten Absatz. Auch insoweit ist die konkrete Ausgestaltung dem Staat vorbehalten, justiziable Rechte ergeben sich hieraus nicht.

d) Niederlande

Die Verfassung der Niederlande vom 17. Februar 1983, deren ursprüngliche Fassung aus dem Jahr 1815 stammt und die damit bis zur Überarbeitung im Jahr 1983 eine der ältesten Verfassungen Europas war, hat die in den Art. 19 bis 23 enthaltenen sozialen Rechte als Auftrag an den Staat formuliert. „Gegenstand der Sorge des Staates" ist nach der Verfassung der Niederlande die Schaffung von genügend Arbeitsplätzen (Art. 19 Abs. 1), die Existenzsicherheit der Bevölkerung und die Verteilung des Wohlstandes (Art. 20 Abs. 1), der Schutz und die Verbesserung der Umwelt (Art. 21), die Förderung der Volksgesundheit (Art. 22 Abs. 1), die Schaffung von genügend Wohnraum (Art. 22 Abs. 2) sowie das Unterrichtswesen (Art. 23 Abs. 1). Die gewählte Formulierung lässt erkennen, dass durch die genannten Vorschriften keine subjektiven Rechte eingeräumt werden, sondern ein Auftrag an den Staat erteilt wird, durch geeignete Maßnahmen fördernd auf die soziale Wirklichkeit einzuwirken. Dementsprechend enthalten auch die weiteren Absätze der jeweiligen Artikel Ermächtigungen für den Erlass der das Nähere regelnde einfachen Gesetze (Gesetzesvorbehalte), z.B. hinsichtlich der Rechtsstellung der Arbeitskräfte, des Arbeitsschutzes und der Mitbestimmung (Art. 19 Abs. 2) oder hinsichtlich des Anspruches auf soziale Sicherheit und auf öffentliche Sozialhilfe (Art. 20 Abs. 2, 3).

Zusammenfassend lässt sich somit feststellen, dass die niederländische Verfassung den Bürgern keine individuellen subjektiven Rechte einräumt, sondern nur die Ermächtigung zur Schaffung von Rechtsgrundlagen im ein-

---

[325] Dies bestätigt Art. 34 der Verfassung, wonach das Gesetz die Grundsätze für das Arbeitsrecht, das Gewerkschaftsrecht und die soziale Absicherung bestimmt.

[326] Diez-Picazo / Ponthoreau: The Constitutional Protection of Social Rights - Some Comparative Remarks, S. 16

fachen Recht erteilt. Abgesehen davon wären verfassungsrechtliche Rechte ohnehin nicht durchsetzbar, da die niederländische Verfassung keine Verfassungsbeschwerde vorsieht und den Gerichten in Art. 120 sogar ausdrücklich untersagt, die Verfassungsmäßigkeit von Gesetzen zu untersuchen.

e) Irland

Die Verfassung Irlands vom 1. Juli 1937 spiegelt deutlich die religiöse Verwurzelung des irischen Volkes wider. Soziale Aufgaben werden weitgehend der Familie zugewiesen, die „als natürliche und ursprüngliche Grundeinheit der Gesellschaft und als moralische Einrichtung mit unveräußerlichen und unverjährbaren Rechten vor und über allen positiven Gesetzen" anerkannt ist (Art. 41 Abs. 1 der irischen Verfassung).

Die Grundrechte der irischen Verfassung gliedern sich in insgesamt nur fünf Artikel, die den persönlichen Rechten, der Familie, der Erziehung, dem Privateigentum, der Religion und den Leitsätzen der Sozialpolitik gewidmet sind. In sozialer Hinsicht wird in Art. 41 der Verfassung der Schutz der Familie und die Unterstützung der Mütter garantiert, die wegen ihrer häuslichen Pflichten nicht gezwungen sein sollen, eine Arbeit aufzunehmen, zumal nach Art. 42 die Erziehung der Kinder in erster Linie der Familie obliegt. Der Staat ist nach Art. 42 Abs. 3 und 4 der Verfassung lediglich verpflichtet, für ein Minimum an moralischer, geistiger und sozialer Erziehung der Kinder und eine kostenlose Volksschulbildung zu sorgen. Unter dem Titel „Leitsätze der Sozialpolitik" wird die allgemeine Ausrichtung der Politik auf dem Gebiet des Sozialen in Form von Programmsätzen bestimmt[327]. Danach soll die Politik insbesondere daran orientiert sein, dass die Bürger durch ihre Beschäftigung angemessene Mittel für den Lebensunterhalt finden und zum Schutz und zur Unterstützung schwächerer Gruppen der Gemeinschaft beitragen. Des Weiteren sollen Arbeitskräfte nicht missbraucht und Bürger nicht aus wirtschaftlicher Not gezwungen werden, Berufe auszuüben, denen sie nicht gewachsen sind.

Neben diesen ausdrücklichen sozialen Verbürgungen ergeben sich weitere ungeschriebene soziale Grundrechte aus Art. 40 Abs. 3, der generell die Achtung und den Schutz der persönlichen Rechte der Bürger zum Ausdruck bringt, aber keine abschließende Aufzählung dieser Rechte beinhaltet. Zu diesen ungeschriebenen sozialen Rechten gehört das Recht auf Arbeit im Sinne eines Rechts, über seinen Arbeitseinsatz frei zu entscheiden

---

[327] Nach Art. 45 sind die dort dargelegten Grundsätze ausdrücklich nur als allgemeine Richtschnur für das Oireachtas (=nationales Parlament, Art. 15) bestimmt; die Anwendung der Grundsätze bei der Gesetzgebung obliegt ausschließlich dem Parlament und steht außerhalb der Zuständigkeit irgendeines Gerichtes.

und einen bestimmten Beruf frei wählen und ausüben zu können sowie das Recht auf Schutz der Gesundheit[328]. Auch diese Rechte sind jedoch nicht absolut, sondern müssen von der öffentlichen Gewalt im Rahmen ihrer Möglichkeiten berücksichtigt werden.

f) Vereinigtes Königreich

Großbritannien nimmt insofern eine Sonderstellung ein, als es dort keine geschriebene Verfassungsurkunde im Sinne eines umfassenden Dokuments gibt. Vielmehr zählen verschiedene Texte (statute law) zu einer Art „Verfassung", wie die Magna Charta Libertatum von 1215, die Petition of Rights von 1627, die Habeas-Corpus-Akte von 1679 und die Bill of Rights von 1689. Darüber hinaus gibt es einen ungeschriebenen Teil, der aus Elementen des Gewohnheitsrechts (common law) und den Verfassungskonventionen (constitutional conventions) besteht. Eine weitere Besonderheit liegt darin, dass es eine formalrechtliche Trennung zwischen Verfassungsrecht und einfachem Recht nicht gibt. Gesetze können folglich nicht verfassungswidrig sein und es existiert keine Verfassungsgerichtsbarkeit.

Innerhalb der Grundrechte des Individuums, die sich aus den einfachen Gesetzen und dem Common Law entnehmen lassen, spielen Freiheitsrechte eine große Rolle. Diese sind jedoch nicht positiv formuliert; vielmehr steht dem Einzelnen jedes Recht zu, solange es nicht ausdrücklich eingeschränkt ist. Soziale Grundrechte im Sinne von Teilhaberechten werden dagegen in der britischen Rechtslehre überwiegend nicht anerkannt, da die Erweiterung der Grundrechte um soziale Rechte auf Kosten der individuellen Freiheiten geht[329]. So wird beispielsweise ein Recht auf Arbeit nur insoweit anerkannt, als es dem Einzelnen das Recht verleiht, seinen gewählten Beruf auszuüben ohne ungerechtfertigterweise davon ausgeschlossen zu werden[330]. Ein Recht auf soziale Sicherheit im Sinne eines verfassungsmäßigen Rechts gibt es im Vereinigten Königreich ebenfalls nicht, vielmehr besteht nur ein subjektives einfaches Recht darauf, die bestehenden Sozialleistungen gemäß den gesetzlichen Bestimmungen zu erhalten.

g) Österreich

Das Bundesverfassungsgesetz Österreichs in der Fassung vom 7. Dezember 1929 besteht überwiegend aus sehr ausführlichen Bestimmungen zur Staatsorganisation, auf einen Katalog von Grundrechten oder Staatszielen

---

[328] Grehan, in: Grabitz, Grundrechte in Europa und USA, S. 295, 296

[329] Trautwein, Der Schutz der bürgerlichen Freiheiten und der sogenannten sozialen Grundrechte in England, S. 189 ff.

[330] Trautwein, a.a.O., S. 195

wurde dagegen verzichtet[331]. Schon seit den achtziger Jahren diskutiert man allerdings in Österreich darüber, ob soziale Grundrechte in die Verfassung aufgenommen werden sollen[332]; eine zu diesem Zweck eingesetzte politische Grundrechts-Kommission hat bereits zwei Entwürfe erarbeitet, deren Umsetzung in die Verfassung jedoch bislang unterblieben ist. Die Ursache dürfte darin liegen, dass Österreich bereits ein sehr hohes Niveau sozialer Sicherheit erreicht hat und daher die Verankerung sozialer Grundrechte in der Verfassung lediglich eine erhöhte Bestandsgarantie des inhaltlich bereits durch viele Konventionen und Vereinbarungen im Rahmen der Sozialpartnerschaft vorgegebenen Sozialstaates darstellen würde.

In den von der Grundrechts-Kommission vorgelegten Entwürfen sind die folgenden sozialen Rechte enthalten: das Recht auf Arbeit, angemessenen Lohn und gerechte Arbeitsbedingungen, das Recht auf Kinder-, Jugend- und Mutterschutz, das Recht auf Wohnen, das Recht auf Bildung sowie das Recht auf soziale Sicherheit. Darüber hinaus sieht der zweite Entwurf ein subjektives Recht auf unentgeltliche Arbeitsvermittlung und Berufsberatung und eine Institutsgarantie der Sozialversicherung vor, wobei das Recht auf gleichberechtigte Teilnahme an dem System der Sozialversicherung auch verfassungsgerichtlich überprüfbar sein soll.

h) Dänemark

In der dänischen Verfassung vom 5. Juni 1953 sind soziale Grundrechte ebenfalls nur schwach ausgeprägt; es existieren mit den §§ 75 und 76 überhaupt nur zwei Bestimmungen, die soziale Grundrechte im weiteren Sinne zum Gegenstand haben. Dies liegt zum einen daran, dass der liberale Charakter der ursprünglich aus dem Jahr 1849 stammenden Verfassung auch in der Fassung von 1953 weitgehend beibehalten wurde[333]. Zum anderen entspricht dies der skandinavischen Rechtstradition der richterlichen Zurückhaltung (judicial restraint), wonach die Gerichte nur unter ganz besonderen Umständen Akte der Legislative für verfassungswidrig erklären, um den Willen des demokratisch legitimierten Parlamentes zu respektieren. Soziale Rechte werden daher überwiegend auf einfachgesetzlicher Ebene verankert.

---

[331] Allerdings findet sich die Freiheit, jeden Erwerbszweig auszuüben in Art. 6 Abs. 1 und die Freiheit der Berufswahl und Berufsausbildung in Art. 18 des gem. Art. 149 Abs. 1 des Bundesverfassungsgesetzes von Österreich als Verfassungsgesetz geltenden Staatsgrundgesetz vom 21.12.1867 über die allgemeinen Rechte der Staatsbürger für die im Reichsrate vertretenen Königreiche und Länder, RGBl. 142/1867, vgl. Streinz, EUV/EGV Art. 15, Rn. 2. Zudem sind auch die Grundrechte der EMRK in Österreich Bestandteil des Bundesverfassungsrechts.

[332] Okresek, in: Matscher: Die Durchsetzung wirtschaftlicher und sozialer Grundrechte – eine rechtsvergleichende Bestandsaufnahme, S. 195

[333] Butt / Kübert / Schultz: Soziale Grundrechte in Europa, S. 12

In rein programmatischer Weise formuliert § 75 Abs. 1 der dänischen Verfassung, dass „anzustreben (ist), dass jeder arbeitsfähige Bürger die Möglichkeit hat, [...] zu arbeiten." Umstritten ist dagegen die Rechtsnatur des § 75 Abs. 2, der nach seinem Wortlaut unter bestimmten Voraussetzungen ein subjektives Recht auf öffentliche Unterstützung gewährt. Schließlich räumt § 76 der dänischen Verfassung einen subjektiven Anspruch auf unentgeltlichen Unterricht in der Volksschule ein.

i) Finnland

Die finnische Verfassung vom 17. Juli 1919 in der Fassung vom 1. März 2000 enthält in den §§ 16, 18 und 19 soziale Rechte auf den Gebieten der Arbeit, der sozialen Sicherheit und der Bildung. So wird in § 18 neben dem Recht auf Berufsfreiheit und dem Schutz der Arbeitskraft dem Bestreben Ausdruck verliehen, jedem das Recht auf Arbeit zu gewährleisten. § 19 der Verfassung bestimmt ein Recht auf lebensnotwendige Unterstützung und Fürsorge, das durch Gesetz für die Fälle der Arbeitslosigkeit, Krankheit, Arbeitsunfähigkeit, des Alters u.a. näher ausgestaltet wird. Zudem enthält die Vorschrift die Gewährleistung einer ausreichenden Sozial-, Gesundheits- und Krankheitsfürsorge und die staatliche Verpflichtung zur Förderung des Rechts auf Wohnung. § 16 der Verfassung schließlich bestimmt das Recht eines jeden auf kostenlose grundlegende Ausbildung.

Zusammenfassend lässt sich für die finnische Verfassung feststellen, dass diese – zum Teil abweichend zu ihrem Wortlaut – weniger subjektive verfassungsrechtliche Rechte als vielmehr Programmsätze enthält. Wie auch in den anderen skandinavischen Staaten werden in Finnland jedoch umfangreiche Sozialleistungen auf der Ebene des einfachen Rechts als subjektive öffentliche Rechte ausgestaltet[334], die vor den Verwaltungsgerichten einklagbar sind.

j) Schweden

In der Verfassung des Königreichs Schweden vom 1. Januar 1975, die die Verfassung von 1809 und das Parlamentsgesetz von 1866 ablöste, finden sich soziale Grundrechte nicht etwa im Kapitel über die Grundrechte und Freiheiten, sondern vielmehr im Ersten Kapitel über die Grundlagen der Staatsform. Diese Stellung indiziert zum einen die Wichtigkeit der sozialen Rechte im Königreich Schweden, das sich als Wohlfahrtsstaat versteht[335],

[334] Etwa das Recht auf Sozialhilfe, Unterbringung von Kindern unter drei Jahren, Unterstützung und Erhalt von Wohnraum für Kinder und ihre Familien, die in Notlagen sind und bestimmte Unterstützung für Schwerbehinderte

[335] Damit soziale Unterstützung durch den Staat nicht zur Stigmatisierung Einzelner führt, hat in Schweden grundsätzlich jeder unabhängig von seinem finanziellen Hinter-

bringt aber zugleich auch zum Ausdruck, dass es sich nicht um justiziable Grundrechte, sondern um Staatszielbestimmungen handelt, an denen sich jegliche öffentliche Tätigkeit zu orientieren hat. Primäres Ziel der öffentlichen Tätigkeit ist nach § 2 Absatz 2 der schwedischen Verfassung „die persönliche, wirtschaftliche und kulturelle Wohlfahrt des Einzelnen. Dem Gemeinwesen obliegt es insbesondere, das Recht auf Arbeit, Wohnung und Ausbildung zu sichern sowie für soziale Fürsorge und Sicherheit und für eine gute Lebensumwelt einzutreten." In diesen knappen Sätzen erschöpfen sich die sozialen Verfassungsbestimmungen Schwedens. Wie in anderen skandinavischen Staaten werden jedoch zahlreiche soziale Rechte der Bürger durch einfache Gesetzgebung ausgestaltet, die, soweit sie subjektive Rechte darstellen, vor den Verwaltungsgerichten einklagbar sind[336].

k) Griechenland

Im Gegensatz zu den skandinavischen Wohlfahrtsstaaten, in denen die zahlreichen sozialen Rechte weniger auf Verfassungsebene als auf einfachgesetzlicher Ebene ausgestaltet sind, ist der Grundrechtsteil der griechischen Verfassung vom 9. Juni 1975 in ihrer Fassung vom 16. April 2001 sehr umfangreich und legt insbesondere in den Artikeln 16, 21 und 22 die sozialen Grundrechte detailliert fest. So sind die Einzelaspekte des Rechts auf Bildung in Art. 16 der griechischen Verfassung in insgesamt neun Absätzen ausformuliert[337], Art. 21 gewährleistet Rechte auf soziale Sicherheit (insbesondere einen Fürsorgeanspruch von besonderen Personengruppen) und befriedigende Lebensbedingungen (Gesundheit, Wohnung); Art. 22 enthält schließlich ein Recht auf Arbeit, das dem Schutz des Staates untersteht. Trotz dieser ausführlichen Bestimmungen sind die sozialen Grundrechte in Griechenland nicht durchsetzbar, insbesondere kann der Staat nicht zur Leistung verurteilt werden[338].

l) Spanien

Die spanische Verfassung, die nach vierzigjähriger Diktatur am 29. Dezember 1978 in Kraft trat, enthält einen umfangreichen Rechtskatalog, der auch moderne Gesellschaftsproblematiken berücksichtigt; sie nimmt damit neben

---

grund Anspruch auf eine Vielzahl von staatlichen Leistungen.

336 Rosas, in: Matscher: Die Durchsetzung wirtschaftlicher und sozialer Grundrechte – eine rechtsvergleichende Bestandsaufnahme, S. 233

337 Abs. 1 enthält die Verpflichtung des Staates zur Entwicklung und Förderung von Kunst und Wissenschaft, Forschung und Lehre, Abs. 2 die Bestimmung, dass Bildung eine Grundaufgabe des Staates ist; damit korrespondiert das in Abs. 4 enthaltene Recht aller Griechen auf kostenlose Bildung in den staatlichen Unterrichtsanstalten und das in Abs. 5 festgelegte Recht der Universitäten auf staatliche finanzielle Unterstützung.

338 Terwey, Die BG 11/2000, S. 668

der portugiesischen eine herausragende Stellung innerhalb der europäischen Verfassungen ein.

Bereits in der Präambel wird der Wille kundgetan, das demokratische Zusammenleben u.a. auf der Grundlage einer gerechten Wirtschafts- und Sozialordnung zu gewährleisten. In Anlehnung an die Sozialstaatsklausel des deutschen Grundgesetzes folgt in Art. 1 der spanischen Verfassung das Bekenntnis zu einer demokratischen und sozialen Staatsform[339]. Zusätzlich zu dieser Sozialstaatsklausel und damit anders als im deutschen Grundgesetz ist jedoch in die spanische Verfassung eine Vielzahl von sozialen Einzelgewährleistungen aufgenommen worden. Diese befinden sich sowohl im ersten Grundrechtsteil der spanischen Verfassung (Art. 14 bis 29), der die klassischen Gleichheits- und Freiheitsrechte, darunter auch das Recht auf Erziehung (Art. 27) beinhaltet, wie auch im zweiten Teil (Art. 30 bis 38), der sich schwerpunktmäßig mit Rechten und Pflichten der Bürger einschließlich des Rechts auf Arbeit (Art. 35) beschäftigt; hauptsächlich ist jedoch der dritte Teil (Art. 39 bis 52) dem Schutz der sozialen Rechte gewidmet – wie dem Schutz der Familie, der sozialen Sicherheit, der Gesundheit und des Wohnraums.

Diese Einteilung in verschiedene Gruppen ist insofern von Bedeutung, als die Wirkungsweise und die Justiziabilität der in den einzelnen Gruppen enthaltenen Grundrechte nach Art. 53 der spanischen Verfassung Abstufungen unterliegt. Nur die Rechte der ersten Gruppe können nach Erschöpfung des ordentlichen Rechtswegs vor dem Verfassungsgericht eingeklagt werden (Art. 53 Abs. 1, 161 Abs. 1b der Verfassung). Es handelt sich mithin um subjektive und auch justiziable Grundrechte. Die Rechte der zweiten Gruppe, darunter auch das Recht auf Arbeit, können dagegen nur vor den ordentlichen Gerichten geltend gemacht werden, unterliegen aber nicht der Verfassungsbeschwerde. Sowohl die Grundrechte der ersten als auch die der zweiten Gruppe binden nach Art. 53 Abs. 1 der spanischen Verfassung die öffentliche Gewalt; jegliche Gesetzgebung muss den Wesensgehalt dieser Rechte beachten.

Bei den Rechten der dritten Gruppe, also den sozialen Rechten, handelt es sich dagegen nach der Formulierung des Art. 53 Abs. 3 der spanischen Verfassung nur um „Grundsätze“, deren Anerkennung, Achtung und Schutz der Legislative, Judikative und Exekutive zugrunde liegen. Daraus ergibt sich, dass die sozialen Rechte zwar subjektiv formuliert sind, tatsächlich

---

[339] Dieses abstrakte Bekenntnis ist in Art. 9 Abs. 2 der spanischen Verfassung näher konkretisiert, in dem es heißt: „Der öffentlichen Gewalt obliegt es, die Bedingungen dafür zu schaffen, dass Freiheit und Gleichheit des Einzelnen und der Gruppen, denen er angehört, real und wirksam sind, die Hindernisse zu beseitigen, die ihre volle Entfaltung verhindern oder erschweren, und die Teilnahme aller Bürger am politischen, wirtschaftlichen, kulturellen und gesellschaftlichen Leben zu fördern.“

aber nur Staatszielbestimmungen beinhalten, ohne ein subjektives Recht zu begründen[340]. Zudem können die sozialen Rechte ebenfalls nur vor der ordentlichen Gerichtsbarkeit geltend gemacht werden.

m) Portugal

Die Verfassung Portugals vom 2. April 1976 zielt - ebenfalls aufgrund der Erfahrungen der Diktatur - auf eine möglichst umfassende Absicherung der Grundrechte und ist in ihrem Grundrechtsteil noch detaillierter als die spanische Verfassung. Entsprechend der Festlegung in Art. 2 der Verfassung, dass Portugal die Umsetzung einer Demokratie auf wirtschaftlicher, sozialer und kultureller Ebene anstrebt[341], wird zwischen wirtschaftlichen, sozialen und kulturellen Rechten in den Art. 58 bis 79 unterschieden. Zu den wirtschaftlichen Rechten mit sozialem Gehalt gehört das Recht auf Arbeit (Art. 58) sowie das Recht auf gerechte Entlohnung, Urlaub und Arbeitslosenunterstützung (Art. 59). Der Komplex der sozialen Rechte im engeren Sinne umfasst das Recht auf soziale Sicherheit (Art. 63), Schutz der Gesundheit (Art. 64), angemessene Wohnverhältnisse (Art. 65), eine gesunde Umwelt (Art. 66), den Schutz der Familie, der Elternschaft, der Kinder und Jugend sowie der behinderten und alten Menschen (Art. 67-72). Zu den kulturellen Rechten schließlich zählt neben dem Recht auf Ausbildung und Kultur (Art. 73), Schul- und Universitätsausbildung (Art. 74, 76) auch das Recht auf Teilnahme am kulturellen Leben (Art. 78) und das Recht auf physische Ausbildung und Sport (Art. 79).

Zwar sind die genannten Rechte ausnahmslos subjektiv formuliert, allerdings ist im zweiten Absatz des jeweiligen Artikels regelmäßig der Auftrag an den Staat enthalten, die Rechte durch geeignete Maßnahmen umzusetzen – wie beispielsweise den Anspruch auf soziale Sicherheit durch den Aufbau eines Sozialversicherungssystems (Art. 63 Abs. 2) oder den Anspruch auf angemessene Wohnverhältnisse durch eine entsprechende Wohnungspolitik (Art. 65 Abs. 2a). Zudem sind nach Art. 17, 18 der Verfassung nur die Grundrechte des Kapitels I (Art. 12 – 23) und die Rechte, Freiheiten und Garantien des Kapitels II (Art. 24 – 57) unmittelbar anwendbar und binden öffentlich-rechtliche und privatrechtliche Einrichtungen; für die oben dargestellten sozialen Grundrechte, die in Kapitel III des Teils I der portugiesischen Verfassung enthalten sind, gilt dies dagegen nicht.

---

[340] Terwey, Die BG 11/2000, S. 668

[341] In Art. 9 der portugiesischen Verfassung werden zudem bestimmte Prinzipien als Staatsgrundsätze Portugals festgelegt, darunter auch die Verwirklichung der wirtschaftlichen, sozialen, kulturellen und ökologischen Rechte.

n) Italien

Die italienische Verfassung vom 27. Dezember 1947 enthält einen umfangreichen Bestand an sozialen Grundrechten; darüber hinaus hat der italienische Verfassungsgerichtshof in seiner Rechtsprechung weitere soziale Grundrechte anerkannt, die er einer extensiven Auslegung der geschriebenen Grundrechte entnimmt.

Zu den geschriebenen sozialen Grundrechten Italiens gehört – allen anderen sozialen Rechten voran – das im Kapitel „Grundprinzipien" enthaltene Recht auf Arbeit, wobei die Republik die Voraussetzungen für die Verwirklichung dieses Rechts fördert (Art. 4)[342]. Die weiteren sozialen Rechten sind im Kapitel über die „Rechte und Pflichten der Staatsbürger" unter dem Untertitel „Ethisch-soziale Beziehungen" aufgeführt. Dazu zählt die Erleichterung der Gründung der Familie und der Schutz von Mutter, Kind und Jugend (Art. 31), der Schutz der Gesundheit (Art. 32), der unentgeltliche, mindestens achtjährige Grundschulunterricht sowie die Unterstützung Hochbegabter (Art. 34), das Recht auf angemessene Entlohnung, einen wöchentlichen Ruhetag und bezahlten Jahresurlaub (Art. 36), der Grundsatz der gleichen Entlohnung von Frauen (Art. 37) und schließlich das Recht auf soziale Sicherheit für Arbeitsunfähige und Arbeitende (Art. 38). Daneben anerkennt der italienische Verfassungsgerichtshof als ungeschriebene soziale Grundrechte insbesondere ein Recht auf eine angemessene Wohnung sowie ein Recht auf eine gesunde Umwelt, das er aus dem Recht auf Gesundheit (Art. 32) und dem Schutz der Landschaft (Art. 9) ableitet.

Was die Wirkungsweise der sozialen Grundrechte angeht, unterscheidet das italienische Verfassungsrecht sogenannte unbedingte Grundrechte, die in der Verfassung vorgesehen sind und ohne legislative Umsetzung aus sich selbst heraus wirken, von sogenannten bedingten Grundrechten, die zu ihrer Verwirklichung ein Tätigwerden des Gesetzgebers zur Schaffung der notwendigen Einrichtungen erfordern. Zu den unbedingten Grundrechten, die sowohl gegen den Staat als auch gegen Dritte unmittelbare Wirkung entfalten, zählt nach der Rechtsprechung des Verfassungsgerichtshofes das Recht auf bezahlten Urlaub, auf faires Arbeitsentgelt, auf soziale Sicherheit[343] sowie das Recht auf Gesundheit in seiner Ausformung als

---

[342] Ebenfalls innerhalb der Grundprinzipien findet sich in Art. 3 der italienischen Verfassung eine allgemeine Aufgabenumschreibung, wonach die Republik u.a. „die Hindernisse wirtschaftlicher und gesellschaftlicher Art zu beseitigen [hat], die die Freiheit und Gleichheit der Bürger tatsächlich einschränken, und die volle Entfaltung der menschlichen Persönlichkeit und die wirksame Teilnahme aller Arbeitenden an der politischen, wirtschaftlichen und sozialen Gestaltung des Landes verhindern."

[343] Die Zuordnung des Rechts auf soziale Sicherheit zu den unbedingten Grundrechten ist zweifelhaft, da dieses ein Tätigwerden des Gesetzgebers zur Schaffung der notwendigen Einrichtungen erfordert.

Recht auf psychische und physische Integrität; soweit das Recht auf Gesundheit dagegen ein Teilhaberecht am Gesundheitssystem enthält, handelt es sich um ein lediglich bedingtes Grundrecht. Ebenfalls nur bedingt ist das Recht auf Wohnung. Der einzelne Bürger kann allerdings auch bei unbedingten Grundrechten nicht direkt den Verfassungsgerichtshof anrufen, sondern sich lediglich vor den ordentlichen Gerichten auf die unbedingten Grundrechte berufen[344].

o) Ergebnis

Der Überblick über die Verfassungen der Mitgliedstaaten der Europäischen Union zeigt, dass sich im Hinblick auf die Ausgestaltung sozialer Verfassungsrechte im wesentlichen drei Gruppen unterscheiden lassen: zum einen gibt es Verfassungen ohne soziale Garantien wie in Großbritannien und Österreich; im Gegensatz dazu enthalten insbesondere die Verfassungstexte der südeuropäischen Länder (Portugal, Spanien, Italien und Griechenland) eine Vielzahl von – allerdings beschränkt justiziablen – sozialen Verfassungsbestimmungen. Ein „mittleres“ Modell mit wenigen ausdrücklichen sozialen Verfassungsgarantien wurde insbesondere in den skandinavischen und den Beneluxländern gewählt. Allerdings ist es nicht möglich, eine Beziehung zwischen dem Vorhandensein sozialer Grundrechte und dem tatsächlichen Bestand bzw. Niveau sozialer Leistungen in den Mitgliedstaaten herzustellen[345], wie ein Blick auf die skandinavischen „Wohlfahrtsstaaten“ zeigt.

3. Soziale Rechte in den Verfassungen der Beitrittsstaaten am Beispiel Tschechiens, Polens und Ungarns

Im Hinblick auf die sich am 1. Mai 2004 vollziehende Osterweiterung der Europäischen Union kommt auch den Verfassungen der mittel- und osteuropäischen Beitrittsstaaten Bedeutung für die Grundrechtslage in Europa zu. Den ehemals kommunistischen Staaten Mittel- und Osteuropas ist dabei gemein, dass sie sich in den letzten Jahren neue demokratische Verfassungen gegeben haben, die sich häufig an westlichen Vorbildern orientieren. Soziale Grundrechte, die in der sozialistischen Staatstheorie eine wichtige Rolle spielten, wurden in unterschiedlicher Ausführlichkeit auch in die neuen Verfassungstexte aufgenommen.

An dieser Stelle soll allerdings nur exemplarisch auf die Verfassungen Tschechiens, Polens und Ungarns eingegangen werden.

---

[344] Butt / Kübert / Schultz: Soziale Grundrechte in Europa, S. 11
[345] Pieters, in: von Maydell, Soziale Rechte in der EG, 21 (24)

a) Tschechien

Die Grundrechte finden sich im Verfassungssystem der Tschechischen Republik nicht in der Verfassung vom 16. Dezember 1992 selbst, sondern in einer Urkunde der grundlegenden Rechte und Freiheiten vom 9. Januar 1991, die gemäß Art. 3 der tschechischen Verfassung Bestandteil der verfassungsmäßigen Ordnung der Tschechischen Republik ist[346]. Diese in die Verfassung inkorporierte Deklaration gliedert sich in sechs Kapitel, wobei Menschenrechte und Grundfreiheiten im zweiten Kapitel von Rechten der nationalen und ethnischen Minderheiten im dritten Kapitel und wirtschaftlichen, sozialen und kulturellen Rechten im vierten Kapitel deutlich abgegrenzt sind. Schon diese systematische Untergliederung deutet auf die unterschiedliche Qualität von klassischen liberalen Freiheits- und Gleichheitsrechten einerseits und sozialen Rechten andererseits hin. Zwar sind die sozialen Rechte im vierten Kapitel wie auch die Freiheitsrechte im zweiten Kapitel subjektiv formuliert; jedoch weist Artikel 41 der Deklaration, der zu den gemeinsamen Bestimmungen des sechsten Kapitels zählt, ausdrücklich darauf hin, dass die sozialen Rechte nur in den Grenzen der entsprechenden einfachen Durchführungsgesetze geltend gemacht werden können. Die genaue Ausgestaltung der sozialen Grundrechte erfolgt damit durch einfache Gesetzgebung; entsprechende Gesetzesvorbehalte finden sich auch in den einzelnen Bestimmungen des Kapitels über wirtschaftliche, soziale und kulturelle Rechte.

Auf dem Gebiet der Arbeit räumt die tschechische Grundrechtsdeklaration jedem das Recht ein, durch Arbeit Mittel für seinen Lebensbedarf zu erwerben sowie das Recht auf eine gerechte Entlohnung und auf befriedigende Arbeitsbedingungen (Art. 26 Abs. 3 und 28); Frauen, Jugendliche und Behinderte genießen erhöhten Schutz ihrer Gesundheit bei der Arbeit und besondere Arbeitsbedingungen (Art. 29). Art. 30 sichert das Recht auf angemessene materielle Versorgung im Alter, bei Arbeitsunfähigkeit, Verlust des Brotgebers und in materiellen Notlagen. Art. 31 sieht ein Recht auf Gesundheitsschutz vor und durch Art. 32 wird Eltern, Familien, Kindern und Jugendlichen besonderer Schutz gewährleistet. Art. 33 schließlich widmet sich dem Recht auf Bildung einschließlich kostenloser Bildung in Grund- und Mittelschulen. Besonders fortschrittlich ist das durch Art. 35 eingeräumte Recht auf eine günstige Umwelt, das auch das Recht auf rechtzeitige und vollständige Informationen über den Zustand der Umwelt und der natürlichen Ressourcen umfasst. Insgesamt enthält damit die tschechische Verfassung einen der ausführlichsten Kataloge sozialer Grundrechte in Europa.

---

346 Vgl. dazu Tröster: Soziale Grundrechte in Europa – Landesbericht Tschechische Republik, S. 159 ff.

b) Polen

Die polnische Verfassung[347], die am 2. April 1997 von der Nationalversammlung angenommen und durch ein Referendum im Oktober 1997 bestätigt wurde, ist in ihrer Systematik der tschechischen sehr ähnlich. Das Kapitel über die „Freiheiten, Rechte und Pflichten des Menschen und des Staatsbürgers" untergliedert sich in allgemeine Grundsätze, persönliche Freiheiten und Rechte, politische Freiheiten und Rechte sowie ökonomische, soziale und kulturelle Freiheiten und Rechte. Nach ihrem Wortlaut deuten die sehr ausführlichen sozialen Bestimmungen auf die Einräumung subjektiver Rechtspositionen hin, allerdings ist bereits im ersten Kapitel des Verfassungstextes die Einschränkung enthalten, dass die Vorschriften der Verfassung nur dann unmittelbar anzuwenden sind, wenn die Verfassung es nicht anders bestimmt. Dies ist aber bei den Vorschriften über die sozialen Rechte der Fall, die genau wie die entsprechenden tschechischen Bestimmungen Gesetzesvorbehalte und teilweise sogar Leitsätze für die Politik enthalten. So schreibt die Verfassung beispielsweise kein Recht des Einzelnen auf Arbeit fest, sondern legt Grundlinien der Arbeitsmarktpolitik fest, indem sie dem Staat eine Politik der Vollbeschäftigung durch Umsetzung von Programmen zur Bekämpfung der Arbeitslosigkeit, Schaffung öffentlicher Arbeit und Interventionen in der Wirtschaft vorgibt (Art. 65). Daneben sind soziale Grundrechte für die Bereiche der sozialen Sicherung (Art. 67), der Gesundheit (Art. 68), der Bildung (Art. 70) sowie für besonders schutzwürdige Personengruppen (Art. 69, 71, 72) vorgesehen. Um reine Zielbestimmungen für die Politik handelt es sich schon der Formulierung nach bei den Artikeln 74 und 75 der Verfassung, die sich der Sicherung der ökologischen Sicherheit und der Wohnbedürfnisse der Staatsbürger widmen. Lediglich das Recht auf Information über Zustand und Schutz der Umwelt ist subjektiver Natur.

Systematik und Wortlaut der polnischen Verfassung lassen damit deutlich werden, dass die sozialen Rechte überwiegend als Programmsätze zu verstehen sind, die den Staat zu Gesetzgebung und praktischen Maßnahmen verpflichten. Letztlich hängt damit die Frage, ob die Bürger in den Genuss der sozialen Rechte kommen, maßgeblich von der wirtschaftlichen Situation des Landes und dem politischen Willen der Verantwortlichen ab. Der Umfang der verbürgten sozialen Rechte lässt somit in keiner Weise einen Schluss auf die soziale Wirklichkeit zu, sondern allenfalls auf die Stärke des politischen Willens, soziale Grundrechte für die Bürger zu garantieren[348].

---

[347] Vgl. Sobotka: Soziale Grundrechte in Polen – Ein Abriss, S. 167 ff.

[348] Butt / Kübert / Schultz: Soziale Grundrechte in Europa, S. 37

c) Ungarn

Die ungarische Verfassung vom 20.08.1949[349] wurde 1989 und zuletzt 1997 grundlegend überarbeitet. Sie enthält im zwölften Kapitel einen relativ ausführlichen Katalog von Grundrechten und –pflichten, der allerdings nicht weiter untergliedert ist.

Im Hinblick auf soziale Rechte ist die ungarische Verfassung zwar weniger umfangreich als die tschechische und polnische Verfassung, sie deckt aber ebenfalls die klassischen Bereiche der Arbeit, der Gesundheit, der sozialen Sicherheit und der Bildung ab (Art. 70 B – 70 F). Zudem ist zu berücksichtigen, dass in der Verfassungsrechtsprechung Ungarns vieles von der italienischen Rechtsprechung zu den sozialen Rechten rezipiert wurde[350].

Im Einzelnen gewährt die ungarische Verfassung in Art. 70 B jedermann das Recht auf Arbeit, freie Wahl der Arbeit und des Berufs sowie angemessene Arbeitsbedingungen. Das Koalitions- und Streikrecht ist in Art. 70 C der ungarischen Verfassung als Jedermann-Recht ausgestaltet. Art. 70 D der ungarischen Verfassung enthält die Garantie von körperlicher und geistiger Gesundheit, wobei der persönliche Anwendungsbereich auf in Ungarn lebende Menschen beschränkt ist. Ausschließlich ungarischen Staatsbürgern vorbehalten ist schließlich der Anspruch auf Unterstützung bei nicht selbst verschuldeter Arbeitslosigkeit und anderen Notlagen aus Art. 70 E und das Recht auf Bildung in Art. 70 F der ungarischen Verfassung. Den Bestimmungen der Art. 70 D – F ist dabei gemein, dass jeweils im zweiten Abschnitt Leitlinien formuliert sind, auf welche Art und Weise die subjektiv formulierten sozialen Rechte zu realisieren sind. Darüber hinaus werden bestimmten Personengruppen besondere Schutzrechte eingeräumt (Art. 66-68). Schließlich finden sich im Kapitel Eins der Allgemeinen Bestimmungen noch drei Staatszielbestimmungen, die die Existenzsicherheit, Bildung und Erziehung der Jugend, soziale Maßnahmen für Bedürftige sowie die Umwelt betreffen (Art. 16-18).

4. Schlussfolgerungen

Der Überblick über die Verfassungslage in den Mitgliedstaaten und Beitrittsstaaten der Europäischen Union zeigt, dass in beinahe allen Ländern soziale Rechte verfassungsrechtlich verankert sind. Hinsichtlich des Umfangs und der Ausgestaltung der sozialen Rechte gibt es jedoch erhebliche Unterschiede, die sich auf die verschiedenen Rechtstraditionen, wirtschaftliche und politische Erfahrungen der Länder und teilweise auch schlicht auf den Entstehungszeitpunkt der Verfassungen zurückführen lassen.

---

[349] Vgl. Sólyom, in: Frowein / Marauhn, Grundfragen der Verfassungsgerichtsbarkeit in Mittel- und Osteuropa, S. 213 ff.; Marauhn, in: ebda., S. 135 ff.

[350] Sólyom, in: Frowein / Marauhn, S. 213 (217)

Die Verfassungen der Mitgliedstaaten weisen unter anderem aufgrund ihres geschichtlichen Entstehungshintergrundes Unterschiede auf: gemeinsam ist der italienischen Verfassung, dem deutschen Grundgesetz und den Verfassungen Griechenlands, Portugals und Spaniens, dass sie nach dem Ende diktatorischer Regime ausgearbeitet wurden, die alle gleichermaßen – unabhängig von ihren unterschiedlichen politischen Zielvorstellungen – die bürgerlichen Freiheitsrechte missachteten. Nach Beendigung der Diktaturen zogen die Verfassungsgeber daraus die Konsequenz, die Grundrechte in den neuen Verfassungen besonders umfassend zu formulieren. Dies führte allerdings nur bei der italienischen, spanischen und portugiesischen Verfassung zu einer Aufnahme konkret benannter sozialer Grundrechte, da bei der Ausarbeitung dieser drei Verfassungen linke, progressive Parteien und Kräfte[351] einen starken Einfluss ausübten, während im Parlamentarischen Rat und bei der griechischen Verfassungsgebung die bürgerlich-konservativen Gruppen entscheidend bestimmten. Bei der Ausarbeitung des Grundgesetzes war zudem das politische Klima bereits stark vom Antikommunismus und dem beginnenden Kalten Krieg beherrscht; dies führte – neben den Erfahrungen der Weimarer Zeit - letztlich dazu, dass außer der allgemeinen Sozialstaatsklausel soziale Rechte und Ziele keinen Eingang in das Grundgesetz gefunden haben[352].

Im Gegensatz zu den eben genannten, aufgrund historischer Erfahrungen sehr ausführlichen Verfassungstexten begnügen sich ältere bzw. auf ältere Verfassungstexte zurückgehende Verfassungen - wie die von Belgien, Luxemburg, den Niederlanden und Schweden - wie auch junge Verfassungen, die nicht durch Erfahrungen der Diktatur geprägt sind - wie die von Dänemark und Frankreich - mit eher knappen Aufzählungen der Grundrechte. Die Verfassungen Finnlands, Irlands und Österreichs stehen in direktem Zusammenhang mit der Staatsgründung.

Daneben ist die unterschiedliche Ausgestaltung der Verfassungstexte teilweise auch im Zeitpunkt ihrer Entstehung begründet. Texte aus dem 19. Jahrhundert befassen sich naturgemäß überwiegend mit den klassischen Freiheitsrechten der ersten Generation, da die sozialen Rechte erstmals Ende des 19. bzw. Anfang des 20. Jahrhunderts auf verfassungsrechtlicher Ebene entstanden sind. In diese Verfassungen wurden erst nachträglich einige soziale Rechte wie das Recht auf Arbeit, soziale Sicherheit und Gesundheit aufgenommen. Verfassungstexte neueren Datums dagegen enthalten die vollständigsten Kataloge von Grundrechten der ersten, zweiten und dritten Generation. Die Verfassungen Spaniens, Portugals und Italiens widmen den sozialen Rechten sogar einen eigenen Abschnitt und verleihen

---

351 Sozialisten, Kommunisten, Armee in Portugal

352 Kimmel, Einführung zur dtv-Textausgabe der Verfassungen der EU-Mitgliedstaaten, S. XI

damit dem Unterschied zwischen den unmittelbar anwendbaren und die öffentliche Gewalt bindenden Freiheitsrechten einerseits und den sozialen Grundrechten andererseits Ausdruck, die staatlicher Handlungen bedürfen, damit der einzelne Bürger von ihnen profitieren kann[353].

Eine Sonderstellung nehmen die Verfassungen Großbritanniens, Österreichs und Deutschlands ein: Das ungeschriebene Verfassungsrecht Großbritanniens anerkennt aufgrund seiner liberalen Tradition mit der starken Betonung der Freiheitsrechte keine sozialen Grundrechte, die Verfassungsgeber Österreichs haben völlig auf einen Katalog von Grundrechten verzichtet. Deutschland hat nach den Erfahrungen mit der Weimarer Verfassung von einer Positivierung einzelner sozialer Grundrechte abgesehen und leitet stattdessen einzelne soziale Verbürgungen aus dem Sozialstaatsprinzip des Art. 20 Abs. 1 GG in Verbindung mit dem nach Art. 28 Abs. 1 GG an die Landesgesetzgeber gerichteten Homogenisierungsgebot ab[354].

Dagegen enthalten alle der exemplarisch dargestellten Verfassungen der osteuropäischen Beitrittsländer soziale Rechte, die sicher nicht nur als Relikt des überwundenen sozialistischen Systems verstanden werden dürfen. Mit den neuen Verfassungen vollzieht sich zugleich eine Abkehr von der sozialistischen Planwirtschaft hin zu einer sozialen Marktwirtschaft, zu der sich die Verfassungstexte zumeist ausdrücklich bekennen[355]. So genießt anders als in den alten sozialistischen Verfassungen beispielsweise das Recht auf Arbeit keine Priorität, sondern muss mit anderen Verfassungsbestimmungen, etwa der Dispositionsfreiheit des Eigentümers, der Vertragsfreiheit und der Unternehmensautonomie in Einklang gebracht werden. Überwiegend wird das Recht auf Arbeit vielmehr als Staatszielbestimmung ausgelegt, die den Staat zu einer aktiven Beschäftigungspolitik verpflichtet[356]. Auch im Übrigen tendieren die osteuropäischen Verfassungsgerichte zu einer eher restriktiven Interpretation der zumeist subjektiv-rechtlich formulierten sozialen Verfassungsbestimmungen. Hinsichtlich des Rechts auf soziale Sicherheit hat beispielsweise das ungarische Verfassungsgericht judiziert, dass es – abgesehen von dem in ihm enthaltenen Anspruch auf das Existenzminimum – weder ein Recht auf eine gesichertes Einkommen noch auf Aufrechterhaltung des einmal erreichten Lebensstandards gewähre[357]. Zusammenfassend lässt sich feststellen, dass aus den in den Verfas-

---

[353] Vgl. Art. 17, 18 der portugiesischen Verfassung und die Unterscheidung zwischen unbedingten und bedingten Grundrechten im italienischen Verfassungsrecht

[354] Bieback, EuGRZ 1985, S. 657

[355] Vgl. Art. 20 der polnischen Verfassung, Präambel der ungarischen Verfassung

[356] Marauhn, in: Frowein / Marauhn, S. 135 (190 f.); zu Art. 70 B der ungarischen Verfassung vgl. die Entscheidung des ungarischen Verfassungsgerichts 21/1994. (VI.16.) AB, VerfGE 1994, 117

[357] Entscheidung 32/1991. (VI.6) AB, ABH 1991, 146, nachgewiesen bei Gärtner, Die

sungstexten der osteuropäischen Beitrittsländer enthaltenen sozialen Rechten nur selten unmittelbar durchsetzbare subjektive Ansprüche abgeleitet werden, sondern dass vielmehr die Prärogative des Gesetzgebers betont wird, der die Verfassungsbestimmungen auf einfachgesetzlicher Ebene zur Geltung bringt.

III. Soziale Rechte in europäischen Regelwerken

Bereits im zweiten Teil dieser Arbeit wurde festgestellt, dass aufgrund des Beschlusses des Europäischen Rates von Köln vom 4. Juni 1999, der insoweit in Einklang mit den Bestimmungen des Art. 6 Abs. 2 EUV in Verbindung mit Art. 136 EGV steht, die Europäische Sozialcharta vom 18.10.1961 und die Gemeinschaftscharta der sozialen Grundrechte der Arbeitnehmer vom 9.12.1989 die maßgeblichen Erkenntnisquellen für die Erarbeitung wie auch die Auslegung der wirtschaftlichen und sozialen Rechte der GRC bilden. Darüber hinaus bietet auch die Erklärung des Europäischen Parlaments über Grundrechte und Grundfreiheiten vom 12.4.1989 als gemeinschaftliches „soft law" wichtige Anhaltspunkte für den gemeinschaftlichen Entwicklungsstand im Bereich des Sozialen. Dies gibt Anlass, sich mit der Rechtswirkung und dem Gehalt dieser Regelwerke näher auseinander zu setzen.

1. Europäische Sozialcharta

Die Europäische Sozialcharta (ESC), die im Rahmen des Europarates am 18. Oktober 1961 in Turin unterzeichnet wurde, kann als „soziales Gegenstück" zur Europäischen Menschenrechtskonvention bezeichnet werden. Die Europäische Union ist zwar nicht selbst Vertragspartei, gleichwohl haben sich die Mitgliedstaaten der Gemeinschaft schon in der Präambel zur Einheitlichen Europäischen Akte (EEA) 1986 auf die in der „Sozialcharta anerkannten Grundrechte, insbesondere Freiheit, Gleichheit und soziale Gerechtigkeit" bezogen, um ihr Bekenntnis dazu zu bekräftigen. Inzwischen hat dieses Bekenntnis zur Sozialcharta auch in den 4. Erwägungsgrund der Präambel zum EUV Eingang gefunden. Daneben bringt Art. 136 EGV zum Ausdruck, dass die Gemeinschaft die sozialen Grundrechte, die in der ESC wie auch in der Gemeinschaftscharta der sozialen Grundrechte der Arbeitnehmer festgelegt sind, als Richtlinien betrachtet, die sowohl von ihr als auch von den Mitgliedstaaten bei ihren Aktivitäten beachtet werden müssen. Schließlich hat auch der Europäische Gerichtshof auf die ESC als Rechtserkenntnisquelle bei der Aufstellung Allgemeiner Grundsätze des Gemeinschaftsrechts Bezug genommen[358].

Neugestaltung der Wirtschaftsverfassungen in Ostmitteleuropa (1996), S. 183

[358] Vgl. die Entscheidungen in den Rechtssachen Rutili (EuGH, Rs. 36/75, Slg. 1975,

Die ESC verpflichtet die Vertragsstaaten zu einer Politik, die darauf abzielt, geeignete Voraussetzungen zu schaffen, damit die tatsächliche Ausübung der in ihr garantierten Rechte gewährleistet ist[359]. Teil II der ESC sieht daher für alle im Bereich des Erwerbslebens und der sozialen Sicherheit gewährleisteten Rechte des ersten Teils bestimmte gesetzliche und verwaltungsmäßige Maßnahmen vor, die deren wirksame Ausübung sicherstellen sollen. Dies verdeutlicht, dass die Verbürgungen der ESC nicht für den Einzelnen einklagbare subjektive Rechte begründen, sondern der Umsetzung und näheren Ausgestaltung durch staatliches Recht bedürfen (sog. nonselfexecuting obligations). Es handelt sich gemäß Art. 20 ESC um eine Erklärung der Ziele, die die Vertragsparteien mit allen geeigneten Mitteln verfolgen; für den Fall einer Verletzung der von den Vertragsstaaten übernommenen Verpflichtungen sieht die ESC allerdings kein wirksames Sanktionssystem vor. Nach Art. 21 ESC obliegt es den Unterzeichnerstaaten lediglich, alle zwei Jahre dem Generalsekretär des Europarats einen Bericht über die Anwendung der Bestimmungen der Charta abzuliefern, der sodann von einem Sachverständigenausschuss auf Verletzungen hin geprüft wird (Art. 24 ESC); aufgrund des Berichts des Untersuchungsausschusses können Empfehlungen an die Vertragsparteien gerichtet werden (Art. 29 ESC).

Inhaltlich enthält die ESC umfangreiche Gewährleistungen für die Bereiche des Erwerbslebens (Teil I Absätze 1-6, 8-10), der Gesundheit (Abs. 11), der sozialen Sicherheit (Abs. 12-14) sowie im Hinblick auf den Schutz besonderer Personengruppen (Abs. 7, 15-17), wobei die Vertragsstaaten allerdings die Möglichkeit haben, bei der Ratifikation der Charta bestimmte Verpflichtungen auszuwählen, sofern nur die Gesamtzahl der angenommenen Artikel mindestens zehn beträgt (Art. 20 Abs. 1 ESC)[360]. Allein für den Bereich der Bildung sind in der ESC mit Ausnahme des Rechts auf geeignete Möglichkeiten der Berufsausbildung, das dem Bereich des Erwerbslebens zuzuordnen ist, keine Einzelausformungen vorgesehen. Dies mag seine Ursache darin haben, dass das Recht auf Bildung als einziges Recht sozialer Natur im 1. Zusatzprotokoll zur EMRK vom 30. Juni 1998 (Art. 2) seinen Niederschlag gefunden hat.

Mit der revidierten Fassung der ESC vom 03.05.1996 wurde der materielle Inhalt der Sozialcharta durch die Mitglieder des Europarates auf einen neuen Stand gebracht. Allerdings ist die Revidierte Europäische Sozialcharta (RESC), obgleich seit 1996 zur Ratifikation aufgelegt, bislang erst

---

1219 ff.), Hoechst (EuGH, Rs. 46/87 und 227/88, NJW 1989, 3080 ff.) und Defrenne (EuGH, Rs. 149/77, Slg. 1978, 1365 ff.)

[359] Vgl. Teil I Einleitungssatz

[360] So genanntes „choose and pick"-Verfahren

von 14 Staaten, darunter sechs EU-Mitgliedstaaten[361], umgesetzt worden, so dass ihr noch keine volle Wirksamkeit im Recht der EU zukommt. Inhaltlich wiederholen die Art. 1-19 RESC mit gewissen Modifikationen die bereits in der ESC enthaltenen Rechte, Art. 20-23 RESC greifen die durch das Zusatzprotokoll zur ESC von 1988 hinzugekommenen Rechte auf; schließlich finden sich in den Art. 24-31 RESC völlig neue Rechte[362], die den gewandelten sozialen Verhältnissen in Europa Rechnung tragen sollen.

2. Gemeinschaftscharta der sozialen Grundrechte der Arbeitnehmer

Die Gemeinschaftscharta der sozialen Grundrechte der Arbeitnehmer vom 9.12.1989[363] stellt eine feierliche Erklärung der Staats- und Regierungschefs der Mitgliedstaaten (mit Ausnahme Großbritanniens) dar und ist damit weder ein verbindlicher Rechtsakt der EU, noch ein völkerrechtlich verbindlicher Vertrag zwischen den Unterzeichnerstaaten. Gleichwohl ist ihre Bedeutung für die sozialen Grundrechte auf Gemeinschaftsebene durch den 4. Erwägungsgrund der Präambel des EUV sowie Art. 136 EGV anerkannt. Sie diente zudem der Kommission bereits des Öfteren als Rechtfertigungsgrundlage für die von ihr vorgeschlagenen Richtlinien auf dem Gebiet des Sozialen. Inhaltlich umfasst die Gemeinschaftscharta, die sich fast ausschließlich auf Arbeitnehmer und Auszubildende bezieht, neben sozialen Rechten für den Einzelnen[364] Strukturvorgaben für das kollektive Arbeitsrecht sowie individuelle Gleichbehandlungsrechte. Auch wenn die Formulierungen auf den ersten Blick den Eindruck subjektiver Rechte erwecken, handelt es sich tatsächlich nur um politische Zielnormen für die Politik der Mitgliedstaaten, die zudem hinsichtlich der Umsetzung der sozialen Ziele einen weiten Spielraum eröffnen.

Für die Gewährleistung der in der Gemeinschaftscharta verbürgten sozialen Grundrechte sind gemäß Titel II der Gemeinschaftscharta die Mitgliedstaaten entsprechend den einzelstaatlichen Gepflogenheiten zuständig; auf der Ebene der Union wird dagegen nach Art. 29, 30 der Gemeinschaftscharta lediglich ein jährlicher Bericht über die Umsetzung der Charta durch die Kommission erstellt, der dem Rat, dem Parlament und dem Wirtschafts- und Sozialausschuss übermittelt wird.

---

[361] Finnland, Frankreich, Irland, Italien, Portugal und Schweden

[362] Dies sind neben Rechten der Arbeit das Recht auf Schutz gegen Armut und soziale Ausgrenzung und das Recht auf Wohnung.

[363] Dok. KOM (89) 248 endg.; vgl. dazu auch das Aktionsprogramm der Kommission der Europäischen Gemeinschaften zur Anwendung der Gemeinschaftscharta der sozialen Grundrechte vom 29.11.1989, BR-Drs. 717/89

[364] Z.B. hinsichtlich Entlohnung, sozialer Absicherung und Gesundheitsschutz oder zum Schutz besonderer Personengruppen wie Kinder, Jugendliche, ältere Menschen und Behinderte

3. Erklärung der Grundrechte und Grundfreiheiten des Europäischen Parlaments

Die Erklärung der Grundrechte und Grundfreiheiten des Europäischen Parlaments von 1989[365] enthält einen umfassenden Grundrechtskatalog, der – allerdings nur in rechtlicher unverbindlicher Form - neben den klassischen Grundrechten auch soziale Grundrechte und Staatszielbestimmungen vorsieht. Das Parlament hat in der Vergangenheit immer wieder gefordert, diesen Grundrechtskatalog in die Verträge aufzunehmen; auch wenn diese Forderung nicht realisiert wurde, ist der Erklärung dennoch große Bedeutung als Interpretationshilfe beizumessen, zumal sie von der einzigen direkt demokratisch legitimierten Institution auf europäischer Ebene verabschiedet wurde und damit Ausdruck des Willens der europäischen Völker ist.

Inhaltlich gewährleistet die Erklärung neben Rechten im Erwerbsleben (Art. 12-14) das Recht auf alle sozialen Maßnahmen für den bestmöglichen Gesundheitszustand, auf soziale Sicherheit, auf soziale und medizinische Hilfe sowie das Recht auf Unterstützung in Wohnungsfragen (Art. 15). Darüber hinaus wird jedem das Recht auf Bildung und Ausbildung gemäß seinen Fähigkeiten eingeräumt (Art. 16). Schließlich formuliert Art. 24 Zielbestimmungen für die Gemeinschaftspolitik auf dem Gebiet des Umwelt- und Verbraucherschutzes.

---

[365] EuGRZ 1989, S. 204 ff.

4. Teil: Die Sozialen Rechte in der Europäischen Grundrechtscharta

A. Die Diskussion über die sozialen Rechte im Vorfeld und bei Erarbeitung der Charta

I. Bericht der Expertengruppe Grundrechte

Bereits zu Beginn des Jahres 1998 wurde von der Europäischen Kommission eine Expertengruppe „Grundrechte" eingesetzt, die im Anschluss an den im März 1996 vom „Komitee der Weisen" vorgelegten Bericht zur Notwendigkeit einer Aufnahme eines Grundbestandes an politischen und sozialen Rechten in den Amsterdamer Vertrag damit betraut wurde, die Voraussetzungen und Grenzen einer ausdrücklichen Anerkennung der Grundrechte zu analysieren und zu beurteilen. Diese Expertengruppe tagte unter dem Vorsitz von Prof. Spiros Simitis in sechs Sitzungen und legte schließlich im Februar 1999 einen Bericht mit dem Titel „Die Grundrechte in der Europäischen Union verbürgen – Es ist Zeit zu handeln" vor[366]. Darin sprach sich die Expertengruppe für einen breiten und umfassenden Grundrechtskatalog aus, der insbesondere die notwendige Transparenz für den Bürger aufweisen, justitiable Rechte enthalten und dem Grundsatz der Unteilbarkeit von Freiheits- und Gleichheitsrechten einerseits und sozialen Grundrechten andererseits gerecht werden müsse. Als Grundlage für einen derartigen Katalog empfahl die Expertengruppe die Europäische Menschenrechtskonvention, die vollständig in einem eigenen Titel in das Gemeinschaftsrecht übernommen werden und durch zusätzliche Bestimmungen – insbesondere soziale Grundrechte - spezifiziert und ergänzt werden solle. Nach den Vorstellungen der Expertengruppe sollte damit die gerade auf internationaler Ebene anzutreffende Zweiteilung der Grundrechte in bürgerliche und politische Rechte einerseits und soziale Rechte andererseits aufgehoben und der gleiche Stellenwert aller Rechte betont werden. Denn wer sich über die Wechselwirkungen zwischen liberalen und sozialen Grundrechten hinwegsetze, stelle den Schutz beider in Frage. Schließlich sei ein umfassender Katalog auch erforderlich, um auf neue Herausforderungen im Rahmen der fortschreitenden Entwicklung der Europäischen Union reagieren zu können.

---

[366] Europäische Kommission, Bericht der Expertengruppe „Grundrechte"; der vollständige Text ist im Internet zu finden unter: www.europa.eu.int/comm/employment_social/fundamental_rights/pdf/fundamri/report_de.pdf

II. Mandat von Köln

Im Juni 1999 wurde daraufhin durch den Europäischen Rat von Köln die Erarbeitung einer Europäischen Charta der Grundrechte beschlossen, mit dem spezifischen Ziel, den gemeinsamen Besitzstand an Grundrechten für die Unionsbürger sichtbar und in einer Weise zu formulieren, die es ermöglicht, die Grundrechtscharta (GRC) später in die Verträge aufzunehmen. Hinsichtlich der sozialen Rechte wurde dabei durch die Staats- und Regierungschefs folgende Festlegung getroffen:

> „Bei der Ausarbeitung der Charta sind ferner wirtschaftliche und soziale Rechte zu berücksichtigen, wie sie in der Europäischen Sozialcharta und in der Gemeinschaftscharta der sozialen Grundrechte der Arbeitnehmer enthalten sind, soweit sie nicht nur Ziele für das Handeln der Union begründen."[367]

Damit entschied sich der Europäische Rat für einen vollständigen, sämtliche Freiheits-, Gleichheits-, Verfahrens- und Sozialrechte umfassenden Katalog von Grundrechten und entsprach somit den Empfehlungen der Simitis-Kommission. Eines der ausschlaggebenden Argumente für diesen umfassenden Ansatz war die Überlegung, dass ein reduzierter Grundrechtskatalog wegen der internationalen Ausstrahlungswirkung der GRC schädlich wäre und letztlich auch einen Rückschritt gegenüber den bestehenden Verpflichtungen der Mitgliedstaaten der EU aus dem UN-Pakt über wirtschaftliche, soziale und kulturelle Rechte bedeutete[368]. Zudem erkannte man von Anfang an, dass sich die Gesetzgebungskompetenz im sozialen Bereich zwar primär auf die Mitgliedstaaten konzentriert, dass aber die Union nach Art. 149 ff. EGV zumindest in Teilbereichen flankierende Sekundärkompetenzen besitzt, deren Ausübung einer verfassungsrechtlichen Beschränkung und Kontrolle bedarf. Nach der Vorgabe des Europäischen Rats von Köln sollte es sich schließlich bei der zu erarbeitenden Charta um eine längerfristige Konzeption handeln, damit nicht jede Änderung der Verträge, insbesondere im Bereich der Zuständigkeiten, eine parallele Fortschreibung der Charta erfordere. Auch unter diesem Aspekt wurde einem umfassenden Ansatz mit dynamischen Zügen der Vorzug gegeben.

Allerdings wurde der im Mandat von Köln enthaltene Auftrag zur Aufnahme sozialer Rechte in die Charta in zweifacher Hinsicht eingeschränkt: zum einen dahingehend, dass soziale Rechte nur zu „berücksichtigen" seien, zum anderen durch die Vorgabe, dass sich die sozialen Rechte nicht auf Nor-

---

[367] Beschluss des Europäischen Rats von Köln vom 4. Juni 1999, EuGRZ 1999, S. 364/365

[368] Vgl. das Schreiben des UN-Ausschusses für wirtschaftliche, soziale und kulturelle Rechte vom 27.4.2000; Bernsdorff, NdsVBl. 2001, 180

men stützen dürften, die nur Ziele für das Handeln der Union begründen. Dieser Passus zielt bei genauerer Betrachtung nicht nur auf eine Einschränkung der Rechtserkenntnisquellen, die bei der Normierung der gemeinschaftseigenen sozialen Grundrechte zugrunde gelegt werden dürfen, sondern bietet zugleich auch Anhaltspunkte für die angestrebte Qualität der in die Charta aufzunehmenden sozialen Grundrechte.

Hinsichtlich des Rechtsfindungsprozesses würde eine enge Auslegung dieser Vorgabe bedeuten, dass sämtliche in den Verträgen der Union enthaltenen sozialen Zielnormen als Bezugsgrundlage für entsprechende soziale Grundrechte ausscheiden. Eine solche Auslegung würde hingegen die Erarbeitung der Charta praktisch von den Verträgen abkoppeln, da diese im sozialen Bereich fast ausschließlich reine Zielbestimmungen für das Handeln der Union vorsehen[369]. Gleiches gilt für die als weitere Bezugsquelle im Mandat von Köln genannte Europäische Sozialcharta, die ebenfalls nur politische Zielbestimmungen auf dem Gebiet des Sozialen enthält[370]. Legt man diesem Passus dagegen eine erweiternde Auslegung zugrunde, die sich letztlich auch im Konvent durchsetzte, lässt sich daraus entnehmen, dass lediglich reine Zielbestimmungen keine Berücksichtigung finden sollen; soweit in sozialen Zielnormen jedoch spezifische, individualrechtliche soziale Grundrechtsaspekte zum Ausdruck kommen, können sie bei der Entwicklung der sozialen Grundrechte herangezogen werden[371].

Hinsichtlich der angestrebten Qualität der sozialen Chartarechte scheint der im Mandat von Köln enthaltene einschränkende Nachsatz „soweit sie nicht nur Ziele für das Handeln der Union begründen“ darauf hinzudeuten, dass nach den Vorstellungen des Europäischen Rates keine sozialen Rechte im Sinne von bloßen (unverbindlichen) Programmsätzen oder politischen Zielbestimmungen in die Charta Aufnahme finden sollten. Ob eine derartige Einschränkung tatsächlich beabsichtigt war, lässt sich nicht zweifelsfrei beantworten; denkbar erscheint auch die Annahme, dass der Europäische Rat auf diese Weise die unbestreitbare Existenz einer subjektivrechtlichen Dimension sozialer Grundrechte in den Mittelpunkt der Kodifizierungsdebatte rücken wollte. Auf die Qualität der in der Grundrechtscharta enthaltenen sozialen Rechte wird später noch im Einzelnen einzugehen sein.

---

[369] Vgl. oben 3. Teil, 1. Kapitel, Punkt A

[370] Anders verhält es sich zwar bei der Revidierten Europäischen Sozialcharta (RESC); dieser sind jedoch bislang erst relativ wenige Mitgliedstaaten der Europäischen Union beigetreten; auch die Gemeinschaftscharta der sozialen Grundrechte der Arbeitnehmer ist nicht voll verbindlich für alle Mitgliedstaaten.

[371] Meyer/Riedel, Kommentar, Vorbemerkungen zu Kapitel IV, Rn. 5

III. Diskussion im Konvent und Drei-Säulen-Modell

Die Erarbeitung der Solidaritätsvorschriften im Konvent war von Beginn an von erheblichen Meinungsverschiedenheiten geprägt[372]. Die konträren Positionen reichten von der völligen Ablehnung einer Verankerung sozialer Rechte über den Vorschlag einer Aufnahme sozialer Rechte als Programmsätze oder Zielbestimmungen bis hin zur Forderung einer Ausgestaltung der sozialen Rechte als echte Leistungsrechte gegen die Union und die Mitgliedstaaten[373].

So sollte nach der minimalistischen britischen Auffassung von der Aufnahme sozialer Grundrechte gänzlich abgesehen werden, da der aus der Verpflichtung auf die Achtung und den Schutz der Menschenwürde zu entnehmende Sozialgestaltungsauftrag ausreiche. Andere Mitgliedstaaten – geführt vom französischen Regierungsvertreter im Konvent *Braibant* – sprachen sich für die Aufnahme eines umfangreichen Kataloges sozialer Grundrechte aus, wollten aber diese Rechte nicht einklagbar ausgestalten. In den unterschiedlichen Ansichten der beiden Lager im Konvent spiegelten sich letztlich die verschiedenen Verfassungstraditionen in den Mitgliedstaaten der Europäischen Union wider[374]. Länder, deren Verfassungen eine Vielzahl von - allerdings beschränkt justiziablen - sozialen Grundrechten vorsehen, wie z.B. Frankreich, Griechenland, Italien, Portugal und Spanien, bestanden auf eine entsprechende Ausgestaltung der Europäischen Grundrechtscharta, während diejenigen Mitgliedstaaten, deren Verfassungen entweder keine oder nur wenige ausdrückliche soziale Verfassungsgarantien enthalten, wie z.B. England, Österreich und Deutschland, der Aufnahme sozialer Grundrechte in die Charta eher ablehnend gegenüber standen. Beide Standpunkte standen indes in eklatantem Widerspruch zum Wortlaut des vom Europäischen Rat in Köln erteilten Mandat, das einerseits die Berücksichtigung wirtschaftlicher und sozialer Rechte bei der Ausarbeitung der Charta ausdrücklich gefordert, andererseits aber die Berücksichtigung unter die Bedingung gestellt hatte, dass die sozialen Vorschriften nicht nur Ziele für das Handeln der Union begründen[375].

Nicht nur hinsichtlich der Qualität, sondern auch in Bezug auf die Anzahl der aufzunehmenden sozialen Rechte wurde im Konvent heftig gestritten[376]. Während der niederländische Konventsvertreter einen an die ESC angelehnten Katalog von Rechten anstrebte, warnte die schwedische Vertreterin davor, eine politische Wunschliste zu verabschieden und schlug deshalb die Ausformulierung eines einzigen allgemeinen Artikels zu den

---

372 Bernsdorff, VSSR 2001, S. 2
373 Meyer/Riedel, Kommentar, Vorbemerkungen zu Kapitel IV, Rn. 4
374 Vgl. oben 3. Teil, Punkt B Ziff. II
375 Beschluss des Europäischen Rats von Köln vom 4. Juni 1999, EuGRZ 1999, S. 364
376 Meyer/Riedel, Kommentar, Vorbemerkung zu Kapitel IV, Rn. 10-12

sozialen Rechten vor. Der deutsche Konventspräsident *Herzog* vertrat demgegenüber eine vermittelnde Auffassung, indem er anregte, die Aufnahme von sozialen Rechten in die Charta davon abhängig zu machen, dass sie sich als Konkretisierungen des Schutzes der Menschenwürde darstellen. Sei die Menschenwürde jedoch nicht oder nur peripher für soziale Rechte in Dienst genommen, sollten diese Rechte auch keinen Grundrechtsrang einnehmen.

Die nunmehr in der Charta enthaltenen sozialen Grundrechte gehen wesentlich auf den Kompromissvorschlag des Vertreters des Deutschen Bundestages im Konvent *Meyer* zurück, dem zufolge die sozialen Grundrechte auf drei Säulen gestützt Eingang in die Grundrechtscharta finden sollen (sog. Drei-Säulen-Modell)[377].

1. Erste Säule: Präambel

Als erste Säule sah das Konzept *Meyers* die gleichberechtigte Aufnahme des Prinzips der Solidarität in die Präambel neben den Grundsätzen der Freiheit, der Gleichheit und der Demokratie sowie der Achtung der Menschenrechte und der Rechtsstaatlichkeit vor. Damit sollte die zentrale Bedeutung des Solidarprinzips als konstituierendes Element einer jeden Gemeinschaft unterstrichen werden, wie sie auch in den Verfassungen der Mitgliedstaaten zum Ausdruck kommt, so z.B. in Deutschland im Sozialstaatsprinzip[378], in Frankreich in der verfassungsgeschichtlichen Verbindung der Begriffe „Solidarité" und „Fraternité" sowie in Art. 2 der spanischen Verfassung[379]. Darüber hinaus hat das Solidarprinzip auch auf Gemeinschaftsebene Anerkennung gefunden; so hat der EuGH in zahlreichen Urteilen immer wieder auf die „Pflicht zur Solidarität" hingewiesen, „welche die Mitgliedstaaten durch ihren Beitritt zur Gemeinschaft übernommen haben"[380].

---

[377] Meyer, ZRP 2000, 368-371; vgl. dazu den Diskussionsentwurf vom 6.1.2000, Dokument Charte 4102/00 Contrib. 2 und den Änderungsvorschlag zur Struktur der sozialen Rechte vom 2.5.2000, Dokument Charte 4271/00 Contrib. 144 [im Internet sind sämtliche Dokumente zur Charta unter http://db.consilium.eu.int/df/default.asp?lang=de abrufbar]

[378] Jarass / Pieroth, zu Art. 20 GG, S. 503

[379] Art. 2 der spanischen Verfassung lautet: „...[Die Verfassung] anerkennt und gewährleistet das Recht auf Autonomie der Nationalitäten und Regionen, aus denen sie sich zusammensetzt, und auf die Solidarität zwischen ihnen." Der Solidaritätsgedanke ist darüber hinaus auch in der Präambel der Verfassung des Beitrittslandes Polen enthalten: „Alle, die diese Verfassung zum Wohl der Dritten Republik anwenden werden, fordern wir auf, dabei die dem Mensch angeborene Würde, sein Recht auf Freiheit und seine Pflicht zur Solidarität mit anderen Menschen zu beachten."

[380] Für viele: EuGH, Rs. 39/73, Slg. 1973, 101 (102)

Der Vorschlag *Meyers* zur ersten Säule wurde im endgültigen Text der Präambel der Charta mit folgendem Wortlaut umgesetzt:

> „In dem Bewusstsein ihres geistig-religiösen und sittlichen Erbes gründet sich die Union auf die unteilbaren und universellen Werte der Würde des Menschen, der Freiheit, der Gleichheit und der Solidarität. Sie beruht auf den Grundsätzen der Demokratie und der Rechtsstaatlichkeit."

2. Zweite Säule: Einzelne soziale Rechte

Als zweite Säule sollten nach den Vorstellungen *Meyers* diejenigen sozialen Rechte in die Charta aufgenommen werden, die sich – gemäß dem Kölner Mandat - aus den gemeinsamen Verfassungsüberlieferungen der Mitgliedstaaten, der Europäischen Sozialcharta und der Gemeinschaftscharta der sozialen Grundrechte der Arbeitnehmer ergeben. Hinsichtlich des Umfangs der sozialen Verbürgungen sprach sich *Meyer* dafür aus, keine Detailregelungen, sondern lediglich Grundnormen in die Charta aufzunehmen, da sich die Auslegung ohnehin an internationalen Standards orientieren müsse. Zudem vertrat *Meyer* auch inhaltlich einen eher minimalistischen Standpunkt, indem er die sozialen Rechte im wesentlichen als individuelle Abwehrrechte gegen Maßnahmen der Union formulierte („Die Union respektiert das Recht eines jeden...") und sich damit auf einen Bestandsschutz für national erreichte Sozialstandards beschränkte[381]. Gleichzeitig dienen soziale Grundrechte seiner Ansicht nach der Bestätigung objektiver sozialer Normen, die konstituierend für das europäische Modell einer gültigen Werteordnung sind[382]. Eine Aufnahme umfassender Anspruchsrechte auf Arbeit, Gesundheit, Bildung und soziale Sicherheit als subjektive, einklagbare soziale Grundrechte befürwortete *Meyer* dagegen nicht, vielmehr sollte sich die Verpflichtung der Grundrechtsadressaten in Respektierungs-, Schutz- und Förderungspflichten erschöpfen.

Das Konzept *Meyers* im Bereich der zweiten Säule wurde Basis eines weiteren, gemeinsam mit dem französischen Delegierten *Braibant* erarbeiteten Kompromissvorschlages, dem so genannten Braibant/Meyer-Papier[383]. Neben inhaltlichen Erweiterungen der von *Meyer* vorgeschlagenen sozialen Rechte[384] sah dieses Papier vor allem vor, alle sozialen Grundrechte einheitlich in einem Kapitel „Solidarität" zusammenzufassen. Inwieweit der Vorschlag *Meyers* im Bereich der zweiten Säule und die Konzeption des Braibant/Meyer-Papiers in der endgültigen Fassung der Charta Berücksich-

---

[381] Meyer / Engels, ZRP 2000, 368 (371)
[382] Dokument Charte 4372/00 Convent 39 (Amendment No. 0001 u.a.)
[383] Dokument Charte 4401/00 Contrib. 258 vom 4.7.2000
[384] Um das Recht auf soziale Unterstützung und den Zugang zu Dienstleistungen von allgemeinem wirtschaftlichen Interesse

tigung gefunden hat, soll später einer näheren Betrachtung unterzogen werden.

3. Dritte Säule: Interdependenzbestimmung

Um den sozialen Rechten die notwendige Dynamik und Zukunftsoffenheit zu verleihen, schlug *Meyer* schließlich als dritte Säule die Aufnahme einer horizontalen Regelung vor, die zum einen das Verbot enthalten sollte, nationale oder internationale Standards durch die in der Charta enthaltenen Rechte abzusenken, zum anderen das Gebot, bei der Auslegung diese nationalen und internationalen Standards zu berücksichtigen. Zur Begründung führte *Meyer* aus, dass der internationale Schutz der Grund- und Menschenrechte als „Gesamtregime" verstanden werden und Europa mit der Bezugnahme auf universelle Grund- und Menschenrechtsvereinbarungen verdeutlichen müsse, dass es sich als Teil dieses allgemeinen Regimes begreife.

Auch diesen Vorschlag hat der Konvent in der endgültigen Fassung des Chartatextes aufgegriffen und mit den Art. 52 Abs. 3 und 53 GRC zwei Bestimmungen aufgenommen, die sich mit den Wechselwirkungen zwischen Europäischer Grundrechtscharta und den nationalen und internationalen Menschenrechtskodifikationen befassen. Hinsichtlich des Verhältnisses der Europäischen Grundrechtscharta zur EMRK bestimmt Art. 52 Abs. 3 GRC:

> „Soweit diese Charta Rechte enthält, die den durch die Europäische Konvention zum Schutze der Menschenrechte und Grundfreiheiten garantierten Rechten entsprechen, haben sie die gleiche Bedeutung und Tragweite, wie sie ihnen in der genannten Konvention verliehen wird. Diese Bestimmung steht dem nicht entgegen, dass das Recht der Union einen weitergehenden Schutz gewährt."

Eine noch weitergehende „Kollisionsregelung" sieht Art. 53 GRC vor, der unter dem (nichtamtlichen) Titel „Schutzniveau" folgende Formulierung enthält:

> „Keine Bestimmung dieser Charta ist als eine Einschränkung oder Verletzung der Menschenrechte und Grundfreiheiten auszulegen, die in dem jeweiligen Anwendungsbereich durch das Recht der Union und das Völkerrecht sowie durch die Internationalen Übereinkommen, bei denen die Union, die Gemeinschaft oder alle Mitgliedstaaten Vertragsparteien sind, darunter insbesondere die Europäische Konvention zum Schutze der Menschenrechte und Grundfreiheiten, sowie durch die Verfassungen der Mitgliedstaaten anerkannt werden."

B. Begriff und Erscheinungsformen sozialer Rechte

Bevor auf die einzelnen sozialen Rechte der Charta und deren Wirkungsweise eingegangen werden kann, bedarf zunächst der Begriff der sozialen Rechte einer Abgrenzung. Da die Charta als (gedachter) Teil der zukünftigen Verfassung Europas konzipiert wurde[385], ist eine erste Eingrenzung dahingehend vorzunehmen, dass es nur um verfassungsmäßige soziale Rechte gehen kann, die gemeinhin auch als soziale Grundrechte bezeichnet werden.

Der Begriff der sozialen Grundrechte wird indessen – jedenfalls in der deutschen Grundrechtsdogmatik - nicht einheitlich gebraucht. Im Wesentlichen lassen sich drei Definitionsansätze unterscheiden:

Nach einem engen Begriffsverständnis wird der Begriff der sozialen Grundrechte mit dem Bestehen eines einklagbaren subjektiven Rechts des Einzelnen verknüpft, so dass zu den sozialen Grundrechten alle grundrechtlich verbürgten sozialen Leistungsansprüche bzw. sozialen Teilhaberechte zählen[386]. Als Leistungsansprüche werden aber in diesem Zusammenhang nicht generell alle Ansprüche auf positive Handlungen des Staates als Gegenstück zu den abwehrrechtlichen Ansprüchen auf negative Handlungen verstanden; denn die Skala der positiven Handlungen des Staates, die Gegenstand eines Leistungsrechts sein können, reicht vom (normativen) Schutz der grundrechtlichen Positionen des Bürgers über die Statuierung von Organisations- und Verfahrensnormen bis hin zur (faktischen) Erbringung von Geld- und Sachleistungen[387]. Leistungsrechte im weiteren Sinne

---

[385] Sog. „als ob"-Ansatz, vgl. oben 2. Teil, Punkt C

[386] Schmitt, Verfassungslehre, S. 169 f.; die Unterscheidung zwischen Leistung und Teilhabe gründet auf den verschiedenen Perspektiven von Leistungspflichtigem und Begünstigtem: während Leistung das bezeichnet, was der Leistungspflichtige erbringt, deutet Teilhabe darauf hin, dass der Begünstigte, der Leistungsempfänger, etwas zugeteilt erhält, was dem Staat als der Organisation des sozialen Ganzen zugeordnet war; Murswiek, HBdStR §112, Rn. 10; die Teilhaberechte lassen sich weiter in originäre Teilhaberechte, also unmittelbar aus den Grundrechten folgende Ansprüche auf Teilhabe, und derivative Teilhaberechte, die zwar ebenfalls aus Grundrechten abgeleitet werden, in ihrem Bestand, Inhalt und Umfang aber von vorgängigem teilhabebegründenden staatlichen Handeln abhängig sind, untergliedern; Murswiek, HBdStR § 112, Rn. 11

[387] Alexy, Theorie der Grundrechte, S. 403; allen Leistungsrechten gemeinsam ist die Tatsache, dass das Gemeinwesen zu Gunsten des Einzelnen tätig wird; Leistungs- bzw. Teilhaberechte im engeren Sinne bezeichnen ausschließlich diejenigen Rechte, die auf die Gewährung von (sozialstaatlichen) Leistungen im Sinne einer Rechtskreiserweiterung gerichtet sind, die also auf die Verbesserung der Situation des Einzelnen zielen (z.B. der Anspruch auf Sozialleistungen wie Sozialhilfe, Kindergeld (originäres Leistungsrecht) oder der Anspruch auf Benutzung einer öffentlichen Einrichtung (derivatives Leistungsrecht)); Leistungsrechte im weiteren Sinne orientieren sich dagegen an den vorhandenen Rechtsgütern, dem Status quo, und ergeben sich beispielsweise aus der Pflicht des Staates, die grundrechtlich geschützten Güter gegen Eingriffe Dritter zu

lassen sich also in die drei Gruppen der Rechte auf Schutz, der Rechte auf Organisation und Verfahren und der Rechte auf faktische Leistungen im engeren Sinne einteilen, wobei als soziale Grundrechte nach dem oben erwähnten engen Begriffsverständnis nur soziale Leistungsrechte im engeren Sinne, also Rechte auf Erbringung von Geld- und Sachleistungen verstanden werden. Lediglich objektiv-rechtlich wirkende Verfassungssätze, die also Verpflichtungen für die Legislative und Exekutive in Form von Gesetzgebungsaufträgen, Staatszielbestimmungen oder Programmsätzen enthalten, schließt diese Definition gänzlich aus dem Kreis der sozialen Grundrechte aus.

Eine zweite Auffassung stützt die Begriffsbestimmung sozialer Grundrechte vor allem auf die im Vergleich zu den Freiheitsrechten unterschiedliche Wirkungsweise, indem sie als soziale Grundrechte alle Kollektivrechte definiert, Rechte also, die der Einzelne nur in Verbindung zu anderen Menschen als Mitglied einer Gruppe wahrnehmen kann[388], während Freiheitsrechte auf das einzelne Rechtssubjekt zugeschnitten sind und die von Dritten ungestörte individuelle Freiheitsentfaltung garantieren.

Nach einem dritten, sehr weiten Begriffsverständnis stehen die sozialen Grundrechte nicht als eigene Kategorie neben den Freiheits- und Gleichheitsrechten, sondern bestimmen sich inhaltlich durch ihren besonderen Bezug zum Sozialen, so dass auch Freiheitsrechte wie beispielsweise die Berufsfreiheit, die Koalitionsfreiheit oder die Eigentumsgarantie und Gleichheitsrechte, wie zum Beispiel das Diskriminierungsverbot sozial benachteiligter Gruppen zum Kreis der sozialen Grundrechte zu zählen sind[389].

Im Ergebnis erscheint ein weites Verständnis von sozialen Grundrechten ohne Beschränkung auf subjektive Leistungsrechte einerseits bzw. gruppenspezifische Rechte andererseits im Kontext der Europäischen Grundrechtscharta vorzugswürdig.

Zwar legt das Mandat von Köln eine Beschränkung der sozialen Rechte auf subjektive Leistungsrechte nahe, indem es formuliert, dass wirtschaftliche und soziale Rechte nur insoweit zu berücksichtigen seien, als sie nicht nur Ziele für das Handeln der Union begründeten. In eine andere Richtung weist aber schon die Tatsache, dass das Kapitel IV der vorliegenden Charta nicht mit dem Begriff der „sozialen Grundrechte“, sondern mit dem Begriff der „Solidarität“ überschrieben ist. Darunter ist nach dem gebräuchlichen Begriffsverständnis ganz allgemein das Zusammengehörigkeitsgefühl von

---

schützen.

[388] Wipfelder, Die verfassungsrechtliche Kodifizierung sozialer Grundrechte, ZRP 1986, S. 140

[389] Badura, Das Prinzip der sozialen Grundrechte und seine Verwirklichung im Recht der Bundesrepublik Deutschland, in: Der Staat 14 (1975), S. 17 (27, 31)

Individuen oder Gruppen in einem sozialen Ganzen zu verstehen, das sich in gegenseitiger Hilfe und Unterstützung äußert[390].

Ein umfassender Begriffsansatz lässt sich auch am besten mit der insbesondere von *Alexy* vertretenen Annahme in Einklang bringen, dass jedes Grundrecht ein ganzes Bündel von Rechtspositionen, also sowohl Rechte auf negative wie auf positive Handlungen des Staates beinhaltet, wobei sich die Rechte auf positive Handlungen noch weiter in Schutzrechte, Organisations- und Verfahrensrechte und Rechte auf Erbringung von Geld- und Sachleistungen, also Leistungsrechte im engeren Sinne untergliedern lassen (Bündeltheorie)[391]. So bestehen auch soziale Grundrechte aus einem Bündel von Positionen sehr unterschiedlicher Art, was *Alexy* am Beispiel des Umweltgrundrechts dargelegt hat[392], das auch in die Solidaritätsvorschriften der Charta Eingang gefunden hat. Ein umfassendes Umweltgrundrecht beinhaltet danach nicht nur ein Abwehrrecht im Sinne eines Rechtes darauf, dass der Staat bestimmte Eingriffe in die Umwelt unterlässt, sondern auch ein Schutzrecht vor umweltschädigenden Eingriffen Dritter, ein Verfahrensrecht, soweit es um die Beteiligung der Grundrechtsträger an umweltrelevanten Verfahren geht und schließlich ein Recht auf faktische Leistung im Sinne der Vornahme von umweltverbessernden Maßnahmen durch den Staat. Dieses Beispiel zeigt, dass die leistungsrechtliche Komponente zwar einen wichtigen Ausschnitt der sozialen Grundrechte bildet, diese aber nicht erschöpft. Umgekehrt erscheint es vom Standpunkt der „Bündeltheorie" aber auch denkbar, dass einem sozialen Grundrecht im Einzelfall keine leistungsrechtliche Funktion im engeren Sinne, sondern beispielsweise nur eine abwehrrechtliche und eine schutzrechtliche Dimension zukommt. Nach der oben genannten engen Begriffsdefinition wäre ein solches Recht nicht mehr den sozialen Grundrechten zuzuordnen, weil ihm kein subjektives verfassungsmäßiges Leistungsrecht im engeren Sinn entspringt. Für die hier vertretene Auffassung bleibt demgegenüber festzuhalten, dass die leistungsrechtliche Komponente weder die einzige noch eine notwendige Funktion des sozialen Grundrechtes ist.

Auch die zweite der oben genannten Begriffsdefinitionen, die sich auf die im Vergleich zu den Freiheitsrechten unterschiedliche Wirkungsweise der sozialen Grundrechte stützt, wird dem Ansatz der Europäischen Grundrechtscharta nicht gerecht. Schon die Verortung einzelner sozialer Grundrechte - wie beispielsweise des Rechts auf Bildung - innerhalb der Freiheitsrechte

---

390 Meyers Großes Taschenlexikon, Band 20, S. 240; auch Grabenwarter geht davon aus, dass bereits die Verwendung des Begriffs „Solidarität" eine gewisse Distanz zum Begriff der sozialen Rechte zum Ausdruck zu bringen vermag, DVBl. 2001, 1 (9).

391 Alexy spricht vom „Grundrecht als Ganzes", in: Theorie der Grundrechte, 4. Kap. III, S. 224 ff.

392 Alexy, Theorie der Grundrechte, S. 404

macht deutlich, dass die Charta nicht auf eine strikte Abgrenzung der sozialen Grundrechte von den Freiheitsgrundrechten abzielt.

Im Ergebnis bleibt damit für den weiteren Gang der Untersuchung festzuhalten, dass den sozialen Grundrechten im Sinne eines weiten Begriffsverständnisses alle Rechte mit besonderem Bezug zum Sozialen zugeordnet werden[393]. Dieses Verständnis steht nach den bisherigen Überlegungen auch in Einklang mit dem in der Charta gewählten Ansatz.

C. Grundsätzliches zur Wirkungsweise sozialer Grundrechte

I. Strukturtheoretische Unterscheidung nach *Alexy*

Für die weiteren Überlegungen erscheint es nunmehr notwendig, die Wirkungsweise von Grundrechten im Allgemeinen und sozialen Grundrechten im Speziellen einer theoretischen Analyse zu unterziehen. Wie oben bereits erwähnt wurde, wird von einer innerhalb der Grundrechtsdogmatik im Vordringen befindlichen Auffassung vertreten, dass jedes Grundrecht ein Bündel von unterschiedlichen Rechtspositionen beinhaltet. Nunmehr soll der Frage nachgegangen werden, um was für Rechtspositionen es sich dabei im Einzelnen handeln kann. Nach *Alexy* lassen sich Normen, die – ausgehend von einem weiten Begriffsverständnis - den sozialen Grundrechten zugeordnet werden, unter strukturtheoretischen Gesichtspunkten nach drei Kriterien einteilen[394]. Diese Kriterien sollen nunmehr im Einzelnen dargestellt und anhand der deutschen Grundrechtsterminologie erläutert werden.

Auf einer ersten Ebene lassen sich die in einem Grundrecht enthaltenen Rechtspositionen danach untergliedern, ob sie dem Einzelnen ein subjektives Recht gewähren oder den Staat in objektivrechtlicher Hinsicht verpflichten. Der subjektivrechtlichen Dimension eines Grundrechtes sind somit Abwehr- und Leistungsrechte im weiteren Sinne zuzuordnen, während Gesetzgebungsaufträge, Staatszielbestimmungen, Programmsätze und Einrichtungsgarantien objektivrechtlichen Charakter haben und dem Einzelnen keine unmittelbar einklagbaren Rechte verleihen.

Eine weitere Differenzierung knüpft an die Bindungswirkung an, unterscheidet also bindende Rechtspositionen, deren Verletzung durch das Verfas-

---

[393] Einen ähnlich weiten Definitionsansatz wählt Neuner: Privatrecht und Sozialstaat, S. 119: „Soziale Menschenrechte sind überpositive Rechte, die materiellen, informationellen, ideellen oder gruppenspezifischen Schutz gewährleisten, mit dem gemeinsamen Telos, ergänzend zu den liberalen Menschenrechten vor allem die faktischen Voraussetzungen für Freiheit und Demokratie zu schaffen, materielle Gleichheit und Rechtsfrieden herzustellen und umfassend die Menschenwürde zu wahren."

[394] Alexy, Theorie der Grundrechte, S. 454 ff.(456)

sungsgericht festgestellt werden kann, von nichtbindenden Rechtspositionen. Zwar entfalten auf den ersten Blick alle verfassungsmäßigen Rechte aufgrund von Art. 1 Abs. 3 GG Bindungswirkung; dennoch lassen sich insoweit Differenzierungen vornehmen. So sind beispielsweise Staatszielbestimmungen für alle Staatsgewalten und Gesetzgebungsaufträge für den Gesetzgeber hinsichtlich des „ob" verbindlich, überlassen aber das „wie" ihrer Durchsetzung der Eigenverantwortung der zuständigen Staatsorgane; man könnte sie also als teilverbindlich bezeichnen. Ein Beispiel für nichtbindende Rechtspositionen sind Programmsätze, deren Einhaltung nicht durch das Verfassungsgericht erzwungen werden kann.

Schließlich können nach *Alexy* verfassungsrechtliche Positionen definitive oder prima facie Rechte und Pflichten begründen, also nach seiner Terminologie Regeln oder Prinzipien sein. Bei dieser Unterscheidung geht es um die „Verdichtung" der jeweiligen Rechtsposition: während Regeln Festsetzungen im Rahmen des tatsächlich und rechtlich Möglichen sind, die stets nur entweder erfüllt oder nicht erfüllt werden können, handelt es sich bei Prinzipien um Normen, die gebieten, dass etwas in einem bezogen auf die rechtlichen und tatsächlichen Möglichkeiten möglichst hohen Maße realisiert wird; Prinzipien können daher auch als Optimierungsgebote bezeichnet werden[395]. Der Unterschied zwischen Regeln und Prinzipien lässt sich am besten an Kollisionsfällen aufzeigen: Während der Konflikt zwischen zwei Regeln, die jede für sich unbedingte Geltung beanspruchen, nur dadurch gelöst werden kann, dass eine Regel für ungültig erklärt wird, muss bei einer Prinzipienkollision ein Prinzip zurücktreten bzw. dessen Realisierung eingeschränkt werden. Regelkonflikte spielen sich also in der Dimension der Geltung ab, Prinzipienkollisionen dagegen in der Dimension des Gewichts.[396] In den Worten des Bundesverfassungsgerichts ausgedrückt sind Prinzipien einer verhältnismäßigen Einschränkung im Wege der praktischen Konkordanz zugänglich, während Regeln eine solche Einschränkung nicht erlauben. Definitive (subjektive) Positionen sind beispielsweise die Menschenwürde als Geltungsgrund aller Grundrechte und die grundrechtlichen Einzelausformungen in ihrem Wesensgehalt, der nach Art. 19 GG unantastbar ist. Ein Beispiel für definitive Positionen auf objektiver Ebene bilden die Einrichtungsgarantien im Sinne von Instituts- und institutionellen Garantien, die den Staat unbedingt verpflichten, das Substrat eines Grundrechts - wie zum Beispiel des Eigentums - zu gewährleisten, während Gesetzgebungsaufträge und Staatszielbestimmungen prima facie Positionen beinhalten, die von den zuständigen Organen bei Gesetzgebung und Verwaltungshandeln (lediglich) ein möglichst hohes Maß an Realisierung verlangen.

---

[395] Alexy, Theorie der Grundrechte, S. 75/76

[396] Alexy, Theorie der Grundrechte, S. 77/79

Aus der Kombination jeweils unterschiedlicher der dargestellten Differenzierungskriterien ergeben sich insgesamt acht mögliche Verpflichtungs- und Schutzwirkungen sozialer Grundrechte: den stärksten Schutz bieten bindende Normen, die definitive subjektive Rechte auf Leistungen gewähren, den schwächsten nicht bindende Normen, die eine bloß objektive prima facie Pflicht des Staates zur Gewährung von Leistungen begründen. Es ist somit in jedem Einzelfall bei der Auslegung eines Grundrechts zu bestimmen, welche Positionen von einem Grundrecht umfasst sind.

II. Das europäische Drei-Ebenen-Modell

Auf der europäischen Ebene ist hinsichtlich der verschiedenen Wirkungsebenen der sozialen Grundrechte eine andere begriffliche Unterscheidung vorherrschend, die nicht aus der Sicht des einzelnen Grundrechtsträgers darauf abstellt, ob und mit welcher Verdichtung aus einem Grundrecht Rechte auf (positive oder negative) Handlungen des Staates folgen, sondern aus der Perspektive des Grundrechtsverpflichteten danach unterscheidet, welche positiven oder negativen Handlungen ein Grundrecht gebietet.

Insoweit geht die internationale Literatur[397] von einer Dreiteilung der Verpflichtungsebenen aus und unterscheidet „obligations to respect“, „to protect“ und „to fulfil“ (Drei-Ebenen-Modell).[398] Diese Dreiteilung besteht für alle Grundrechte, also unabhängig davon, ob es sich um bürgerliche und politische Rechte oder um wirtschaftliche, soziale und kulturelle Rechte handelt.

Während die Ebene des „respect“ den grundrechtsverpflichteten Hoheitsträger lediglich verpflichtet, das jeweilige Grundrecht anzuerkennen und nicht durch eine aktive Handlung in den Kernbereich der Grundrechtsposition einzugreifen, also vor allem Unterlassungspflichten des Grundrechtsadressaten beinhaltet, begründet die Ebene des „protect“ Schutzpflichten, verlangt also ein positives gestaltendes Tätigwerden durch den Erlass, die Überwachung und Durchsetzung von Rechtsnormen, die das Grundrecht schützen, soweit es durch Dritte gefährdet bzw. dessen tatsächliche Ausübung beeinträchtigt wird. Die letzte Ebene des „fulfil“ begründet für die Vertragsstaaten die Verpflichtung, helfend dort einzugreifen, wo ein Individuum seine Grundrechte nicht aus eigener Initiative und Kraft wahrnehmen kann, beinhaltet also den Auftrag zur Förderung sozial benachteiligter

---

[397] Shue: Basic Rights. Subsistence, Affluence and U.S. Foreign Policy

[398] Ausführlich Engels, Verbesserter Menschenrechtsschutz durch Individualbeschwerdeverfahren?, S. 53 ff.; Bernsdorff, VSSR 2001, S. 12; Meyer/Riedel, Kommentar, Vorbemerkung Kapitel IV, Rn. 3

Gruppen und damit zur Gewährleistung sozialer Gerechtigkeit im Sinne einer „Chancengerechtigkeit".

Die verschiedenen Verpflichtungsebenen lassen sich am Beispiel des sozialen Grundrechts auf Arbeit verdeutlichen, bei dem es nicht um ein Recht „auf" Arbeit im Sinne eines Leistungsrechts (im engeren Sinn) auf Bereitstellung eines Arbeitsplatzes für Jedermann geht, sondern um Rechte „der" Arbeit. Aufgrund ihrer Verpflichtung zur Respektierung ist es den Grundrechtsadressaten verwehrt, aktive Schritte zu unternehmen, um Menschen von diesem Recht auszuschließen, so dass sie beispielsweise prüfen müssen, ob Arbeitsverbote eingeführt werden dürfen. In den Bereich der Schutzverpflichtungen fällt z.B. die Regelung des Kündigungsschutzes, der wöchentlichen Ruhezeiten, des bezahlten Urlaubs und gesunder und sicherer Arbeitsbedingungen. Die Ebene des „fulfil" kann schließlich die Bereitstellung einer effektiven Arbeitsvermittlung oder die Förderung diskriminierter Gruppen gebieten.

Anders ausgedrückt ist nur die Ebene des „fulfil" auf eine Rechtskreiserweiterung des Einzelnen gerichtet, während die Ebene des „respect" und „protect" auf die Sicherung des status quo abzielt und nur insoweit ein positives Handeln des Staates erfordert, als es um die Ermöglichung einer effektiven Wahrnehmung des vorhandenen Bestands an sozialen Rechten geht.

III. Vergleich

Im Vergleich mit *Alexys* strukturtheoretischer Unterscheidung fällt auf, dass das europäische Modell nicht nur einen anderen perspektivischen Ansatz wählt, indem es aus der Sicht des Grundrechtsverpflichteten danach unterscheidet, welche positiven oder negativen Handlungen ein Grundrecht gebietet, sondern zugleich auch erheblich weniger ausdifferenziert ist, insbesondere keine tauglichen Anhaltspunkte für die jeweilige Verdichtung der Verpflichtungsebenen liefert. Denn eine Handlungsverpflichtung kann nach *Alexy* ebenso auf der Ebene von reinen Programmsätzen liegen (als nichtbindende objektive prima facie Verpflichtung), wie sie sich andererseits auch derart verdichten kann, dass aus ihr ein subjektives Recht des Einzelnen folgt. Gleichwohl handelt es sich um ein gut zu handhabendes Modell, soweit es um die Bestimmung der groben Umrisse des Gewährleistungsgehalts sozialgrundrechtlicher Verbürgungen geht. Von weiterer Auslegung abhängig ist indessen, ob mit einer objektivrechtlichen Handlungsverpflichtung der Grundrechtsadressaten auf den unterschiedlichen Ebenen auch ein subjektives Recht des Einzelnen korrespondiert.

D. Problematik der Normierung sozialer Grundrechte

In der Literatur wird mit verschiedenen Erwägungen immer wieder angezweifelt, ob es soziale Grundrechte im Sinne von subjektiv verfassungsmäßigen Leistungsrechten im engeren Sinne, also für den Einzelnen durchsetzbare Ansprüche auf Geld- oder Sachleistungen auf Verfassungsebene überhaupt geben kann. Für die Vertreter, die den Begriff der sozialen Grundrechte mit dem Bestehen eines subjektiven Leistungsanspruchs verknüpfen, geht es bei dieser Diskussion um die Frage nach der Existenz von sozialen Grundrechten. Soweit man dem Begriff der sozialen Grundrechte dagegen im Sinne der Bündeltheorie einen weiteren Sinngehalt beimisst und als soziale Grundrechte alle Verfassungssätze mit einem besonderen Bezug zum Sozialen ansieht, berührt die Diskussion nur einen Teilausschnitt der sozialen Grundrechte; denn es geht nicht um die objektivrechtliche, sondern nur um die subjektivrechtliche Seite der sozialen Grundrechte und innerhalb der subjektivrechtlichen Dimension nicht um Abwehr-, Schutz- oder Verfahrensrechte, sondern nur um Leistungsrechte im engeren Sinn.

I. Gewaltenteilungs- und Demokratieargument

Das erste Argument, das gegen die Normierung sozialer Grundrechte gemeinhin vorgebracht wird, zielt auf das Problem der Kompetenzverteilung zwischen Verfassungsgerichtsbarkeit einerseits und Gesetzgeber andererseits. Dieses Problem ist zwar allen verfassungsmäßigen Rechten auf positive Handlungen des Staates im Sinne von Leistungsrechten im weiteren Sinne gemein, wird aber typischerweise im Kontext der sozialen Grundrechte erörtert, da deren Primärfunktion in der Einräumung von Leistungsrechten gesehen wird und das Problem der Gewaltenteilung gerade bei Leistungsrechten im engeren Sinn besondere Bedeutung gewinnt.

Ausgangspunkt der Gewaltenteilungsproblematik ist die Feststellung, dass die Sozialpolitik primär in der Hand des demokratisch legitimierten Gesetzgebers liegt, der auf einfachgesetzlicher Ebene dem Einzelnen konkret bezifferbare Ansprüche auf Sozialleistungen einräumt. Der Grund dafür liegt in der Natur der zu regelnden Materie, da sich die Sozialpolitik auf eine stets veränderliche Realität bezieht und demzufolge ständig den sich wandelnden sozialen Erfordernissen und wirtschaftlichen Verhältnissen angepasst werden muss[399].

Soweit dagegen die Verfassung dem Einzelnen subjektive verfassungsmäßige Leistungsrechte auf sozialem Gebiet einräumt, legt sie den Staat auf die Verfolgung bestimmter sozialer Zwecke fest. Derartige Verfassungssätze schränken mithin die Freiheit des demokratisch legitimierten Gesetzge-

[399] Murswiek, HBdStR, § 112, Rn. 49

bers im Sinne von negativen Kompetenznormen ein und zwar wesentlich stärker, als dies bei reinen Abwehrgrundrechten der Fall ist; denn während der Gesetzgeber bei Abwehrgrundrechten nur insoweit in seiner grundsätzlich freien Zweckverfolgung begrenzt ist, als er in negativer Hinsicht nichts regeln darf, was in die grundrechtlich geschützten Bereiche eingreift, binden verfassungsrechtliche Leistungsrechte den Gesetzgeber in positiver, inhaltlicher Hinsicht mit unmittelbarem Geltungsanspruch[400] und erschwerter Abänderbarkeit. Je mehr Leistungsrechte also in einer Verfassung festgelegt werden, desto weniger Raum bleibt für Entscheidungen des Gesetzgebers; dies führt letztlich zu einer Verlagerung der Sozialpolitik aus der Kompetenz des Parlaments in die des Verfassungsgerichts. Das Kompetenzargument gewinnt aufgrund der Finanzwirksamkeit der sozialen Grundrechte zusätzliches Gewicht; denn die Existenz umfassender sozialer Grundrechte würde letztlich dazu führen, dass die Haushaltspolitik in wesentlichen Teilen verfassungsrechtlich festgelegt wäre. Da das Verfassungsgericht die Einhaltung dieser Festlegungen zu kontrollieren hätte, fiele die Haushaltspolitik weitgehend in die Hand des Verfassungsgerichts, was aber der verfassungsrechtlichen Haushaltshoheit des Parlaments widerspräche[401].

Böckenförde[402] zieht daraus die Konsequenz, dass soziale Grundrechte im Lichte einer demokratisch-rechtstaatlichen Verfassung keine „echten" Grundrechte im Sinne von subjektiven verfassungsmäßigen Rechten, sondern lediglich an den Gesetzgeber gerichtete Verfassungsaufträge seien, deren Realisierung der parlamentarischen Entscheidungskompetenz zustehe. Er verneint also eine subjektive leistungsrechtliche Dimension sozialer Grundrechte und schreibt ihnen lediglich objektive Bedeutung zu. In dieselbe Richtung zielt die Argumentation von *Juliane Kokott*, die mit Blick auf die Haushaltshoheit des Parlaments ausführt, dass soziale Grundrechte nur als Richtlinien für den Gesetzgeber verstanden werden könnten, da diese die Prioritätensetzung bei der Verteilung und der Ausgabe der Steuergelder beträfen, was Aufgabe des Parlaments sei[403].

Alexy wählt – ausgehend von seiner Grundprämisse, dass Grundrechte Positionen sind, die so wichtig sind, dass ihre Gewährung oder Nichtgewährung nicht der einfachen parlamentarischen Mehrheit überlassen werden kann[404] – einen vermittelnden Ansatz. Ihm zufolge ist die Frage, ob der

---

[400] Vgl. für das Grundgesetz Art. 1 Abs. 3 GG
[401] Starck, Staatliche Organisation und staatliche Finanzierung, S. 518; Alexy, S. 462
[402] Böckenförde: Die sozialen Grundrechte im Verfassungsgefüge, in: ders., Staat, Verfassung, Demokratie, S. 150
[403] Kokott, Der Schutz der Menschenrechte im Völkerrecht, in: Brunkhorst / Köhler / Lutz-Bachmann, S. 184 f.
[404] Alexy, Theorie der Grundrechte, S. 406

Gewaltenteilungsgrundsatz eine Festschreibung sozialer Leistungsrechte auf Verfassungsebene verbietet, im Wege einer Prinzipienabwägung zu beantworten, das heißt, dass die Gründe, die für die grundrechtliche Absicherung einer Position sprechen mit dem Prinzip der Gewaltenteilung bzw. Demokratie in Beziehung gesetzt und abgewogen werden müssen[405]. *Alexy* versteht also die sozialen Rechte wie auch die Gewaltenteilung als Prinzipien, die keine unbedingte Geltung beanspruchen, sondern lediglich im Sinne von Optimierungsgeboten ein möglichst hohes Maß an Realisierung verlangen.

Kein taugliches Kriterium bei dieser Abwägung ist nach *Alexy* allerdings die aktuelle Gefährdungslage einer Position. Denn aus der Tatsache, dass eine Position in der Vergangenheit und Gegenwart anerkannt und erfüllt wurde, ließe sich nicht auf die Zukunft schließen. Konkret auf die sozialen Rechte bezogen bedeutet dies, dass allein die Tatsache, dass derzeit eine umfangreiche Sozialgesetzgebung existiert und der Gesetzgeber staatliche Leistungen auf sozialem Gebiet gewährt, nicht gegen eine verfassungsrechtliche Absicherung sozialer Positionen spricht; denn solange ein Grundrecht nicht existiert, hat der Gesetzgeber ein Stück Freiheit und Kompetenz, das er nicht hätte, wenn es existierte[406].

Im Rahmen der Prinzipienabwägung gilt es also zu klären, wann eine soziale Rechtsposition so wichtig ist, dass gewährleistet sein muss, dass diese Position nicht durch einfache Gesetzgebung oder Rechtsprechung ausgehöhlt werden kann, wann also die Gesetzgebungsprärogative des Parlaments zugunsten der Möglichkeit einer verfassungsgerichtlichen Kontrolle im Einzelfall durchbrochen werden kann.

II. Freiheitsargument

Neben dem formalen Gewaltenteilungsargument wird ein inhaltliches Argument gegen soziale Grundrechte im Sinne von subjektiven verfassungsmäßigen Leistungsrechten vorgebracht, das auf deren Kollision mit anderen Grundrechten, insbesondere mit Freiheitsgrundrechten zielt und letztlich die Unmöglichkeit der Normierung sozialer Leistungsrechte mit deren Unvereinbarkeit mit einem liberalen Staatsverständnis begründet.

Die angesprochene Kollision mit Freiheitsgrundrechten soll anhand des Rechts auf Arbeit - verstanden als ein Anspruch eines jeden Arbeitslosen auf staatliche Verschaffung eines seinen Fähigkeiten, Neigungen und seiner Ausbildung entsprechenden Arbeitsplatzes - verdeutlicht werden. Wollte der Staat einen derartigen Anspruch erfüllen, müsste er – da er über den Gegenstand des Anspruchs in einer Marktwirtschaft nur beschränkt unmit-

---

[405] Alexy, Theorie der Grundrechte, S. 408
[406] Alexy, Theorie der Grundrechte, S. 409

telbar verfügt - notwendig die privatwirtschaftliche Verfügungsbefugnis über Arbeitsplätze beschränken oder beseitigen und damit in die Freiheitsrechte anderer Grundrechtsträger eingreifen. Aber auch soweit es nicht um die Verteilung von gegenständlich begrenzten Gütern wie z.B. Arbeitsplätzen, sondern um die Verteilung von finanziellen Mitteln geht, ist eine Kollision mit den Grundrechten Dritter unausweichlich. Denn der Staat kann auch finanzielle Mittel nur insoweit verteilen, als er sich diese in Form der Abgabenerhebung zulässigerweise – d.h. ohne Verstoß gegen die Grundrechte der Abgabeverpflichteten - verschaffen kann. So ließe sich zwar theoretisch ein Anspruch eines jeden Staatsbürgers auf eine finanzielle Mindestausstattung durch den Staat denken, seine Realisierung setzte jedoch voraus, dass der Staat denjenigen, die über weitergehende finanzielle Mittel verfügen, diese zum Zwecke der Umverteilung nehmen würde. Dies führte nicht nur zu einer Verletzung der grundrechtlich verbürgten Eigentumsgarantie, sondern zu einer staatlichen „Gleichmacherei“, die eine Aufgabe unseres liberalen hin zu einem sozialistischen Staatsverständnis bedeutete.

Die genannten Beispiele machen deutlich, dass es soziale Grundrechte in der dargestellten extremen Ausprägung nicht geben kann. Umgekehrt muss aber auch das inhaltliche Freiheitsargument nicht bedeuten, dass es subjektive soziale Rechte auf Verfassungsebene per se nicht geben kann. Vielmehr bedarf es zur Beantwortung der Frage, welche sozialen Grundrechte auf Verfassungsebene zu gewährleisten sind, erneut einer Prinzipienabwägung zwischen den sozialen Rechtspositionen einerseits und den kollidierenden Freiheitsrechten andererseits mit dem Ziel, jedem Prinzip die größtmögliche Geltung zu verschaffen.

Diese Prinzipienabwägung lässt sich auch als eine Güterabwägung zwischen kollidierenden Freiheitsrechten, genauer gesagt als Abwägung zwischen rechtlicher und faktischer Freiheit beschreiben[407]. Diese Sichtweise geht aus von der Überlegung, dass soziale Rechte die tatsächlichen Voraussetzungen für die Ausübung der Freiheitsrechte und damit die Freiheit im faktischen Sinne sichern. Wenn beispielsweise kein soziales Recht auf unentgeltlichen Pflichtschulunterricht existierte, würde die Berufsfreiheit des Einzelnen im Sinne einer Berufswahl- und –ausübungsfreiheit auf ungelernte Berufe reduziert und damit faktisch für weite Bevölkerungskreise leer laufen[408]. Da sich der Staat aber zur Finanzierung des unentgeltlichen Pflicht-

[407] Diese Vorgehensweise hat den Vorteil, dass den sozialen Rechtspositionen nicht von vornherein – dem liberalen Staatsverständnis gemäß – eine geringere Wertigkeit als den Freiheitsrechten beigemessen wird.

[408] Ohne eine gewisse Absicherung der tatsächlichen Grundvoraussetzungen für die Ausübung der Freiheitsrechte durch soziale Rechte würden die Freiheitsrechte also für den Einzelnen zur „leeren Formel“, Böckenförde, Staat, Gesellschaft, Freiheit, S. 77. Diese Argumentation lässt sich mit einem Menschenwürdeargument ergänzen. Jeder Grundrechtskatalog ist Ausdruck eines Wertsystems, das seinen Mittelpunkt in der sich

schulunterrichts die dazu notwendigen Geldmittel beschaffen muss und damit die Eigentumsfreiheit anderer Grundrechtsträger tangiert, geht es um die Kollisionsbeziehung zwischen faktischer Berufsfreiheit und rechtlicher Eigentumsfreiheit und damit um eine Kollision zwischen Freiheitsrechten, die gegeneinander abgewogen und in einen verhältnismäßigen Ausgleich gebracht werden müssen. Die durchzuführende Prinzipienabwägung fällt dabei nur dann zugunsten der Normierung sozialer Leistungsrechte aus, eine Einschränkung der kollidierenden Freiheitsrechte Dritter ist also nur dann erlaubt, wenn bei Nichtgewährung der in Frage stehenden sozialen Rechte die jeweilige rechtliche Freiheit faktisch ausgehöhlt und damit verletzt würde. Denn wenn bei Nichtgewährung der sozialen Leistung eine Verletzung einer Grundrechtsposition eintreten würde, handelt es sich im Sinne von *Alexy* um ein soziales Recht, das so wichtig ist, dass seine Gewährung oder Nichtgewährung nicht der einfachen parlamentarischen Mehrheit überlassen werden kann, so dass es eine dauerhafte und verlässliche Absicherung auf Verfassungsebene erfordert[409].

Sofern man also die Grundannahme *Alexys* akzeptiert, dass sowohl die Gewaltenteilung als auch kollidierende Freiheitsrechte keine Regeln sind, die unbedingte Geltung beanspruchen, sondern einer Abwägung zugängliche Prinzipien, lässt sich folgern, dass es einerseits keinen zwingenden Grund gibt, verfassungsmäßige Leistungsrechte auf sozialem Gebiet generell abzulehnen, dass aber andererseits eine Festschreibung jeglicher sozialer Errungenschaften auf Verfassungsebene ebenso unmöglich ist. In der Tendenz dürften die dargestellten Abwägungsprozesse vielmehr darauf hinauslaufen, dass gewisse soziale Minimalgarantien[410] - wie insbesondere das Recht auf ein Existenzminimum - in die Verfassung Aufnahme finden können bzw. im Wege der Auslegung den vorhandenen Verfassungssätzen mit sozialem Gehalt entnommen werden können, während die über den

---

frei entfaltenden menschlichen Persönlichkeit und ihrer Würde findet. Nun setzt aber diese freie Entfaltung ein gewisses Maß an faktischer Freiheit voraus, weshalb der Schluss gerechtfertigt ist, dass die Grundrechte, wenn die sich frei entfaltende menschliche Persönlichkeit ihr Zweck ist, auch auf faktische Freiheit gerichtet sind, also auch die Voraussetzungen der Wahrnehmung rechtlicher Freiheiten sichern sollen, Alexy, Theorie der Grundrechte, S. 460/461.

[409] Alexy formuliert dies folgendermaßen: „Eine leistungsrechtliche Position wird man dann als definitiv grundrechtlich garantiert ansehen müssen, wenn (1) das Prinzip der faktischen Freiheit sie sehr dringend erfordert und (2) das Gewaltenteilungs- und Demokratieprinzip ebenso wie (3) gegenläufige materielle Prinzipien [insbesondere die rechtliche Freiheit anderer] durch die grundrechtliche Garantie der leistungsrechtlichen Position und ihr Rechnung tragende verfassungsgerichtliche Entscheidungen in relativ geringem Maße beeinträchtigt werden.", Theorie der Grundrechte, S. 466

[410] Zur Konzeption der Minimalgarantie, Murswiek, HBdStR, § 112, Rn. 98-101

Mindeststandard hinausgehenden sozialen Positionen einer einfachgesetzlichen Regelung vorbehalten bleiben müssen.

Im Ergebnis dürfte der Ansatz der Minimalgarantie auch die einzig realistische Perspektive für die Sozialpolitik der Union in naher Zukunft sein, da nach wie vor tiefgreifende Strukturunterschiede im Hinblick auf die sozialen Sicherungssysteme in den einzelnen Mitgliedstaaten der Europäischen Union bestehen[411], so dass eine Harmonisierung „im Wege des Verfassungsrechts“ nicht durchführbar erscheint. Die soziale Integration muss sich daher zunächst dadurch verwirklichen, dass europäische Mindeststandards der Sozialpolitik im Sinne eines „sozialen Sockels“ geschaffen werden, was eine weitergehende Sozialunion in fernerer Zukunft natürlich nicht ausschließt.

III. Vorbehalt des Möglichen

Vielfach werden Bedenken gegenüber sozialen Grundrechten mit der Begründung geäußert, dass diese Rechte reine Leistungsrechte seien, die mit erheblichen Kosten für das grundrechtsverpflichtete Gemeinwesen verbunden seien; demgegenüber könnten die Freiheitsrechte als Abwehrrechte ohne weiteres gewährleistet werden, weil der Staat dabei lediglich „kostenlose“ Unterlassungsverpflichtungen zu erfüllen habe. Da aber die Erfüllung sozialer Rechte von der finanziellen Leistungsfähigkeit des Staates abhängig sei, würde sich eine Verankerung auf Verfassungsebene im Sinne einer Festschreibung eines bestimmten Lebensstandards von vornherein verbieten, wollte man nicht den unbedingten Geltungsanspruch der Verfassungsrechte insgesamt in Frage stellen. Denn auf diese Weise wäre die in Krisenzeiten notwendige Flexibilität nicht mehr gegeben, so dass eine Wirtschaftskrise zugleich eine Verfassungskrise nach sich zöge[412].

In diesem Zusammenhang sei zunächst darauf hingewiesen, dass auch die Freiheitsgrundrechte häufig nicht kostenneutral zu realisieren sind; im Gegenteil erfordert beispielsweise eine effektive Verbürgung der Versammlungsfreiheit häufig ein Großaufgebot von Polizei- und Ordnungskräften und verursacht damit ebenfalls erhebliche Kosten[413]. Die Tatsache, dass die Versammlungsfreiheit gleichwohl als Grundrecht verbürgt wird, zeigt, dass individuelle Rechte finanzpolitische Gründe im Einzelfall überwiegen können. So kann auch im Ergebnis kein Zweifel daran bestehen, dass Leistungsversprechen, die sich auf die Gewährleistung von sozialen Mindeststandards beziehen und damit letztlich Ausformungen des Rechts auf

---

[411] Vgl. dazu Pitschas, DÖV 1992, 277 (280)

[412] Isensee, Verfassung ohne soziale Grundrechte, S. 381 f.

[413] Dagegen verursacht der abwehrrechtliche Aspekt der sozialen Grundrechte i.d.R. keine Kosten (z.B. das Verbot von Arbeitsverboten); zudem werden Sozialleistungen überwiegend in der Form von Versicherungssystemen erbracht.

Unverletzlichkeit der Menschenwürde darstellen, auch und gerade in Krisenzeiten unerlässlich sind und zweifellos von jedem europäischen Nationalstaat erfüllt werden können[414]. Denn die These, dass es subjektive soziale Verfassungspositionen geben kann, bedeutet ja nicht, dass der Einzelne eine erdrosselnde Steuererhebung zur Verwirklichung eines sozialutopischen Schlaraffenlandes verlangen kann, in dem ihm jegliche soziale Errungenschaft kostenlos zur Verfügung gestellt wird.

Das Problem der Abhängigkeit sozialer Grundrechte von der finanziellen Leistungsfähigkeit des Staates lässt sich lösen, wenn man von verschiedenen Wirkungsebenen der sozialen Grundrechte ausgeht und somit ein abgestuftes System von sozialen Verfassungssätzen für möglich hält. Wie oben bereits ausgeführt, unterscheidet *Alexy* insoweit soziale Verfassungspositionen nach drei Kriterien: es kann sich erstens um subjektive Rechte gewährende Normen oder den Staat objektiv verpflichtende Normen handeln, diese können zweitens bindende oder nicht-bindende Normen im Sinne von Programmsätzen sein und drittens definitive oder prima facie Rechte und Pflichten begründen, also im Sinne der Terminologie *Alexys* Regeln oder Prinzipien sein. Dabei gewähren den stärksten Schutz bindende Normen, die definitive subjektive Rechte auf Leistung einräumen, den schwächsten nicht-bindende Normen, die eine bloß objektive prima facie Pflicht des Staates zur Leistungsgewährung begründen.

Im Rahmen einer Abwägung ist somit zu bestimmen, ob soziale Leistungsbegehren unter Berücksichtigung der beschränkten Leistungsfähigkeit des grundrechtsverpflichteten Gemeinwesens als definitiv grundrechtlich garantiert anzusehen sind, ob sie im Sinne von prima facie Rechten zwar größtmögliche Realisierung verlangen, aber dennoch einschränkbar sind oder ob ihnen nur objektiv-rechtlicher Charakter zuzuschreiben ist.

Die höchste Verdichtungsebene einer verfassungsrechtlichen Rechtsposition, nämlich die des bindenden subjektiven definitiven Rechts wird im Ergebnis nur bei sozialen Minimalrechten gegeben sein, die Ausdruck der Würde des Menschen sind bzw. dem Kerngehalt von Freiheitsgrundrechten entspringen; als Beispiel mag das Recht auf das Existenzminimum angeführt werden, das aus der Schutzverpflichtung des Staates für die Würde des Menschen und sein Leben entnommen wird. Denn dieses soziale Minimalrecht ist nichts anderes als der Ausfluss von definitiven subjektiven Positionen und beansprucht demzufolge auch die gleiche Wirkungsweise. Wenn aber die Würde des Menschen und der Kerngehalt der Grundrechte unantastbar, also nicht einschränkbar ist und Gleiches für das Recht auf das Existenzminimum als Ausfluss dieser Positionen gilt, kann die Gewäh-

[414] Meyer/Riedel, Kommentar, Vorbemerkung zu Kapitel IV, Rn. 3

rung des Existenzminimums nicht unter einem Vorbehalt des finanziell Möglichen stehen.

Zu einem anderen Ergebnis führt die Abwägung hingegen bei allen sozialen Leistungen, die nicht durch die Menschenwürde bzw. den Wesensgehalt von Grundrechten zwingend geboten sind. Dies lässt sich am Beispiel des Rechts auf Zulassung zum Studium verdeutlichen, bei dem das Bundesverfassungsgericht im Ergebnis von einem bindenden subjektiven prima facie Recht ausgeht. So steht dieses Recht zwar nach den Worten des Bundesverfassungsgerichts[415] dem hochschulreifen Staatsbürger „an sich" zu, allerdings sei es einschränkbar. Wegen der begrenzten Kapazitäten stehe es unter dem Vorbehalt, dass ein freier Studienplatz verfügbar ist, also unter dem Vorbehalt des Möglichen im Sinne dessen, was der Einzelne vernünftigerweise von der Gesellschaft beanspruchen kann[416]. Die Schaffung zusätzlicher Studienplätze wäre zwar unter Einsatz der entsprechenden Geldmittel faktisch möglich, aber im Sinne der zivilrechtlichen Unmöglichkeitslehre für den Staat spätestens dann wirtschaftlich unmöglich, wenn jeder hochschulreife Staatsbürger ein Studium aufnehmen wollte. Da die Verfassung die Staatsorgane aber im Zweifel nicht zu unmöglichen Leistungen verpflichten will, müssen die sozialen Teilhaberechte grundsätzlich so interpretiert werden, dass ihr Gegenstand nur im Rahmen des Möglichen und Angemessenen garantiert wird[417]; damit sind sie also grundsätzlich nur als prima facie Rechte einzustufen. Dass der Vorbehalt des Möglichen aber andererseits auch nicht dazu führt, dass dem Recht auf Zulassung zum Studium nur Programmsatz-Charakter zukommt, bringt das Bundesverfassungsgericht zum Ausdruck, wenn es heißt, dass das Recht in seiner normativen Geltung nicht von dem geringeren oder höheren Grad der Realisierungsmöglichkeit abhängen kann[418]. Was für das Recht auf Zulassung zum Studium ausgeführt wurde, gilt gleichermaßen für das viel diskutierte Recht auf Arbeit. Ein Verfassungssatz, der ein „Recht auf Arbeit" verbürgt, müsste daher entsprechend der Prämisse, dass eine Verpflichtung zu unmöglichen Leistungen nicht gewollt ist, auf eine objektiv-rechtliche Inpflichtnahme des Staates reduziert und als Verpflichtung auf das Ziel der Vollbeschäftigung verbunden mit der Gewähr von Arbeitslosenversicherung, Arbeitsvermittlung und Regelungen des Arbeitsschutzes interpretiert werden[419].

Nach dem Modell der Prinzipienabwägung hat also der Einzelne ein definitives Recht auf Leistung, wenn dem Prinzip der faktischen Freiheit ein größeres Gewicht als den gegenläufigen formellen und materiellen Prinzipien

---

[415] BVerfGE 43, 291 (314 f.)
[416] BVerfGE 43, 291 (314); 33, 303 (333); Murswiek, HBdStR, § 112, Rn. 57
[417] Murswiek, HBdStR, § 112, Rn. 58
[418] BVerfGE 43, 291 (315)
[419] Murswiek, HBdStR, § 112, Rn. 59

zukommt, wie dies bei den Minimalrechten der Fall ist[420]. Soziale Rechte mit überschießendem Gehalt sind dagegen als prima facie Rechte einzuordnen, denen – ebenso wie den definitiven Rechten – entsprechende Verpflichtungen des Staates korrespondieren. Je mehr also soziale Positionen auf die Verwirklichung eines wünschenswerten sozialen Idealstandards hinauslaufen, desto mehr schwächt sich die Verdichtung des sozialen Grundrechts hin zu einem bloß objektiven nichtbindenden prima facie Gehalt ab.

Im Ergebnis bilden daher bindende subjektive definitive Rechte im Bereich der sozialen Grundrechte aufgrund der kollidierenden Freiheitsrechte anderer, der zu wahrenden Kompetenz des demokratisch legitimierten Gesetzgebers und schließlich aufgrund der begrenzten Verteilungsmasse der jeweiligen Lebensgüter die Ausnahme. Wollte man den sozialen Grundrechten aber aufgrund dieser gegenläufigen Prinzipien generell eine subjektivrechtliche Dimension absprechen, hieße dies, nur eine Seite der abzuwägenden Prinzipien gelten zu lassen und deshalb zu einem überschießenden Ergebnis im Sinne eines Alles-oder-Nichts-Prinzips zu gelangen.

IV. Unbestimmtheitsargument

In weiteres Problem, das in diesem Zusammenhang häufig angeführt wird, nämlich das der Konkretisierungsbedürftigkeit sozialer Rechte, erweist sich demgegenüber bei genauerem Hinsehen weniger als ein Problem der Verpflichtungsebenen und ihrer jeweiligen Verdichtung, als vielmehr ein Problem der materiellen Justiziabilität[421]. So wird vorgebracht, es sei juristisch nicht möglich, soziale Grundrechte so präzise zu formulieren, dass sie unmittelbar vollziehbare Ansprüche für den Bürger vermitteln könnten. Die Notwendigkeit einfachgesetzlicher Ausgestaltung besteht jedoch – zumindest was Zuständigkeit und Verfahren angeht - auch für andere Grundrechte[422]. Soweit eine Präzisierung im Sinne einer Inhalts- und Strukturbestimmung abstrakt formulierter sozialer Grundrechte mit spezifisch juristischen Mitteln möglich ist, führt die Unbestimmtheit des Norminhalts

---

[420] Ähnlich argumentiert Arango, Regionaler und internationaler Schutz sozialer Menschenrechte, in: Frank / Jenichen / Rosemann, S. 43 ff. (50 ff.).

[421] Während der Begriff der formellen Justitiabilität die formelle Voraussetzung für eine gerichtliche Kontrolle, nämlich den Zugang zur (Verfassungs-)gerichtsbarkeit bezeichnet, zielt der Terminus der materiellen Justitiabilität auf die inhaltliche Qualität einer Rechtsnorm ab, denn materielle Voraussetzung für eine gerichtliche Kontrolle ist ein bestimmter Grad an Definiertheit des Norminhalts.

[422] Dies gilt insbesondere bei sog. verwalteten Grundrechten, wie z.B. dem Asylrecht, dem Wahlrecht oder dem Recht auf Kriegsdienstverweigerung, die ohne eine konkrete Ausgestaltung von Zuständigkeit und Verfahren nicht verwirklicht werden könnten.

nicht zur Nichtexistenz eines Rechts und ebenso wenig dazu, dass ein an sich gegebenes subjektives Recht eine lediglich objektiv-rechtliche Dimension annimmt, also von einer subjektivrechtlichen Dimension in eine objektivrechtliche umschlägt.

Umgekehrt widerspräche eine zu starke Konkretisierung und Ausdifferenzierung der sozialen Rechte der fundamentalen Abstraktheit einer Verfassung und verschärfte das oben erörterte Problem, dass ein bestimmter Lebensstandard statisch verfestigt würde, der möglicherweise aufgrund der sich wandelnden Verhältnisse später nicht mehr eingehalten werden könnte. So muss als Ausgleich für die erschwerte Abänderbarkeit von Verfassungsnormen die Möglichkeit einer flexiblen Auslegung durch die Verfassungsgerichtsbarkeit zum Zwecke der dynamischen Anpassung der sozialen Verfassungspositionen an die sich wandelnden Lebensverhältnisse gewährleistet sein. Dieses Ziel ist aber nur durch abstrakte Regelungen im Verfassungstext zu erreichen.

Praktisch wird jedoch aus der Konkretisierungsbedürftigkeit sozialer Rechte in vielen Verfassungstexten die Konsequenz gezogen, dass soziale Rechte als objektive Pflichten der Staatsorgane formuliert oder mit einem Regelungsvorbehalt versehen werden, der einen subjektiven Anspruch ausschließt, so dass unmittelbar einklagbare soziale Rechte letztendlich der einfachgesetzlichen Ebene vorbehalten bleiben. Dagegen bestehen solange keine Bedenken, als dies nicht der grundrechtlichen Leitidee widerspricht, wonach als Grundrechte diejenigen Positionen festzuschreiben sind, die so wichtig sind, dass ihre Gewährung oder Nichtgewährung nicht der einfachen parlamentarischen Mehrheit überlassen werden kann[423].

V. Kompetenzargument

Auf der Ebene der Europäischen Union werden gegen die Normierung sozialer Grundrechte vor allem aus kompetenzrechtlichen Gründen Bedenken vorgebracht. Obschon die Gemeinschaft bereits eine Fülle von Kompetenzen im Sozialbereich besitzt, wird vielfach befürchtet, die grundrechtliche Verankerung sozialer Rechte könne eine „kompetenzansaugende" Wirkung zugunsten der Gemeinschaft und damit zulasten der Mitgliedstaaten erzeugen. Diese Aussage gibt Anlass, sich mit den Ursachen für Schwierigkeiten bei der vertikalen Kompetenzabgrenzung zwischen der Gemeinschaft und den Mitgliedstaaten im allgemeinen wie auch im speziellen Bereich der Sozialpolitik auseinander zu setzen.

Abgrenzungsprobleme allgemeiner Art ergeben sich in allen Politikbereichen aus der Tatsache, dass die Gemeinschaftstätigkeit an sachgebietsübergreifenden Vertragszielen ausgerichtet ist. Während eine bundesstaat-

---

[423] Alexy, Theorie der Grundrechte, S. 406

liche Verfassung fest umschriebene Sachbereiche zwischen Bund und Gliedstaaten verteilt und die Kompetenzaufteilung statische, auf den Ausgleich zentraler und föderaler Elemente gerichtete Züge trägt[424], sind die Kompetenzen der Gemeinschaft ziel- und aufgabenorientiert und damit dynamischer Natur. Ebenso wie die Europäische Gemeinschaft eine dynamische Entwicklung in Richtung auf einen noch unbekannten Endzustand durchläuft, sollen auf diese Weise auch die Vertragsziele schrittweise durch die Gemeinschaftstätigkeit realisiert werden. Die Erreichung der allgemein formulierten Vertragsziele erfordert aber zumeist Regelungen, die verschiedenste Sach- und Politikbereiche betreffen, von denen manche dem Kompetenzbereich der Mitgliedstaaten zuzuordnen sind. Ein Beispiel ist die sog. „Fernsehrichtlinie"[425], die der Verwirklichung der Dienstleistungsfreiheit dient, aber erhebliche Auswirkungen auf die Kulturhoheit der Mitgliedstaaten hat. Weitere Beispiele liefern das *Bosman*-Urteil[426] für den Sport und die *Kreil*-Entscheidung[427] für den Wehrbereich. Der EuGH hat – nicht zuletzt aufgrund seiner integrationsfreundlichen „effet-utile" - Rechtsprechung[428] - bislang nur in seltenen Fällen[429] einen Rechtsakt wegen mangelnder Verbandskompetenz für nichtig erklärt[430], was insbesondere das Bundesverfassungsgericht in seinem *Maastricht*-Urteil dazu veranlasst hat, darauf hinzuweisen, „dass der Unions-Vertrag grundsätzlich zwischen der Wahrnehmung einer begrenzt eingeräumten Hoheitsbefugnis und der Vertragsänderung unterscheidet, seine Auslegung deshalb in ihrem Ergebnis nicht einer Vertragserweiterung gleichkommen darf."[431] Zugleich betonte das Bundesverfassungsgericht, dass „ausbrechende Rechtsakte" der Gemeinschaftsorgane[432] in Deutschland keine Bindungswirkung entfalten würden.

Allerdings bereitet gerade die Kompetenzabgrenzung auf dem Gebiet der Sozialpolitik besondere Schwierigkeiten, da soziale Rechte ihren Ursprung

---

[424] Balze, Die sozialpolitischen Kompetenzen der europäischen Union, S. 32

[425] RL 89/522 des Rates vom 3. Oktober 1989 zur Koordinierung der Rechts- und Verwaltungsvorschriften der Mitgliedstaaten über die Ausübung der Fernsehtätigkeit, ABl. EG 1989 Nr. L 298/23

[426] EuGH, Slg. 1995, 4921 (EuZW 1996, 82)

[427] EuGH, Slg. 2000, 69 (EuZW 2000, 211); vgl. dazu Scholz, DÖV 2000, 417 ff.

[428] Nach dieser vom EuGH entwickelten Auslegungsmaxime sind die Vertragsbestimmungen so auszulegen, dass sie ihre „nützliche Wirkung" und „praktische Wirksamkeit" optimal entfalten können, vgl. etwa EuGH, Slg. 1970, 825 = NJW 1980, 2182 (zur Begründung der unmittelbaren Wirkung von Richtlinien).

[429] Im Streit um das Werbeverbot für Tabakprodukte klagte die Bundesrepublik Deutschland erfolgreich auf Nichtigerklärung der RL 98/43/EG über Werbung und Sponsoring von Tabakerzeugnissen, die ein umfassendes Werbe- und Sponsoringverbot für Tabakprodukte vorsah, EuGH, NJW 2000, 3701.

[430] Goll/Kenntner, EuZW 2002, 101 (102)

[431] BVerfGE 89, 155 (210) = NJW 1993, 3047

[432] Sog. „ultra vires" - Handeln

in der Gleichheit haben und sich damit horizontal „ausbreiten". Als Beispiel mag auch hier die *Kreil*-Entscheidung des EuGH herangezogen werden, die sich mit der Gleichstellung von Mann und Frau im Wehrbereich beschäftigt. Gerade auf dem Gebiet der Gleichstellung wird besonders deutlich, dass soziale Rechte nicht auf eine isolierte Betrachtung des einzelnen Rechtssubjekts abzielen, sondern dessen sozialen Bezug zu anderen Menschen im Auge haben und stets den Ausgleich zwischen mehreren Rechtssubjekten und damit eine Angleichung der Lebensverhältnisse auf der Grundlage des Solidarprinzips zum Gegenstand haben. Soll also eine Gleichstellung von Mann und Frau tatsächlich in allen Lebensbereichen verwirklicht werden, bedingt dies zwangsläufig die Notwendigkeit von Regelungen in den unterschiedlichsten Sach- und Politikbereichen.

Letztlich führt aber auch die Gefahr von Kompetenzüberschreitungen nicht zu durchgreifenden Einwänden gegen die Aufnahme von sozialen Rechten in einen Grundrechtskatalog. Wie oben bereits gezeigt wurde, lässt sich keineswegs allen sozialen Rechten zwangsläufig eine subjektive leistungsrechtliche Komponente entnehmen, vielmehr erschöpfen sich soziale Rechte zum Teil in einem primär abwehrrechtlichen Charakter[433], führen also wie die klassischen Freiheitsrechte ausschließlich zu einer Kompetenzbeschränkung und nicht zu einer Kompetenzerweiterung auf Seiten der Grundrechtsadressaten. Zudem hat sich die Auslegung von Grundrechtsnormen – wie stets – auch an kompetenziellen Gesichtspunkten zu orientieren, wobei letztlich der EuGH als Hüter der Kompetenzordnung dazu aufgerufen ist, Übergriffe der Unionsorgane auf Zuständigkeitsbereiche der Mitgliedstaaten zu verhindern[434].

Der Gefahr von Kompetenzüberschreitungen im Sozialbereich war sich auch der Konvent in besonderem Maße bewusst. Um dieser Gefahr zu begegnen, wurden innerhalb der horizontalen Bestimmungen mit den Art. 51 Abs. 1 S. 2 und Art. 51 Abs. 2 GRC Kompetenzschutzklauseln aufgenommen, die letztlich nur deklaratorisch bestätigen, was sich bereits aus dem Subsidiaritätsprinzip und dem Grundsatz der begrenzten Einzelermächtigung ergibt. Überdies ist in diesem Zusammenhang der vielen sozialen Rechten angefügte Begrenzungsvorbehalt zu berücksichtigen, auf den aber – wie auch auf die Bestimmungen der Art. 51 Abs. 1 S. 2 und Art 51 Abs. 2 GRC - erst an späterer Stelle einzugehen sein wird.

---

[433] Vgl. Meyer/Borowsky, Kommentar, Art. 51, Rn. 37

[434] Kompetenzfragen können z.B. anlässlich von Direktklagen privilegierter Kläger wie auch in Vorabentscheidungsverfahren aufgeworfen werden; zudem sind sie Gegenstand der Prüfung in Vertragsverletzungsverfahren. Da der EuGH dieser Aufgabe jedoch nach Meinung von Goll/Kenntner bislang nur unzureichend nachgekommen ist, fordern sie die Einrichtung eines europäischen Kompetenzgerichts, EuZW 2002, 101 (105).

VI. Ergebnis

Zusammenfassend lässt sich damit festhalten, dass im Ergebnis keine der allgemein gegen die Verankerung sozialer Grundrechte vorgebrachten Aspekte durchgreifen, sofern man soziale Rechte auf der Basis des dargestellten Modells der Prinzipienabwägung grundsätzlich - mit Ausnahme des Bereichs der sozialen Minimalgarantien - nicht als bindende subjektive Leistungsrechte des Einzelnen, sondern als Optimierungsgebote versteht. Auch die Notwendigkeit der Konkretisierung sozialer Rechte und die dargestellten kompetenziellen Probleme stellen keine zwingenden Gründe für eine generelle Ablehnung verfassungsmäßiger sozialer Rechte dar, zumal es sich dabei um Gesichtspunkte handelt, die erst im Rahmen der Auslegung und Anwendung der sozialen Verfassungssätze zu berücksichtigen sind.

E. Gruppierung der sozialen Rechte der Charta

Im weiteren sollen die sozialen Bestimmungen der Grundrechtscharta zunächst einer inhaltlichen, systematischen und sprachlichen Analyse und Systematisierung unterzogen werden, bevor diese unter Berücksichtigung der maßgeblichen Bezugsquellen und der im Konvent geführten Diskussionen anhand der soeben entwickelten Kriterien im Hinblick auf ihre Wirkungsweise im Einzelnen auszulegen sind.

I. Inhaltliche Gruppierung

Ausgehend von der oben gewählten weiten Begriffsdefinition sozialer Grundrechte als verfassungsmäßige Rechte mit besonderem Bezug zum Sozialen lässt sich eine große Anzahl von den in der Charta enthaltenen Rechten den sozialen Grundrechten zuordnen. Die Bandbreite der insoweit in Frage kommenden Vorschriften lässt sich ihrem materiellen Gehalt nach in verschiedene Gruppen gliedern. Die Internationalen Sozialrechtspakte, insbesondere der Internationale Pakt über wirtschaftliche, soziale und kulturelle Rechte (IPwskR) und die Europäischen Sozialcharta (ESC), unterscheiden insoweit Rechte der Arbeit, die an das Bestehen eines Beschäftigungsverhältnisses anknüpfen (Art. 6 Abs. 1 IPwskR; Art. 1 ESC), Rechte auf soziale Sicherheit (Art. 9 IPwskR; Art. 12 ESC), Rechte auf sozialkulturelle Entfaltung (Art. 13 IPwskR; Art. 2 des 1. Zusatzprotokolls zur EMRK) und schließlich Rechte auf befriedigende Lebensbedingungen (Art. 11, 12 IPwskR; Art. 11 ESC)[435]. Diese Einteilung lässt sich weitgehend auch auf die in der Grundrechtscharta enthaltenen Rechte übertragen.

Im Bereich der ersten Gruppe stellt die zentrale sozialgrundrechtliche Verbürgung das Recht auf Arbeit (Art. 15 GRC) dar, im Sinne der Möglichkeit

---

[435] Murswiek, HBdStR V, § 112, Rn. 41 ff.; Bernsdorff, VSSR 2001, S. 11 f.

jedes Einzelnen, seinen Lebensunterhalt durch Arbeit zu verdienen. Es wird ergänzt durch Rechte auf sichere, gesunde und soziale Arbeitsbedingungen (Art. 31, 33 GRC), Rechte auf Schutz für besondere Personengruppen wie z.B. Kinder, Behinderte und Frauen (Art. 23, 26, 32 GRC) und Schutz bei ungerechtfertigter Entlassung (Art. 30 GRC), das Recht auf Kollektivverhandlungen und –maßnahmen (Art. 27, 28 GRC) sowie das Recht auf Zugang zur Arbeitsvermittlung (Art. 29 GRC) und berufliche Aus- und Weiterbildung (Art. 14 Abs. 1 GRC). Schließlich ist auch das Verbot der Sklaverei und der Zwangsarbeit (Art. 5 GRC) inhaltlich den Rechten der Arbeit zuzuordnen.

Die zweite, mit dem Begriff der „Rechte auf soziale Sicherheit" umschriebene Gruppe von sozialgrundrechtlichen Verbürgungen umfasst vor allem die Einführung und Beibehaltung eines „Systems der sozialen Sicherheit" sowie das Recht des Einzelnen auf diskriminierungsfreien Zugang zu diesem System (Art. 34 Abs. 1, 2 GRC).

Zu den sozialen Grundrechten gehören ferner die Rechte auf sozialkulturelle Entfaltung, insbesondere das Recht auf Bildung (Art. 14 GRC), das das Recht auf Zugang zu den bestehenden Bildungseinrichtungen und das Recht auf unentgeltliche Teilnahme am Pflichtschulunterricht umfasst.

Schließlich werden in einer vierten Gruppe alle Rechte auf befriedigende Lebensbedingungen zusammengefasst, zu denen ganz wesentlich das Recht auf Gesundheit (Art. 35 GRC) zählt, aber auch das Recht auf einen angemessenen Lebensstandard durch soziale Unterstützung und Unterstützung in Bezug auf die Wohnung (Art. 34 Abs. 3 GRC). Zudem sieht die Charta in diesem Bereich besondere Schutzrechte für Kinder (Art. 24 GRC) und ältere Menschen (Art. 25 GRC) vor. In einem sehr weiten Sinne lassen sich schließlich auch die Rechte auf Zugang zu Dienstleistungen von allgemeinem wirtschaftlichen Interesse (Art. 36 GRC) sowie auf ein hohes Umwelt- und Verbraucherschutzniveau (Art. 37, 38 GRC) dieser Gruppe zuordnen, da auch sie auf eine Verbesserung der Lebensbedingungen zielen.

II. Systematische Gruppierung

Eine weitere Gruppierung lässt sich unter systematischen Aspekten vornehmen, also danach, welchen Kapiteln der Charta die einzelnen Rechte zugeordnet sind. Zwar sieht die vorliegende Fassung der am 7.12.2000 in Nizza feierlich proklamierten Grundrechtscharta soziale Grundrechte vor allem im Kapitel IV „Solidarität" vor, beinhaltet aber auch in den Kapiteln, die nach ihrer Überschrift der Würde des Menschen (I) bzw. den Freiheits- (II) und Gleichheitsrechten (III) gewidmet sind, Rechte mit besonderem Bezug zum Sozialen. Damit hat sich der im Braibant/Meyer-Papier unterbreitete Vorschlag, die sozialen Rechte einheitlich unter dem Titel „Solidarität" zusammenzufassen, nicht durchsetzen können; vielmehr wurden Rechte, die – unter dem Aspekt des Gewährleistungsmodus – in den Freiheitsrechten[436] oder im Gleichbehandlungsgebot[437] wurzeln, aus dem Kapitel Solidarität herausgenommen und in den Kapiteln II und III verortet[438]. Dies ist insofern folgerichtig, als soziale Grundrechte darauf angelegt sind, die realen Bedingungen der Grundrechtsausübung, also der realen Freiheit und der realen Gleichheit zu schaffen. Demzufolge können sich auch aus den Freiheits- und Gleichheitsrechten (derivative) soziale Grundrechte ergeben, die teilweise in der Charta ausdrücklich benannt werden. So dienen das Recht auf Zugang zu beruflicher Aus- und Weiterbildung und das Recht auf unentgeltliche Teilnahme am Pflichtschulunterricht in Kapitel II der Charta (Art. 14 GRC) der Schaffung der tatsächlichen Voraussetzungen für die Ausübung des Freiheitsrechts auf Bildung; die in Kapitel III gewährleisteten Rechte auf Beibehaltung oder Einführung spezifischer Vergünstigungen für das unterrepräsentierte Geschlecht (Art. 23 Abs. 2 GRC) und auf Integrationsmaßnahmen für behinderte Menschen (Art. 26 GRC) zielen auf die Herstellung der realen Bedingungen der Gleichheit. Nicht zuletzt ist mit dem Verbot der Sklaverei und Zwangsarbeit auch ein soziales Grundrecht im Kapitel I über die Würde des Menschen enthalten.

Diese Regelungstechnik betont nicht nur die unauflösliche Interdependenz aller Grundrechte der Charta, sondern bringt auch den spezifischen europäischen Weg der Grund- und Menschenrechtsgewährleistung zum Ausdruck, indem eigenständige systematische Akzente gesetzt werden[439].

III. Sprachliche Gruppierung

Wenngleich die meisten Artikel des Solidaritätskapitels dem Kölner Auftrag gemäß als Individualrechte formuliert sind, lassen sich aufgrund der sprachlichen Ausgestaltung verschiedene Kategorien von Bestimmungen unterscheiden, wobei schon dem Wortlaut der einzelnen Vorschriften Anhaltspunkte für den jeweiligen Gewährleistungsgehalt zu entnehmen sind. Auf der Basis der oben vertretenen Bündeltheorie muss allerdings die dem Wortlaut zu entnehmende Bedeutung keineswegs die einzige sein.

1. Einer ersten Kategorie zuzuordnen sind Bestimmungen, die nach ihrem Wortlaut ausschließlich an die Union adressiert sind und damit einen jedenfalls überwiegend objektiv-rechtlichen Gehalt nahe legen. Innerhalb dieser

---

[436] Z.B. die Berufsfreiheit (Art. 15), das Recht auf Bildung (Art. 14)

[437] Z.B. die Gleichheit von Männern und Frauen in Fragen der Beschäftigung, der Arbeit und des Arbeitsentgelts (Art. 23), das Gebot der Förderung Behinderter bei der sozialen und beruflichen Eingliederung (Art. 26)

[438] Bernsdorff, VSSR 2001, 1 (16)

[439] Meyer/Riedel, Kommentar, Vorbemerkung zu Kapitel IV, Rn. 29, 30

Kategorie lassen sich Bestimmungen, die die „Anerkennung und Achtung" bestimmter Rechte durch die Union zum Gegenstand haben, von solchen unterscheiden, die auf die „Sicherstellung eines hohen Niveaus auf der Ebene der Union" abzielen.

a. Die Sicherstellung eines hohen Niveaus wird postuliert in Art. 35 S. 2 GRC hinsichtlich des Gesundheitsschutzes, in Art. 37 GRC für den Umweltschutz und schließlich in Art. 38 GRC im Hinblick auf den Verbraucherschutz. Schon die Formulierung lässt vermuten, dass es sich bei diesen Bestimmungen um sozialpolitische Zielsetzungen handelt, denen mithin nur ein äußerst schwacher sozialgrundrechtlicher Gehalt zukommt. Diese Auslegung wird bekräftigt durch die Tatsache, dass die „Sicherstellung eines hohen Niveaus" stets in einen Kontext mit den „Politiken der Union" gestellt wird.

Einen weitergehenden Bedeutungsgehalt indiziert dagegen die sprachliche Gestaltung des Art. 23 GRC, der die „Sicherstellung" der Gleichheit von Mann und Frau und damit nicht nur ein hohes Niveau, sondern eine positive Zielverwirklichung verlangt. Der Begriff der Sicherstellung beinhaltet hier also einen objektiv-rechtlichen Auftrag an die Grundrechtsadressaten, durch aktive Maßnahmen die Gleichheit von Mann und Frau zu verwirklichen und geht damit über einen rein sozialpolitischen Programmsatz hinaus.

b. Zu den Rechten, die die Union nach dem Wortlaut der Charta „anerkennt und achtet", gehört neben dem Recht auf Zugang zu den Leistungen der sozialen Sicherheit und zu den sozialen Diensten nach Art. 34 Abs. 1 GRC das Recht auf eine soziale Unterstützung und eine Unterstützung für die Wohnung gemäß Art. 34 Abs. 3 GRC sowie der Zugang zu den Dienstleistungen von allgemeinem wirtschaftlichen Interesse nach Art. 36 GRC. Dabei lässt sich schon der Wortwahl entnehmen, dass es sich bei dem Gebot, etwas anzuerkennen und zu achten jedenfalls um ein schwächeres Gebot handelt als bei den an anderer Stelle der Charta vorgesehenen Geboten, etwas zu „schützen", „sicherzustellen" oder zu „bewahren". Somit legt die Formulierung „Die Union anerkennt und achtet das Recht auf Zugang..." zunächst eine objektive Respektierungsverpflichtung in dem Sinne nahe, dass die Union keine aktiven Schritte unternehmen darf, die darauf abzielen, den vorhandenen Bestand an Sozialleistungssystemen bzw. Daseinsvorsorgeeinrichtungen abzuschaffen oder die Grundrechtsträger von dem freien Zugang zu diesen Einrichtungen auszuschließen. Allerdings erscheint es nahe liegend, dass mit dieser objektiven Ebene – jedenfalls im Rahmen des Art. 34 GRC - zugleich auch ein subjektives Abwehrrecht der einzelnen Grundrechtsträger korrespondiert. Für eine derartige subjektiv-rechtliche Interpretation spricht schon die sprachliche Verknüpfung der Begriffe „anerkennt und achtet" einerseits mit den Begriffen „Recht" bzw.

„Recht auf Zugang" andererseits[440]; denn wenn nur das Institut der Sozialversicherung hätte verfassungsrechtlich abgesichert werden sollen, wäre die Formulierung „Die Union anerkennt und achtet die Systeme der sozialen Sicherheit..." ausreichend gewesen.

2. Zur zweiten Kategorie, die ebenfalls einer weiteren Untergliederung bedarf, zählen Bestimmungen, die entweder jeder Person oder jeder Arbeitnehmerin und jedem Arbeitnehmer ein Recht bzw. einen Anspruch vermitteln und damit eine subjektiv-rechtliche Dimension indizieren.

a. Eine erste Gruppe innerhalb dieser Kategorie bilden soziale Schutzansprüche, die zumeist durch die ausdrückliche Verwendung des Wortes „Schutz" zu erkennen sind. Dazu zählt der Anspruch auf Schutz vor ungerechtfertiger Entlassung aus Art. 30 GRC und das Recht auf Schutz vor Entlassung aus einem mit der Mutterschaft zusammenhängenden Grund aus Art. 33 Abs. 2 GRC[441]. Im Sinne des europäischen Drei-Ebenen-Modells liegt die Handlungsverpflichtung der Union insoweit auf der Ebene des „protect".

b. Einer zweiten Gruppe zuzuordnen sind Solidaritätsvorschriften, denen nach ihrer sprachlichen Ausgestaltung ein einklagbarer Gehalt in Form von Leistungsrechten im weiteren Sinne zu entnehmen ist. Im Unterschied zu den oben erwähnten Zugangsrechten zu den Sozialleistungssystemen, die die Union nach der Formulierung der Charta anerkennt und achtet, die also nur auf der untersten Respektierungsebene gegen aktive Eingriffe der Union abgesichert sind, enthält die Charta auch rein subjektiv formulierte Zugangsrechte in Bezug auf einen unentgeltlichen Arbeitsvermittlungsdienst in Art. 29 GRC, hinsichtlich der Gesundheitsvorsorge und ärztlichen Versorgung in Art. 35 S.1 GRC sowie hinsichtlich der beruflichen Aus- und Weiterbildung in Art. 14 Abs. 1 GRC, die einen leistungsrechtlichen Gehalt nahe legen. Unklar und von weiterer Auslegung abhängig ist indessen, ob sich dieser leistungsrechtliche Gehalt in normativen Schutzverpflichtungen zur Sicherung des diskriminierungsfreien Zugangs zur Arbeitsvermittlung, Gesundheitsvorsorge und ärztlichen Versorgung erschöpft oder ob diese Bestimmungen vielmehr auf der Ebene des „fulfil" eine Bereitstellung von Arbeitsvermittlung und medizinischen Vorsorge- und Versorgungssystemen verlangen. Da im Text der Charta jedoch ausdrücklich nur von einem Zugangsrecht die Rede ist, erscheint die erstgenannte Auslegungsoption im Sinne einer Schutzverpflichtung und eines korrespondierenden Schutzrech-

---

440 Dagegen ist in Art. 36 GRC nur vom „Zugang" zu den Dienstleistungen von allgemeinem wirtschaftlichen Interesse die Rede.

441 Weniger aus sprachlichen als aus inhaltlichen Gründen ist schließlich auch Art. 31 GRC den Schutzrechten zuzuordnen, der das Recht auf gerechte und angemessene Arbeitsbedingungen mit den Einzelausformungen der Begrenzung der Höchstarbeitszeit, der täglichen und wöchentlichen Ruhezeiten und bezahlten Jahresurlaubs enthält.

tes im Rahmen des vorhandenen Bestands an Arbeitsvermittlungsdiensten, Vorsorge- und Versorgungssystemen vorzugswürdig.

c. Einen noch umfassenderen Gehalt legt der Wortlaut solcher Rechte nahe, die als subjektive Anspruchsrechte formuliert sind, wie der Anspruch auf einen bezahlten Mutterschaftsurlaub und auf einen Elternurlaub nach der Geburt oder Adoption eines Kindes aus Art. 33 Abs. 2 GRC und der Anspruch auf Leistungen der sozialen Sicherheit nach Art. 34 Abs. 2 GRC. Diese Bestimmungen lassen einen subjektivrechtlichen Leistungsanspruch im engeren Sinne vermuten, womit die korrespondierende Handlungsverpflichtung der Union der Ebene des „fulfil" zuzuordnen wäre.

d. Eine gewisse Sonderstellung innerhalb der Solidaritätsvorschriften nimmt schließlich die Vorschrift des Art. 28 GRC ein, der nach seinem Wortlaut kein Schutz- oder Zugangsrecht und keinen Leistungsanspruch vermittelt, sondern vielmehr ein Freiheitsrecht mit sozialem Bezug enthält, indem es die Freiheit der Arbeitnehmerinnen und Arbeitnehmer gewährleistet, Tarifverträge auszuhandeln und zu schließen sowie bei Interessenkonflikten kollektive Maßnahmen zu ergreifen. Dieses Recht setzt seinerseits die in Art. 12 GRC enthaltene Koalitionsfreiheit, d.h. die Freiheit zum arbeitsbedingten Zusammenschluss von Arbeitnehmern bzw. Arbeitgebern zur Durchsetzung und Verteidigung von Rechten voraus.

Bereits durch ihre systematische Stellung den Freiheitsrechten zugeordnet sind auch die Bestimmungen der Art. 14, 15 GRC, die mit den Garantien des Rechts auf Bildung bzw. der Berufsfreiheit und des Rechts zu arbeiten ebenfalls Freiheitsrechte mit sozialem Bezug beinhalten. Diesen Bestimmungen ist damit eine primär abwehrrechtliche Funktion zuzuschreiben.

3. Einer dritten Kategorie zuzuordnen sind schließlich Bestimmungen, die sich weder direkt an die Union richten noch jeder Person oder jedem Arbeitnehmer ein Recht oder einen Anspruch verleihen, sondern unpersönlich im Sinne von allgemeinen Verboten oder positiven Verhaltensanweisungen formuliert sind. Dazu zählen innerhalb der Solidaritätsvorschriften die Gewährleistung der Unterrichtung und Anhörung der Arbeitnehmer im Unternehmen in Art. 27 GRC („muss ... gewährleistet sein") und die Gewährleistung des rechtlichen, wirtschaftlichen und sozialen Schutzes der Familie in Art. 33 Abs. 1 GRC („wird gewährleistet"), das Verbot der Kinderarbeit und der Unterschreitung eines Mindestalters für den Eintritt in das Arbeitsleben in Art. 32 UAbs. 1 GRC („ist verboten", „darf nicht unterschreiten") sowie das Gebot angepasster Arbeitsbedingungen für Jugendliche in Art. 32 Uabs. 2 GRC („müssen ...erhalten"). Nach ihrem Zweck wie auch zum Teil ihrer sprachlichen Gestaltung[442] beinhalten diese Vorschriften eine (normative) Schutzverpflichtung der nach Art. 51 GRC Grundrechtsverpflichteten.

---

[442] Z.B. aufgrund der Verwendung des Wortes „Schutz" in Art. 33 Abs. 1 GRC

Allerdings drängt sich aufgrund der unpersönlichen Formulierung die Frage auf, ob diesen Bestimmungen darüber hinaus auch eine unmittelbare oder mittelbare Drittwirkung für Private zu entnehmen ist. Diese Frage wurde im Rahmen der Konventsdiskussion ausgespart und stattdessen der Rechtsprechung der beiden europäischen Gerichtshöfe und einer gesamteuropäischen Dogmatik überlassen[443]. In der Rechtsprechung des EuGH spielte indessen die Frage der Drittwirkung von Grundrechten wie auch die damit eng verknüpfte Frage grundrechtlicher Schutzpflichten bislang keine Rolle; allein die Pflicht der Mitgliedstaaten zur aktiven Durchsetzung der Grundfreiheiten hat der EuGH anerkannt[444]. Dagegen hat der EGMR in ständiger Rechtsprechung und in erheblichem Umfang Schutzpflichten aus der EMRK hergeleitet[445]. Diese Rechtsprechung ist im Rahmen von Art. 52 Abs. 3 S.1 GRC, soweit also die Chartarechte den Rechten der EMRK entsprechen, auch für die Auslegung und Anwendung der Chartarechte verbindlich. Innerhalb der Grundrechtscharta selbst lassen sich Anhaltspunkte für eine Drittwirkung aus Zweck und Wortlaut einzelner Vorschriften entnehmen. Jedoch bildet eine unmittelbare Drittwirkung von Grundrechtsbestimmungen im Allgemeinen die Ausnahme, weil durch die Anerkennung einer unmittelbaren Drittwirkung die Privatautonomie und damit andere grundrechtlich geschützte Freiheitsbereiche eingeschränkt oder gar aufgehoben werden. So binden auch die Grundrechte des deutschen Grundgesetzes Private nur dann unmittelbar, wenn sich dies aus der jeweiligen Grundgesetzbestimmung selbst ausdrücklich ergibt[446]. Gleiches dürfte für die Charta gelten, da Art. 51 GRC nur die Unionsorgane und Mitgliedstaaten, nicht aber die Bürger als Grundrechtsadressaten nennt. Soweit also Vorschriften nach ihrem Wortlaut und Zweck auf eine Drittwirkung angelegt sind, kann es grundsätzlich nur um eine mittelbare Drittwirkung gehen[447].

4. Vielen Rechten gemeinsam und im Rahmen der Auslegung zu berücksichtigen ist schließlich der von *Braibant* als „Refrain" bezeichnete Begrenzungsvorbehalt, der sich wie ein roter Faden durch das Solidaritätskapitel zieht. So sind die aus den Art. 27, 28, 30, 34, 35 S.1 und 36 GRC folgenden Rechte nur „nach dem Gemeinschaftsrecht und nach den einzelstaatlichen Rechtsvorschriften und Gepflogenheiten" gewährleistet. Dieser Vorbehalt ist auf den ersten Blick verschiedenen Deutungen zugänglich: zum

---

443 Meyer/Borowsky, Kommentar, Art. 51, Rn. 31

444 Vgl. EuGH, Rs. C-265/95 – Agrarblockaden -, Slg. 1997, I-6959

445 EGMR, Urteil vom 13.6.1979, Marchx/Belgien, abgedruckt in EuGRZ 1979, 454; Urteil vom 26.5.1994, Keegan/Irland, abgedruckt in EuGRZ 1995, 113

446 Vgl. Art. 9 Abs. 3 S. 2 Grundgesetz

447 So Meyer/Hölscheidt, Kommentar, Vorbemerkung zu Kapitel III, Rn. 17; für das Verbot der Kinderarbeit und die Verpflichtung auf altersangepasste Arbeitsbedingungen für Jugendliche (Art. 32 GRC) wird allerdings teilweise eine unmittelbare Drittwirkung angenommen, vgl. Schmitz, JZ 2001, 833 ff. (841)

einen könnte es sich um einen Gesetzesvorbehalt und damit um einen Hinweis darauf handeln, dass soziale Gewährleistungen als „non self-executing obligations" der Konkretisierung durch staatliche Umsetzungsakte bedürfen. Sofern derartige Regelungen auf der Ebene des Gemeinschaftsrechts bzw. des Rechts der Mitgliedstaaten bereits existieren, sind diese als „innere" Schranken der Solidaritätsvorschriften[448] zu berücksichtigen, die zu den allgemeinen Schrankenbestimmungen in den horizontalen Bestimmungen der Art. 52 und 53 GRC hinzutreten. Soweit auf die einzelstaatlichen Rechtsvorschriften und Gepflogenheiten Bezug genommen wird, verleiht der Vorbehalt zugleich dem allgemeinen Bestreben des Konvents Ausdruck, die mitgliedstaatlichen Traditionen und Eigenarten – gerade im sozialen Bereich – vor einer zu weitgehenden Harmonisierung zu bewahren[449]. Schließlich könnte es sich auch um einen Kompetenzvorbehalt handeln, da die Charta – ausweislich der expliziten Regelung in Art. 51 Abs. 2 GRC - weder neue Zuständigkeiten noch neue Aufgaben für die EU begründet noch die in den Verträgen festgelegten Zuständigkeiten und Aufgaben ändert. Somit können außerhalb des Kompetenzbereichs der EU soziale Standards nicht mit konstitutiver Wirkung begründet, sondern lediglich die in den Mitgliedstaaten etablierten Strukturen und Maßstäbe (implizit) anerkannt werden[450].

Fest dürfte im Ergebnis jedoch stehen, dass die Regelungstechnik des Begrenzungsvorbehalts den eigenständigen Regelungsgehalt der jeweiligen Grundrechtsverbürgungen weitgehend relativiert[451]. Nach *Schmitz* bilden die Chartarechte in diesen Fällen nur eine normative Hülle im Sinne einer prinzipiellen Anerkennung der betreffenden Positionen, während sich die Substanz der Rechte aus anderer Quelle ergibt und damit variieren kann[452]. Dies führt im Ergebnis zu einer Herabstufung der sozialen Grundrechte, die insbesondere der deutsche Konventsvertreter *Meyer* stets kritisierte[453].

---

[448] Grabenwarter, DVBl. 2001, 1 (3)
[449] Meyer/Borowsky, Kommentar, Vorbemerkung zu Kapitel VII, Rn. 23
[450] Bernsdorff, VSSR 2001, 18
[451] Pache, EuR 2001, 475 ff. (481); ebenso Streinz, EUV/EGV, Anhang, Art. 27 GRC, Rn. 2
[452] Schmitz, JZ 2001, 833 ff. (841)
[453] Konvent, 16. Sitzung, Bernsdorff/Borowsky, Protokolle, S. 370

F. Die sozialen Gewährleistungen im Einzelnen

Nunmehr sollen die einzelnen in der Charta enthaltenen Gewährleistungen mit sozialem Gehalt unter Berücksichtigung der Erläuterungen des Sekretariats des Konventspräsidiums[454], die insbesondere Verweise auf die jeweils maßgeblichen Rechtsquellen enthalten, einer näheren Betrachtung unterzogen werden. Die Erläuterungen sind zwar nichtamtlich und damit auch nicht bindend[455], jedoch spiegeln sie den Meinungsstand des Konvents wider und können daher im Rahmen der Auslegung mit der gebotenen Vorsicht berücksichtigt werden[456].

Im Hinblick auf die für die sozialen Bestimmungen maßgeblichen Rechtsquellen, die insbesondere der ESC, der Revidierten ESC und der Gemeinschaftscharta der sozialen Grundrechte der Arbeitnehmer zu entnehmen sind, ist zu beachten, dass diesen Regelwerken zum Teil nur eingeschränkte Verbindlichkeit im Raum der EU zukommt[457]. So gelten die Regelungen der ESC nur mit der Einschränkung der Wahlfreiheit der Unterzeichnerstaaten (sog. „opting-out"-Verfahren). Die Revidierte ESC ist bislang erst von sechs EU-Mitgliedstaaten ratifiziert worden[458], so dass insbesondere die darin enthaltenen neuen Rechte (Art. 24-31 RESC) keinen allgemein anerkannten Besitzstand wiedergeben; folgerichtig hat die Revidierte ESC auch im Mandat von Köln keine Erwähnung gefunden. Schließlich kommt auch der Gemeinschaftscharta der sozialen Grundrechte der Arbeitnehmer keine unmittelbare rechtliche Bindungswirkung zu. Dass sich der Konvent gleichwohl an diese unverbindlichen Quellen als Ausdruck des neuesten Rechtsstandes auf dem Gebiet der sozialen Rechte „angelehnt" hat, begegnet allerdings insofern keinen Bedenken, als es bei der Ausarbeitung der Grundrechtscharta um die Schaffung einer neuen Rechtsquelle ging, über deren Verbindlichkeit die Mitgliedstaaten im Rahmen des erforderlichen Vertragsänderungsverfahrens nach Art. 48 EUV selbst zu entscheiden haben.

---

[454] Der Text der Erläuterungen des Präsidiums zum vollständigen Wortlaut der Charta findet sich in Dok. CHARTE 4473/00 Convent 49.

[455] Dok. Charte 4473/00 vom 11.10.2000

[456] Der Entwurf des Verfassungsvertrages des Konvents zur Zukunft der Union sieht insoweit eine Änderung von Abs. 5 der Präambel vor, wonach die Charta im Zusammenhang mit den genannten Bezugsquellen von den Gerichten der Union und der Mitgliedstaaten unter gebührender Berücksichtigung der Erläuterungen, die auf Veranlassung und in eigener Verantwortung des Präsidiums des Konvents zur Ausarbeitung der Charta formuliert wurden, ausgelegt werden soll. Damit käme entgegen der ursprünglichen Intention den Erläuterungen des Präsidiums die Funktion einer verbindlichen Auslegungshilfe zu, Streinz, Kommentar, Vorbemerkungen zur Grundrechtscharta, Rn. 18.

[457] Vgl. bereits Teil 3, Punkt B, Ziff. III

[458] Vgl. oben Teil 3, Punkt B, Ziff. III, 1; folgerichtig ist die RESC auch nicht ausdrücklich als Bezugsquelle im Mandat von Köln benannt

I. Soziale Rechte im Kapitel IV „Solidarität"

1. Grundrechte der Arbeit

a) Recht auf Unterrichtung und Anhörung der Arbeitnehmerinnen und Arbeitnehmer im Unternehmen, Art. 27 GRC

> Für die Arbeitnehmerinnen und Arbeitnehmer oder ihre Vertreter muss auf den geeigneten Ebenen eine rechtzeitige Unterrichtung und Anhörung in den Fällen und unter den Voraussetzungen gewährleistet sein, die nach dem Gemeinschaftsrecht und den einzelstaatlichen Rechtsvorschriften und Gepflogenheiten vorgesehen sind.

aa) Bezugsquellen und Inhalt

Die Vorschrift des Art. 27 GRC, die auf Art. 21 der Revidierten Europäischen Sozialcharta sowie den Nummern 17 und 18 der Gemeinschaftscharta der sozialen Grundrechte der Arbeitnehmer beruht, hat die Einbindung der Arbeitnehmer in die unternehmerische Entscheidungsfindung zum Gegenstand. Inhaltlich werden dabei keine echten Mitbestimmungsrechte, sondern lediglich Unterrichtungs- und Anhörungsrechte[459] angesprochen, so dass im Ergebnis nur die unterste Ebene der denkbaren Partizipationsmöglichkeiten der Arbeitnehmer verfassungsrechtlich abgesichert wird. Die Beteiligung soll dabei „auf den geeigneten Ebenen" stattfinden, was die europäische Ebene einschließen kann, wenn die gemeinschaftsrechtlichen Rechtsvorschriften dies vorsehen[460]. Eine weitere Konkretisierung dieser Beteiligungsmöglichkeiten, insbesondere im Hinblick auf Gegenstand und Zeitpunkt der Unterrichtung und Anhörung, erfolgt in Art. 27 GRC - im Gegensatz zu den entsprechenden Regelungen in der Europäischen Sozialcharta und der Gemeinschaftscharta – nicht. Dies entspricht jedoch der typischen Abstraktheit von Verfassungstexten wie auch dem Anliegen des Konvents, unter Verzicht auf Detailregelungen klare und einfach formulierte Grundbestimmungen in der Charta niederzulegen. Die konkrete Ausgestaltung des Rechts auf Unterrichtung und Anhörung ist daher den einschlägigen Bestimmungen des Gemeinschaftsrechts sowie den „einzelstaatlichen Rechtsvorschriften und Gepflogenheiten" zu entnehmen, auf die Art. 27 GRC verweist.

Die Gemeinschaft verfügt in dem von Art. 27 GRC angesprochenen Bereich über einen beachtlichen Besitzstand, nämlich die Bestimmungen über den

---

459 Im Sinne von Information und Meinungsaustausch mit den Arbeitnehmern bzw. deren Vertretern

460 Meyer/Riedel, Kommentar, Art. 27, Rn. 26

sozialen Dialog in Art. 138 und 139 EG-Vertrag sowie die Richtlinien 98/59/EG[461] (Massenentlassungen), 77/187/EWG[462] (Übergang von Unternehmen) und 94/45/EG[463] (Europäische Betriebsräte). Vor allem ist in diesem Zusammenhang aber die erst nach Entstehung der Grundrechtscharta erlassene Richtlinie zur Festlegung eines allgemeinen Rahmens für die Unterrichtung und Anhörung der Arbeitnehmer in der Europäischen Gemeinschaft[464] zu nennen.

Die angesprochenen Bestimmungen über den sozialen Dialog im EG-Vertrag, Art. 138 und 139 EGV, sehen nicht nur eine Förderung und Erleichterung des Dialogs der Sozialpartner untereinander, sondern auch einen Dialog zwischen Kommission und Sozialpartnern im Rahmen des Gesetzgebungsverfahrens der EG vor. Der soziale Dialog kann nach Art. 139 EGV zum Abschluss von tarifautonomen Vereinbarungen zwischen den Sozialpartnern führen, die in den sachlichen Grenzen des Art. 137 EGV durch entsprechenden Ratsbeschluss zu bindendem Recht gemacht werden können[465]. Insoweit nimmt Art. 139 EGV auf Art. 137 EGV Bezug, der ebenfalls die Unterrichtung und Anhörung der Arbeitnehmer thematisiert.

bb) Besitzstand in den Mitgliedstaaten

Den Verfassungen der Mitgliedstaaten ist ein vergleichbares Beteiligungsrecht der Arbeitnehmer im Unternehmen praktisch völlig fremd. Allein Art. 23 Abs. 1 Nr. 1 der belgischen Verfassung sieht im Zusammenhang mit dem Recht auf Arbeit auch ein Recht auf Information, Konsultation und kollektive Verhandlungen vor, das der Gewährleistung aus Art. 27 GRC zumindest nahe kommt. In anderen Verfassungen, wie der französischen, italienischen und portugiesischen, sind Mitwirkungsrechte der Arbeitnehmer bei der Verwaltung bzw. Leitung des Betriebes oder Unternehmens verankert[466]. Der Großteil der Verfassungen[467] aber beschränkt sich auf die Garantie der Berufswahl oder der Berufsausübungsfreiheit bzw. auf die Gewährleistung eines Rechts auf Arbeit. Damit geht die Bestimmung des Art. 27 GRC zwar inhaltlich deutlich über die nationalen Verfassungstraditionen hinaus, dies wird jedoch kompensiert durch den bereits erwähnten

---

[461] ABl. 1998 Nr. L 255, S. 16
[462] ABl. 1977 Nr. L 61, S. 26
[463] ABl. 1994 Nr. L 254, S. 64
[464] RL 2002/14/EG des Europäischen Parlaments und des Rates vom 11.3.2002, ABl. 2002 L 80/29
[465] Graser, ZIAS 2000, 336 (345)
[466] Präambel der Verfassung der französischen Republik vom 27.10.1946, Art. 46 der italienischen Verfassung, § 54 der portugiesischen Verfassung
[467] Mit Ausnahme der österreichischen Verfassung, die dieses Thema überhaupt nicht berührt und der irischen Verfassung, die sich auf allgemeine Leitsätze der Sozialpolitik beschränkt

Begrenzungsvorbehalt[468], wonach die Unterrichtung und Anhörung der Arbeitnehmer nur in den Fällen und unter den Voraussetzungen garantiert wird, die nach dem Gemeinschaftsrecht und den einzelstaatlichen Rechtsvorschriften und Gepflogenheiten vorgesehen sind. Für den Inhalt der Gewährleistung bleiben somit die Konkretisierungen auf der Ebene des nationalen Rechts und des Gemeinschaftsrechts maßgeblich.

cc) Wirkungsweise

Was die Wirkungsweise der Solidaritätsvorschriften angeht, ist ein Rückgriff auf die entsprechenden Rechte der Europäischen Sozialcharta bzw. der Gemeinschaftscharta der sozialen Grundrechte der Arbeitnehmer zum Zwecke einer entstehungsgeschichtlichen Auslegung wenig hilfreich, da beide Regelwerke generell keine Individualrechte, sondern nur Staatszielbestimmungen enthalten. Aufschlussreich ist dagegen der den Protokollen der Konventssitzungen zu entnehmende Kodifizierungsprozess. So war die Vorschrift des Art. 27 GRC in einem ersten Präsidiumsvorschlag[469] unter der Überschrift „Pflicht zur Unterrichtung und Aufklärung der Arbeitnehmer“ als subjektives Anspruchsrecht formuliert worden[470]. Im Rahmen der sich daran anschließenden Diskussion wurde die Problematik, ob es sich um ein subjektives Recht oder um einen an den Gesetzgeber gerichteten Grundsatz[471] handeln soll, ausführlich erörtert. Im ersten Gesamtentwurf der Charta[472] wählte man schließlich zur Betonung des Grundsatzcharakters der Vorschrift die Formulierung „muss gewährleistet sein“, die auch in der endgültigen Fassung beibehalten wurde. Die nichtamtliche Überschrift von Art. 27 GRC spricht dagegen nach wie vor von einem Recht auf Unterrichtung und Anhörung. So ist auch die Frage, ob der Bestimmung des Art. 27 GRC ein subjektives Recht zu entnehmen ist und ob dieses individuell[473]

---

468 Vgl. oben Punkt E, Ziff. III.4

469 Dokument CONVENT 18 vom 27.3.2000

470 Art. III des Entwurfs lautete: „Die Arbeitnehmer und ihre Vertreter haben Anspruch auf effektive Unterrichtung und Anhörung in den sie beschäftigenden Unternehmen, insbesondere im Rahmen der Verfahren bei Massenentlassungen und der Entscheidungen über die Arbeitsbedingungen und die Arbeitswelt.“

471 Es handelt sich um eine in den Konventsberatungen gängige Unterscheidung zwischen Rechten und Grundsätzen, die auch in der Vorschrift des Art. 51 Abs. 1 S. 2 GRC enthalten ist; unter Grundsätzen werden rechtliche Grundsatznormen verstanden, die die Sozial- und Wirtschaftspolitik leiten, die Behörden verpflichten und als Grundsätze der Sozial- und Wirtschaftsordnung die Grundlage für das positive Recht, die Rechtspraxis und die Handlungsweise der öffentlichen Gewalten bilden; ihre Anwendung setzt jedoch die Verabschiedung von Durchführungsmaßnahmen voraus, vgl. dazu Meyer/Borowsky, Kommentar, Art. 51, Rn. 33, 34.

472 Dokument CONVENT 45 vom 28.7.2000

473 Diese Auffassung vertritt im Ergebnis Meyer/Riedel, Kommentar, Art. 28, Rn. 29.

oder nur kollektiv[474] wahrgenommen werden kann, in der Literatur umstritten. Ein weiterer Auslegungsansatz geht dahin, der Vorschrift des Art. 27 GRC lediglich eine Verpflichtung der Arbeitgeber im Privatrechtsverkehr im Sinne einer Drittwirkung zu entnehmen. In diese Richtung weist die bereits oben erwähnte unpersönliche Formulierung des Art. 27 GRC, der keinen konkreten Grundrechtsadressaten benennt. Dagegen spricht aber die Tatsache, dass der Rechtsprechungsdogmatik der beiden europäischen Gerichtshöfe bislang keine Hinweise auf eine Drittwirkung von Grundrechtsbestimmungen zu entnehmen sind und auch im Verfassungsrecht der Mitgliedstaaten jedenfalls eine unmittelbare Drittwirkung nur ausnahmsweise dann angenommen wird, wenn sich dies aus der jeweiligen Verfassungsbestimmung selbst ausdrücklich ergibt. Auch aus den Konventsberatungen lassen sich keine Anhaltspunkte dafür entnehmen, dass primäres Ziel der Bestimmung eine Inpflichtnahme der Arbeitgeber sein sollte; vielmehr war man darum bemüht, durch geeignete Formulierungen klarzustellen, dass es sich um einen an den Gesetzgeber gerichteten Grundsatz handelt.

Im Ergebnis ist die Vorschrift daher als objektiv-rechtliche Schutzverpflichtung der Grundrechtsadressaten auszulegen, die insbesondere durch normative Vorkehrungen die Anhörung und Unterrichtung der Arbeitnehmer sicherzustellen und auf diese Weise die Rechte der Arbeitnehmer im Unternehmen zu wahren haben[475]. Ob diese objektive Schutzverpflichtung im Einzelfall auch ein korrespondierendes subjektives Schutzrecht nach sich ziehen kann, erscheint allerdings fraglich. Zwar ist Art. 27 GRC – wie erwähnt - mit dem Titel „Recht auf Unterrichtung und Anhörung" überschrieben, was eine subjektiv-rechtliche Dimension nahe legt; allerdings hatte der Konvent einen lediglich objektiv-rechtlich wirkenden Grundsatz im Auge. Es erscheint daher vorzugswürdig, der Vorschrift einen rein objektivrechtlichen Gehalt beizumessen, da dem erklärten Willen des Konvents insoweit ein höherer Stellenwert als der missverständlichen nichtamtlichen Überschrift zukommen dürfte.

---

[474] Vitorino, Revue du droit de l'Union européenne 2001, S. 54/55, unterscheidet zwischen kollektiven sozialen Rechten, für die er die Art. 27 und 28 GRC hält, von „droits sociaux de la nature individuelle" in den Art. 29 ff.; ebenso spricht Zachert, NZA 2001, 1041 ff. (1045) von kollektiven Arbeitnehmergrundrechten in Art. 27 und 28 GRC.

[475] Eine objektiv-rechtliche Schutzdimension hat bereits in der Rechtsprechung des EGMR sowie jüngst –zumindest ansatzweise- in der Rechtsprechung des EuGH Anerkennung gefunden, Calliess, ZUR 2000, 246 (249 ff.); Jaeckel, Schutzpflichten im deutschen und europäischen Recht, 2001, S. 212 ff.

b) Recht auf Kollektivverhandlungen und Kollektivmaßnahmen, Art. 28 GRC

> Die Arbeitnehmerinnen und Arbeitnehmer sowie die Arbeitgeberinnen und Arbeitgeber oder ihre jeweiligen Organisationen haben nach dem Gemeinschaftsrecht und den einzelstaatlichen Rechtsvorschriften und Gepflogenheiten das Recht, Tarifverträge auf den geeigneten Ebenen auszuhandeln und zu schließen sowie bei Interessenkonflikten kollektive Maßnahmen zur Verteidigung ihrer Interessen, einschließlich Streiks, zu ergreifen.

aa) Bezugsquellen und Inhalt

Art. 28 GRC, der sich an Art. 6 ESC und Nr. 12-14 der Gemeinschaftscharta der sozialen Grundrechte der Arbeitnehmer orientiert, gewährleistet das Recht auf Kollektivverhandlungen und Kollektivmaßnahmen nicht nur individuell für den einzelnen Arbeitnehmer und Arbeitgeber, sondern auch für deren jeweilige Organisationen. Bis auf eine beispielhafte Konkretisierung der möglichen Kollektivmaßnahmen durch die Erwähnung des Streiks handelt es sich auch hier um eine knapp formulierte Gewährleistung, während die entsprechenden Vorschriften in der ESC und der Gemeinschaftscharta insoweit detaillierte Ausführungen enthalten. Wenngleich die Vorschrift – ebenso wie die korrespondierenden Regelungen in Art. 6 Abs. 4 ESC und Nr. 13 der Gemeinschaftscharta - die Aussperrung als arbeitgeberseitiges Pendant zur Streikgarantie nicht ausdrücklich erwähnt, ist diese gleichwohl nach Wortlaut und Entstehungsgeschichte von der Gewährleistung des Art. 28 GRC mitumfasst.

Zu beachten ist aber, dass auch Art. 28 GRC den Vorbehalt des Gemeinschaftsrechts und der einzelstaatlichen Rechtsvorschriften und Gepflogenheiten enthält[476]. Ein ähnlicher Vorbehalt in Bezug auf einzelstaatliche Rechtsvorschriften und Gepflogenheiten ist auch Nr. 12 der Gemeinschaftscharta der sozialen Grundrechte der Arbeitnehmer zu entnehmen. Dieser Begrenzungsvorbehalt gewinnt in Art. 28 GRC angesichts des expliziten Ausschlusses des Koalitions-, Streik- und Aussperrungsrechts aus den Zuständigkeiten der Gemeinschaft durch Art. 137 Abs. 6 EGV besonderes Gewicht[477]. In Bezug auf das Streikrecht in den Mitgliedstaaten muss die Gemeinschaft daher die geltenden einzelstaatlichen Rechtsvorschriften anerkennen[478].

---

[476] Vgl. oben Punkt E, Ziff. III.4

[477] Eine Zuständigkeit besitzt die Gemeinschaft nur hinsichtlich ihrer eigenen Arbeitnehmer.

[478] So ist beispielsweise in Portugal die Aussperrung durch die Verfassung ausgeschlossen (vgl. Art. 57 Abs. 4 der portugiesischen Verfassung).

bb) Besitzstand in den Mitgliedstaaten

In etwa der Hälfte der Verfassungstexte der Mitgliedstaaten sind dem Art. 28 GRC vergleichbare Gewährleistungen enthalten; so verbürgen beispielsweise die französische, griechische und italienische Verfassung das Recht auf den Abschluss von Tarifverträgen wie auch das Recht auf Arbeitskampfmaßnahmen[479]. Allgemeiner formuliert ist insoweit die belgische Verfassung, die lediglich das Recht auf „kollektive Verhandlungen" enthält[480]. Die übrigen Verfassungstexte beschränken sich auf die Garantie eines Rechts auf Arbeit oder thematisieren lediglich die Berufswahl- bzw. Berufsausübungsfreiheit ausdrücklich, enthalten aber keine weitergehenden Rechte der Arbeit. Auch das deutsche Grundgesetz sieht insoweit keine explizite Garantie vor, vielmehr wird hier das Recht zum Arbeitskampf aus der in Art. 9 Abs. 3 Grundgesetz verankerten Koalitionsfreiheit abgeleitet[481].

cc) Wirkungsweise

Was die rechtliche Qualität der Regelung in Art. 28 GRC angeht, lässt sich aus den Protokollen der Konventssitzungen nur wenig entnehmen. Einen breiten Raum nahm vielmehr die Diskussion um die Konkretisierung des Begriffes der Kollektivmaßnahmen durch die ausdrückliche Nennung des Streikrechts ohne gleichzeitige Erwähnung der Aussperrung als Pendant auf Arbeitgeberseite ein. Dem Wortlaut wie auch der Überschrift nach handelt es sich um ein subjektives Recht, das aufgrund seines freiheitsrechtlichen Gehalts primär Abwehrrechte des Einzelnen oder der jeweiligen Organisation gegen Eingriffe durch die Union oder die Mitgliedstaaten nach sich zieht. In diesem Zusammenhang ist auch der enge Zusammenhang mit der in Art. 12 GRC gewährleisteten Koalitionsfreiheit als Gründungs- und Beitrittsfreiheit zu Gewerkschaften zu berücksichtigen, da Art. 28 GRC die spezifisch koalitionsmäßige Betätigung, nämlich das Aushandeln und den Abschluss von Tarifverträgen sowie die Ausübung des Streikrechts, schützt[482]. So ist auch Art. 28 GRC primär als kollektives Freiheitsrecht anzusehen[483]. Die Verortung des Art. 28 GRC in den Solidaritätsvorschriften anstatt innerhalb der Freiheitsgewährleistungen erscheint daher auf den

---

479 Vgl. die Präambel der französischen Verfassung, Art. 22, 23 der griechischen Verfassung und Art. 39, 40 der italienischen Verfassung

480 Art. 23 Nr. 1 der belgischen Verfassung

481 Pieroth/Schlink, Rn. 803

482 Im deutschen Grundgesetz wird die Tätigkeit der Koalitionen vom Schutzbereich der Koalitionsfreiheit mitumfasst, vgl. Jarass / Pieroth, Art. 9 GG, Rn. 27, 28a.

483 Meyer/Riedel, Kommentar, Art. 28 Rn. 20

ersten Blick etwas unsystematisch[484]. Allerdings kann die gewählte systematische Stellung auch darauf hindeuten, dass der Vorschrift ein über die abwehrrechtliche Funktion hinausgehender Gehalt zukommt. So sehen die entsprechenden Bestimmungen der ESC und der Gemeinschaftscharta bestimmte Maßnahmen vor, die die Beilegung von Arbeitsstreitigkeiten erleichtern sollen, wie die Einführung und Anwendung von Vermittlungs-, Schlichtungs- und Schiedsverfahren (Nr. 13 der Gemeinschaftscharta, Art. 6 Abs. 3 ESC) oder die Förderung von gemeinsamen Beratungen und Verfahren für freiwillige Verhandlungen zwischen Arbeitgeber- und Arbeitnehmerseite (Art. 6 Abs. 1, 2 ESC). Derartige Regelungen hat jedoch der Konvent offenbar bewusst der einfachgesetzlichen Ebene überlassen, um den Verfassungstext nicht mit unnötigen Detailregelungen zu überfrachten. Im Ergebnis erschöpft sich daher der Wirkungsgehalt der Vorschrift in einer objektiv-rechtlichen Respektierungsverpflichtung der Union und der Mitgliedstaaten sowie einem subjektiven Abwehrrecht der grundrechtsberechtigten Arbeitnehmer und Koalitionen.

c) Recht auf Zugang zu einem Arbeitsvermittlungsdienst, Art. 29 GRC

> Jede Person hat das Recht auf Zugang zu einem unentgeltlichen Arbeitsvermittlungsdienst.

aa) Bezugsquellen und Inhalt

Art. 29 GRC beruht nach den Erläuterungen des Sekretariats des Konventspräsidiums auf Art. 1 Abs. 3 ESC und Nr. 13 der Gemeinschaftscharta der sozialen Grundrechte der Arbeitnehmer, wobei letztere Vorschrift inhaltlich wenig dafür hergibt[485]. Während Art. 1 Abs. 3 ESC lediglich die Verpflichtung der Vertragsparteien enthält, unentgeltliche Arbeitsvermittlungsdienste für alle Arbeitnehmer einzurichten und aufrechtzuerhalten, gewährt Art. 29 GRC in Form eines „Jedermann-Rechts" das subjektive Recht auf Zugang zu einem unentgeltlichen Arbeitsvermittlungsdienst.

bb) Besitzstand in den Mitgliedstaaten

Ein Zugangsrecht zu einem unentgeltlichen Arbeitsvermittlungsdienst ist in keiner der nationalen Verfassungen ausdrücklich angeführt; damit stellt Art. 29 GRC ein verfassungsrechtliches Novum dar. Allerdings sind in acht Verfassungstexten Bestimmungen über das Recht auf Arbeit enthalten, die

---

[484] Im ersten Präsidiumsentwurf zum damaligen Art. IV (Dokument CONVENT 18 vom 27.3.2000) war das Recht auf Kollektivverhandlungen und Kollektivmaßnahmen noch mit dem Vereinigungsrecht zusammengefasst.

[485] Hier dürfte Nr. 6 der Gemeinschaftscharta gemeint sein: „Jeder muss die Dienste der Arbeitsämter unentgeltlich in Anspruch nehmen können."

teilweise zugleich Förderungsverpflichtungen oder eine Verpflichtung zur Sicherung der Vollbeschäftigung vorsehen[486]. So steht auch in der ESC die Verpflichtung zur Einrichtung und Aufrechterhaltung eines unentgeltlichen Arbeitsvermittlungsdienstes im Zusammenhang mit dem Recht auf Arbeit. Dies lässt den Schluss zu, dass in den Ländern, deren Verfassung ein ausdrückliches Recht auf Arbeit vorsieht, auch das Recht auf Zugang zu einem unentgeltlichen Arbeitsvermittlungsdienst inzidenter verfassungsrechtlich abgesichert ist.

cc) Wirkungsweise

Mit der Garantie des Zugangs zu einem unentgeltlichen Arbeitsvermittlungsdienst stellt Art. 29 GRC ein Recht zur Erleichterung des Eintritts in die Erwerbstätigkeit dar, sichert also die tatsächlichen Voraussetzungen für die Ausübung des in Art. 15 GRC verbürgten Rechts zu arbeiten. Aufgrund des engen Zusammenhangs der beiden Gewährleistungen war das Recht auf Zugang zu einem unentgeltlichen Arbeitsvermittlungsdienst zunächst auch in einem Artikel mit der Berufsfreiheit und dem stark umstrittenen Recht auf Arbeit, das in einer Minimalfassung Eingang in die Charta finden sollte, enthalten[487]. Letztlich wurde jedoch das Recht „auf Arbeit“ in ein Recht „zu arbeiten“ umformuliert und zusammen mit der Berufsfreiheit dem Kapitel der Freiheiten zugeschlagen[488]. Man könnte auch sagen, dass das Recht auf Zugang zu einem unentgeltlichen Arbeitsvermittlungsdienst quasi vom Recht auf Arbeit übrig blieb.

In Anbetracht des engen Bezugs zur Berufsfreiheit lässt sich auch der Bestimmung des Art. 29 GRC jedenfalls ein subjektives Abwehrrecht und eine korrespondierende Respektierungsverpflichtung entnehmen. Die Union darf also keine Maßnahmen ergreifen, welche die von den Mitgliedstaaten geschaffenen unentgeltlichen Arbeitsvermittlungsdienste gefährden könnten bzw. auf deren Abschaffung zielen; die Einrichtung der Arbeitsvermittlung ist also in objektivrechtlicher Hinsicht garantiert. Zu fragen ist jedoch, inwieweit Art. 29 GRC auch eine schutzrechtliche oder sogar eine leistungsrechtliche Dimension im Sinne der Schaffung und tatsächlichen Zurverfügungstellung von Arbeitsvermittlungsdiensten durch den Staat aufweist.

---

[486] Art. 23 Nr. 1 der belgischen Verfassung, § 75 der dänischen Verfassung, Art. 22 Abs. 1 der griechischen Verfassung, Art. 4 der italienischen Verfassung, Art. 11 S. 2 der luxemburgischen Verfassung, Art. 58 Abs. 1 und 2 der portugiesischen Verfassung, Art. 2 S. 3 der schwedischen Verfassung, Art. 35 Abs. 1 der spanischen Verfassung

[487] Vgl. die Fassung im Dokument CONVENT 40 vom 23. Juni 2000: „(1) Jede Person hat das Recht auf Arbeit, auf freie Wahl ihrer Arbeit und auf den Schutz ihres Arbeitsplatzes. (2) Jede Person hat insbesondere das Recht, ihren Beruf oder eine gewerbliche Tätigkeit auszuüben, und das Recht auf Zugang zu einem unentgeltlichen Arbeitsvermittlungsdienst.“

[488] Meyer/Riedel, Kommentar, Art. 29, Rn. 5

Wie oben bereits ausgeführt wurde[489], spricht jedoch der Wortlaut, insbesondere infolge der Beschränkung des Rechts auf den Zugang, eher für eine Schutzverpflichtung. Denn die Gewährung eines Zugangsrechts setzt einen vorhandenen Bestand an Arbeitsvermittlungsdiensten voraus. Sofern also keine Arbeitsvermittlungsdienste existieren – was in den Mitgliedstaaten der Union ohnehin kaum vorstellbar erscheint – geht die Gewährleistung des Art. 29 GRC ins Leere, da der Vorschrift keine positive Verpflichtung zur Schaffung von Arbeitsvermittlungsdiensten zu entnehmen ist. Gleichwohl enthält Art. 29 GRC insoweit auch eine leistungsrechtliche Komponente, als die Zurverfügungstellung der vorhandenen Arbeitsvermittlungsdienste unentgeltlich zu erfolgen hat.

Im Ergebnis berührt Art. 29 GRC damit sämtliche Ebenen des Europäischen Drei-Ebenen-Modells: die dem Art. 29 GRC zu entnehmende Respektierungsverpflichtung verbietet den Mitgliedstaaten und der Union, den Zugang zu Arbeitsvermittlungsdiensten zu versagen; darüber hinaus sind die Mitgliedstaaten auf der Ebene des „protect" verpflichtet, durch positive Handlungen den diskriminierungsfreien Zugang zu ihnen zu sichern, und schließlich verlangt die Ebene des „fulfil", die Leistungen der Arbeitsvermittlung unentgeltlich zur Verfügung zu stellen.

d) Schutz bei ungerechtfertigter Entlassung, Art. 30 GRC

> Jede Arbeitnehmerin und jeder Arbeitnehmer hat nach dem Gemeinschaftsrecht und den einzelstaatlichen Rechtsvorschriften und Gepflogenheiten Anspruch auf Schutz vor ungerechtfertigter Entlassung.

aa) Bezugsquellen und Inhalt

Art. 30 GRC widmet sich nach dem Vorbild von Art. 24 der Revidierten Sozialcharta (RESC) dem Schutz der Arbeitnehmer bei ungerechtfertigter Entlassung. Bei Art. 24 RESC handelt es sich jedoch um eine Gewährleistung, die in der ESC von 1966 noch nicht enthalten war und damit noch keine volle Wirksamkeit im Recht der EU besitzt[490]. Als konkrete Einzelausformungen des Rechts auf Schutz bei Kündigung benennt Art. 24 RESC das Recht der Arbeitnehmer, nicht ohne einen triftigen Grund gekündigt zu werden, ferner das Recht auf Entschädigung bei Kündigung ohne triftigen Grund und schließlich das Recht auf Anfechtung jeder Kündigung. Hinsichtlich des personellen und sachlichen Schutzumfanges finden sich weitere Spezifizierungen im Annex zu Art. 24 RESC, der gemäß Art. N des Teils VI der RESC einen integralen Bestandteil der revidierten Sozialcharta bildet und auch bei der Auslegung des Art. 30 GRC herangezogen werden kann.

---

[489] Vgl. oben Punkt E, Ziff. III
[490] Vgl. oben Teil 3, Punkt B, Ziff. III.1

Die endgültige Fassung des Art. 30 GRC enthält – im Gegensatz zu Vorentwürfen, die praktisch den Wortlaut des Art. 24 RESC übernahmen[491] – keine Entschädigungs- oder Wiedergutmachungsansprüche bei unbegründeter Entlassung; diese begrüßenswerte, für Verfassungstexte typische Beschränkung auf eine Elementargewährleistung führte jedoch im Laufe der Konventsberatungen zur Forderung einer völligen Streichung des Artikels, zumal die Mitgliedstaaten einen besseren Schutzstandard gewährleisteten[492]. Letztlich konnte sich diese Forderung jedoch zu Recht nicht durchsetzen, da die Konventsarbeiten ja gerade das Ziel verfolgten, einen verfassungsrechtlichen Mindestschutz auf sozialem Gebiet zu verankern, der im Gegensatz zu den überwiegend einfachgesetzlichen Regelungen in den Mitgliedstaaten nicht den sich wandelnden Mehrheitsverhältnissen im Parlament unterworfen ist. Schließlich wurde dem endgültigen Text noch der als „Refrain" bezeichnete Beschränkungsvorbehalt hinzugefügt[493]. Insbesondere hinsichtlich der Rechtsfolgen bei ungerechtfertigter Kündigung ist damit das einzelstaatliche Arbeitsrecht bzw. das Sekundärrecht der Gemeinschaft – vor allem die Richtlinien 77/187/EWG[494] (Wahrung von Ansprüchen der Arbeitnehmer beim Übergang von Unternehmen) sowie 80/987/EWG[495] (Schutz der Arbeitnehmer bei Zahlungsunfähigkeit des Arbeitgebers) - maßgeblich.

bb) Besitzstand in den Mitgliedstaaten

Die ausdrückliche Gewährleistung des Schutzes vor ungerechtfertigter Entlassung entspricht keiner gemeinsamen Verfassungstradition der EU-Mitgliedstaaten, sondern ist lediglich in der umfangreichen portugiesischen Verfassung enthalten[496]. Abgesehen von einfachgesetzlichem Rechtsschutz gegen ungerechtfertigte Entlassungen, der in allen Mitgliedstaaten existiert, räumen einige Staaten auch ein verfassungsrechtliches Recht auf Arbeit oder einen Anspruch auf gewisse Rahmenbedingungen bei der Arbeit ein, wozu auch der Schutz vor ungerechtfertigter Entlassung zählen kann. Am deutlichsten kommt dies in der finnischen Verfassung zum Ausdruck, die in § 18 festlegt, dass keine Entlassung ohne gesetzliche Grundlage möglich ist, was nach dem Normzweck auch den Schutz bei ungerechtfertigter Entlassung erfasst. Das Verfassungsrecht anderer Mitgliedstaaten - wie z.B. das in Deutschland, Frankreich, Österreich oder

[491] Dokument CONVENT 18 vom 27.3.2000
[492] 14. Sitzung, Bernsdorff/Borowsky, Protokolle, S. 326
[493] Vgl. oben Punkt E, Ziff. III.4
[494] ABl. 1977 Nr. L 61, S. 26
[495] ABl. 1980 Nr. L 283, S. 23
[496] Nach Art. 53 der portugiesischen Verfassung werden Entlassungen ohne rechtfertigenden Grund ausdrücklich für unzulässig erklärt.

Großbritannien - enthält dagegen bezüglich des Arbeitens an sich – und damit auch bezüglich der Art und Weise, entlassen zu werden – keinerlei Verbürgung.

cc) Wirkungsweise

Bereits dem Wortlaut des Art. 30 GRC ist eindeutig zu entnehmen, dass der Wirkungsgehalt der Vorschrift auf der Ebene des „protect" zu suchen ist, also eine objektiv-rechtliche Schutzverpflichtung der Union und der Mitgliedstaaten sowie möglicherweise auch ein subjektiver Schutzanspruch des einzelnen Arbeitnehmers bei ungerechtfertigter Entlassung inmitten steht. Nachdem aber die Inhalte des Entlassungsschutzes in Art. 30 GRC nicht näher bestimmt, also konkretisierungsbedürftig sind und die Bestimmung insoweit auf das Gemeinschaftsrecht und die einzelstaatlichen Rechtsvorschriften und Gepflogenheiten verweist, kann es sich gleichzeitig nur um eine Minimalgarantie in dem Sinne handeln, dass die Grundrechtsadressaten objektiv-rechtlich dazu verpflichtet sind, überhaupt Schutz gegen ungerechtfertigte Entlassungen durch normative Regelungen zu gewähren. Ein Schutzanspruch kann damit im Anwendungsbereich der Charta aufgrund von Art. 30 GRC nur dann geltend gemacht werden, wenn der einzelne Arbeitnehmer einer Entlassung aus dem Beschäftigungsverhältnis völlig schutzlos ausgeliefert ist und nicht etwa dann, wenn statt eines Entschädigungsanspruches lediglich ein Wiedereinstellungsanspruch im Falle einer ungerechtfertigten Entlassung auf einfachgesetzlicher Ebene vorgesehen ist. Zudem verbietet die Vorschrift auf der Ebene des „respect" eine ersatzlose Streichung des gesetzlichen Kündigungsschutzes, so dass ihr auch die Funktion einer objektiv-rechtlichen Einrichtungsgarantie zukommt.

e) Gerechte und angemessene Arbeitsbedingungen, Art. 31 GRC

> (1) Jede Arbeitnehmerin und jeder Arbeitnehmer hat das Recht auf gesunde, sichere und würdige Arbeitsbedingungen.
>
> (2) Jede Arbeitnehmerin und jeder Arbeitnehmer hat das Recht auf eine Begrenzung der Höchstarbeitszeit, auf tägliche und wöchentliche Ruhezeiten sowie auf bezahlten Jahresurlaub.

aa) Bezugsquellen und Inhalt

Art. 31 GRC enthält in seinem ersten Absatz eine allgemein gehaltene, generalklauselartige Gewährleistung von gesunden, sicheren und würdigen Arbeitsbedingungen im Sinne einer Festlegung von sozialen Grundrechtsstandards im Arbeitsleben, die in Absatz 2 durch bestimmte einzelne Rechte ergänzt wird.

Die Grundlagen für diese Regelung sind vielfältig. Sie beruht auf Art. 3 ESC und Nr. 19 der Gemeinschaftscharta der Arbeitnehmerrechte, soweit es um gesunde und sichere Arbeitsbedingungen geht; in Bezug auf das Recht auf Würde am Arbeitsplatz stützt sich Art. 31 GRC auf Art. 26 der Revidierten Sozialcharta. Vorbild für Abs. 2 des Art. 31 GRC sind Art. 2 ESC und Nr. 8 der Gemeinschaftscharta der Arbeitnehmerrechte, wobei jedoch die flexiblere Formulierung der Gemeinschaftscharta in die Grundrechtscharta Eingang gefunden hat. Auch Art. 140 EGV, der der Gemeinschaft eine Rahmenkompetenz zur Förderung der Zusammenarbeit zwischen den Mitgliedstaaten in allen Bereichen des Kapitels über die Sozialpolitik verleiht und in diesem Zusammenhang auch den Begriff der Arbeitsbedingungen erwähnt, kann zur Auslegung herangezogen werden. Schließlich verweisen die Erläuterungen des Präsidiums zu Art. 31 GRC noch auf die Richtlinien 89/391/EWG[497] über die Durchführung von Maßnahmen zur Verbesserung der Sicherheit und des Gesundheitsschutzes der Arbeitnehmer am Arbeitsplatz und 93/104/EG[498] über bestimmte Aspekte der Arbeitszeitgestaltung.

Der Begriff der Arbeitsbedingungen in Art. 31 GRC umfasst nicht das ganze Arbeitsrecht, sondern bezieht sich in erster Linie auf die Rechte und Pflichten der Arbeitnehmer und Arbeitgeber aus dem Individualarbeitsvertrag[499]. Dies ergibt sich zum einen aus der Nennung der Arbeitsbedingungen neben dem Begriff des Arbeitsrechts in Art. 140 Abs. 1 EGV und der Kompetenzbeschränkung in Art. 137 Abs. 6 EGV, wonach die Bereiche des Arbeitsentgelts sowie des Koalitions-, Streik- und Aussperrungsrechts von den Zuständigkeiten der Gemeinschaft ausdrücklich ausgenommen sind. Dennoch gab es zahlreiche Versuche im Konvent, ein Recht auf einen gerechten, fairen und angemessenen Lohn oder auf „gleiches Entgelt für gleiche Arbeit" in der Charta zu verankern[500], was letztlich in der Endfassung aber unterblieb.

bb) Besitzstand in den Mitgliedstaaten

Wie oben bereits dargestellt, verbürgen die Verfassungstexte der Mitgliedstaaten teilweise ein Recht auf Arbeit, teilweise enthalten sie aber auch Bestimmungen hinsichtlich der Arbeitsbedingungen, wie die Verfassungen von Luxemburg, Spanien, Italien und Portugal[501]. Von einer gefestigten, einheit-

---

[497] ABl. 1989 Nr. L 183, S. 1

[498] ABl. 1993 Nr. L 307, S. 18

[499] Meyer/Riedel, Kommentar, Art. 31, Rn. 1

[500] Meyer/Riedel, Kommentar, Art. 31, Rn. 6; die Fassung von Art. 31 (damals Art. V) in Dokument CONVENT 18 vom 27.3.2000 lautete: „Das Recht auf gleiches Entgelt für gleiche Arbeit wird jedem Arbeitnehmer gewährleistet."

[501] Art. 11 Abs. 3 der Verfassung von Luxemburg, Art. 40 Abs. 2 der Verfassung von

lichen Verfassungstradition kann jedoch insoweit nicht gesprochen werden[502].

cc) Wirkungsweise

Die in Abs. 1 enthaltene Gewährleistung würdiger Arbeitsbedingungen hat die Ermöglichung der Selbstverwirklichung der Arbeitnehmer am Arbeitsplatz zum Ziel. In den Diskussionen um diese Gewährleistung wurde ausgeführt, dass es dabei u.a. um Fragen wie der sexuellen Belästigung am Arbeitsplatz und den Schutz der Intimsphäre am Arbeitsplatz gehe[503]. Der Menschenwürdegehalt dieser Vorschrift[504] legt somit einen starken subjektiven Rechtsgehalt nahe. Gleiches gilt für die Garantie von gesunden und sicheren Arbeitsbedingungen, bei der es um die Verhütung von berufsbedingten Gefahren sowie die Ausschaltung von Risiko- und Unfallfaktoren[505] und damit um den Schutz von Leben und Gesundheit der Arbeitnehmer geht.

Abs. 2 war in den Entwürfen[506] zunächst als Anspruch formuliert, wurde schließlich aber auf einen Kompromissvorschlag des Präsidiums[507] hin in ein Recht umgestaltet; denn auch insoweit sollte ein soziales Minimum festgeschrieben werden. Die einzelnen Begriffsbestimmungen in Art. 31 Abs. 2 GRC unterliegen allerdings den jeweiligen nationalen Rechtsordnungen, so dass der konkrete Inhalt des Rechts in den einzelnen Mitgliedstaaten stark differieren kann. Die Richtlinie 93/104/EG zeichnet insoweit zwar einen sehr detaillierten Standard vor, ihr Anwendungsbereich ist jedoch aufgrund der in Art. 17 der Richtlinie enthaltenen zahlreichen Ausnahmetatbestände äußerst eingeschränkt, so dass erheblicher Spielraum für mitgliedstaatliche Regelungen verbleibt.

Der Bestimmung des Art. 31 GRC lässt sich somit primär eine objektivrechtliche Schutzverpflichtung der Grundrechtsadressaten für Leben, Gesundheit und Würde der Arbeitnehmer am Arbeitsplatz entnehmen, die insbesondere gesetzgeberische Maßnahmen auf dem Gebiet der Arbeitsbedingungen erfordert. Sofern derartige Regelungen noch nicht existieren,

---

Spanien, Art. 36 der Verfassung von Italien und Art. 59 Abs. 1 der Verfassung von Portugal

[502] Meyer/Riedel, Kommentar, Art. 31, Rn. 4

[503] Bernsdorff/Borowsky, Protokolle, S. 217

[504] Noch eindeutiger war in Dokument CONVENT 39 vom 16.Juni formuliert: „Jeder Arbeitnehmer hat Anspruch auf gesunde und sichere Arbeitsbedingungen und auf den Schutz seiner Würde am Arbeitsplatz."

[505] Vgl. Art. 1 RL 89/391/EWG

[506] Dokument CONVENT 18 vom 27.3.2000 und Dokument CONVENT 34 vom 16.5.2000 („Jeder Arbeitnehmer hat Anspruch auf eine Begrenzung der Höchstarbeitszeit, auf tägliche und wöchentliche Ruhezeiten sowie auf bezahlten Jahresurlaub.")

[507] Dokument CONVENT 40 vom 23.6.2000

ergibt sich aus Art. 31 GRC ein Gesetzgebungsauftrag, wobei jedoch hinsichtlich des „wie", also der Konkretisierung der Arbeitsbedingungen im Einzelnen, ein Gestaltungsspielraum besteht. Soweit sich die Charta an die Mitgliedstaaten als Adressaten wendet, ist zu beachten, dass diese zum Erlass entsprechender Maßnahmen bei Anwendung ihres eigenen Rechts nicht verpflichtet sind, da für sie die Charta gem. Art. 51 Abs. 1 GRC nur gilt, soweit sie Gemeinschaftsrecht durchführen. Die Gemeinschaft kann ihrerseits nur bei bestehenden Kompetenzen und unter dem Vorbehalt des Subsidiaritätsprinzips tätig werden.

Mit der objektiv-rechtlichen Schutzverpflichtung kann zudem im Kernbereich des Rechts auch ein subjektiv-rechtlicher Schutzanspruch des einzelnen Grundrechtsträgers korrespondieren. Denn je mehr es sich um existentielle Bedürfnisse des einzelnen Arbeitnehmers handelt und damit die elementaren Werte der Würde des Menschen bzw. des Lebens oder der Gesundheit – also im Sinne von *Alexy* definitive subjektive Positionen - tangiert sind, verdichtet sich der Wirkungsgehalt der Vorschrift hin zu einer subjektiv-rechtlichen Dimension. Dies wird bestätigt durch die Überlegung, dass Art. 31 GRC im Kern der Sicherung der faktischen Voraussetzungen für die Freiheit „zu arbeiten" dient, dass also diese Freiheit leer laufen würde, wenn beispielsweise infolge schlechter Arbeitsbedingungen dauerhafte gesundheitliche Schäden beim einzelnen Arbeitnehmer eintreten würden.

f) Verbot der Kinderarbeit und Schutz der Jugendlichen am Arbeitsplatz, Art. 32 GRC

> Kinderarbeit ist verboten. Unbeschadet günstigerer Vorschriften für Jugendliche und abgesehen von begrenzten Ausnahmen darf das Mindestalter für den Eintritt in das Arbeitsleben das Alter, in dem die Schulpflicht endet, nicht unterschreiten.
>
> Zur Arbeit zugelassene Jugendliche müssen ihrem Alter angepasste Arbeitsbedingungen erhalten und vor wirtschaftlicher Ausbeutung und vor jeder Arbeit geschützt werden, die ihre Sicherheit, ihre Gesundheit, ihre körperliche, geistige, sittliche oder soziale Entwicklung beeinträchtigen oder ihre Erziehung gefährden könnte.

aa) Bezugsquellen und Inhalt

In Art. 32 GRC sind Schutzvorschriften für Kinder und Jugendliche im Bereich der Beschäftigung verankert, wobei zunächst allgemein ein Verbot der Kinderarbeit formuliert wird und anschließend einzelne spezifische Schutzbestimmungen für Jugendliche angefügt werden, die letztlich Konkretisierungen des in Art. 24 Abs. 1 GRC enthaltenen Schutzanspruches von Kindern darstellen. Inhaltlich stützt sich die Vorschrift auf Art. 7 ESC, auf die

Richtlinie 94/33/EG[508] über den Jugendarbeitsschutz sowie auf die Nummern 20 bis 23 der Gemeinschaftscharta der sozialen Grundrechte der Arbeitnehmer. Die zahlreichen in der Vorschrift enthaltenen unbestimmten Rechtsbegriffe sind Gegenstand detaillierter Regelungen der Richtlinie 94/33/EG. Im Wortlaut der Charta sind gewissermaßen nur Oberbegriffe für diese Detailvorschriften enthalten, die insbesondere anhand der Gemeinschaftsrichtlinie ausgefüllt werden können[509]. Die Formulierung „unbeschadet günstigerer Vorschriften für Jugendliche und abgesehen von begrenzten Ausnahmen" eröffnet den Mitgliedstaaten jedoch die Möglichkeit, nationale Regelungen zur Verschärfung oder zur teilweisen Lockerung des Jugendschutzes aufrecht zu erhalten bzw. zu erlassen.

bb) Besitzstand in den Mitgliedstaaten

In den Verfassungen der Mitgliedstaaten finden sich so gut wie keine spezifischen Bestimmungen zur Kinderarbeit und zum Schutz von Jugendlichen am Arbeitsplatz. Lediglich die Verfassungen von Irland, Italien und Portugal enthalten eher allgemein und vage gehaltene Bestimmungen, die den Schutz der Minderjährigen am Arbeitsplatz aufgreifen[510]. In den übrigen Mitgliedstaaten existieren zu diesen Fragen einfachgesetzliche Regelungen.

cc) Wirkungsweise

In Art. 32 GRC sind unzweifelhaft vor allem Schutzpflichten der Mitgliedstaaten der EU verankert[511]. Dies ergibt sich insbesondere aus der sprachlichen Gestaltung in der Form von allgemeinen Verboten oder positiven Verhaltensanweisungen wie auch aus den zugrunde liegenden Rechtsquellen. So benennt Art. 4 Abs. 1 der RL 94/33/EG ausdrücklich eine Schutzpflicht der Mitgliedstaaten, für ein Verbot der Kinderarbeit zu sorgen und bestimmt in Art. 7, dass die Mitgliedstaaten Sorge für den Schutz von jungen Menschen vor spezifischen Gefahren zu tragen haben. In gleicher Weise verlangt Art. 7 Abs. 8 – 10 ESC besondere Schutzregelungen von den Mitgliedstaaten. Die Gesamtkonstruktion des Artikels bringt somit in Verbindung mit den Verweisen auf die Rechtsquellen den Willen des Konvents zum Ausdruck, nicht primär ein subjektives Recht einzuräumen, sondern in erster Linie den Mitgliedstaaten – im Anwendungsbereich der Charta - Schutzpflichten aufzuerlegen, zumal der Gemeinschaft in diesem

---

508 ABl. 1994 Nr. L 216, S. 12

509 Meyer/Riedel, Kommentar, Art. 32, Rn. 2

510 Art. 45 Abs. 4 S.2 der irischen Verfassung, Art. 37 der italienischen Verfassung, Art. 59 Abs. 2 lit. c der portugiesischen Verfassung; Meyer/Riedel, Kommentar, Art. 32, Rn. 2

511 So auch Streinz, Kommentar, Art. 32, Rn. 4

Bereich umfassende Kompetenzen fehlen. Lediglich das in Satz 1 formulierte Verbot der Kinderarbeit enthält auch eine subjektive abwehrrechtliche Dimension.

g) Familien- und Berufsleben, Art. 33 GRC

> (1) Der rechtliche, wirtschaftliche und soziale Schutz der Familie wird gewährleistet.
>
> (2) Um Familien- und Berufsleben miteinander in Einklang bringen zu können, hat jede Person das Recht auf Schutz vor Entlassung aus einem mit der Mutterschaft zusammenhängenden Grund sowie den Anspruch auf einen bezahlten Mutterschaftsurlaub und auf einen Elternurlaub nach der Geburt oder Adoption eines Kindes.

aa) Bezugsquellen und Inhalt

Art. 33 Abs. 1 GRC thematisiert in allgemeiner Form den rechtlichen, wirtschaftlichen und sozialen Schutz der Familie, während Art. 33 Abs. 2 GRC verschiedene Ausformungen dieses Schutzes im Hinblick auf die Vereinbarkeit von Familien- und Berufsleben enthält; so werden das Recht auf besonderen Entlassungsschutz und der Anspruch auf Mutterschafts- und Elternurlaub garantiert. Dabei liegt der Bestimmung des Abs. 2 ein modernes Familienbild zugrunde, denn aufgrund der Erweiterung des persönlichen Anwendungsbereichs auf „jede Person“ und der nur indirekten Bezugnahme auf die Mutterschaft genießt auch ein männliches Elternteil besonderen Entlassungsschutz und kann Anspruch auf einen Elternurlaub geltend machen[512].

Art. 33 Abs. 1 GRC stützt sich auf Art. 16 ESC, der mit einer beinahe wortgleichen Formulierung[513] die Vertragsparteien zur Förderung des wirtschaftlichen, gesetzlichen und sozialen Schutzes des Familienlebens verpflichtet und zugleich einen Teil der insoweit in Betracht kommenden Förderungsmöglichkeiten, wie z.B. Sozial- und Familienleistungen sowie steuerliche Maßnahmen, aufzählt. Diese Förderungsmöglichkeiten wurden jedoch in Art. 33 Abs. 1 GRC bewusst nicht aufgenommen.

Art. 33 Abs. 2 GRC basiert nach den Erläuterungen des Sekretariats des Konventspräsidiums auf Art. 8 ESC und Art. 27 der Revidierten ESC und

---

[512] Eine Gleichstellung von Alleinerziehenden mit den Familien ist allerdings nicht möglich; zwar bezieht der Annex zu Art. 16 RESC Alleinerziehende in den Schutzbereich mit ein, die RESC wurde jedoch bislang erst von 6 EU-Mitgliedstaaten ratifiziert, vgl. Teil 3, Punkt B, Ziff. III.1.

[513] Eine vergleichbare Formulierung enthält auch Art. 7 der Erklärung der Grundrechte und Grundfreiheiten des Europäischen Parlaments vom 12.4.1989: „Die Familie genießt rechtlichen, wirtschaftlichen und sozialen Schutz.“

lehnt sich zudem an die Richtlinien 92/85/EWG[514] zur Verbesserung der Sicherheit und des Gesundheitsschutzes von schwangeren Arbeitnehmerinnen, Wöchnerinnen und stillenden Arbeitnehmerinnen am Arbeitsplatz sowie 96/34/EG[515] zur Rahmenvereinbarung über Elternurlaub an.

In den ersten Konventsentwürfen waren die in Art. 33 GRC enthaltenen Regelungsmaterien zunächst in zwei getrennten Artikeln niedergelegt, wobei der Schutz der Familie zunächst – wohl aufgrund des engen Zusammenhangs mit dem in Art. 9 GRC garantierten Recht, eine Ehe einzugehen und eine Familie zu gründen – im Kontext der Freiheitsrechte diskutiert und erst später in den Abschnitt Solidarität verlagert wurde. So nahm auch der erste Präsidiumsvorschlag[516] noch auf Art. 12 EMRK, der das Recht auf Eheschließung verbürgt, Bezug. Neben der Forderung der ersatzlosen Streichung der Vorschrift wurden im Rahmen der Konventsberatungen zahlreiche Erweiterungsvorschläge zu Art. 33 GRC eingebracht. So befürwortete der deutsche Konventsvertreter *Meyer* in Anlehnung an die Institutsgarantie von Ehe und Familie in Art. 6 Abs. 1 des deutschen Grundgesetzes eine Einbeziehung der Ehen in den Schutz von Art. 33 Abs. 1 GRC. Im Bereich des Art. 33 Abs. 2 GRC gingen die Erweiterungsbestrebungen bis hin zur Forderung der Aufnahme eines Anspruches auf einen Kindergartenplatz.

bb) Besitzstand in den Mitgliedstaaten

In den nationalen Verfassungstexten finden sich einige Parallelen zu Art. 33 Abs. 1 GRC, insgesamt handelt es sich jedoch um sehr unterschiedliche Regelungen. In etwa der Hälfte der Verfassungen, insbesondere in denen der katholisch dominierten südeuropäischen Staaten, ist der allgemeine Schutz der Familie in ähnlicher Form wie in Art. 33 Abs. 1 GRC verankert; Art. 39 Abs. 1 der spanischen Verfassung enthält eine nahezu wortgleiche Bestimmung. In laizistisch oder protestantisch geprägten Staaten wie Frankreich, den Niederlanden oder Dänemark besitzt der Schutz der Familie dagegen keinen Verfassungsrang.

Die in Art. 33 Abs. 2 GRC enthaltenen Konkretisierungen zur Vereinbarkeit von Familien- und Berufsleben sind dagegen nur ansatzweise – insbesondere mit einer Beschränkung auf Mütter - in den Verfassungen von Italien und Irland vorgesehen[517]. In eher allgemeiner Form postuliert die portugiesische Verfassung in Art. 68 Abs. 3 die Sicherstellung des Schutzes der Frauenarbeit während der Schwangerschaft und nach der Entbin-

---

514 ABl. 1992 Nr. L 348, S. 1

515 ABl. 1996 Nr. L 145, S. 4

516 Dokument CONVENT 5 vom 15.2.2000: „Die Union trägt Sorge für den rechtlichen, wirtschaftlichen und sozialen Schutz der Familie."

517 Art. 37 der Verfassung von Italien, Art. 41 Abs. 2 Nr. 2 der Verfassung von Irland

dung. Neben einer allgemeinen Schutzgewährleistung für Ehe und Familie in Art. 6 Abs. 1 verleiht schließlich Art. 6 Abs. 4 des deutschen Grundgesetzes der Mutter einen Anspruch auf Schutz und Fürsorge durch die Gemeinschaft.

cc) Wirkungsweise

Die in allgemeiner Form dem Schutz der Familie gewidmete Vorschrift des Art. 33 Abs. 1 GRC wirkt – wie sich bereits dem Wortlaut entnehmen lässt - primär in objektiv-rechtlicher Hinsicht als Respektierungs- und Schutzverpflichtung; damit untersagt sie zum einen hoheitliche Maßnahmen, die einen Eingriff in die rechtlichen, wirtschaftlichen und sozialen Grundlagen der Familie darstellen und verpflichtet zugleich die Grundrechtsadressaten im Anwendungsbereich der Charta zu normativen Schutzregelungen, die die Grundlagen der Familie auch vor Eingriffen von dritter Seite schützen. Auf eine Aufnahme von positiven Förderungsmaßnahmen wurde dagegen vom Konvent bewusst verzichtet, so dass der Bestimmung eine leistungsrechtliche Komponente nicht zugeschrieben werden kann. In subjektiv-rechtlicher Hinsicht ist Art. 33 Abs. 1 GRC - infolge der Verwendung des Begriffs „gewährleistet" – ein Abwehrrecht für den Fall von hoheitlichen Eingriffen in das Familienleben zu entnehmen.

In Bezug auf den in Art. 33 Abs. 2 GRC verankerten Schutz vor Entlassung aus einem mit der Mutterschaft zusammenhängenden Grund kann auf die Ausführungen zu Art. 30 GRC Bezug genommen werden, da es sich hierbei um eine spezielle Ausformung des in Art. 30 GRC in allgemeiner Form gewährleisteten Entlassungsschutzes handelt. Soweit die Vorschrift darüber hinaus einen Anspruch auf bezahlten Mutterschaftsurlaub und Elternurlaub vorsieht, dient auch diese Gewährleistung aufgrund der finalen Verknüpfung mit dem Familienleben („Um Familien- und Berufsleben miteinander in Einklang bringen zu können...") zunächst dem Schutz der Familie, so dass der Vorschrift jedenfalls eine objektive Schutzverpflichtung zu entnehmen ist. Zugleich klingt aber infolge der Verwendung des Begriffes „Anspruch" ein subjektiv-rechtlicher Leistungsgehalt an, ohne dass die Vorschrift insoweit konkrete Leistungsinhalte vorsieht. Vielmehr ergeben sich die Modalitäten des bezahlten Mutterschaftsurlaubs aus der Richtlinie 92/85/EG, während hinsichtlich des Elternurlaubs in den Erläuterungen des Sekretariats auf die Rahmenrichtlinie 96/34/EG Bezug genommen wird, mit der Folge, dass hier ein erheblicher einzelstaatlicher Gestaltungsspielraum verbleibt.

2. Garantien der sozialen Sicherheit und sozialen Unterstützung in Art. 34 GRC

(1) Die Union anerkennt und achtet das Recht auf Zugang zu den Leistungen der sozialen Sicherheit und zu den sozialen Diensten, die in solchen Fällen wie Mutterschaft, Krankheit, Arbeitsunfall, Pflegebedürftigkeit oder im Alter sowie bei Verlust des Arbeitsplatzes Schutz gewährleisten, nach Maßgabe des Gemeinschaftsrechts und der einzelstaatlichen Rechtsvorschriften und Gepflogenheiten.

(2) Jede Person, die in der Union ihren rechtmäßigen Wohnsitz hat und ihren Aufenthalt rechtmäßig wechselt, hat Anspruch auf die Leistungen der sozialen Sicherheit und die sozialen Vergünstigungen nach dem Gemeinschaftsrecht und den einzelstaatlichen Rechtsvorschriften und Gepflogenheiten.

(3) Um die soziale Ausgrenzung und die Armut zu bekämpfen, anerkennt und achtet die Union das Recht auf eine soziale Unterstützung und eine Unterstützung für die Wohnung, die allen, die nicht über ausreichende Mittel verfügen, ein menschenwürdiges Dasein sicherstellen sollen, nach Maßgabe des Gemeinschaftsrechts und der einzelstaatlichen Rechtsvorschriften und Gepflogenheiten.

a) Bezugsquellen und Inhalt

Die umfangreichste Vorschrift innerhalb des Solidaritätskapitels, Art. 34 GRC, befasst sich mit dem Recht auf soziale Sicherheit und auf soziale Unterstützung. Dabei orientiert sich Art. 34 GRC eng an den Art. 12 und 13 ESC und übernimmt die dort vorzufindende formale Trennung von sozialer Sicherheit einerseits (Art. 34 Abs. 1 GRC) und sozialer Unterstützung andererseits (Art. 34 Abs. 3 GRC). Während zur sozialen Sicherheit die Absicherung bei Krankheit, Unfall, Alter, Invalidität, Pflegebedürftigkeit und Arbeitslosigkeit zählt[518], also bei Risiken, die typischerweise durch Versicherungssysteme abgedeckt sind, umfasst die soziale Unterstützung Leistungen der Sozialhilfe und sonstige Fürsorgemaßnahmen. Art. 34 Abs. 2 GRC sichert im Bereich der sozialen Sicherheit nicht nur die Gleichbehandlung ausländischer Arbeitnehmer gegenüber Inländern, sondern schützt auch vor dem Verlust bereits erworbener sozialversicherungsrechtlicher Ansprüche im Falle eines Arbeitsplatz- und Wohnsitzwechsels innerhalb der Gemeinschaft[519] und trägt damit der Freizügigkeit von Arbeitnehmern Rechnung[520].

---

[518] Die in Art. 34 Abs. 1 GRC enthaltene Aufstellung ist nicht vollständig, sondern nur beispielhaft („in solchen Fällen wie...").

[519] Eine entsprechende Regelung für den Bereich der sozialen Unterstützung gibt es dagegen nicht, weil diese sich nicht auf erworbene Beitragszahlungen und Ansprüche

Nach den Erläuterungen des Sekretariats des Konventspräsidiums stützt sich Art. 34 Abs. 1 GRC auf die Art. 137 und 140 EGV, Art. 12 ESC und Nr. 10 der Gemeinschaftscharta der sozialen Grundrechte der Arbeitnehmer. Die Gemeinschaft hat damit im Rahmen ihres unterstützenden und ergänzenden Tätigwerdens auf den Gebieten der Gesundheit und Sicherheit der Arbeitnehmer (Art. 137 Abs. 1, 1. Spiegelstrich EGV) sowie dem Gebiet der sozialen Sicherheit und des sozialen Schutzes der Arbeitnehmer (Art. 137 Abs. 3, 1. Spiegelstrich EGV) und bei den auf Art. 140 EGV beruhenden Untersuchungen, Stellungnahmen und Beratungen auf dem Gebiet der sozialen Sicherheit (Art. 140, 4. Spiegelstrich EGV) die Bestimmung des Art. 34 Abs. 1 GRC zu wahren. Dabei ist jedoch zu beachten, dass die im EG-Vertrag enthaltenen Bestimmungen nur auf Arbeitnehmer abstellen, während eine gleichartige Beschränkung des persönlichen Anwendungsbereichs in Art. 34 GRC zumindest nicht ausdrücklich vorgesehen ist. Allerdings begrenzt auch die ESC das Institut der sozialen Sicherheit auf die Arbeitnehmer, während jeder Beschäftigte, unabhängig vom Vorliegen eines Arbeitnehmerverhältnisses, ein Recht auf Fürsorge besitzt. Den gleichen Ansatz wählt auch Nr. 10 der Gemeinschaftscharta. Aufgrund der Bezugnahme auf die genannten Vorschriften durch das Sekretariat des Konventspräsidiums, die zwar nicht bindend ist, aber doch den Meinungsstand im Konvent widerspiegelt, ist im Rahmen von Art. 34 GRC ein entsprechender persönlicher Anwendungsbereich zugrunde zu legen.

Art. 34 Abs. 2 GRC lehnt sich an Art. 13 Abs. 4 ESC an; während dieser jedoch lediglich zugunsten einer wirksamen Ausübung des Rechts auf Fürsorge (im Sinne von sozialer Unterstützung) eine Anwendung der Bestimmungen der Absätze 1 bis 3 auf sich rechtmäßig im Hoheitsgebiet einer Vertragspartei befindliche Staatsangehörige der übrigen Vertragsparteien vorsieht, behandelt Art. 34 Abs. 2 GRC Leistungen der sozialen Sicherheit und gewährt in diesem Zusammenhang allen Personen mit rechtmäßigem Wohnsitz in der Union einen Anspruch auf die Leistungen der sozialen Sicherheit und soziale Vergünstigungen. Des Weiteren verweisen die Erläuterungen auf Nr. 2 der Gemeinschaftscharta der sozialen Grundrechte der Arbeitnehmer und auf die Detailregelungen der VO 1408/71[521] über die Anwendung der Systeme der sozialen Sicherheit auf Arbeitnehmer und deren Familienangehörige, die innerhalb der Gemeinschaft zu- und abwandern sowie die Regelungen der VO 1612/68[522] über die Freizügigkeit der Arbeitnehmer innerhalb der Gemeinschaft.

---

stützt, sondern auf die individuelle Bedarfssituation abstellt.

520 Vgl. dazu die umfangreiche Rspr. des EuGH: Fall Molenaar, EuZW 1998, 217; Fall Kohll, EuZW 1998, 345; Fall Decker, EuZW 1998, 343

521 ABl. 1971 Nr. L 149 vom 5.7.1971, S. 2

522 ABl. 1968 Nr. L 257 vom 19.10.1968, S. 2

Art. 34 Abs. 3 GRC knüpft an Art. 30 und 31 der Revidierten ESC an, die zum Schutz vor Armut und sozialer Ausgrenzung Maßnahmen der Vertragsparteien zur Förderung des tatsächlichen Zugangs in den Bereichen Beschäftigung, Wohnung, Bildung und Kultur vorsehen. Das in Art. 31 RESC umfassend formulierte Recht auf Wohnung ist in Art. 34 Abs. 3 GRC lediglich unter dem Teilaspekt der Unterstützung für die Wohnung enthalten.

b) Besitzstand in den Mitgliedstaaten

Die Verfassungen der Mitgliedstaaten enthalten im Einzelnen sehr unterschiedliche Bezugnahmen auf das Recht auf soziale Sicherheit, soziale Unterstützung und das Recht auf Wohnung. Die weitestgehenden Bestimmungen finden sich in den Verfassungstexten Portugals, Spaniens und Griechenlands[523], aber auch die Verfassungen von Belgien, Dänemark, Finnland, Frankreich, Irland, Italien und den Niederlanden enthalten insoweit ausdrückliche Rechte, wobei daneben zumeist in der Präambel oder den Eingangsartikeln die Festlegung auf ein soziales Staats- bzw. Gesellschaftssystem erfolgt[524]. Die Verfassungen von Luxemburg, Schweden und Deutschland wählen dagegen dem Wortlaut nach einen objektivrechtlichen Ansatz: während Art. 11 der luxemburgischen Verfassung den Gesetzgeber verpflichtet, Vorsorge für die soziale Sicherheit zu treffen, sieht die Verfassung Schwedens gem. § 2 des 1. Kapitels in der persönlichen, wirtschaftlichen und kulturellen Wohlfahrt des Einzelnen das primäre Ziel öffentlicher Tätigkeit; in Deutschland schließlich haben soziale Sicherheit und soziale Gerechtigkeit in der Sozialstaatsklausel des Art. 20 Grundgesetz Eingang gefunden, aus der sich als Staatszielbestimmung keine unmittelbaren Leistungsansprüche des Bürgers ergeben. Trotz aller Unterschiede kann jedoch als gemeinsame Verfassungstradition ein Anspruch auf das Existenzminimum festgestellt werden[525].

c) Wirkungsweise

Die Formulierung des Art. 34 Abs. 1 GRC war im Rahmen der Konventsberatungen starken Änderungen unterworfen. Während zunächst ein An-

---

523 Präambel, Art. 9 lit. d, Art. 63 der portugiesischen Verfassung; Art. 1, 41, 47 der spanischen Verfassung; Art. 21 und 22 der Verfassung Griechenlands

524 Art. 23 Nr. 2, 3, 5 der belgischen Verfassung, § 75 Abs. 2 der dänischen Verfassung, § 19 der finnischen Verfassung; Art. 1 der französischen Verfassung und Präambel der Verfassung von 1946 als Bestandteil der französischen Verfassung; Präambel und Art. 45 der irischen Verfassung; Art. 2, 3, 38 der italienischen Verfassung; Art. 20 der niederländischen Verfassung

525 Streinz, Kommentar, Art. 34, Rn. 4

spruch auf sozialen Schutz vorgesehen war[526], wurde im Laufe der weiteren Beratungen folgender Wortlaut in Erwägung gezogen[527]: „Entsprechend den jeweiligen Gegebenheiten der einzelnen Mitgliedstaaten werden Leistungen der sozialen Sicherheit vorgesehen, ...“. Im ersten Gesamtentwurf der Charta[528] nahm man schließlich die Umformulierung in ein Abwehrrecht vor durch die dafür gebräuchliche Wendung „Die Union anerkennt und achtet...“. Demnach enthält die Vorschrift eine objektive Respektierungsverpflichtung, die einer Abschaffung des vorhandenen Bestands an Sozialleistungen entgegensteht und zugleich einen Ausschluss vom freien Zugang zu den Systemen der sozialen Sicherheit verbietet. Damit korrespondiert ein subjektives Abwehrrecht des einzelnen Grundrechtsträgers. Eine weitergehende Formulierung, die über den abwehrrechtlichen Ansatz des Artikels hinaus auf die Vermittlung von Leistungsrechten zielte, hätte im Konvent keine Mehrheit gefunden[529]. Dies ergibt sich auch aus den Erläuterungen, insbesondere der Bezeichnung des Art. 34 Abs. 1 GRC als „Grundsatz“ und dem expliziten Hinweis darauf, dass die Bezugnahme auf die sozialen Dienste nicht impliziert, dass solche Dienste eingerichtet werden müssen, wo sie nicht bestehen. Die Sozialleistungen werden damit nur in objektivrechtlicher Hinsicht garantiert, ohne dass auf ihre Gewährung ein subjektiver Leistungsanspruch besteht.

Die Bestimmung des Art. 34 Abs. 3 GRC nahm hinsichtlich ihrer sprachlichen Ausgestaltung eine ähnliche Entwicklung wie Art. 34 Abs. 1 GRC. Während das Recht auf Sozialhilfe zunächst als zwingendes Gebot formuliert war[530], sollte eine soziale Unterstützung nach dem abgeschwächten Wortlaut einer späteren Fassung nur noch „vorgesehen“ werden[531], bis man schließlich auch hier die Umformulierung in ein Abwehrrecht vornahm[532]. Im Ergebnis sollten damit nach dem Willen des Konvents keine unmittelbaren Leistungsrechte, sondern nur eine objektivrechtliche Garantie der Sozialhilfe verankert werden. Fraglich erscheint indessen, ob diese enge Auslegung Bestand haben wird, soweit es um den Minimalgehalt der sozialen Unterstützung, also das Existenzminimum geht, das Ausfluss der Würde des

[526] Dokument CONVENT 19 vom 29.3.2000: „Jeder Arbeitnehmer und seine anspruchsberechtigten Angehörigen haben entsprechend den jeweiligen Gegebenheiten der einzelnen Staaten Anspruch auf einen sozialen Schutz, der insbesondere Sozialleistungen von ausreichendem Umfang umfasst.“

[527] Vgl. Art. 41 Abs. 1 GRC in Dokument CONVENT 34 vom 16.5.2000

[528] Dokument CONVENT 45 vom 28.6.2000

[529] Meyer/Riedel, Kommentar, Art. 34, Rn. 15

[530] Vgl. Dokument CONVENT 19 vom 29.3.2000: „Jeder Person, die nicht über ausreichende Mittel verfügt, muss eine angemessene soziale Unterstützung gewährt werden.“

[531] Vgl. Dokument CONVENT 34 vom 16.5.2000: „Zur Gewährleistung eines menschenwürdigen Daseins werden für jede Person, die nicht über ausreichende Mittel verfügt, eine soziale Unterstützung und eine Wohnungsbeihilfe vorgesehen.“

[532] Vgl. Dokument CONVENT 45 vom 28.6.2000

Menschen ist und damit nach *Alexy* eine definitive subjektive Position darstellt, die vorbehaltlos zu erfüllen ist. So ist auch im Wortlaut des Art. 34 Abs. 3 GRC von einem „menschenwürdigen Dasein“ die Rede. Im Ergebnis dürfte der Bestimmung daher im Wege der dynamischen Auslegung jedenfalls in Bezug auf das Existenzminimum eine subjektive leistungsrechtliche Komponente zu entnehmen sein, zumal das Minimum sozialer Unterstützung, das der Menschenwürde entspringt, in allen Mitgliedstaaten der Europäischen Union gewährleistet ist und auch völkerrechtlich durch Art. 11 des UN-Sozialpakts garantiert wird; eine Absenkung des bereits international geltenden Schutzniveaus wird aber gerade durch die Charta selbst (Art. 53 GRC) ausgeschlossen[533].

Hinsichtlich des Adressatenkreises ist zu beachten, dass sich Art. 34 Abs. 3 GRC ebenso wie Art. 34 Abs. 1 GRC allein an die Union richtet. Dies erschließt sich aus der Tatsache, dass die Sozialpolitik eine Angelegenheit der Mitgliedstaaten ist, die insoweit durch die nationalen Verfassungen einer grundrechtlichen Kontrolle unterliegen. Art. 34 GRC ist damit nur für den nach Art. 137 und 140 EGV äußerst eingeschränkten Zuständigkeitsbereich der Union relevant, in dem der Kommission nur Förderungs-, Untersuchungs-, Beratungs- und Stellungnahmerechte, aber keine echten eigenständigen Entscheidungsrechte eingeräumt sind. Eine noch weitergehende Relativierung erfährt die Vorschrift schließlich durch die Verweisung auf das Gemeinschaftsrecht und die einzelstaatlichen Rechtsvorschriften und Gepflogenheiten[534]. Zumindest aber wird die bestehende soziale Dimension der Union betont[535].

Art. 34 Abs. 2 GRC verfolgt „im Dienste“ der Freizügigkeit zum einen das Ziel, die Gleichbehandlung ausländischer Arbeitnehmer mit Inländern im Bereich der sozialen Sicherheit zu gewährleisten, zum anderen bezweckt die Bestimmung den Schutz vor dem Verlust bereits erworbener sozialversicherungsrechtlicher Ansprüche im Falle eines Arbeitsplatz- und Wohnsitzwechsels innerhalb der Gemeinschaft. Aus dem Regelungsgehalt der Vorschrift wie auch aufgrund des engen Zusammenhangs mit der Freizügigkeit ist der Vorschrift damit eine primär individualschützende und abwehrrechtliche Funktion zu entnehmen[536]. Ein subjektiver leistungsrechtlicher Gehalt auf der Ebene des „fulfil“ kommt Art. 34 Abs. 2 GRC dagegen zweifelsohne nicht zu, vielmehr sind insoweit die einfachgesetzlichen Vorschriften auf der Ebene der Union bzw. der Mitgliedstaaten maßgeblich, auf die die Vorschrift Bezug nimmt.

---

[533] Meyer/Riedel, Kommentar, Art. 34, Rn. 21
[534] Vgl. dazu Punkt E, Ziff. III.4
[535] Streinz, Kommentar, Art. 34, Rn. 5
[536] Meyer/Riedel, Kommentar, Art. 34, Rn. 18

3. Rechte auf befriedigende Lebensbedingungen

a) Gesundheitsschutz, Art. 35 GRC

> Jede Person hat das Recht auf Zugang zur Gesundheitsvorsorge und auf ärztliche Versorgung nach Maßgabe der einzelstaatlichen Rechtsvorschriften und Gepflogenheiten. Bei der Festlegung und Durchführung aller Politiken und Maßnahmen der Union wird ein hohes Gesundheitsschutzniveau sichergestellt.

aa) Bezugsquellen und Inhalt

Art. 35 GRC sieht ein Zugangsrecht zur Gesundheitsvorsorge sowie ein Recht auf ärztliche Versorgung für jedermann vor; daneben enthält die Vorschrift das Prinzip, bei der Durchführung und Festsetzung aller Unionspolitiken und –maßnahmen ein hohes Gesundheitsschutzniveau sicherzustellen. Maßgebliche Rechtsquellen sind insoweit Art. 11 ESC und Art. 152 EGV, dessen Abs. 1 Satz 1 sich fast wortwörtlich in Art. 35 S. 2 GRC wieder findet. Der auch in dieser Bestimmung enthaltene, als „Refrain" bezeichnete Begrenzungsvorbehalt „nach Maßgabe der einzelstaatlichen Rechtsvorschriften"[537] bringt implizit die Aussagen des Art. 152 Abs. 1 und 5 EGV zum Ausdruck, wonach die Gemeinschaft im Bereich der Gesundheitspolitik lediglich ergänzende Tätigkeiten ausüben kann, während die Verantwortung für die Organisation des Gesundheitswesens und die medizinische Versorgung und damit die vorrangige Zuständigkeit bei den Mitgliedstaaten liegt. Allerdings handelt es sich bei Art. 152 Abs. 1 EGV um eine so genannte Querschnittsklausel, so dass gesundheitsrelevante Aspekte in sämtlichen Politikfeldern und bei allen Maßnahmen der Gemeinschaft zu berücksichtigen sind[538].

bb) Besitzstand in den Mitgliedstaaten

In der Mehrheit der nationalen Verfassungstexte finden sich Regelungen zum Gesundheitsschutz[539], die zumeist als subjektives Grundrecht auf Gesundheitsschutz, teilweise aber auch als objektive Staatspflicht[540] formuliert sind. Die detailliertesten Regelungen enthält insoweit die portugiesische

---

[537] Vgl. dazu Punkt E, Ziff. III.4

[538] Vgl. ausführlich Teil 3, Punkt A, Ziff. II.2 c)

[539] Art. 23 Nr. 2 der belgischen Verfassung, Art. 19 Abs. 3 der finnischen Verfassung, Präambel zur Verfassung von 1946 als Bestandteil der französischen Verfassung, Art. 21 Abs. 3 der griechischen Verfassung, Art. 45 Abs. 1 und Abs. 4 S. 2 der irischen Verfassung, Art. 32 der italienischen Verfassung, Art. 11 S. 3 der luxemburgischen Verfassung, Art. 22 Abs. 1 der niederländischen Verfassung, Art. 64 der portugiesischen Verfassung, Art. 43 Abs. 1 der spanischen Verfassung

[540] Z.B. in der griechischen und niederländischen Verfassung

Verfassung, die neben dem Recht auf Schutz der Gesundheit zugleich auch die Pflicht eines jeden vorsieht, seine Gesundheit zu bewahren und zu fördern; zudem werden dem Staat durch die portugiesische Verfassung umfassende Handlungs- und Unterlassungspflichten auferlegt. In Deutschland fehlt zwar eine spezielle Vorschrift zum allgemeinen Gesundheitsschutz, jedoch sind Aspekte dieses Rechts in der Garantie des Rechts auf Leben und körperliche Unversehrtheit nach Art. 2 Abs. 2 GG in Verbindung mit der Unantastbarkeit der Menschenwürde gem. Art. 1 Abs. 1 GG sowie im Verbot von Misshandlungen gem. Art. 104 Abs. 1 Satz 2 GG enthalten[541]. Die Mitgliedstaaten, in denen keine verfassungsrechtlichen Bestimmungen zum Gesundheitsschutz existieren, regeln den Gesundheitsschutz auf der Ebene der einfachen Gesetze und Verordnungen.

cc) Wirkungsweise

Der Wortlaut des Art. 35 GRC war im Laufe der Konventsberatungen zahlreichen Wandlungen unterworfen. Während die ersten Formulierungsvorschläge noch sehr stark den Grundsatzcharakter der Bestimmung betonten[542], wurde mit Art. 35 S. 1 GRC schließlich dem Wortlaut nach ein Jedermann-Recht in die Charta aufgenommen. Die Erörterungen konzentrierten sich insoweit auf die Frage, ob Art. 35 GRC nur als ein Zugangsrecht oder - darüber hinausgehend - als individuelles Recht auszugestalten sei.

Legt man der vorliegenden Fassung des Art. 35 S. 1 GRC eine enge Auslegung zugrunde, sind sowohl Gesundheitsvorsorge als auch ärztliche Versorgung auf das Recht auf Zugang zu diesen Leistungen beschränkt. Der Einzelne hätte damit nur einen Anspruch auf diskriminierungsfreien Zugang im Rahmen der vorhandenen Ressourcen. Der grammatikalischen Gestaltung nach ist die Gewährleistung des Art. 35 S. 1 GRC jedoch lediglich im Bereich der Gesundheitsvorsorge auf ein Zugangsrecht beschränkt, während auf dem Gebiet der ärztlichen Versorgung ein uneingeschränktes Recht auf tatsächliche Bereitstellung von ärztlicher Versorgung gewährt wird. Für eine derartige erweiternde Auslegung spricht auch die im Konvent geführte Diskussion über die Frage des Kreises der Anspruchsberechtigten sowie das Argument, dass aus dem Solidaritätsprinzip in Verbindung mit

---

[541] Meyer/Riedel, Kommentar, Art. 35, Rn. 5 mit Verweis auf Seewald, Zum Verfassungsrecht auf Gesundheit, 1981

[542] Die Fassung in Dokument CONVENT 19 vom 29.3.2000 lautete: „Jede Person muss die Maßnahmen der Gesundheitsfürsorge in Anspruch nehmen können und im Falle der Erkrankung Zugang zu ärztlicher Versorgung haben." Noch deutlicher war in Dokument CONVENT 34 vom 16.5.2000 formuliert: „Der Zugang zu ärztlicher Versorgung und zur Gesundheitsfürsorge wird für jede Person entsprechend den jeweiligen Gegebenheiten der einzelnen Mitgliedstaaten sichergestellt."

der Menschenwürdegarantie zumindest ein existentielles Minimum gesundheitsschützender Arztversorgung für jedermann folgt[543]. Demnach wäre dem Art. 35 S. 1 GRC ein individuelles Leistungsrecht auf minimale ärztliche Versorgung sowie ein Zugangsrecht zur Gesundheitsvorsorge zu entnehmen. Dabei hat das Zugangsrecht eine primär abwehrrechtliche Funktion gegen Zugangsbeschränkungen; in Verbindung mit Art. 20 und 21 GRC beinhaltet es ein Recht auf diskriminierungsfreien, gleichen Zugang zur Gesundheitsvorsorge. Sekundär kann das Zugangsrecht jedoch auch eine leistungsrechtliche Dimension entfalten, soweit es um die Abschaffung faktischer Zugangsbeschränkungen - wie zum Beispiel durch hohe, für weite Teile der Bevölkerung unbezahlbare Kosten für die Gesundheitsvorsorge - geht.

Daneben ist der Vorschrift auch ein allgemeines Abwehrrecht des Einzelnen gegenüber Eingriffen des Staates in seine Gesundheit sowie eine (objektive) staatliche Schutzpflicht zu entnehmen, den Einzelnen vor Eingriffen Dritter, die die Wahrnehmung des Rechts auf ärztliche Versorgung und Gesundheitsvorsorge beeinträchtigen, durch den Erlass von Verboten und Geboten zu schützen. Insoweit stellt Art. 35 S. 1 GRC jedoch unmissverständlich klar, dass nicht die Gemeinschaft, sondern nur die Mitgliedstaaten rechtliche Vorkehrungen in diesen Fragen treffen können[544].

Art. 35 S. 2 GRC enthält mit der Forderung der Sicherstellung eines hohen Gesundheitsschutzniveaus eine Zielbestimmung für das Handeln der Gemeinschaft im Sinne eines objektiv-rechtlichen Auftrags an die Organe, bestimmte Ziele zum Gegenstand ihrer Politik zu machen, um dadurch den Schutz der Gesundheit zu erreichen oder zu sichern. Ein subjektives Anspruchsrecht ist darin – jedenfalls unmittelbar - nicht enthalten. Allerdings ist bei der Interpretation des Art. 35 GRC zu berücksichtigen, dass wichtige Aspekte des Gesundheitsschutzes, vor allem individualschützende Aspekte, in anderen Bestimmungen der Charta gewährleistet werden, so insbesondere in Art. 1 GRC (Menschenwürde), Art. 2 GRC (Recht auf Leben) und Art. 3 GRC (Recht auf körperliche und geistige Unversehrtheit) sowie auch durch die Gleichheitsrechte (Art. 20, 21 GRC) hinsichtlich des Zugangs zum Gesundheitsschutz. Insoweit erscheint es denkbar, dass der EuGH der Bestimmung des Art. 35 GRC in einer Zusammenschau mit den genannten Charta-Rechten im Wege der dynamischen Auslegung eine weitergehende Bedeutung beimessen wird, wobei selbstverständlich aufgrund von Art. 51 Abs. 2 GRC der bestehende Kompetenzrahmen der Gemeinschaft nicht überschritten werden darf.

[543] Meyer/Riedel, Kommentar, Art. 35, Rn. 9
[544] Meyer/Riedel, Kommentar, Art. 35, Rn. 9

b) Zugang zu Dienstleistungen von allgemeinem wirtschaftlichen Interesse, Art. 36 GRC

> Die Union anerkennt und achtet den Zugang zu den Dienstleistungen von allgemeinem wirtschaftlichen Interesse, wie er durch die einzelstaatlichen Rechtsvorschriften und Gepflogenheiten im Einklang mit dem Vertrag zur Gründung der Europäischen Gemeinschaft geregelt ist, um den sozialen und territorialen Zusammenhalt der Union zu fördern.

aa) Bezugsquellen und Inhalt

Die Bestimmung des Art. 36 GRC, die insbesondere auf französischen Wunsch in die Charta aufgenommen wurde, widmet sich dem Bereich der Daseinsvorsorge und formuliert in diesem Zusammenhang die Verpflichtung der Union, den Zugang zu Dienstleistungen von allgemeinem wirtschaftlichen Interesse[545] anzuerkennen mit dem Ziel, den sozialen und territorialen Zusammenhalt der Union zu fördern. Hinsichtlich der Einzelheiten des Zugangs zur Daseinsvorsorge nimmt die Vorschrift Bezug auf die einzelstaatlichen Rechtsvorschriften und Gepflogenheiten[546], die allerdings im Einklang mit den bestehenden Regelungen im EG-Vertrag stehen müssen.

Bei der Kodifizierung dieser Vorschrift stand dem Konvent einzig und allein Art. 16 EGV als Bezugsquelle zur Verfügung, der mit dem Vertrag von Amsterdam in den EG-Vertrag eingefügt wurde; weder in der EMRK, noch in sonstigen europäischen oder internationalen Menschenrechts- und Grundrechtsverträgen ist eine vergleichbare Bestimmung enthalten.

Die Regelung verfolgt u.a. den Zweck zu verdeutlichen, dass gemeinwohlorientierte Wirtschaftsformen das Modell der freien Marktwirtschaft stärken sollen[547]. Zwar ist die Gemeinschaft nach Art. 4 Abs. 2 EGV dem Grundsatz „einer offenen Marktwirtschaft mit freiem Wettbewerb" verpflichtet, allerdings ist nach Art. 86 Abs. 2 EGV der freie Wettbewerb bei Unternehmen mit Gemeinwohlverpflichtung eingeschränkt, soweit dieser die Erfüllung der ihnen übertragenen besonderen Aufgaben rechtlich oder tatsächlich verhindert. In Anbetracht des hohen Stellenwerts der Dienste von allgemeinem wirtschaftlichen Interesse tragen nach Art. 16 EGV die Gemeinschaft und die Mitgliedstaaten dafür Sorge, dass diese ihren Aufgaben nachkommen können. Mangels hinreichender Bestimmtheit ist Art. 16 EGV allerdings nicht unmittelbar anwendbar und begründet damit insbesondere keine subjektiven Rechte oder Ansprüche.

---

[545] Als Beispiele seien die Tätigkeit öffentlich-rechtlicher Rundfunkanstalten, die öffentliche Postverteilung, die allgemeine Arbeitsvermittlung sowie die öffentliche Versorgung mit Strom und Gas genannt.

[546] Vgl. dazu Punkt E, Ziff. III.4

[547] Meyer/Riedel, Kommentar, Art. 36, Rn. 2

bb) Besitzstand in den Mitgliedstaaten

Die EU-Mitgliedstaaten kennen auf Verfassungsebene keine Regelungen zu Dienstleistungen von allgemeinem wirtschaftlichen Interesse. Damit existiert - unabhängig von dem hohen Stellenwert, den die Frage des Zugangs zur Daseinsvorsorge auf einfachgesetzlicher Ebene in den einzelnen Mitgliedstaaten einnimmt – insoweit keine gemeinsame Verfassungstradition.

cc) Wirkungsweise

Den Sitzungsprotokollen des Konvents lässt sich ein breites Meinungsspektrum zu der Bestimmung des Art. 36 GRC entnehmen. Während Befürworter der Regelung sich dafür aussprachen, die Vorschrift als Grundrecht zu formulieren, um dem Bürger bei Verweigerung von Leistungen der Daseinsvorsorge den Weg zu den Gerichten zu eröffnen, vertraten andere die Auffassung, dass von der Aufnahme einer solchen Regelung gänzlich abgesehen werden solle, da keine gemeinsame Verfassungstradition zu dieser Frage existiere und ein kostenloser Zugang „für alle zu allem" kaum finanzierbar sei. Vertreter vermittelnder Positionen wollten den Zugang zu Dienstleistungen von allgemeinem Interesse nur unter Wahrung der Vorschriften der Mitgliedstaaten eröffnen, in diesem Rahmen aber auch individuelle Ansprüche einräumen bzw. jedenfalls ein Mindestmaß an Dienstleistungen im Sinne einer Grundversorgung zusichern[548].

Die in der Endfassung gewählte Formulierung „anerkennt und achtet den Zugang", die im Laufe der Konventsberatungen die Begriffe „gewährleisten" bzw. „respektieren" ersetzte, deutet darauf hin, dass jedenfalls unmittelbare Leistungsrechte im Ergebnis nicht intendiert waren. Auch die Erläuterungen des Sekretariats des Konventspräsidiums betonen unmissverständlich, dass kein neues Recht durch die Bestimmung des Art. 36 GRC geschaffen, sondern unter Beachtung des Art. 16 EGV lediglich ein Grundsatz aufgestellt werde.

Nichtsdestotrotz können der Vorschrift jedenfalls objektive Respektierungs- und Schutzverpflichtungen der Union und der Mitgliedstaaten entnommen werden. So steht die in Art. 36 GRC enthaltene Respektierungsverpflichtung allen Bestrebungen der Union im Wege, die darauf abzielen, die Grundrechtsträger von dem freien Zugang zu Dienstleistungen von allgemeinem wirtschaftlichen Interesse auszuschließen; damit hindert die Vorschrift beispielsweise die Union, staatliche oder staatlich geförderte Leistungen des Daseinsvorsorge allein nach dem Kriterium des fairen Wettbewerbs zu beurteilen und deshalb zu verbieten[549]. Die objektive Res-

---

[548] Bernsdorff/Borowsky, Protokolle, S. 345, 371

[549] Meyer/Engels, Charta der Grundrechte, S. 29

pektierungsverpflichtung umfasst zugleich eine Garantie des vorhandenen Bestands an Daseinsvorsorgeeinrichtungen, so dass deren ersatzlose Abschaffung unzulässig ist.

Sofern auf der Ebene der Mitgliedstaaten vormals staatliche Aufgaben dereguliert, d.h. Unternehmen der Daseinsvorsorge privatisiert werden, gebietet die in Art. 36 GRC enthaltene Schutzverpflichtung, dass die Mitgliedstaaten dafür Sorge zu tragen haben, dass Qualitätsstandards, Grundversorgung und Wettbewerbsaufsicht auch bei „beliehenen Unternehmen“ der Privatwirtschaft eingehalten und kontrolliert werden[550].

Fraglich ist jedoch, inwieweit der Vorschrift auch ein subjektivrechtlicher Gehalt zu entnehmen ist. Die Verwendung der Formulierung „Die Union anerkennt und achtet“ legt nahe, dass von den Konventsmitgliedern – korrespondierend zur objektiven Respektierungsverpflichtung der Union - jedenfalls ein subjektives Abwehrrecht gegen Eingriffe in den freien Zugang zur Daseinsvorsorge intendiert war. Darüber hinaus könnte der Vorschrift in Verbindung mit dem Gleichheitssatz des Art. 20 GRC und dem Diskriminierungsverbot aus Art. 21 GRC ein Recht auf diskriminierungsfreien, gleichen Zugang zur Daseinsvorsorge zu entnehmen sein, wie dies jedenfalls bei den in der Charta enthaltenen Jedermann-Rechten auf Zugang der Fall ist. Von einem derart weitgehenden subjektiven Gewährleistungsgehalt kann allerdings bei der Vorschrift des Art. 36 GRC wohl schon deshalb nicht ausgegangen werden, weil der Konvent – nicht zuletzt aufgrund der fehlenden gemeinsamen Verfassungstradition der Mitgliedstaaten – die Vorschrift nicht als Jedermann-Recht, sondern als Grundsatz formulierte. Damit bleibt es der dynamischen Auslegung der Charta durch den EuGH überlassen, dem Art. 36 GRC über seinen Wortlaut hinaus einen weitergehenden Bedeutungsgehalt beizumessen.

c) Umweltschutz, Art. 37 GRC

> Ein hohes Umweltschutzniveau und die Verbesserung der Umweltqualität müssen in die Politiken der Union einbezogen und nach dem Grundsatz der nachhaltigen Entwicklung sichergestellt werden.

aa) Bezugsquellen und Inhalt

Den Schutz und die Verbesserung der Umwelt hat Art. 37 GRC zum Gegenstand, der sich auf Art. 2, 6 und 174 EGV stützt. Nach diesen primärrechtlichen Vorschriften zählt der Umweltschutz zu den ausdrücklich in Art. 2 EGV erwähnten Gemeinschaftsaufgaben und ist aufgrund der in Art. 6 EGV enthaltenen Querschnittsklausel in sämtlichen Politikbereichen

---

550 Meyer/Riedel, Kommentar, Art. 36, Rn. 12

und bei allen Gemeinschaftsmaßnahmen zu berücksichtigen. Art. 174 EGV befasst sich detailliert mit der Umweltpolitik der Gemeinschaft, deren Ziele der Umweltschutz, der Gesundheitsschutz, das Haushalten mit natürlichen Ressourcen sowie die Förderung internationaler Umweltschutzmaßnahmen sind[551]. Die Bestimmung des Art. 174 Abs. 2 EGV, wonach die Umweltpolitik der Gemeinschaft unter Berücksichtigung der unterschiedlichen Gegebenheiten in den einzelnen Regionen der Gemeinschaft auf ein hohes Schutzniveau abzielt, findet sich in etwas verkürzter Form in Art. 37 GRC wieder. Der in Art. 37 GRC ebenfalls aufgenommene Grundsatz der nachhaltigen Entwicklung ist in Art. 6 EGV erwähnt, ergibt sich aber darüber hinaus auch aus der Rio - Deklaration über Umwelt und Entwicklung von 1992 und aus Art. 1 der Konvention der Wirtschaftskommission für Europa über den Zugang zu Informationen, Entscheidungsprozessen und Gerichten im Hinblick auf Umweltfragen.

bb) Besitzstand in den Mitgliedstaaten

In etwas mehr als der Hälfte der Verfassungstexte der Mitgliedstaaten ist das Thema Umweltschutz auf unterschiedliche Art und Weise behandelt, während Dänemark, Frankreich, Luxemburg, Österreich, Schweden, Irland und Großbritannien, wo ohnehin keine geschriebene Verfassung existiert, auf eine verfassungsrechtliche Verankerung verzichtet haben. Soweit dagegen der Umweltschutz thematisiert wurde, enthalten die Verfassungstexte zumeist eine objektive Verpflichtung des Staates, den Umweltschutz zu gewährleisten[552], zum Teil wird aber auch dem einzelnen Bürger – korrespondierend zu einem Recht auf eine gesunde Umwelt – die Verpflichtung zum Schutz der Umwelt auferlegt[553].

cc) Wirkungsweise

Die grundsätzliche Aufnahme des Umweltschutzes in die Grundrechtscharta wurde von den Konventsbeteiligten nicht in Frage gestellt, allerdings löste die Frage der Ausgestaltung dieser Bestimmung heftige Debatten aus. Die Positionen reichten von dem Vorschlag, ein nicht einklagbares Individualrecht auf Umweltschutzmaßnahmen zu verankern, bis zu der Forderung, in Abweichung vom Kölner Mandat im Umweltbereich lediglich eine

---

[551] Vgl. dazu ausführlich Teil 3, Punkt A, Ziff. II.2 e)

[552] Art. 24 der griechischen Verfassung, Art. 21 der niederländischen Verfassung, Art. 9 Abs. 2 der italienischen Verfassung; Art. 20a des deutschen Grundgesetzes formuliert eine Staatszielbestimmung im Hinblick auf den Schutz der „natürlichen Lebensgrundlagen".

[553] Vgl. z.B. Art. 66 der portugiesischen Verfassung, Art. 45 der spanischen Verfassung und § 20 der finnischen Verfassung

Zielvorgabe festzulegen;[554] Vertreter der letztgenannten Ansicht hielten daher den im ersten Präsidiumsvorschlag[555] verwendeten Begriff der „Sicherstellung“ des Umweltschutzes für ungeeignet, da er mehr als nur eine Zielbestimmung enthalte.

Der endgültigen Fassung des Art. 37 GRC ist vom Wortlaut her eine objektiv-rechtliche Zielbestimmung zu entnehmen, die die wesentlichen Komponenten der Art. 2, 6 und 174 EGV wiedergibt und daher von verschiedenen Umweltschutzorganisationen auch als bloß deklaratorische Feststellung des geltenden Gemeinschaftsrechts kritisiert wurde. Da aber reine Zielbestimmungen vom Kölner Mandat der Staats- und Regierungschefs an sich nicht vorgesehen waren, fragt sich, ob der Vorschrift in Verbindung mit anderen individualschützenden Bestimmungen der Charta, wie etwa den Gleichheits- und Diskriminierungsschutzbestimmungen der Art. 20 und 21 GRC, ein weitergehender Bedeutungsgehalt zukommt. So könnte beispielsweise aus Art. 36 GRC in Verbindung mit Art. 20, 21 GRC das Recht auf diskriminierungsfreien Zugang zu bestehenden umweltrelevanten Einrichtungen, Diensten und Vergünstigungen abgeleitet werden[556]. Eine derartige erweiternde Auslegung begegnet jedenfalls solange keinen Bedenken, als dabei die Grenzen des gemeinschaftsrechtlich zulässigen Handelns nicht überschritten werden[557].

d) Verbraucherschutz, Art. 38 GRC

Die Politiken der Union stellen ein hohes Verbraucherschutzniveau sicher.

aa) Bezugsquellen und Inhalt

Art. 38 GRC enthält den Grundsatz eines hohen Verbraucherschutzniveaus und stützt sich auf Art. 153 EGV, wonach die Gemeinschaft einen Beitrag zum Schutz der gesundheitlichen und wirtschaftlichen Interessen der Verbraucher und zur Sicherstellung einer angemessenen Information der Verbraucher leistet und damit auf dem Gebiet des Verbraucherschutzes eine parallele Zuständigkeit neben den Mitgliedstaaten besitzt[558].

---

[554] Bernsdorff/Borowsky, Protokolle, S. 341 ff.

[555] Dokument CONVENT 34 vom 16.5.2000: „Der Schutz der Umwelt, der die Erhaltung, den Schutz und die Verbesserung der Umweltqualität, den Schutz der menschlichen Gesundheit sowie die umsichtige und rationelle Verwendung der natürlichen Ressourcen umfasst, wird durch die Politiken der Union sichergestellt.“

[556] Meyer/Riedel, Kommentar, Art. 37, Rn. 13; in diesem Sinne auch Meyer/Engels, Charta der Grundrechte, S. 29

[557] Streinz, Kommentar, Art. 37, Rn. 2; Kompetenzen der EG auf dem Gebiet des Umweltschutzes enthält Art. 175 EGV, vgl. oben Teil 3, Punkt A, Ziff. II.2 c)

[558] Vgl. dazu ausführlich Teil 3, Punkt A, Ziff. II.2 d)

Aufgrund der Querschnittsklausel des Art. 153 Abs. 2 EGV ist zudem Verbraucherschutzbelangen bei allen Gemeinschaftspolitiken Rechnung zu tragen. Dementsprechend nimmt auch die Vorschrift des Art. 38 GRC in allgemeiner Form auf die „Politiken der Union" Bezug und stellt damit klar, dass sie nicht nur die Gemeinschaftstätigkeit nach Titel XIV des EG-Vertrages erfasst, sondern Relevanz für sämtliche Politikfelder der Gemeinschaft nach Art. 2 bis 4 EGV besitzt. Während allerdings Art. 38 GRC nur ganz allgemein ein hohes Verbraucherschutzniveau festschreibt, enthält Art. 153 EGV konkrete Vorgaben, auf welche Weise und mit welchen Mitteln die Gemeinschaft das Erreichen dieses Niveaus fördern kann und verweist in diesem Zusammenhang ausdrücklich auf die Rechtsangleichungsmöglichkeit durch Richtlinien nach Art. 95 EGV, Art. 153 Abs. 3 lit. a EGV. Von dieser Richtlinienkompetenz wurde unter anderem auf den Gebieten der Verbraucherinformation, des wirtschaftlichen Schutzes der Verbraucher, der Produktsicherheit und Produkthaftung vielfach Gebrauch gemacht[559].

bb) Besitzstand in den Mitgliedstaaten

In den Verfassungstexten der Mitgliedstaaten finden sich keinerlei ausdrückliche Bestimmungen zum Verbraucherschutz, wenngleich diesem Bereich auf einfachgesetzlicher Ebene – nicht zuletzt aufgrund europarechtlicher Vorgaben – immer größere Bedeutung zukommt.

cc) Wirkungsweise

In den Konventsdiskussionen wurde von Anfang an betont, dass es sich bei der Bestimmung zum Verbraucherschutz um einen Grundsatz und nicht um ein Individualrecht handelt[560]. Daher wurde hinsichtlich der Formulierung eine enge Anlehnung an den Wortlaut des Art. 153 EGV befürwortet. Die zunächst aus Art. 153 EGV übernommene Aufzählung der Verbraucherschutzbereiche[561] wurde jedoch schließlich zugunsten der abstrakteren endgültigen Formulierung aufgegeben.

---

[559] Vgl. RL 85/374/EWG – Produkthaftungsrichtlinie; RL 85/577/EWG – Haustürgeschäfte; RL 87/102/EWG – Verbraucherkredite; RL 88/378/EWG – Spielzeugsicherheit; RL 79/112/EWG über Kennzeichnung, Darstellung und Werbungsmaßnahmen im Lebensmittelbereich; RL 93/102/EG über Kennzeichnung, Darstellung und Werbemaßnahmen von Nahrungsmitteln, die zum Verkauf an Endverbraucher bestimmt sind; RL 90/314/EG - Pauschalreisen

[560] Vgl. die Erläuterungen zum ersten Präsidiumsentwurf in Dokument CONVENT 34 vom 16.5.2000

[561] Der erste Gesamtentwurf der Charta (Dokument CONVENT 45 vom 28.7.2000) enthielt die Formulierung: „Die Politiken der Union stellen ein hohes Niveau des Schutzes der Gesundheit, Sicherheit und Interessen der Verbraucher sicher."

Art. 38 GRC enthält damit in Abweichung vom Auftrag des Europäischen Rates von Köln eine reine objektiv-rechtliche Zielbestimmung für die Union und die Mitgliedstaaten. Eine weitergehende Gewährleistung wäre im Konvent wohl auch nicht durchsetzbar gewesen, zumal weder auf der Ebene der mitgliedstaatlichen Verfassungen Individualrechte auf Verbraucherschutz vorgesehen sind noch im internationalen Menschenrechtsschutz eine solche Gewährleistung existiert[562]. Allerdings ist Art. 38 GRC wie auch Art. 37 GRC insoweit einer dynamischen Auslegung zugänglich, als der Vorschrift im Zusammenhang mit anderen individualschützenden Normen des primären oder sekundären Gemeinschaftsrechts, jedenfalls aber mit anderen Individualrechten der Charta, ein subjektivrechtlicher Gehalt entnommen werden kann.

II. Soziale Rechte in den übrigen Vorschriften der Charta

1. Soziale Rechte im Kapitel II „Freiheiten"

Wie oben bereits erörtert wurde[563], enthält auch das die „Freiheiten" thematisierende zweite Kapitel der Europäischen Grundrechtscharta Rechte mit besonderem Bezug zum Sozialen, die aber aufgrund ihres engen Bezugs zu den Freiheitsrechten, deren wirksame Ausübung sie ermöglichen sollen, innerhalb der Freiheitsrechte niedergelegt wurden.

Im Rahmen der Auslegung können hier zusätzliche Bezugsquellen zu berücksichtigen sein, da sich der Konvent nach den Vorgaben des Europäischen Rats von Köln bei der Erarbeitung der Freiheitsrechte primär an der EMRK und den gemeinsamen Verfassungsüberlieferungen der Mitgliedstaaten als allgemeinen Grundsätzen des Gemeinschaftsrechts orientieren sollte.

a) Recht auf Bildung, Art. 14 GRC

> (1) Jede Person hat das Recht auf Bildung sowie auf Zugang zur beruflichen Ausbildung und Weiterbildung.
>
> (2) Dieses Recht umfasst die Möglichkeit, unentgeltlich am Pflichtschulunterricht teilzunehmen.
>
> (3) Die Freiheit zur Gründung von Lehranstalten unter Achtung der demokratischen Grundsätze sowie das Recht der Eltern, die Erziehung und den Unterricht ihrer Kinder entsprechend ihren eigenen religiösen, weltanschaulichen und erzieherischen Überzeugungen sicherzustellen, werden

---

562 Meyer/Riedel, Kommentar, Art. 38, Rn. 5
563 Siehe oben Punkt E, Ziff. II

nach den einzelstaatlichen Gesetzen geachtet, welche ihre Ausübung regeln.

aa) Bezugsquellen und Inhalt

Das in Art. 14 GRC enthaltene Recht auf Bildung setzt sich aus der Primärgewährleistung eines Jedermann-Rechts auf Bildung und Zugang zur beruflichen Aus- und Weiterbildung sowie aus den Teilgewährleistungen des unentgeltlichen Pflichtschulunterrichts, der Privatschulfreiheit und des primären elterlichen Erziehungsrechts zusammen. Dabei ist die Bestimmung nach den Erläuterungen des Sekretariats des Konventspräsidiums vor allem auf Art. 2 des 1. Zusatzprotokolls zur EMRK gestützt, bezieht ihre Legitimation aber insbesondere hinsichtlich des Rechts auf Zugang zur beruflichen Ausbildung und Weiterbildung auch aus Art. 10 ESC und Nr. 15 der Gemeinschaftscharta der Sozialen Grundrechte der Arbeitnehmer. Im Hinblick auf Art. 53 GRC sind darüber hinaus Art. 13 des Internationalen Pakts über wirtschaftliche, soziale und kulturelle Rechte, der ein umfassendes Recht auf Bildung enthält und Art. 18 Abs. 4 des Internationalen Pakts über bürgerliche und politische Rechte, der die Vertragsstaaten zur Achtung des Elternrechts auf Erziehung verpflichtet, bei der Auslegung von Art. 14 GRC zu beachten.

Die Gemeinschaft besitzt auf dem Gebiet der Bildung nur eingeschränkte Zuständigkeiten, weshalb Art. 14 GRC primär Wirkung gegenüber den Mitgliedstaaten entfaltet[564]. Während die Union im Bereich der allgemeinen Bildung nach Art. 149 Abs. 1 EGV auf die Förderung der Zusammenarbeit zwischen den Mitgliedstaaten sowie die Unterstützung und Ergänzung mitgliedstaatlicher Tätigkeit beschränkt ist, ermöglicht ihr Art. 150 Abs. 1 EGV auf dem Gebiet der beruflichen Bildung eine eigene Politik, welche aber ebenfalls nur eine die Maßnahmen der primär verantwortlichen Mitgliedstaaten unterstützende und ergänzende Funktion hat[565].

bb) Besitzstand in den Mitgliedstaaten

Die Mehrzahl der mitgliedstaatlichen Verfassungen sieht ein Individualrecht auf Bildung, Ausbildung bzw. Unterricht vor, wobei dieses zumeist als Freiheitsrecht, teilweise aber auch als Gleichheitsrecht[566] auf diskriminierungsfreien Zugang zu den vorhandenen Bildungseinrichtungen konzipiert ist. Eine ausdrückliche Einbeziehung der „Weiterbildung" in die verfassungs-

[564] Vgl. dazu Alber/Widmaier, EuGRZ 2000, 497 (500)

[565] Vgl. dazu ausführlich Teil 3, Punkt A, Ziff. II.2 b), ff)

[566] In Frankreich 13. Absatz der Präambel von 1946; Art. 34 S. 1 der italienischen Verfassung, Art. 23 S. 1 der luxemburgischen Verfassung und Art. 74 Abs. 1 der portugiesischen Verfassung

rechtliche Gewährleistung findet sich demgegenüber nur in Finnland, Frankreich und Griechenland[567]. Zahlreiche Verfassungstexte enthalten zudem ein zumeist auf die Elementarausbildung beschränktes[568] Recht auf unentgeltlichen Zugang zu staatlichen Unterrichtsanstalten sowie die Gewährleistung der Privatschulfreiheit. Die besondere Elternverantwortung für die Erziehung der Kinder ist dagegen nur in Belgien, der Bundesrepublik Deutschland sowie in Irland und Spanien verfassungsrechtlich verankert, wobei die Verfassungen Dänemarks und Irlands sogar ein Recht auf häusliche Unterrichtung vorsehen[569].

cc) Wirkungsweise

Die in Art. 14 GRC enthaltene Zusammenfassung von Rechten ist zum Teil – wie das in Absatz 3 enthaltene Recht zur Gründung von Lehranstalten und das elterliche Erziehungsrecht – eindeutig den klassischen Freiheitsrechten zuzuordnen. Dagegen schafft das in Absatz 1 enthaltene und in Absatz 2 konkretisierte Recht auf Allgemein- und Berufsbildung die Voraussetzungen für die effektive Ausübung der nachfolgenden Gewährleistungen der Berufsfreiheit und des Rechts zu arbeiten (Art. 15 GRC) und weist damit eine typisch soziale Dimension auf. Angesichts dessen wurde im Rahmen der Konventsberatungen eine Aufnahme des Rechts auf Bildung in die Solidaritätsvorschriften befürwortet, die nunmehr - nach der feierlichen Proklamation der Charta - jedoch als unsystematisch kritisiert wird. Allerdings darf nicht übersehen werden, dass das Recht auf Bildung nicht nur mit Art. 15 GRC, sondern auch mit einer Reihe von anderen Freiheitsrechten inhaltlich eng verbunden ist, so zum Beispiel mit der Garantie der Gedanken-, Gewissens- und Religionsfreiheit (Art. 10 Abs. 1 GRC), der Freiheit von Kunst und Wissenschaft (Art. 13 GRC) und der unternehmerischen Freiheit (Art. 16 GRC), von der die Privatschulfreiheit ein spezieller Anwendungsfall ist. Unter inhaltlichen Gesichtspunkten ist daher die Verortung des Bildungsrechts innerhalb der „Freiheiten“ durchaus folgerichtig.

Angesichts des primär sozialen Bezugs der Absätze 1 und 2 des Art. 14 GRC sollen die nachfolgenden Erörterungen auf diese Bestimmungen konzentriert werden. Insoweit wurde schon sehr früh in den Konventsberatun-

---

[567] § 16 Abs. 2 der finnischen Verfassung; in Frankreich 13. Absatz der Präambel von 1946; Art. 16 Abs. 4 S. 1 der griechischen Verfassung

[568] Vgl. § 76 S. 1 der dänischen Verfassung, Art. 42 Abs. 4 der irischen Verfassung, Art. 34 S. 2 der italienischen Verfassung, Art. 23 S. 1 der luxemburgischen Verfassung, Art. 74 Abs. 2 der Verfassung Portugals, Art. 27 Abs. 4 der Verfassung Spaniens, Art. 16 Abs. 1 S. 1 der finnischen Verfassung, Kapitel 2 § 21 der Verfassung Schwedens

[569] Art. 24 § 1 der belgischen Verfassung, Art. 7 Abs. 2 des deutschen Grundgesetzes, Art. 42 der irischen Verfassung, Art. 27 Abs. 3 der spanischen Verfassung, § 76 S. 2 der dänischen Verfassung

gen gefordert, dass sich das Bildungsrecht durch entsprechende sprachliche Gestaltung eindeutig als Abwehrrecht – und nicht auch als Teilhaberecht – identifizieren lassen müsse[570]. Dass die Aufnahme eines individuellen Leistungsanspruchs auf Bildung nicht intendiert war, ergibt sich auch aus der im Rahmen der Beratungen geäußerten Kritik an dem ursprünglich vorgesehenen Recht auf freie Wahl der Bildungsstätte, das nach Meinung der Kritiker als Recht auf Sicherstellung von Bildungsmöglichkeiten und damit als Leistungsrecht missinterpretiert werden könne. Zwar wurde im zweiten Entwurf des Konventspräsidiums[571] der Forderung nach einer stärkeren Betonung des abwehrrechtlichen Charakters der Vorschrift durch eine negative Formulierung des Bildungsgrundrechts Rechnung getragen, diese wurde aber in der endgültigen Fassung wieder zugunsten einer positiven Formulierung aufgegeben. Nichtsdestotrotz ist dem Recht auf Bildung in der endgültigen Fassung des Art. 14 GRC ein primär negativer, abwehrrechtlicher Gehalt in dem Sinne zu entnehmen, dass der Zugang zu bestehenden schulischen Bildungseinrichtungen nicht behindert werden darf und Zugangsbeschränkungen aus bildungsqualitativen oder bildungspolitischen Gründen nur insoweit zulässig sind, als diese Maßnahmen ohne Diskriminierung getroffen werden. Wie das Recht auf Bildung besteht auch das Recht auf berufliche Ausbildung und Weiterbildung nur im Rahmen des vorhandenen Bestands an Bildungseinrichtungen[572], zu denen ein diskriminierungsfreier Zugang gewährleistet sein muss. Diesem subjektiven Abwehrrecht korrespondieren objektiv-rechtliche Respektierungs- und Schutzpflichten der Grundrechtsadressaten, so dass nicht nur staatliche Eingriffe unterlassen, sondern auch Störungen durch Dritte verhindert werden müssen.

Neben diesem Primärgehalt des Art. 14 GRC als Recht auf diskriminierungsfreien Zugang zu bestehenden Bildungseinrichtungen lassen sich der Vorschrift auch positive Inhalte entnehmen, die allerdings der objektiven Verpflichtungsebene der Grundrechtsadressaten zuzuordnen sind und kein subjektives Recht auf Bildung mit der Folge eines strikten Erfüllungsanspruch des Einzelnen nach sich ziehen. So setzt Art. 14 GRC das Vorhandensein eines (schulischen) Bildungswesens voraus und verpflichtet damit die Mitgliedstaaten objektiv-rechtlich zur Vorhaltung entsprechender Bildungseinrichtungen und zur Beibehaltung des vorhandenen Bildungsstan-

---

570 Vierte Sitzung des Konvents am 2./3.3.2000, Bernsdorff/Borowsky, Protokolle, S. 160 ff.

571 Dokument CONVENT 13

572 Demgegenüber enthalten die Sozialchartas das Postulat, bestimmte Ausbildungs- und Weiterbildungseinrichtungen zu schaffen, vgl. Meyer/Bernsdorff, Kommentar, Art. 14, Rn. 15, Fn. 267.

dards, wenngleich der Einzelne hierauf keinen individuellen Leistungsanspruch hat[573].

Eng mit dem Recht auf schulische Bildung verbunden ist schließlich das in Absatz 2 garantierte Recht auf unentgeltliche Teilnahme am Pflichtschulunterricht, das nach den Erläuterungen des Präsidiums die infolge der Schulpflicht entstehenden finanziellen Nachteile ausgleichen soll und damit letztlich dem Diskriminierungsverbot Rechnung trägt.

b) Berufsfreiheit und Recht zu arbeiten, Art. 15 GRC

> (1) Jede Person hat das Recht, zu arbeiten und einen frei gewählten oder angenommenen Beruf auszuüben.
>
> (2) Alle Unionsbürgerinnen und Unionsbürger haben die Freiheit, in jedem Mitgliedstaat Arbeit zu suchen, zu arbeiten, sich niederzulassen oder Dienstleistungen zu erbringen.
>
> (3) Die Staatsangehörigen dritter Länder, die im Hoheitsgebiet der Mitgliedstaaten arbeiten dürfen, haben Anspruch auf Arbeitsbedingungen, die denen der Unionsbürgerinnen und Unionsbürger entsprechen.

aa) Bezugsquellen und Inhalt

Die Vorschrift des Art. 15 Abs. 1 GRC enthält neben der zentralen Gewährleistung des Rechts zu arbeiten, die sich auf Art. 1 Abs. 2 ESC stützt, das primär wirtschaftliche Grundrecht der Berufsfreiheit in den Ausformungen der Berufswahl- und der Berufsausübungsfreiheit. Hinsichtlich der Berufsfreiheit verweisen die Erläuterungen auf die Rechtsprechung des EuGH, insbesondere die Urteile in den Rechtssachen *Nold*[574], *Hauer*[575] und *Keller*[576], in der schon bisher die Berufsfreiheit als grundrechtliche Position anerkannt war. Zudem wird auf das sozialpolitische Bekenntnis zur freien Wahl des Berufs und seiner Ausübung in Nr. 4 der Gemeinschaftscharta der sozialen Grundrechte der Arbeitnehmer Bezug genommen. In sachlicher Hinsicht wird von Art. 15 Abs. 1 GRC nicht nur unselbständige, sondern auch selbständige Arbeit erfasst, soweit sich die wirtschaftliche Betätigung nicht als Ausformung der unternehmerischen Freiheit darstellt, die durch Art. 16 GRC geschützt ist[577].

Mit der Aufnahme der drei in Art. 39, 43 und 49 EGV garantierten Freiheiten des Personenverkehrs - also der Freizügigkeit der Arbeitnehmer, der Niederlassungsfreiheit und des freien Dienstleistungsverkehrs - in Art. 15

---

[573] Meyer/Bernsdorff, Kommentar, Art. 14, Rn. 13
[574] EuGH – Nold, Rs. 4/73, Slg. 1974, 491 ff.
[575] EuGH – Hauer, Rs. 44/79, Slg. 1979, 3727 ff.
[576] EuGH – Keller, Rs. 234/85, Slg. 1986, 2897 ff.
[577] Meyer/Bernsdorff, Kommentar, Art. 16, Rn. 10

Abs. 2 GRC hat der Konvent das Grundrecht der Berufsfreiheit für Unionsbürger konkretisiert. Als leges speziales gehen sie den in Absatz 1 enthaltenen Gewährleistungen vor und verdrängen diese für ihren Anwendungsbereich. Eine selbständige Bedeutung behält das Grundrecht aus Absatz 1 für Unionsbürger danach nur bei Sachverhalten ohne grenzüberschreitenden Bezug und in Fällen, in denen, über den grenzüberschreitenden Aspekt hinaus, eine allgemeine Beschränkung beruflicher Freiheit vorliegt[578].

Art. 15 Abs. 3 GRC enthält schließlich ein spezielles, auf den Bereich der Arbeitsbedingungen[579] beschränktes Diskriminierungsverbot für legal Beschäftigte, die die Unionsbürgerschaft nicht besitzen. Grundlage für diese Bestimmung ist nach den Erläuterungen des Präsidiums Art. 137 Abs. 3 vierter Spiegelstrich und Art. 140 EGV sowie die Staatenverpflichtung aus Art. 19 Nr. 4 ESC.

Im Hinblick auf die Bestimmung des Art. 53 GRC ist über die bereits erwähnten Rechtstexte hinaus die detaillierte Garantie des Art. 6 IPwskR bei der Auslegung zu beachten, wonach die Vertragsstaaten das Recht auf Arbeit im Sinne eines Rechts jedes Einzelnen auf die Möglichkeit, seinen Lebensunterhalt durch frei gewählte oder angenommene Arbeit zu verdienen, anerkennen.

bb) Besitzstand in den Mitgliedstaaten

Verfassungsrechtliche Bestimmungen zum Schutz der Arbeit bzw. der Berufsfreiheit finden sich in nahezu allen Mitgliedstaaten, die aber in ihrer Ausgestaltung unterschiedlich sind. So enthalten die Verfassungen Belgiens, Finnlands, Frankreichs, Griechenlands, Luxemburgs, Portugals und Spaniens ein Recht auf Arbeit als objektiv-rechtliche staatliche Verpflichtung, wobei die Verfassung Portugals zudem die Sicherheit des Arbeitsplatzes garantiert und die Verfassungen Frankreichs und Spaniens auch eine dem Recht auf Arbeit korrespondierende verfassungsrechtliche Verpflichtung zu arbeiten vorsehen[580]. Das Recht auf freie Wahl der Arbeit bzw. des Berufs und die Freiheit ihrer Ausübung werden in Deutschland, den Niederlanden, Österreich, Portugal, Schweden und Spanien geschützt[581].

---

[578] Meyer/Bernsdorff, Kommentar, Art. 15, Rn. 20

[579] Aufgrund der Verweise auf Art. 137 Abs. 3 vierter Spiegelstrich und Art. 140 EG ist der Begriff der Arbeitsbedingungen eng auszulegen, vgl. Meyer/Bernsdorff, Kommentar, Art. 15, Rn. 21.

[580] § 23 S. 3 Nr. 1 der belgischen Verfassung, § 18 Abs. 1 S.1 der finnischen Verfassung, fünfter Absatz der Präambel von 1946 als Bestandteil der französischen Verfassung, Art. 22 Abs. 1 S. 1 der griechischen Verfassung, Art. 11 S. 3 der luxemburgischen Verfassung, Art. 53, 58 Abs. 1 der portugiesischen Verfassung, Art. 35 Abs. 1 der spanischen Verfassung

[581] Art. 12 Abs. 1 des deutschen Grundgesetzes, § 23 S. 3 Nr. 1 der belgischen Verfas-

cc) Wirkungsweise

Zu Beginn der Konventsarbeiten waren die Gewährleistungen des Art. 15 GRC – nicht zuletzt mangels entsprechender Regelung in der EMRK - den wirtschaftlichen und sozialen Rechten zugeordnet worden. Im Laufe der Beratungen wurde diese Zuordnung wiederholt kritisiert und eine Ausgestaltung der Berufsfreiheit als reines Freiheitsrecht gefordert[582], jedenfalls aber eine Klarstellung dahingehend verlangt, dass mit dem Recht zu arbeiten kein einklagbares Recht auf einen Arbeitsplatz gemeint sei[583]. Während der Kompromissvorschlag des Präsidiums[584] auf diese Forderungen noch nicht einging und stattdessen die Berufsfreiheit und das Recht zu arbeiten durch Rechte der Arbeit, insbesondere die Garantie des Arbeitsplatzschutzes und das Recht auf Zugang zu einem unentgeltlichen Arbeitsvermittlungsdienst, ergänzte, wurde die Bestimmung schließlich im ersten Entwurf eines vollständigen Textes der Charta[585] bei den Freiheitsrechten verortet. Der Konvent betrachtete die Berufsfreiheit allerdings nicht als reines Freiheitsrecht, sondern – nach dem Vorbild des Art. 1 Abs. 2 ESC und Art. 6 Abs. 1 IPwskR – als auf den „Verdienst des Lebensunterhalts" ausgerichtet und sah es damit weiterhin in einem funktionalen Zusammenhang mit den wirtschaftlichen und sozialen Rechten[586]. In einer späteren Entwurfsfassung[587] wurde dann schließlich die Berufsfreiheit - unter Verzicht auf den Passus „um ihren Lebensunterhalt zu verdienen" – als reines Freiheitsrecht ausgestaltet und so in den endgültigen Text übernommen.

Aus der Entstehungsgeschichte lässt sich somit zweifelsfrei entnehmen, dass eine subjektive Anspruchsposition im Sinne eines Rechts auf Verschaffung eines Arbeitsplatzes durch Absatz 1 nicht begründet werden sollte. Ein strikter, subjektiver Erfüllungsanspruch auf Arbeit wäre nicht nur mit gegenläufigen Freiheitsrechten anderer, insbesondere der unternehmerischen Freiheit und der Eigentumsfreiheit unvereinbar, die Grundrechtsadressaten wären auch zu dessen Erfüllung wegen der begrenzten Verteilungsmasse von Arbeitsplätzen gar nicht in der Lage. Aus diesen Gründen gelangt man auch aus rechtsdogmatischer Sicht nach dem oben dargestell-

---

sung, § 74 der dänischen Verfassung, Art. 11 S. 5 der luxemburgischen Verfassung, Art. 19 Abs. 3 der niederländischen Verfassung, Art. 6 Abs. 1 und 18 der österreichischen Verfassung, Art. 47 Abs. 1 der portugiesischen Verfassung, Kapitel 2 § 20 der schwedischen Verfassung, Art. 35 Abs. 1 der spanischen Verfassung

582 Siebte Sitzung des Konvents am 3./4.4.2000, Bernsdorff/Borowsky, Protokolle, S. 211 f.

583 Vierzehnte Sitzung des Konvents am 10./11.7.2000, Bernsdorff/Borowsky, Protokolle, S. 319 ff.

584 Dokument CONVENT 41

585 Dokument CONVENT 45

586 Meyer/Bernsdorff, Kommentar, Art. 15, Rn. 9

587 Dokument CONVENT 47

ten Modell der Prinzipienabwägung[588] nicht zu der Annahme eines subjektiven Leistungsrechts auf Verschaffung eines Arbeitsplatzes. Im Ergebnis handelt es sich daher bei Art. 15 Abs. 1 GRC um eine Gewährleistung unterhalb der Ebene des individuellen Leistungsrechts, die vor allem Respektierungs- und Schutzpflichten für die Grundrechtsadressaten begründet und damit eine primär abwehrrechtliche Dimension aufweist. Die Grundrechtsadressaten sind somit verpflichtet, die Gewährleistung anzuerkennen, nicht durch aktives Handeln zu verletzen und gegen Eingriffe Dritter durch entsprechendes Tätigwerden zu schützen.

Der positiven Freiheit zu arbeiten entspricht allerdings keine negative Freiheit von der Arbeit, so dass der Einzelne – abgesehen von Zwangs- oder Pflichtarbeit, die Art. 5 Abs. 2 GRC verbietet – nicht vor allgemeinen öffentlichen Dienstpflichten geschützt ist[589].

Bei der Bestimmung des Schutzumfangs der Bestimmung des Absatz 2, die das Grundrecht der Berufsfreiheit für Unionsbürger konkretisiert, ist die Rechtsprechung des EuGH zu berücksichtigen, die die mit Grundrechtsrang ausgestatteten Freiheiten gegenüber der Regelung im EG-Vertrag in zweierlei Hinsicht erweitert hat: zum einen hat der EuGH den Freiheiten über das Diskriminierungsverbot im Sinne eines Anspruchs auf Inländergleichbehandlung hinaus ein allgemeines „Behinderungsverbot" entnommen und zum anderen die Verpflichtung aus den Grundfreiheiten auf die Gemeinschaftsorgane erstreckt[590].

Das in Absatz 3 enthaltene besondere[591] Diskriminierungsverbot hinsichtlich der Arbeitsbedingungen für Personen, die die Unionsbürgerschaft nicht besitzen, wurde erst relativ spät der Berufsfreiheit und dem Recht zu arbeiten angegliedert, nachdem zunächst dafür eine eigene Vorschrift vorgesehen war. Da aber die Bestimmung primär in den Gleichheitsrechten und nicht in den sozialen Rechten wurzelt, soll auf sie an dieser Stelle nicht näher eingegangen werden.

---

[588] Siehe oben Punkt D Ziff. II, III

[589] Dies impliziert allerdings keine allgemeine Arbeitspflicht in dem Sinne, dass der Einzelne nach Maßgabe seiner Kräfte jedenfalls dann für seinen Lebensunterhalt arbeiten muss, wenn er andernfalls der Allgemeinheit zur Last fiele; eine solche Arbeitspflicht fände in den Verfassungsüberlieferungen der Mitgliedstaaten keine Stütze, Meyer/Bernsdorff, Kommentar, Art. 15, Rn. 14 a.E.

[590] Meyer/Bernsdorff, Kommentar, Art. 15, Rn. 20

[591] Art. 15 Abs. 3 GRC konkretisiert das allgemeine Diskriminierungsverbot wegen der Staatsangehörigkeit in Art. 21 Abs. 2 GRC.

2. Soziale Rechte im Kapitel III „Gleichheit"

Nach den Vorgaben des Europäischen Rats von Köln sollte die Charta u.a. auch Gleichheitsrechte umfassen, wie sie in der EMRK gewährleistet sind und wie sie sich aus den gemeinsamen Verfassungsüberlieferungen der Mitgliedstaaten als allgemeine Grundsätze des Gemeinschaftsrechts ergeben. Das in der Charta mit dem Begriff „Gleichheit" überschriebene Kapitel enthält neben dem allgemeinen Gleichheitssatz in Art. 20 GRC, der Gleichheit bei der Gesetzesanwendung wie auch bei der Gesetzgebung gebietet[592], besondere Diskriminierungsverbote in den Art. 21 und 23 GRC. Durch die Bestimmungen der Art. 24, 25 und 26 GRC werden die Personengruppen der Kinder, älteren Menschen und Menschen mit Behinderung als besonders schutzwürdig herausgestellt, indem ihnen besondere Rechte eingeräumt werden, die auf die speziellen Bedürfnisse dieser Personengruppen zielen und damit faktischen Benachteiligungen, die mit dem Alter oder der Behinderung zusammenhängen, entgegenwirken sollen. Damit verfolgen die Bestimmungen die gleiche Zielsetzung wie die auf die Gleichheit von Männern und Frauen bezogene Vorschrift des Art. 23 Abs. 2 GRC, wonach der Grundsatz der Gleichheit der Beibehaltung oder der Einführung spezifischer Vergünstigungen für das unterrepräsentierte Geschlecht nicht entgegensteht. Ein Verstoß gegen den Gleichbehandlungsgrundsatz ist demzufolge bei Maßnahmen, die einen Ausgleich von Nachteilen sozial schwacher Gruppen zum Gegenstand haben, bereits auf der Tatbestandsebene ausgeschlossen bzw. jedenfalls gerechtfertigt.

Wenngleich diese Bestimmungen somit einen starken inhaltlichen Bezug zur „Gleichheit" aufweisen, wird in der Literatur deren systematische Einordnung kritisiert[593]: diese Rechte seien als soziale Rechte einzustufen und hätten daher in das Solidaritätskapitel eingegliedert werden müssen. Gleichwohl hat sich der Konvent bewusst für eine Aufnahme der genannten Bestimmungen in das Gleichheitskapitel entschieden[594]. Dies lässt sich zum einen damit begründen, dass letztlich alle sozialen Rechte ihren Ursprung in der Gleichheit haben. Denn eine der wesentlichen Funktionen des Gleichheitssatzes ist neben der Herstellung rechtlicher Gleichheit die Beseitigung faktischer Ungleichheit unter den Menschen und damit die Herstellung sozialer Gleichheit und sozialer Gerechtigkeit[595]. Natürlich ließen sich mit dieser Argumentation letztlich alle sozialen Rechte dem Gleichheitskapitel zuordnen, so dass die systematische Unterscheidung zwischen Gleichheitsrechten einerseits und sozialen Rechten andererseits im Ergebnis hinfällig würde. Dennoch weisen die Art. 24 – 26 GRC gewich-

---

592 Meyer/Hölscheidt, Kommentar, Art. 20, Rn. 12 m.w.N.
593 Grabenwarter, DVBl. 2001, 6; Philippi, Charta der Grundrechte, S. 24
594 Meyer/Hölscheidt, Kommentar, Vorbemerkung zu Kapitel III, Rn. 1
595 Vgl. dazu Straßmair, S. 74 f., 149 ff., 248 ff.

tige Unterschiede zu den übrigen Solidaritätsvorschriften auf, die deren Verortung im Gleichheitskapitel nicht nur begründen, sondern zwingend erfordern. So regeln die in den Solidaritätsvorschriften niedergelegten Rechte bestimmte Lebensbereiche, die grundsätzlich alle Menschen betreffen können, während die Vorschriften der Art. 24 - 26 GRC an die personenbezogenen Merkmale des Alters und der Behinderung, die bereits in Art. 21 GRC als verbotene Differenzierungskriterien genannt sind, anknüpfen. Um die bestehenden personenbezogenen Ungleichheiten auszugleichen, werden den in den Art. 24 - 26 GRC genannten (sozial benachteiligten) Personengruppen zusätzlich zum Diskriminierungsverbot des Art. 21 GRC besondere Rechte verliehen. Die Vorschriften erlauben also beispielsweise besondere Fördermaßnahmen zugunsten älterer Menschen auf der Grundlage des Art. 13 EGV, also eine Besserstellung („Positivdiskriminierung"), die im Verhältnis zu jungen Menschen einer Rechtfertigung bedarf. Es handelt sich damit um „verfassungsimmanente" Einschränkungen des Diskriminierungsverbots aus Art. 21 GRC aufgrund von speziell eingeräumten „Rechten anderer" im Sinne des Art. 52 Abs. 1 GRC, die folgerichtig zusammen mit der eingeschränkten Verfassungsbestimmung in einem Kapitel verankert wurden.

a) Gleichheit von Männern und Frauen, Art. 23 GRC

> (1) Die Gleichheit von Männern und Frauen ist in allen Bereichen, einschließlich der Beschäftigung, der Arbeit und des Arbeitsentgelts, sicherzustellen.
>
> (2) Der Grundsatz der Gleichheit steht der Beibehaltung oder der Einführung spezifischer Vergünstigungen für das unterrepräsentierte Geschlecht nicht entgegen.

Obwohl das Gleichheitsgebot von Männern und Frauen zu den Kernbestimmungen der Gleichheitsrechte gehört, wird schon durch die Formulierung der Vorschrift ein spezifisch sozialer Bezug hergestellt, indem die Bereiche der Beschäftigung, der Arbeit und des Arbeitsentgelts als Teilausschnitt der Lebensbereiche, in denen die Gleichheit sicherzustellen ist, ausdrücklich erwähnt werden. Deshalb soll an dieser Stelle auf die Bestimmung des Art. 23 GRC kurz eingegangen werden.

aa) Bezugsquellen und Inhalt

Die Vorschrift des Art. 23 Abs. 1 GRC, die nach ihrem Wortlaut eine auf die Schaffung tatsächlicher Gleichstellung von Mann und Frau zielende Politik verlangt, beruht auf einer ganzen Reihe von Vorgaben des EG-Vertrages. Nach Art. 2 EGV ist es Aufgabe der Gemeinschaft, die „Gleichstellung von

Männern und Frauen" zu fördern; darüber hinaus wirkt die Gemeinschaft gemäß Art. 3 Abs. 2 EGV darauf hin, „Ungleichheiten zu beseitigen". Speziell auf das Arbeitsleben bezogen ist die Bestimmung des Art. 141 Abs. 3 EGV, wonach der Rat Maßnahmen beschließen kann, um zu gewährleisten, dass der Grundsatz der Chancengleichheit und der Gleichbehandlung von Männern und Frauen in Arbeits- und Beschäftigungsfragen angewandt wird. Sekundärrechtlich wird die Vorschrift durch eine Gleichbehandlungsrichtlinie[596] ergänzt. Schließlich lehnt sich die Vorschrift des Art. 23 Abs. 1 GRC nach den Erläuterungen des Präsidiums für den Bereich der Arbeit und Beschäftigung auch an Art. 20 RESC sowie Nr. 16 der Gemeinschaftscharta der Arbeitnehmerrechte an.

Absatz 2 des Art. 23 GRC beruht fast ausschließlich auf der Vorschrift des Art. 141 Abs. 4 EGV, die sie in einer kürzeren Formulierung übernimmt.

bb) Besitzstand in den Mitgliedstaaten

Die Vorschrift kann sich zudem auf eine gemeinsame Verfassungsüberlieferung der Mitgliedstaaten stützen, da zahlreiche Verfassungen der Mitgliedstaaten vergleichbare Bestimmungen enthalten. Während die Mehrzahl der Verfassungen Diskriminierungen wegen des Geschlechts verbietet, enthalten allein die deutsche und die griechische Verfassung einen allgemeinen Grundsatz der Gleichberechtigung von Mann und Frau[597]. Staatsziele bzw. Gestaltungsaufträge zur Schaffung tatsächlicher Gleichstellung sind in Deutschland, Finnland, Frankreich, Italien, Österreich, Portugal und Schweden vorgesehen[598]. In diesem Zusammenhang erklären die Verfassungen Österreichs und Schwedens Maßnahmen zur Förderung der Gleichstellung ausdrücklich für zulässig. Teilweise sind in den Verfassungstexten bestimmte Aspekte der Gleichberechtigung von Mann und Frau besonders hervorgehoben, so beispielsweise hinsichtlich der staatsbürgerlichen Rechte[599] oder – wie auch in der Charta – in Bezug auf das

---

[596] Richtlinie 76/207/EWG des Rates zur Verwirklichung des Grundsatzes der Gleichbehandlung von Männern und Frauen hinsichtlich des Zugangs zur Beschäftigung, zur Berufsbildung und zum beruflichen Aufstieg sowie in Bezug auf die Arbeitsbedingungen (ABl. 1976 Nr. L 39, S. 40)

[597] Art. 3 Abs. 2 S. 1 des deutschen Grundgesetzes und Art. 4 Abs. 2 der griechischen Verfassung

[598] Art. 3 Abs. 2 S. 2 des deutschen Grundgesetzes, § 6 Abs. 4 der finnischen Verfassung, Nr. 1 der Präambel von 1946 als Bestandteil der Verfassung Frankreichs, Art. 3 S. 2 der Verfassung Italiens, Art. 7 Abs. 2 der österreichischen Verfassung, Art. 9 lit. h der Verfassung Portugals, Kap. 1 § 2 Abs. 3 S. 2 der Verfassung Schwedens

[599] Art. 51 Abs. 1 der italienischen Verfassung, Art. 9 Abs. 1 Nr. 3 und Art. 16 Abs. 1 Nr. 1, 3 der irischen Verfassung, Art. 52 der luxemburgischen Verfassung, Art. 58 Abs. 2 lit. b der Verfassung Portugals

Arbeitsleben[600]. Allein die belgische, luxemburgische und dänische Verfassung erwähnen die Gleichheit der Geschlechter nicht ausdrücklich.

cc) Wirkungsweise

In den ersten Entwürfen des Konvents war ein Gleichstellungsauftrag von Mann und Frau zunächst dem allgemeinen Verbot von Diskriminierungen wegen bestimmter Merkmale angegliedert[601]. Nachdem einige Konventsmitglieder die Positionierung der Bestimmung bei den wirtschaftlichen und sozialen Rechten gefordert hatten, wurden vom Präsidium zwei neue Bestimmungen bei den sozialen Rechten vorgeschlagen[602]: ein mit „Gleichheit von Männern und Frauen" betitelter Artikel I, der die Gleichheit in den Bereichen Arbeit und Beschäftigung thematisierte, und ein mit „Recht auf gleiches Entgelt für gleiche Arbeit" überschriebener Artikel V. Nach weiteren kontroversen Beratungen über die systematische Stellung der Bestimmungen wurden die Artikel I und V zunächst in einem neuen Art. 31 a GRC zusammengeführt und um die ausdrückliche Zulassung spezifischer Vergünstigungen für das unterrepräsentierte Geschlecht erweitert[603], bevor die Bestimmung schließlich über das Gebiet des Arbeitslebens hinaus auf alle Lebensbereiche erstreckt und in das Gleichheitskapitel integriert wurde[604]. Im Ergebnis reklamiert die Vorschrift damit einen umfassenden Geltungsanspruch für die Geschlechtergleichheit. Zugleich handelt es sich aber um eine der wenigen Bestimmungen der Charta, die eine spezifische Beschränkung durch die Zulassung von „Positivdiskriminierungen" zugunsten des unterrepräsentierten Geschlechts vorsehen.

Materiell-rechtlich enthält die Vorschrift des Absatzes 1 einen Auftrag zur „Sicherstellung", also nicht lediglich eine Respektierungsverpflichtung, sondern eine positive Zielbestimmung für das Handeln der Gemeinschaft im Sinne eines objektiv-rechtlichen Auftrags an die hoheitlich Handelnden, die

---

600 § 6 Abs. 4 der finnischen Verfassung, Art. 22 Abs. 1 S. 2 der griechischen Verfassung, Art. 37 Abs. 1 der italienischen Verfassung, Art. 58 Abs. 2 lit. b und Art. 59 Abs. 1 der Verfassung Portugals, Art. 35 Abs. 1 S. 2 der Verfassung Spaniens

601 Vgl. Art. 19 Abs. 2 in Dokument CHARTE 4137/00 CONVENT 8 vom 24.02.2000: „Die Union wirkt darauf hin, Ungleichheiten zu beseitigen und die Gleichstellung von Männern und Frauen zu fördern."

602 Dokument CHARTE 4192/00 CONVENT 18 vom 27.03.2000

603 Dokument CHARTE 4383/00 CONVENT 41 vom 3.7.2000: „Die Chancengleichheit und die Gleichbehandlung von Männern und Frauen in den Bereichen Arbeit und Beschäftigung, einschließlich des gleichen Entgelts für gleiche oder gleichwertige Arbeit, ist zu gewährleisten. Der Grundsatz der Gleichbehandlung hindert nicht daran, zur Erleichterung der Berufstätigkeit des unterrepräsentierten Geschlechts oder zur Verhinderung bzw. zum Ausgleich von Benachteiligungen in der beruflichen Laufbahn spezifische Vergünstigungen beizubehalten oder zu beschließen."

604 Dokument CHARTE 4422/00 CONVENT 45 vom 28.07.2000 und CHARTE 4470/1/00 REV 1 CONVENT 47 vom 21.09.2000

tatsächliche Gleichheit von Männern und Frauen durch ihre Politik herzustellen. Ein korrespondierender subjektiver Anspruch auf bestimmte Maßnahmen ist damit jedoch nicht verbunden.

Die Regelung in Absatz 2 schließt einen Verstoß gegen das Gleichheitsgebot im Falle der Beibehaltung oder Einführung spezifischer Vergünstigungen für das unterrepräsentierte Geschlecht entweder schon auf der Ebene des Tatbestands aus oder normiert einen Rechtfertigungsgrund für solche Maßnahmen[605]. Wünschenswert wäre es gewesen, eine vergleichbare Regelung auch für andere benachteiligte Personengruppen aufzunehmen[606].

b) Rechte des Kindes, Art. 24 GRC

> (1) Kinder haben Anspruch auf den Schutz und die Fürsorge, die für ihr Wohlergehen notwendig sind. Sie können ihre Meinung frei äußern. Ihre Meinung wird in den Angelegenheiten, die sie betreffen, in einer ihrem Alter und ihrem Reifegrad entsprechenden Weise berücksichtigt.
>
> (2) Bei allen Kinder betreffenden Maßnahmen öffentlicher oder privater Einrichtungen muss das Wohl des Kindes eine vorrangige Erwägung sein.
>
> (3) Jedes Kind hat Anspruch auf regelmäßige persönliche Beziehungen und direkte Kontakte zu beiden Elternteilen, es sei denn, dies steht seinem Wohl entgegen.

aa) Bezugsquellen und Inhalt

Zentrales Anliegen und oberster Maßstab von Art. 24 GRC ist das Kindeswohl. In Verfolgung dieses Anliegens formuliert die Vorschrift zunächst einen allgemeinen Schutz- und Fürsorgeanspruch von Kindern und postuliert in Abs. 2 eine Erwägungspflicht des Kindeswohls bei allen Maßnahmen, die Kinder betreffen. Darüber hinaus greift die Vorschrift für das Kindeswohl besonders bedeutsame Einzelaspekte auf, nämlich die Äußerung und Berücksichtigung der Kindesmeinung zum einen (Abs. 1 S. 2, 3) und den Anspruch auf persönliche Beziehungen zu beiden Elternteilen zum anderen (Abs. 3). Nach den Erläuterungen des Sekretariats stützt sich die Bestimmung dabei auf das am 20.11.1989 unterzeichnete und von allen Mitgliedstaaten ratifizierte Übereinkommen von New York über die Rechte des Kindes[607], insbesondere auf die Art. 3, 9, 12 und 13 dieses Übereinkommens, die zum Teil wörtlich übernommen wurden. Ausdrücklich nicht erwähnt ist

---

[605] Siehe für Art. 141 Abs. 4 EG Callies / Ruffert - Krebber, EUV/EGV, Art. 141 EG, Rn. 81; wegen der engen Anlehnung des Art. 23 Abs. 2 GRC an Art. 141 Abs. 4 EG und aufgrund der Regelung in Art. 52 Abs. 2 GRC ist eine entsprechende Interpretation vorzunehmen

[606] Meyer/Hölscheidt, Kommentar, Art. 23, Rn. 19

[607] BGBl. 1992 II, S. 121

dagegen die Vorschrift des Art. 17 RESC, die sich zwar ebenfalls dem sozialen, gesetzlichen und wirtschaftlichen Schutz von Kindern und Jugendlichen widmet, aber noch nicht von allen Mitgliedstaaten der Union ratifiziert ist.

bb) Besitzstand in den Mitgliedstaaten

Auf der Ebene der Mitgliedstaaten enthalten nur einzelne Verfassungstexte spezielle Bestimmungen für Kinder, wobei diese im Vergleich zu der Vorschrift des Art. 24 GRC eher fragmentarisch ausgestaltet sind. So sehen die Verfassungen von Frankreich, Griechenland und Italien eine staatliche Schutzpflicht für Kinder vor, ohne dass diese im Einzelnen konkretisiert wird[608]. Sehr ausführliche Vorschriften zum Schutz von Kindern enthalten dagegen die Verfassungen Portugals und Spaniens[609], wobei die spanische Verfassung das Schutzniveau durch einen Verweis auf jene Rechte verstärkt, die Kinder gemäß internationalen Abkommen genießen. Soweit ein staatlicher Schutzauftrag zugunsten von Kindern in den mitgliedstaatlichen Verfassungen enthalten ist, wird dieser in einer Reihe von Verfassungstexten als subsidiär gegenüber dem Schutz der Familie und dem Erziehungsrecht der Eltern eingestuft[610]. Der Hauptunterschied zu der Regelung des Art. 24 GRC besteht jedoch darin, dass Kinder in den mitgliedstaatlichen Verfassungen zumeist als Objekt sozialstaatlicher Fürsorge, nicht aber als Träger eigener Rechte und damit als Grundrechtssubjekt gesehen werden. Eine Ausnahme bildet insoweit die finnische Verfassung, die unter dem Titel Gleichheit in Art. 6 Abs. 3 betont, dass Kinder wie gleiche Individuen zu behandeln sind und ihnen ein Einflussnahmerecht auf Angelegenheiten, die sie selbst betreffen, einräumt[611].

cc) Wirkungsweise

Zu Beginn der Konventsberatungen wurde der Schutz der Kinder lediglich unter dem Aspekt des sozialen Schutzes erörtert und war zunächst in einer mit „Familienleben" überschriebenen Vorschrift als Abs. 3 mit folgendem Wortlaut enthalten: „Die Union trägt Sorge für den Schutz des Kindes." Nachdem sich schließlich mehrere Konventsmitglieder mit ihrer Forderung nach einer eigenständigen Schutzvorschrift für Kinder durchgesetzt hatten,

---

[608] Vgl. in Frankreich die Präambel der Verfassung von 1946, Art. 21 Abs. 1, 3 der griechischen Verfassung, Art. 31 der italienischen Verfassung.

[609] Art. 69 der portugiesischen Verfassung, Art. 39 Abs. 2-4 der spanischen Verfassung

[610] Art. 6 Abs. 2, 3 des deutschen Grundgesetzes, Art. 42 der irischen Verfassung, Art. 30 Abs. 1, 2 der italienischen Verfassung, Art. 36 Abs. 5, 6 der Verfassung Portugals

[611] Daneben erwähnen einige Verfassungen Rechte von Kindern im Zusammenhang mit dem Unterrichtswesen, vgl. Art. 24 § 3 der belgischen Verfassung, § 76 der dänischen Verfassung, Kapitel 2 § 21 der Verfassung Schwedens

wurde diese aus gutem Grund und in systematischer Anlehnung an die finnische Verfassung innerhalb der Gleichheitsvorschriften niedergelegt.

Art. 24 Abs. 1 S. 1 GRC enthält nach seinem eindeutigen Wortlaut einen Schutzanspruch von Kindern und verpflichtet damit die in Art. 51 GRC genannten Grundrechtsadressaten auf der Ebene des „protect" zu aktivem Handeln, also dazu, Abwehrmaßnahmen zu ergreifen, wenn das Wohl von Kindern beeinträchtigt zu werden droht oder bereits beeinträchtigt ist, und wirksame rechtliche Regelungen zu schaffen, um Schutz und Fürsorge für Kinder zu gewährleisten. Eine spezielle Ausformung dieses Schutzanspruches findet sich bereits in der Charta selbst für den Bereich der Arbeit, indem Art. 32 Abs. 1 GRC ein Verbot der Kinderarbeit normiert.

Art. 24 Abs. 1 S. 2 GRC enthält im Grunde eine rein deklaratorische Wiederholung der Freiheit der Meinungsäußerung für Kinder, da Art. 11 Abs. 1 S. 1 GRC ohnehin jeder Person, also auch jedem Kind, das Recht auf freie Meinungsäußerung gewährt. Satz 3 verstärkt jedoch die Meinungsäußerungsfreiheit von Kindern dadurch, dass in Angelegenheiten, die Kinder betreffen, die Verpflichtung besteht, sich mit der Kindesmeinung auseinanderzusetzen und sie in den Erkenntnisprozess einzubeziehen. Nachdem diese Berücksichtungspflicht in personeller Hinsicht nicht eingeschränkt ist, werden sowohl öffentliche als auch – mittelbar - private Institutionen durch die Vorschrift in die Pflicht genommen, Eingriffe in die Freiheit der Meinungsäußerung von Kindern zu unterlassen. Zudem gibt die Vorschrift Kindern ein korrespondierendes Abwehrrecht, insbesondere auch in Bezug auf Maßnahmen in ihren Angelegenheiten, bei denen die Kindesmeinung nicht ausreichend berücksichtigt wurde.

Art. 24 Abs. 2 GRC enthält einen an öffentliche und private Einrichtungen gerichteten Auftrag, bei allen Maßnahmen, die Kinder betreffen, das Kindeswohl vorrangig zu erwägen. Dabei deutet der Terminus „erwägen" zwar auf eine etwas schwächere Verpflichtung hin als die in Absatz 1 enthaltene Berücksichtigungspflicht; allerdings hat die Erwägung des Kindeswohls nach der Formulierung des Absatzes 2 „vorrangig" zu geschehen, so dass es sich um einen allenfalls marginalen Wirkungsunterschied handeln dürfte. Aufgrund der ausdrücklichen Einbeziehung von privaten Einrichtungen in den Kreis der Grundrechtsadressaten entfaltet die Vorschrift insoweit unmittelbare Drittwirkung[612].

Gleiches gilt für Absatz 3 des Art. 24 GRC, der jedem Kind einen Anspruch auf regelmäßige und persönliche Beziehungen zu beiden Elternteilen einräumt, sofern dies seinem Wohl nicht entgegensteht. Ein korrespondierendes Recht der Eltern, Kinder zu pflegen und zu erziehen, sieht die Charta dagegen im Unterschied zu vielen mitgliedstaatlichen Verfassungen nicht

[612] Mahlmann, ZeuS 2000, 438; Schmitz, JZ 2001, 840; Tettinger, NJW 2001, 1013

vor, sondern beschränkt sich in Art. 14 Abs. 3 auf die Formulierung, dass das Recht der Eltern geachtet wird, die Erziehung ihres Kindes sicherzustellen.

c) Rechte älterer Menschen, Art. 25 GRC

> Die Union anerkennt und achtet das Recht älterer Menschen auf ein würdiges und unabhängiges Leben und auf Teilnahme am sozialen und kulturellen Leben.

aa) Bezugsquellen und Inhalt

Mit der Vorschrift des Art. 25 GRC bekennt sich die Union zur Achtung von Rechten älterer Menschen und stützt sich dabei fast ausschließlich auf internationale Vorgaben, insbesondere Art. 23 RESC sowie Nr. 24 und 25 der Gemeinschaftscharta der sozialen Grundrechte der Arbeitnehmer, die allerdings nur auf ältere Arbeitnehmer und damit nur auf einen Teil älterer Menschen Bezug nimmt.

bb) Besitzstand in den Mitgliedstaaten

Eine Bestimmung, die mit Art. 25 GRC vergleichbar ist, findet sich in den Verfassungen der Mitgliedstaaten nicht. Soweit in den nationalen Verfassungstexten spezielle Gewährleistungen zugunsten älterer Menschen vorgesehen sind, thematisieren diese nur bestimmte Voraussetzungen für ein würdiges und unabhängiges Leben im Alter. So enthalten die französische, die finnische, die irische wie auch die italienische Verfassung besondere Regelungen für den Fall altersbedingter Erwerbsunfähigkeit[613]. Andere Verfassungen widmen sich dagegen vorrangig dem besonderen Gesundheitsschutzbedürfnis älterer Menschen[614] und sehen zu diesem Zweck zum Teil die Garantie eines altersbezogenen Systems sozialer Sicherheit vor, wie die Verfassungen Portugals und Spaniens[615]. Besondere Diskriminierungsverbote wegen des Alters existieren in Finnland und – speziell für das Arbeitsleben – in Portugal[616]. In Deutschland enthält allein die relativ junge Landesverfassung von Sachsen-Anhalt eine Staatszielbestimmung, wonach ältere Menschen unter dem besonderen Schutz des Landes stehen, das die gleichwertige Teilnahme von älteren Menschen am Leben in der

---

[613] In Frankreich Präambel der Verfassung von 1946, § 19 Abs. 2 der finnischen Verfassung, Art. 45 Abs. 4 der irischen Verfassung, Art. 38 Abs. 2 der italienischen Verfassung

[614] Präambel der französischen Verfassung von 1946, Art. 21 Abs. 3 der griechischen Verfassung, Art. 64 Abs. 2 lit. b der portugiesischen Verfassung

[615] Art. 63 Abs. 3 der portugiesischen Verfassung, Art. 50 der spanischen Verfassung

[616] § 6 Abs. 2 der finnischen Verfassung, Art. 59 Abs. 1 der Verfassung Portugals

Gemeinschaft fördert[617]. Der umfassende Ansatz des Art. 25 GRC entspricht daher keiner gemeinsamen mitgliedstaatlichen Verfassungstradition.

cc) Wirkungsweise

Die Aufnahme eines eigenen Artikels zum Schutz älterer Menschen wurde im Rahmen der Konventsberatungen erst relativ spät zur Diskussion gestellt[618] und durch das Präsidium erstmalig in seinem endgültigen Entwurf eines vollständigen Textes der Charta[619] als Art. 25 in den Chartaentwurf eingefügt, der dann wortgleich ohne erneute Diskussion vom Konvent angenommen wurde. Von Beginn an wurde lediglich das Recht älterer Menschen auf sozialen Schutz thematisiert, das innerhalb der sozialen Rechte in Art. 34 GRC Eingang gefunden hat.

Die Vorschrift des Art. 25 GRC räumt älteren Menschen im Gegensatz zu Kindern kein Recht bzw. Anspruch ein, sondern setzt inzidenter ein Recht auf ein würdiges Leben und auf Teilnahme am sozialen und kulturellen Leben voraus, das von der Union anzuerkennen und zu achten ist. Wie auch bei den übrigen Vorschriften mit entsprechender Formulierung handelt es sich bei Art. 25 GRC um eine Respektierungsverpflichtung der Union, die keine Maßnahmen ergreifen darf, die das Recht auf ein würdiges und unabhängiges Leben bzw. das Recht auf Teilnahme am Leben der Gemeinschaft beeinträchtigen. Gegen solche Maßnahmen steht den Grundrechtsträgern zugleich aufgrund von Art. 25 GRC ein subjektives Abwehrrecht zu.

d) Integration von Menschen mit Behinderung, Art. 26 GRC

> Die Union anerkennt und achtet den Anspruch von Menschen mit Behinderung auf Maßnahmen zur Gewährleistung ihrer Eigenständigkeit, ihrer sozialen und beruflichen Eingliederung und ihrer Teilnahme am Leben der Gemeinschaft.

aa) Bezugsquellen und Inhalt

Art. 26 GRC widmet sich der dritten besonders schutzbedürftigen Personengruppe, den Menschen mit Behinderung. Dabei stützt sich die Vorschrift vornehmlich auf Art. 15 ESC, der die berufliche Ausbildung und Eingliederung Behinderter thematisiert. Daneben lehnt sich der Artikel nach den unverbindlichen Erläuterungen des Sekretariats aber auch an die Vorgaben des Art. 23 RESC - der allerdings auf ältere Menschen Bezug nimmt - und

---

[617] Art. 38 der Verfassung von Sachsen-Anhalt
[618] CHARTE 4383/00 CONVENT 41 vom 03.07.2000
[619] CHARTE 4487/00 CONVENT 50 vom 28.09.2000

Nr. 26 der Gemeinschaftscharta der sozialen Grundrechte der Arbeitnehmer an.

bb) Besitzstand in den Mitgliedstaaten

Die Verfassungen der Mitgliedstaaten sehen nur sehr vereinzelt Bestimmungen über die Rechte von Behinderten vor und gehen dabei von völlig unterschiedlichen Ansätzen aus. Während die finnische Verfassung eine Regelung für Behinderte unter dem Gesichtspunkt des Rechts auf eigene Sprache und eigene Kultur enthält[620], schützen die deutsche und die österreichische Verfassung Behinderte mit einem speziellen Diskriminierungsverbot gegen Benachteiligung[621]. Umfangreiche Handlungsverpflichtungen des Staates und eine Garantie gleicher Staatsbürgerrechte für behinderte Menschen sehen schließlich die portugiesische und spanische Verfassung vor[622]. Unter anderem verlangt die portugiesische Verfassung dabei auch vom Staat, „eine Pädagogik der Bewusstseinsbildung der Gesellschaft zu entfalten hinsichtlich des Erkennens der Pflicht, Behinderte zu achten und sich mit ihnen solidarisch zu fühlen."

cc) Wirkungsweise

Im Konvent bestand von Beginn an Einigkeit darüber, dass Menschen mit Behinderung eine hervorgehobene Stellung eingeräumt werden sollte. Zunächst war im Kapitel der sozialen Rechte eine inhaltlich sehr weit reichende Vorschrift vorgesehen, die Behinderten einen Anspruch auf konkrete ergänzende Maßnahmen zur Förderung ihrer sozialen und beruflichen Eingliederung verlieh[623]. Damit sollte das zentrale Anliegen zum Ausdruck gebracht werden, positive Maßnahmen auf der Grundlage des Art. 13 EGV zur Bekämpfung von Diskriminierungen aus Gründen einer Behinderung zu legitimieren. Vom Präsidium wurde in diesem Zusammenhang die Frage aufgeworfen, ob der Artikel nicht in das Gleichheitskapitel zu integrieren sei[624]. Nachdem auch andere Konventsmitglieder eine noch stärkere Betonung des Gleichstellungsgedankens forderten, wurde die Bestimmung schließlich aus dem Solidaritätskapitel herausgenommen und mit gewissen

---

620 § 17 Abs. 3 S. 3 der finnischen Verfassung

621 Art. 3 Abs. 3 S. 2 des deutschen Grundgesetzes, Art. 7 Abs. 1 S. 3 der österreichischen Verfassung

622 Art. 71 der Verfassung Portugals, Art. 49 der spanischen Verfassung

623 CHARTE 4227/00 CONVENT 26 vom 17.04.2000, Art. XVII: „Alle Behinderten haben unabhängig von der Ursache und Art ihrer Behinderung Anspruch auf konkrete ergänzende Maßnahmen, die ihre soziale und berufliche Eingliederung fördern."

624 Siehe Begründungstext des Präsidiums zu Art. XVII in CHARTE 4227/00 CONVENT 26 vom 17.04.2000

Modifikationen innerhalb des Gleichheitskapitels niedergelegt[625]. In sprachlicher Hinsicht lehnte man sich dabei an die Bestimmung zugunsten älterer Menschen an, da der Konvent die Formulierung eines Auftrags zur Vornahme oder Gewährleistung von Maßnahmen zugunsten von Behinderten ausdrücklich ablehnte. So setzt auch Art. 26 GRC lediglich einen Anspruch behinderter Menschen voraus, ohne ihn selbst zu begründen und verpflichtet die Union auf die Anerkennung und Achtung dieses Anspruchs. Damit enthält Art. 26 GRC wie auch Art. 25 GRC neben einer objektiven Respektierungsverpflichtung der Grundrechtsadressaten lediglich ein Abwehrrecht der Grundrechtsträger und kein subjektives Leistungsrecht.

G. Zusammenfassung zur Wirkungsweise der Sozialvorschriften der Charta

Vielerlei Bedenken zum Trotz und unter Überwindung erheblicher nationalstaatlicher Widerstände wurden durch den Konvent zahlreiche Grundrechte mit sozialem Gehalt in der Europäischen Grundrechtscharta niedergelegt.

Dies sollte im Verfassungsraum Europas Anlass zu einem grundlegenden Perspektivenwandel auf dem Gebiet der sozialen Grundrechte geben. Insbesondere sollte davon Abstand genommen werden, den Begriff der sozialen Grundrechte auf subjektive Leistungsrechte im engeren Sinne zu reduzieren und damit deren „Verfassungswürdigkeit" generell in Zweifel zu ziehen. Vielmehr ist auch im Hinblick auf soziale Grundrechte von der Grundannahme auszugehen, dass diese – ebenso wie die klassischen Freiheitsrechte – ein Bündel verschiedenster Rechtspositionen mit unterschiedlicher Verpflichtungswirkung beinhalten; so kann der Gehalt sozialgrundrechtlicher Verbürgungen von subjektiven Leistungsrechten im engeren Sinne bis hin zu unverbindlichen politischen Zielbestimmungen reichen. Die Ermittlung ihres konkreten Wirkungsgehalts bedarf daher einer gründlichen Analyse und Auslegung.

Schon eine strukturtheoretische Analyse auf der Grundlage des Modells der Prinzipienabwägung führt zu dem Ergebnis, dass subjektive Leistungsrechte auf faktische Erbringung von Geld- oder Sachleistungen im Bereich der sozialen Grundrechte die Ausnahme bilden und nur insoweit zum Tragen kommen, als es um die Sicherung elementarer Grundbedürfnisse geht, die in der Würde des Menschen und seinem Recht auf Leben wurzeln. Bei diesen Minimalgarantien handelt es sich um unveräußerliche subjektive Rechte des Einzelnen, die vorbehaltlos zu gewährleisten sind. Je mehr der Minimalstandard dagegen in Richtung der Verwirklichung eines wünschenswerten sozialen Idealstandards überschritten wird, schwächt

[625] CHARTE 4422/00 CONVENT 45 vom 28.07.2000

sich die Verdichtung des sozialen Grundrechts zu einem bloß objektiven nichtbindenden Gehalt hin ab.

Die Auslegung der sozialen Rechte der Europäischen Grundrechtscharta unter Berücksichtigung ihrer Entstehungsgeschichte und Bezugsquellen führt zu einem übereinstimmenden Ergebnis. Im Einklang mit dem von den Staats- und Regierungschefs auf dem Gipfel von Köln erteilten Mandat, die Bindung der europäischen Union an die fundamentalen Rechtsüberzeugungen sichtbar zu verankern, dienen die sozialen Chartabestimmungen vorrangig der Festschreibung eines „sozialen Sockels" auf dem Gebiet der Europäischen Union, der in keinem Mitgliedstaat unterschritten werden darf; die Charta betont daher in besonderer Weise den Abwehr- und Schutzcharakter sozialer Rechte, also die Ebenen des „respect" und „protect" im Sinne des europäischen Drei-Ebenen-Modells.

Eine Vielzahl von Rechten erschöpft sich in einem rein abwehrrechtlichen Gehalt und begegnet damit unter keiner Rücksicht den gegen die verfassungsrechtliche Verankerung sozialer Rechte vorgebrachten Bedenken: weder im Hinblick auf den Gewaltenteilungsgrundsatz, noch im Hinblick auf die begrenzten finanziellen Möglichkeiten der Grundrechtsverpflichteten oder konkurrierende Freiheitsrechte anderer Grundrechtsträger, noch im Hinblick auf die begrenzte Kompetenzausstattung der Union im sozialen Bereich. Diese Regelungen verfolgen vor allem den Zweck, die auf der Ebene der Europäischen Union vorhandenen sozialen Standards abzusichern und damit den Status quo zu wahren.

Teilweise erstrecken sich die sozialen Rechte der Charta auch auf eine objektive Schutzdimension, der allerdings nur vereinzelt – im Kernbereich - ein subjektiv individueller Schutzanspruch entspricht. Dieser Dimension kommt jedoch nur eingeschränkte Bedeutung zu, da die Charta die Mitgliedstaaten nicht zum Erlass grundrechtsschützender Maßnahmen bei Anwendung ihres eigenen Rechts verpflichtet, sondern nur dann, wenn diese Gemeinschaftsrecht durchführen. Soweit sich soziale Bestimmungen mit Schutzcharakter an die Union wenden, ist zu berücksichtigen, dass sie positive Aktionen der Union nur im Rahmen der bestehenden Kompetenzen und unter dem Vorbehalt des Subsidiaritätsprinzips erlauben.

Positive soziale Verbürgungen auf der Ebene des „fulfil" sind der Charta dagegen nur in äußerst geringem Umfang zu entnehmen. Insbesondere sind die subjektiv formulierten Zugangsrechte zu sozialen Leistungssystemen auf den vorhandenen Bestand an sozialen Einrichtungen beschränkt und vermitteln daher kein Leistungsrecht auf Schaffung nicht vorhandener Kapazitäten. Im Ergebnis lassen sich den Bestimmungen der Charta nur im Bereich der Minimalgarantien definitive subjektive Leistungsrechte entnehmen, die sich letztlich aus der Wechselwirkung von sozialen Garantien und anderen Grundrechten ergeben. Ein Beispiel hierfür ist das in Art. 34 Abs. 3

GRC enthaltene Recht auf das Existenzminimum, das eine Ausformung des Rechts auf Unverletzlichkeit der Menschenwürde darstellt und zweifellos von jedem europäischen Mitgliedstaat erfüllt werden kann. Bei den übrigen subjektiv formulierten sozialen Chartabestimmungen entfalten die so genannten Begrenzungs- oder Ausgestaltungsvorbehalte, wonach bestimmte Rechte oder Ansprüche lediglich „nach Maßgabe des Gemeinschaftsrechts und der einzelstaatlichen Rechtsvorschriften und Gepflogenheiten" gewährleistet sind, besondere Bedeutung. Diese Formulierung stellt zum einen sicher, dass sich der jeweilige Gewährleistungsinhalt entweder nach formell rechtmäßigem im Sinne von kompetenzgemäß zustande gekommenem Gemeinschaftsrecht oder - soweit die entsprechenden Zuständigkeiten auf der Ebene der Mitgliedstaaten angesiedelt sind - nach mitgliedstaatlichen Vorgaben richtet. Zugleich relativieren diese Begrenzungsvorbehalte aber den eigenständigen Regelungsgehalt der jeweiligen Bestimmungen, indem sie die konkrete inhaltliche Ausgestaltung der sozialen Rechtspositionen dem Gemeinschaftsrecht bzw. dem mitgliedstaatlichen Recht überlassen. Im Hinblick auf die erforderliche Ausgestaltung erwachsen den Mitgliedstaaten jedoch keine Handlungspflichten, vielmehr sind sie lediglich daran gehindert, den in der Charta anerkannten Sozialschutz völlig abzuschaffen. Gleichwohl werden auch die mit einem Ausgestaltungsvorbehalt versehenen Bestimmungen dem grundsätzlichen Anliegen einer prinzipiellen Anerkennung sozialer Rechtspositionen gerecht, ohne die mitgliedstaatlichen Traditionen und Eigenarten auf sozialem Gebiet einer zu weitgehenden Harmonisierung zu unterwerfen.

Schließlich sieht die Charta noch vereinzelt so genannte Grundsätze vor, die die Union auf die Sicherstellung eines hohen Gesundheitsschutz-, Umweltschutz- und Verbraucherschutzniveaus verpflichten und damit im wesentlichen nur eine Art politisches Grundsatzprogramm der Union enthalten, indem sie die Ziele der Politik festlegen; gleichwohl entfalten auch sie Auswirkungen auf die Auslegung und Rechtsfortbildung der Rechtsordnungen Europas und der Mitgliedstaaten sowie auf die Ermessenserwägungen im Einzelfall.

H. Die horizontalen Schlussbestimmungen

Abschließend soll nun auf die „horizontalen Klauseln“ oder Querschnittsbestimmungen der Charta eingegangen werden, denen zentrale Bedeutung für die Auslegung und Anwendung der Charta insgesamt, insbesondere aber für die Solidaritätsbestimmungen, zukommt. Sie geben Aufschluss über den Anwendungsbereich, die Schrankensystematik und das Verhältnis der Charta zu anderen Menschenrechtsinstrumenten und sind daher vor allem für den Fall einer zukünftigen Rechtsverbindlichkeit der Charta von Bedeutung.

Für die Ausarbeitung der Querschnittsbestimmungen waren drei prinzipielle Überlegungen leitend[626]: Die Rechte, Freiheiten und Grundsätze der Charta sollten erstens die gesamte Hoheitsgewalt der Union möglichst umfassend binden und begrenzen, dabei sollten zweitens die nationalen Werteordnungen und Grundrechtstraditionen sowie die identitätsstiftende Funktion der nationalen Verfassungsgerichte gewahrt bleiben und drittens sollte eine größtmögliche Kohärenz des Schutzes der Menschenrechte in Europa erreicht werden. Wie diese Leitgesichtspunke in den einzelnen horizontalen Bestimmungen umsetzt wurden, soll nunmehr einer näheren Betrachtung unterzogen werden.

I. Anwendungsbereich, Art. 51 GRC

> (1) Diese Charta gilt für die Organe und Einrichtungen der Union unter Einhaltung des Subsidiaritätsprinzips und für die Mitgliedstaaten ausschließlich bei der Durchführung des Rechts der Union. Dementsprechend achten sie die Rechte, halten sie sich an die Grundsätze und fördern sie deren Anwendung gemäß ihren jeweiligen Zuständigkeiten.
>
> (2) Diese Charta begründet weder neue Zuständigkeiten noch neue Aufgaben für die Gemeinschaft und für die Union, noch ändert sie die in den Verträgen festgelegten Zuständigkeiten und Aufgaben.

Unter der Überschrift „Anwendungsbereich“ sind in Art. 51 GRC Regelungen zum Adressatenkreis der Charta sowie zur Kompetenzabgrenzung zwischen Union und Mitgliedstaaten zusammengefasst.

1. Adressatenkreis

Der Kreis der Grundrechtsverpflichteten besteht nach Art. 51 GRC aus den Organen und Einrichtungen der Union einerseits und den Mitgliedstaaten andererseits, wobei die Grundrechtsbindung der Mitgliedstaaten in sachli-

[626] Meyer/Borowsky, Kommentar, Vorbemerkung zu Kapitel VII, Rn. 6

cher Hinsicht auf den Bereich der Durchführung des Rechts der Union beschränkt ist.

Die Konventsberatungen zu dieser Bestimmung waren von Beginn an von der einhelligen Meinung geprägt, dass eine möglichst umfassende Grundrechtsbindung der Union anzustreben sei, dagegen bei der Bindung der Mitgliedstaaten Zurückhaltung geübt werden müsse, um auf deren nationale Traditionen und Entscheidungsstrukturen Rücksicht zu nehmen[627]. Die Diskussionen konzentrierten sich daher auf die Frage, durch welche Formulierung die nur eingeschränkte Bindung der Mitgliedstaaten unmissverständlich zum Ausdruck gebracht werden könne. Ausgehend von dem ersten Präsidiumsvorschlag[628] wurde erörtert, ob die Mitgliedstaaten bei der „Anwendung", der „Durchführung" oder der „Umsetzung" von Unionsrecht an die Grundrechtscharta gebunden sein sollten. Schließlich einigte man sich auf den Formulierungsvorschlag des ersten Gesamtentwurfes der Charta[629], der den Begriff der "Durchführung" verwendete und als zusätzliche Restriktion das Wort „ausschließlich" vorsah.

a) Bindung der Union

Der primären Schutzrichtung der Gemeinschaftsgrundrechte entsprechend beginnt Art. 51 Abs. 1 GRC mit der Formulierung „Diese Charta gilt für die Organe und Einrichtungen der Union unter Einhaltung des Subsidiaritätsprinzips [...]." Der Begriff der „Union" ist Art. 6 Abs. 2 EUV entnommen und fungiert als umfassender Oberbegriff. Nach Art. 1 Abs. 3 EUV besteht die Union aus den Europäischen Gemeinschaften, ergänzt durch die Politiken und Formen der Zusammenarbeit. Damit unterliegen neben den drei europäischen Gemeinschaften (EG, EAG und EGKS) auch die grundrechtssensiblen Bereiche der zweiten und dritten Säule, also der Gemeinsamen Außen- und Sicherheitspolitik (GASP) und der Zusammenarbeit im Bereich Inneres und Justiz (JI), der Geltung der Grundrechtscharta[630]. Dabei war sich der Konvent durchaus bewusst, dass die europäischen Grundrechte in den Bereichen, die bisher keiner oder nur einer eingeschränkten Jurisdikti-

---

[627] Bernsdorff/Borowsky, Protokolle, S. 110 ff.

[628] Der erste Formulierungsvorschlag des Präsidiums in Dokument CONVENT 5 vom 15.2.2000 lautete: „Die nachfolgenden Bestimmungen richten sich an die Organe und Einrichtungen der Europäischen Union bei der Wahrnehmung der ihnen von den Verträgen zugewiesenen Zuständigkeiten und Aufgaben. Sie sind für die Mitgliedstaaten nur bei der Umsetzung oder Anwendung des Unionsrechts verbindlich."

[629] Dokument CONVENT 45 vom 28. Juli 2000

[630] Aufgrund des vorwiegend intergouvernementalen Charakters der für die zweite und dritte Säule maßgeblichen Vorschriften mag man zwar direkte Auswirkungen auf die EU-Bürger für ausgeschlossen halten. Wie sich aber an „Europol" zeigt, greifen die im Rahmen dieser beider Säulen vereinbarten Regelungen durchaus nachhaltig in die Grundrechte des Einzelnen ein.

onsgewalt des EuGH unterliegen, vorerst nur eine Selbstkontrolle der Union und damit einen präventiven Rechtsschutz bewirken werden[631].

aa) Organe der Union

Nach der Bestimmung des Art. 51 Abs. 1 S. 1 GRC bezieht sich die Grundrechtsbindung zunächst auf alle in Art. 5 EUV und Art. 7 EGV genannten Organe der Gemeinschaft im Rahmen ihrer hoheitlichen Tätigkeit, namentlich das Europäische Parlament, den Rat der Europäischen Union, die Europäische Kommission, den Gerichtshof und den Rechnungshof, wenngleich diese nach verbreiteter Auffassung lediglich im Wege einer „Organleihe" für die Union handeln. Daneben dürfte aber auch und vor allem das eigentliche Hauptorgan der Union, der in Art. 4 EUV genannte Europäische Rat, an die Charta gebunden sein. Dafür spricht nicht nur der Wortlaut der Vorschrift, sondern insbesondere auch das eingangs erwähnte Bestreben des Konvents, einen möglichst lückenlosen Grundrechtsschutz gegenüber der europäischen Hoheitsgewalt zu gewährleisten.

bb) Einrichtungen der Union

Unter Einrichtungen der Union sind alle Instanzen zu verstehen, die durch die Gründungsverträge oder durch sekundäre Rechtsakte geschaffen wurden[632]. Durch die Verträge vorgesehene Einrichtungen sind etwa die Europäische Zentralbank (Art. 8 EGV), der Ausschuss der Regionen oder der Wirtschafts- und Sozialausschuss (Art. 7 Abs. 2 EGV) sowie auch das Europäische Polizeiamt (Europol), das durch die EUV-Bestimmungen zur dritten Säule (Art. 29, 30 EUV) etabliert wurde. Auf sekundären Rechtsakten beruhen vor allem die zahlreichen „Agenturen" und „Ämter", die ihre Grundlage in Art. 308 EGV haben, wie etwa die Europäische Umweltagentur.

Dieser begrüßenswert weite persönliche Anwendungsbereich auf Unionsebene führt allerdings nur dann zu einer wirklichen Vermeidung grundrechtsfreier Räume, wenn in Zukunft auch die Jurisdiktionsgewalt des Europäischen Gerichtshofes, der zum umfassenden Hüter der europäischen Grundrechte werden sollte, entsprechend erweitert wird. Daneben erscheint es auch wünschenswert, ein Individualbeschwerdeverfahren nach dem Vorbild der deutschen Verfassungsbeschwerde einzuführen[633]. Allerdings hatte der Konvent kein Mandat dazu, das Kompetenzgefüge der Union in irgendeiner Weise zu verändern oder auch nur Vorschläge in dieser Richtung zu unterbreiten.

---

631 Meyer/Borowsky, Kommentar, Art. 51 Rn. 16
632 Meyer/Borowsky, Kommentar, Art. 51, Rn. 19
633 Vgl. dazu unten Teil 5, Punkt C

cc) Einhaltung des Subsidiaritätsprinzips

Angesichts der weit verbreiteten Befürchtung, von der Grundrechtscharta könne eine „kompetenzansaugende“ Wirkung zugunsten der Union und zulasten der Mitgliedstaaten ausgehen, wird bereits in der dem Adressatenkreis der Charta gewidmeten Vorschrift des Art. 51 Abs. 1 S. 1 GRC auf das Subsidiaritätsprinzip[634] Bezug genommen. Damit und mit der in Art. 51 Abs. 2 GRC enthaltenen Kompetenzschutzklausel, die in engem Zusammenhang mit dem Subsidiaritätsprinzip steht, wird inhaltlich der fünfte Erwägungsgrund der Präambel aufgegriffen, wonach die Charta die Rechte „unter Achtung der Zuständigkeiten und Aufgaben der Gemeinschaft und der Union und des Subsidiaritätsprinzips“ bekräftigt. Zugleich verleiht die Erwähnung des Subsidiaritätsprinzips aber auch dem Bestreben des Konvents Ausdruck, die mitgliedstaatlichen Traditionen und Eigenarten vor einer zu weitgehenden Harmonisierung – gerade im Bereich der sozialen Rechte - zu bewahren und entspricht damit dem dritten Erwägungsgrund der Präambel, der die „Achtung der Vielfalt der Kulturen und Traditionen der Völker Europas sowie der nationalen Identität der Mitgliedstaaten“ gebietet.

Von Bedeutung ist das Subsidiaritätsprinzip im Bereich der Grundrechte allerdings nur insoweit, als aus ihnen Schutz- und Handlungspflichten abzuleiten sind; denn soweit nur der Abwehrcharakter von Grundrechten inmitten steht, genügt ein bloßes „Sich-Enthalten“ der Union[635]. Soweit der Schutz oder die Gewährleistung von Grundrechten dagegen ein hoheitliches Handeln erfordert, wird im Lichte des Subsidiaritätsprinzips ein Handeln der Union nur zulässig sein, wenn und soweit die Mitgliedstaaten den Schutz nicht selbst gewährleisten können. Zugleich lässt sich aus dem Subsidiaritätsprinzip unter dem Gesichtspunkt der Wahrung der mitgliedstaatlichen Traditionen aber auch ein „Gebot der Rücksichtnahme“ - beispielsweise auf die mitgliedstaatlichen Sozialmodelle - herleiten, das eine zu weitgehende „Herunterharmonisierung“ im Sozialbereich verbietet[636].

b) Bindung der Mitgliedstaaten

Während die Union einer uneingeschränkten Bindung an die Grundrechtscharta unterliegt, beschränkt sich die Bindung der Mitgliedstaaten auf den Bereich der normativen oder administrativen Durchführung des Rechts der Union. Diese Einschränkung in sachlicher Hinsicht erschließt sich aus dem

---

[634] Ausführlich zum Subsidiaritätsprinzip Hrbek, Das Subsidiaritätsprinzip in der Europäischen Union; vgl. auch Kenntner, Das Subsidiaritätsprotokoll des Amsterdamer Vertrages, NJW 1998, 2871 ff.; Langer, Subsidiarität und Anerkennungsprinzip, ZG 1993, 193 ff.; Pieper, Subsidiaritätsprinzip – Strukturprinzip der Europäischen Union, DVBl. 1993, 705 ff.

[635] Meyer/Borowsky, Kommentar, Art. 51, Rn. 22

[636] Meyer/Borowsky, Kommentar, Art. 51, Rn. 23

System des Grundrechtsschutzes in Europa; denn die Aufteilung der Hoheitsausübung zwischen Gemeinschaft und Mitgliedstaaten bedingt eine Zweidimensionalität des Grundrechtsschutzes[637]. Während die in den Verfassungen der Mitgliedstaaten verankerten Grundrechte den Grundrechtsschutz des Bürgers gegenüber der Ausübung mitgliedstaatlicher Hoheitsgewalt beim Vollzug des mitgliedstaatlichen Rechts gewährleisten, binden die gemeinschaftsrechtlichen Grundrechte in erster Linie die Organe der Union bei ihrem hoheitlichen Handeln, also bei dem Erlass von Sekundärrecht und dem Vollzug von Primär- und Sekundärrecht.

Nur soweit die Mitgliedstaaten nicht unmittelbar anwendbares Unionsrecht, also insbesondere Richtlinien, durch normative Akte des nationalen Rechts umsetzen oder innerstaatliche Ergänzungs- und Ausführungsnormen zu EG-Verordnungen erlassen, müssen sie nicht nur bei der Rechtsetzung, sondern auch bei der Auslegung und Anwendung des auf diese Weise zustande gekommenen nationalen Rechts die Grundrechte der Europäischen Grundrechtscharta beachten. Darüber hinaus sind die Mitgliedstaaten bei der administrativen Durchführung von Unionsrecht, also insbesondere bei der Anwendung von EG-Verordnungen, an die Grundrechtscharta gebunden[638]. Zusammengefasst lässt sich damit sagen, dass die nationalen Gesetzgebungsorgane, Verwaltungsbeamte und Richter nur dann einer Bindung an die Grundrechtscharta unterliegen und diese als Prüfungsmaßstab heranziehen müssen, wenn sie als verlängerter Arm der Union europarechtlich veranlasst oder determiniert handeln[639].

Alle übrigen mitgliedstaatlichen Rechtsakte sind damit allein an den nationalen Verfassungen zu messen und zwar auch dann, wenn sie den Bereich der Grundfreiheiten berühren. Insoweit erteilt Art. 51 GRC der bisherigen Rechtsprechung des EuGH eine deutliche Absage, wonach mitgliedstaatliche Regelungen auch dann an den Gemeinschaftsgrundrechten zu messen seien, wenn diese die Grundfreiheiten einschränken, weil die Mitgliedstaaten in diesen Fällen „im Anwendungsbereich des Gemeinschaftsrechts" handelten[640]. Sofern also die Mitgliedstaaten Regelungen im Bereich der Grundfreiheiten treffen, die diese zwar einschränken, aber aufgrund der mitgliedstaatlichen Vorbehalte in Art. 30, 39 Abs. 4, 46 und 55 EGV oder aufgrund der Vorbehalte im Sinne der Cassis-Rechtsprechung des EuGH[641]

---

[637] Lindner, DÖV 2000, 543 (546)

[638] Die Grundrechtsbindung der Mitgliedstaaten bei der „Anwendung" von Verordnungen und nationalem Richtlinienrecht bezweifelt Altmaier, ZG 2001, 195 (204).

[639] Meyer/Borowsky, Kommentar, Art. 51, Rn. 25

[640] Vgl. EuGH – ERT, C-260/89, Slg. 1991, I-2925 Rn. 42, 43

[641] In dem zugrundeliegenden Fall wurde der Fa. Rewe die Einfuhrgenehmigung für den Likör „Cassis de Dijon" versagt, da der Likör nicht den nach dem deutschen Branntweinmonopolgesetz erforderlichen Mindestalkoholgehalt aufwies; dabei entschied der EuGH, dass derartige, den freien Warenverkehr beschränkende Regelungen oder Maß-

gerechtfertigt sind, handeln sie nicht zur Durchführung des Rechts der Union und unterliegen damit nach dem eindeutigen Wortlaut des Art. 51 Abs. 1 S. 1 GRC keiner Bindung an die Grundrechtscharta. Insofern stellt Art. 51 GRC eine bewusste Abkehr von der bisherigen Rechtsprechung des EuGH dar und beinhaltet zugleich ein deutliches Signal zum „judicial self restraint“[642].

2. Grundrechtsträger

Während der Kreis der Grundrechtsverpflichteten in Art. 51 Abs. 1 Satz 1 GRC abgesteckt ist, fehlt eine allgemeine Klausel zum Kreis der Grundrechtsträger. Insoweit lässt sich aus den einzelnen Verbürgungen der Charta entnehmen, dass der Konvent von einem umfassenden, menschenrechtlichen Ansatz ausging. Wenngleich teilweise der Begriff „Mensch“, überwiegend aber der Terminus „Person“ verwendet wurde[643], sind damit keine unterschiedlichen Inhalte verbunden; vielmehr handelt es sich um Synonyme, die aufgrund missglückter Übersetzung der französischen Ausgangsfassung unterschiedlich lauten[644]. Damit sind grundsätzlich alle natürlichen Personen durch die Chartabestimmungen geschützt, soweit die einzelnen Rechte nicht ausdrücklich aufgrund der Natur der Sache auf bestimmte Grundrechtsträger - wie z.B. Arbeitnehmer, Kinder, ältere und behinderte Menschen oder Unionsbürger – beschränkt sind. Auch wenn eine mit Art. 19 Abs. 2 des deutschen Grundgesetzes vergleichbare Regelung zu den juristischen Personen letztlich nicht aufgenommen wurde, werden juristische Personen im Kontext einzelner Rechte als Grundrechtsträger erwähnt[645]. Dieser Befund lässt allerdings nicht den Gegenschluss zu, dass sich juristische Personen auf die sonstigen Rechte, die sie nicht ausdrücklich als Grundrechtsträger benennen, nicht berufen können; denn dies stünde nicht nur im Widerspruch zur EMRK, die viele ihrer Rechte auch juristischen Personen zubilligt, und damit im Widerspruch zu Art. 52 Abs. 3 GRC, sondern auch im Widerspruch mit der Rechtsprechung des EuGH, wonach auch juristische Personen des Privatrechts Träger von Grundrechten sein können[646].

---

nahmen erlaubt sind, soweit sie unterschiedslos auf einheimische wie eingeführte Waren anwendbar sind, zwingenden, nicht rein wirtschaftlichen Erfordernissen entsprechen und verhältnismäßig sind.

[642] Meyer/Borowsky, Kommentar, Art. 51, Rn. 24

[643] So ist beispielsweise die Würde des „Menschen“ unantastbar (Art. 1 S. 1 GRC), aber alle „Personen“ sind vor dem Gesetz gleich (Art. 20 GRC); auch in den Art. 25 und 26 GRC findet sich der Begriff des „Menschen“ wieder.

[644] Borowsky, DRiZ 2001, 285

[645] So z.B. bei den Bürgerrechten aus Art. 42, 43 und 44 GRC

[646] EuGH, Slg. 1974, 491 (507); Slg. 1989, 2237 (2267); Slg. 1994, 4795 (4833)

3. Gebot der Achtung der Rechte, Einhaltung der Grundsätze und Förderung von deren Anwendung, Art. 51 Abs. 1 S. 2 GRC

Die in Art. 51 Abs. 1 Satz 2 GRC enthaltene Bestimmung war ursprünglich als Einleitung der sozialen Rechte vorgesehen[647] und wurde erst später in die Allgemeinen Bestimmungen integriert. Damit ist auch die in ihr enthaltene Differenzierung zwischen „Rechten“ und „Grundsätzen“[648] im Zusammenhang mit den zunächst stark umstrittenen sozialen Rechten zu sehen, mit der man dem spezifischen Charakter der sozialen Bestimmungen Rechnung tragen wollte. Bei diesen handele es sich nämlich in einer Anzahl von Fällen um Grundsätze, deren Anwendung die Verabschiedung von Durchführungsmaßnahmen voraussetze[649]. Obwohl die meisten Konventsmitglieder für eine vollständige Streichung der Vorschrift eintraten, da man eine Abwertung der sozialen Grundrechte befürchtete, folgte das Präsidium dem Vorschlag anderer Mitglieder, die Bestimmung dem horizontalen Artikel zum Anwendungsbereich hinzuzufügen, wohl um die Differenzierung zwischen Rechten und Grundsätzen – allerdings ohne Beschränkung auf den Sozialbereich - beibehalten zu können. Diese Unterscheidung findet sich allerdings im Wortlaut der einzelnen materiellen Bestimmungen der Charta nicht wieder, so dass nur durch Auslegung bestimmt werden kann, ob ein Recht oder ein Grundsatz inmitten steht. Nach dem Verständnis des spanischen Regierungsvertreters *Rodriguez Bereijo* beinhalten Grundsätze Leitlinien, die die Vermittlung des Gesetzgebers erfordern und ein subjektives Recht erzeugen, das vor den Gerichten nur gemäß den Gesetzesbestimmungen einklagbar ist. Es handele sich mithin um „rechtliche Grundsatznormen“, die die Sozial- und Wirtschaftspolitik leiteten, die Behörden verpflichteten und die Grundlage für das positive Recht, die Rechtspraxis und die Handlungsweise der öffentlichen Gewalten bildeten[650]. Wesentliches Unterscheidungskriterium zwischen Rechten und Grundsätzen dürfte damit sein, dass die Grundsätze nur durch positives Tätigwerden normativer, organisatorischer oder praktischer Art Wirksamkeit entfalten, was auch in der Formulierung „fördern sie deren Anwendung“ in Art. 51 Abs. 1 Satz 2 GRC zum Ausdruck kommt. Zu den Grundsätzen dürften

---

[647] Art. 31 in Dokument CONVENT 34 vom 16. Mai 2000 lautete: „Die Organe und Einrichtungen der Union und die Mitgliedstaaten, wenn sie im Geltungsbereich des Gemeinschaftsrechts tätig werden, sowie die auf Gemeinschaftsebene und im Rahmen ihrer jeweiligen Zuständigkeiten handelnden Sozialpartner achten die Rechte und bringen die Grundsätze zur Anwendung, die in dieser Charta für den Sozialbereich aufgeführt sind.“

[648] Erkenntnisleitend waren dabei Konzepte französischer und spanischer Herkunft, die im Konvent die jeweiligen Regierungsvertreter Braibant und Rodriguez Bereijo unterbreiteten; Meyer/Borowsky, Kommentar, Art. 51, Rn. 33.

[649] Meyer/Borowsky, Kommentar, Art. 51, Rn. 11

[650] Vgl. den Änderungsvorschlag Nr. 26 des spanischen Regierungsvertreters Rodriguez Bereijo in Dokument CONVENT 39 vom 16. Juni 2000

damit jedenfalls die Bestimmungen der Art. 35, 37 und 38 GRC zu zählen sein, wonach ein hohes Gesundheitsschutz-, Umweltschutz- und Verbraucherschutzniveau durch Einbeziehung dieser Belange in die Politiken der Union sichergestellt werden soll. Angesichts des unklaren Rechtscharakters der Grundsätze hat die im Rahmen des Verfassungskonvents eingesetzte Arbeitsgruppe II einen neuen Art. 52 Abs. 5 GRC vorgeschlagen, der zur Präzisierung der Grundsätze beitragen soll[651]. Danach können Grundsätze „durch Akte der Gesetzgebung und der Ausführung der Organe und Einrichtungen der Union sowie durch Akte der Mitgliedstaaten zur Durchführung des Rechts der Union in Ausübung ihrer jeweiligen Zuständigkeiten umgesetzt werden. Sie können vor Gericht nur bei der Auslegung dieser Akte und bei Entscheidungen über deren Rechtmäßigkeit herangezogen werden." Diese Regelung soll nochmals ausdrücklich klarstellen, dass „Grundsätze" nur durch Akte der Gesetzgebung der Union und der Mitgliedstaaten in Ausübung ihrer jeweiligen Zuständigkeiten, nicht aber durch die Judikatur des EuGH aktiviert werden können. Die Vorschrift will damit einem „judicial activism" vorbeugen, zu dem gerade „Grundsätze" im sozialen Bereich verleiten können[652].

Wie ängstlich man im Konvent um die Wahrung des bestehenden Kompetenzgefüges zwischen Union und Mitgliedstaaten bedacht war, zeigt schließlich der auch Art. 51 Abs. 1 Satz 2 GRC angefügte Zusatz „gemäß ihren jeweiligen Zuständigkeiten", der angesichts der nachfolgenden Kompetenzschutzklausel an sich überflüssig ist.

4. Kompetenzschutzklausel des Art. 51 Abs. 2 GRC

Der schon sehr früh von *Herzog* eingebrachte Vorschlag einer Kompetenzschutzklausel[653] sollte von vornherein die im Vorfeld der Konventsberatungen weit verbreitete Sorge zerstreuen, die Charta könne im Wege extensiver Auslegung zu einer Kompetenzausweitung auf Seiten der Union führen oder zumindest faktisch eine „kompetenzansaugende" Wirkung entfalten. Der Vorschlag *Herzogs* war von Anfang an von breiter Zustimmung getragen und wurde nahezu unverändert in Art. 51 GRC aufgenommen. Inhaltlich enthält Art. 51 GRC jedoch nicht mehr als die deklaratorische Klarstellung, dass die Charta nichts am geltenden Kompetenzgefüge innerhalb der Union ändert, das durch das Subsidiaritätsprinzip, das Prinzip der begrenzten Einzelermächtigung und das Fehlen einer Kompetenz-Kompetenz der

---

651 Vgl. den Schlussbericht der Arbeitsgruppe II „Einbeziehung der Charta/Beitritt zur EMRK" vom 22. Oktober 2002

652 Streinz, Kommentar, Art. 52, Rn. 13

653 Schon in Dokument CONVENT 5 vom 15.2.2000 fand sich der Klauselvorschlag: „Die Charta begründet weder neue Aufgaben oder Zuständigkeiten noch erweitert sie die bestehenden Aufgaben oder Zuständigkeiten."

Union geprägt ist[654]. Damit hat sich vice versa die Auslegung der Chartagrundrechte, insbesondere im Hinblick auf deren Wirkungsweise, an dem jeweiligen Grad der kompetenziellen Verdichtung auf Gemeinschaftsebene zu orientieren. Will man also den Gemeinschaftsgrundrechten über die klassische eingriffsabwehrrechtliche Funktion hinaus weitere Funktionen entnehmen, die ein Tätigwerden der Gemeinschaft voraussetzen, wie etwa die Erfüllung von Schutz- oder Leistungspflichten, setzt dies voraus, dass die Union die Kompetenz zum Erlass der dafür erforderlichen Maßnahmen besitzt[655]. Die Annahme von Grundrechtsfunktionen, die über die abwehrrechtliche Funktion hinausgehen, steht also unter einem Kompetenzvorbehalt[656].

Im Interesse der von Art. 51 Abs. 2 GRC bezweckten Wahrung des kompetenziellen Status quo sind die Begriffe „Zuständigkeiten" und „Aufgaben" weit auszulegen. Während der Terminus der „Zuständigkeiten" das System der Kompetenzverteilung mit ausschließlichen, konkurrierenden und parallelen Zuständigkeiten der Union bezeichnet, sind mit „Aufgaben" sämtliche Vertragsziele von EUV und EGV einschließlich der Präambeln gemeint[657]. Damit kommt der Bestimmung des Art. 51 Abs. 2 GRC erhebliche Bedeutung zu; denn nach der gemeinschaftsrechtlichen Grundweichenstellung bleiben im Bereich der Politiken der Gemeinschaft primär die Mitgliedstaaten Herren der Regelungsmaterien, während die Gemeinschaft lediglich flankierende, fördernde, beratende und die Mitgliedstaaten unterstützende Funktionen wahrnimmt. Allein bei Harmonisierungsmaßnahmen im Bereich der Marktfreiheiten ist dagegen eine primäre Kompetenz der Gemeinschaft

---

[654] Vgl. dazu oben Teil 3, Punkt A, Ziff. II.1

[655] Lindner, DÖV 2000, S. 548, unterscheidet hier zwischen gemeinschaftstypischen bzw. –prägenden Grundfreiheiten und gemeinschaftsunspezifischen Freiheitsrechten, die weder das Gemeinschaftsrecht prägen noch in sonstiger Weise einen spezifischen Bezug zur Gemeinschaftstätigkeit haben (wie Religions- oder Meinungsfreiheit, sog. Annexgrundrechte). Während jene unter dem Vorbehalt entsprechender Kompetenzen weitere Funktionen entfalten könnten, seien diese im wesentlichen auf ihre eingriffsabwehrrechtliche Funktion beschränkt, da sie vornehmlich der Bändigung der gemeinschaftsrechtlichen Hoheitsgewalt dienten. Allerdings seien auch insoweit weitergehende Funktionen nicht ausgeschlossen, sofern entsprechende Kompetenzen bestünden.

[656] Dieser Gedanke lässt sich auch für die Auslegung mitgliedstaatlichen Verfassungsrechts nutzbar machen. Denn mit der fortschreitenden Übertragung von Kompetenzen auf die Gemeinschaft wird auch der Handlungsspielraum der souveränen Mitgliedstaaten eingeschränkt, so dass die Erfüllung von Leistungs- und Schutzpflichten auf mitgliedstaatlicher Ebene aufgrund der zunehmenden Verschränkung von Gemeinschaftskompetenzen und mitgliedstaatlichen Kompetenzen ebenfalls zunehmend unter einem Kompetenzvorbehalt steht.

[657] Meyer/Borowsky, Kommentar, Art. 51, Rn. 38

gegeben, während die Mitgliedstaaten dementsprechend nur über verbleibende Residualrechte verfügen[658].

Im Hinblick auf die sozialen Rechte bestätigt sich somit das oben gefundene Ergebnis, dass diesen primär der Charakter von Abwehrrechten gegenüber hoheitlichen Eingriffen zukommt; denn auch und gerade in diesem Bereich verfügt die Union nur über eingeschränkte Zuständigkeiten.

II. Tragweite der garantierten Rechte, Art. 52 GRC

> (1) Jede Einschränkung der Ausübung der in dieser Charta anerkannten Rechte und Freiheiten muss gesetzlich vorgesehen sein und den wesentlichen Gehalt dieser Rechte und Freiheiten achten. Unter Wahrung des Grundsatzes der Verhältnismäßigkeit dürfen Einschränkungen nur vorgenommen werden, wenn sie notwendig sind und den von der Union anerkannten dem Gemeinwohl dienenden Zielsetzungen oder den Erfordernissen des Schutzes der Rechte und Freiheiten anderer tatsächlich entsprechen.
>
> (2) Die Ausübung der durch diese Charta anerkannten Rechte, die in den Gemeinschaftsverträgen oder im Vertrag über die Europäische Union begründet sind, erfolgt im Rahmen der darin festgelegten Bedingungen und Grenzen.
>
> (3) Soweit diese Charta Rechte enthält, die den durch die Europäische Konvention zum Schutze der Menschenrechte und Grundfreiheiten garantierten Rechten entsprechen, haben sie die gleiche Bedeutung und Tragweite, wie sie ihnen in der genannten Konvention verliehen wird. Diese Bestimmung steht dem nicht entgegen, dass das Recht der Union einen weiter gehenden Schutz gewährt.

Unter der Überschrift „Tragweite der garantierten Rechte“ enthält Art. 52 GRC zunächst eine allgemeine horizontale Schrankenklausel, die Gesetzesvorbehalt, Wesensgehaltsgarantie und Verhältnismäßigkeitsgrundsatz als Maßstab für die Rechtfertigung von Grundrechtseingriffen nennt. Dabei handelt es sich jedoch lediglich um eine Auffangvorschrift für diejenigen Grundrechte, die nicht dem europäischen Vertragswerk bzw. der EMRK entlehnt sind. Für die Mehrzahl der übrigen Grundrechte, die ihren Ursprung in den europäischen Verträgen oder der EMRK haben, werden über die leges speciales der Absätze 2 und 3 nicht nur die Schrankenbestimmungen, sondern auch die Schutzbereiche der entsprechenden Rechte in den Verträgen oder der EMRK in die Charta inkorporiert. Der Gehalt der Absätze 2 und 3 des Art. 52 GRC geht also weit über eine bloße Schran-

---

[658] Meyer/Riedel, Kommentar, Art. 31, Rn. 1

kenregelung hinaus, vielmehr handelt es sich um eine materielle Einbeziehung von Vertragsbestimmungen und Bestimmungen der EMRK in die Europäische Grundrechtscharta.

Im Folgenden soll zunächst auf die Schrankensystematik im Einzelnen eingegangen werden, bevor das Verhältnis zwischen der Charta und den Europäischen Verträgen bzw. der EMRK untersucht wird.

1. Schrankensystematik

Von zentraler Bedeutung für die tatsächliche Effektivität von Grundrechten – insbesondere in ihrer abwehrrechtlichen Funktion der Machtbeschränkung – ist die Bestimmung ihrer Einschränkbarkeit. So wird die Tatsache, dass der Gerichtshof bislang in nahezu allen Fällen einer behaupteten Grundrechtsverletzung die zugrunde liegenden Maßnahmen als gerechtfertigt angesehen hat[659], als Beleg dafür gewertet, dass die Rechtsprechung des EuGH keine effektive Schrankensystematik hervorgebracht hat[660]. Insbesondere wird dem Gerichtshof vorgeworfen, bei der Abwägung gemeinschaftsbezogene Gesichtspunkte – insbesondere die Struktur und Ziele der Gemeinschaft - einseitig zu bevorzugen, während sich die beeinträchtigten gegenläufigen Interessen häufig in der Abwägung nicht niederschlagen[661]. Zudem wird die zugrunde liegende Schrankensystematik als zu wenig transparent kritisiert, da sich der Gerichtshof regelmäßig mit der vagen Formel begnügt hat, dass die Grundrechte keine uneingeschränkte Geltung beanspruchten, sondern Beschränkungen unterworfen werden könnten, „sofern diese Beschränkungen tatsächlich dem Gemeinwohl dienenden Zwecken der Gemeinschaft entsprechen und nicht einen im Hinblick auf den verfolgten Zweck unverhältnismäßigen Eingriff darstellen, der die so gewährleisteten Rechte in ihrem Wesensgehalt antastet."

Ob die Bestimmung des Art. 52 GRC tatsächlich zu einer Präzisierung der bislang wenig ausdifferenzierten Schrankensystematik auf dem Gebiet des europäischen Grundrechtsschutzes führt, erscheint auf den ersten Blick mehr als fraglich. So wurde die Frage der Einschränkbarkeit der einzelnen Grundrechte in den Konventsberatungen dem Ratschlag *Herzogs* folgend im Wesentlichen zurückgestellt, um sich in dem zur Verfügung stehenden engen Zeitrahmen vorrangig über die aufzunehmenden Grundrechte und deren Schutzbereich verständigen zu können. Darüber hinaus einigte man sich schnell darauf, im Interesse einer kürzeren, verständlichen Fassung

---

[659] Rengeling, S. 167; eine Ausnahme bildet EuGH, NJW 1994, 3005 – Aids-Test

[660] Weber, NJW 2000, 537 ff. (543); Oppermann, Europarecht, Rn. 492; Streinz, Bundesverfassungsgerichtlicher Grundrechtsschutz und Europäisches Gemeinschaftsrecht, S. 410, 411

[661] Streinz, Bundesverfassungsgerichtlicher Grundrechtsschutz und Europäisches Gemeinschaftsrecht, S. 417

der Charta im Unterschied zur EMRK auf grundrechtsspezifische Schrankenbestimmungen zu verzichten und stattdessen im Wege des Globalvorbehalts eine für alle Grundrechte einheitliche horizontale Klausel aufzunehmen. Diese orientierte sich primär an der gefestigten Rechtsprechung des EuGH, sollte aber angesichts der daran geäußerten Kritik in bestimmten Punkten verfeinert werden.

Die Gesamtregelung des Art. 52 GRC führt nunmehr im Hinblick auf Art und Umfang der Einschränkbarkeit der Chartarechte zu einer Vierteilung, die allerdings ausweislich des insoweit klaren Wortlauts des Art. 52 GRC allein auf die in der Charta garantierten Rechte und Freiheiten, nicht aber auf die in ihr enthaltenen Grundsätze Anwendung findet.

Zunächst enthält die Charta einige wenige, fundamentale Rechte, die keinerlei Einschränkung zulassen. In diesem Zusammenhang ist zuallererst die Menschenwürde zu nennen, deren Einschränkungslosigkeit sich schon aus dem in Art. 1 GRC verwendeten Begriff „unantastbar" ergibt. Damit ist zugleich der den anderen Grundrechten innewohnende Menschenwürdegehalt als deren Wesensgehalt keiner Einschränkung zugänglich. Weiterhin sind die durch die EMRK einschränkungslos gewährleisteten Rechte über die Transferklausel des Art. 52 Abs. 3 GRC auch im Anwendungsbereich der Europäischen Grundrechtscharta keinerlei Einschränkungen unterworfen. Dies gilt mithin für die Verbote der Todesstrafe nach Art. 2 Abs. 2 GRC, der Folter und unmenschlicher oder erniedrigender Strafe oder Behandlung nach Art. 4 GRC, das Verbot der Abschiebung, Ausweisung und Auslieferung, wenn die vorgenannten Gefahren drohen nach Art. 19 Abs. 2 GRC sowie auch das Verbot der Sklaverei oder Leibeigenschaft nach Art. 5 Abs. 1 GRC. Die übrigen Chartarechte beanspruchen dagegen keine absolute Geltung und können wiederum in drei unterschiedliche Gruppen eingeteilt werden:

Für diejenigen Rechte, die der Konvent den europäischen Vertragsbestimmungen entnommen hat, gelten über Art. 52 Abs. 2 GRC die dort vorgesehenen Schranken. Soweit die Rechte der Charta dagegen ihren Ursprung in der EMRK haben, sind sie über Art. 52 Abs. 3 GRC den dort detailliert aufgeführten Schranken unterworfen. Auf alle verbleibenden Rechte, also insbesondere die „neuen" Rechte wie z.B. Art. 3 GRC und die sozialen Rechte, die weder in der EMRK noch im europäischen Vertragswerk vorgesehen sind, findet die allgemeine Einschränkungsklausel des Art. 51 Abs. 1 GRC Anwendung.

Im Einzelfall können allerdings zu den bereits genannten Schranken zusätzliche hinzutreten, nämlich zum einen dann, wenn bereits der Text des jeweiligen Rechts spezifische Schranken enthält, die im Ergebnis nichts anderes als Ausformungen des Grundsatzes der Verhältnismäßigkeit darstellen, so z.B. in Art. 17 Abs. 1 S. 2 Halbs. 2, S. 3 oder Art. 8 Abs. 2 GRC.

Zum anderen sind auch dann „doppelte Schranken" zu berücksichtigen, wenn die Rechte der Charta nur „nach dem Gemeinschaftsrecht und den einzelstaatlichen Rechtsvorschriften und Gepflogenheiten" gewährleistet sind, also den insbesondere im Solidaritätskapitel häufig verwendeten so genannten „Refrain" enthalten. In diesen Fällen regelt mithin das nationale Recht die Einschränkungsmöglichkeiten des Grundrechts, während sich die Schranken-Schranken, insbesondere also Wesensgehaltsgarantie und Verhältnismäßigkeitsgrundsatz, aus der Charta selbst ergeben. Dies hat natürlich zur Folge, dass es auf diese Weise zu einem von Mitgliedstaat zu Mitgliedstaat divergierenden Rechtsschutz kommen kann.

Im Folgenden sollen nun die Anforderungen an Grundrechtseinschränkungen nach Art. 52 GRC im Einzelnen untersucht werden.

a) Gesetzesvorbehalt

Zu Beginn verlangt die Vorschrift des Art. 52 Abs. 1 GRC, dass Grundrechtseinschränkungen gesetzlich vorgesehen sein müssen. Dieser Gesetzesvorbehalt stellt ein Novum auf dem Gebiet des europäischen Grundrechtsschutzes dar, war er doch trotz entsprechender mitgliedstaatlicher Verfassungstraditionen in der Rechtsprechung des EuGH bislang nicht anerkannt[662]. Dabei stellt sich zunächst die Frage, welche Anforderungen an das beschränkende Gesetz gestellt werden, d.h. ob es sich um ein formelles oder materielles Gesetz handeln muss oder ob auch Gewohnheitsrecht ausreichend ist. Im Konvent wurden insoweit verschiedenste Formulierungen vorgeschlagen, angefangen von „Rechtsvorschrift, die keine Durchführungsvorschrift darstellt", über „gesetzlich vorgesehen", „vom Gesetzgeber vorzusehen", „durch die zuständige gesetzgebende Instanz vorgesehen" bis „durch das zuständige Gesetzgebungsorgan vorgesehen". Schon die Tatsache, dass man sich schließlich auf die Formulierung „gesetzlich vorgesehen" einigte, also keinen Bezug auf eine gesetzgebende Institution nahm, deutet darauf hin, dass keine strengen Anforderungen an die Qualität des beschränkenden Gesetzes gestellt werden. Es liegt daher nahe, den Gesetzesvorbehalt wie in der EMRK als weitgefassten Rechtsnormvorbehalt zu verstehen, so dass auch Gewohnheitsrecht und im Rechtskreis des Common Law das „judge made law" Grundrechtseinschränkungen enthalten können[663]. Abhängig von der jeweiligen Kompetenzverteilung kann es sich sowohl um unionale wie auch um mitgliedstaatliche Rechtsnormen handeln.

---

[662] Schildknecht, S. 44, 45; Weber, NJW 2000, S. 543

[663] Meyer/Borowsky, Kommentar, Art. 52, Rn. 20

b) Wesensgehaltsgarantie

Die in Art. 52 Abs. 1 GRC enthaltene Wesensgehaltsgarantie entspricht der bisherigen Rechtsprechung des EuGH, wonach Grundrechtseinschränkungen nur so weit gehen dürfen, als die Rechte nicht in ihrem Wesen angetastet werden[664]. Wenngleich eine eindeutige Begriffsklärung durch den EuGH nicht vorgenommen wurde[665], wird man in Parallele zur Rechtsprechung des Bundesverfassungsgerichts davon ausgehen müssen, dass durch die Wesensgehaltsgarantie ein inhaltlicher Mindestkern der Grundrechte gewährleistet wird, der absolut eingriffsfest, also jeglicher Relativierungsmöglichkeit entzogen ist[666]. Dies gilt insbesondere für den Menschenwürdegehalt der Chartabestimmungen, der als deren Wesensgehalt keinen Eingriff erlaubt.

c) Grundsatz der Verhältnismäßigkeit

Angesichts der bisher an der Handhabung des Verhältnismäßigkeitsgrundsatzes[667] durch den EuGH geäußerten Kritik stand dieser und seine Formulierung bei den Konventsberatungen zu Art. 52 Abs. 1 GRC im Vordergrund. Der erste Präsidiumsvorschlag enthielt insoweit die Formulierung, jede Einschränkung müsse „- unter Wahrung des Prinzips der Verhältnismäßigkeit – innerhalb der Grenzen [bleiben], die für den Schutz legitimer Interessen in einer demokratischen Gesellschaft erforderlich sind."[668] Im Laufe der weiteren Beratungen erhielt der Vorbehalt dann folgende Fassung: „Einschränkungen dürfen [...] nur vorgenommen werden, wenn sie [...] den von der Union verfolgten Zielsetzungen von allgemeinem Interesse, anderen legitimen Interessen in einer demokratischen Gesellschaft oder den Erfordernissen des Schutzes der Rechte und Freiheiten anderer tatsächlich entsprechen."[669] Diese Formulierung war zu Recht dem Vorwurf der Wirkungslosigkeit ausgesetzt, da mit der Bezugnahme auf „legitime Interessen in einer demokratischen Gesellschaft" nur der Rückgriff auf illegitime Interessen versperrt ist, was aber wohl selbstverständlich sein dürfte[670].

---

664 Erstmals im Nold-Urteil (Slg. 1974, 491 ff. (508)), bekräftigt im Hauer-Urteil (Slg. 1979, 3727 ff. (3747))

665 Streinz, Bundesverfassungsgerichtlicher Grundrechtsschutz und Europäisches Gemeinschaftsrecht, S. 420

666 Vgl. die Kernbereichslehre des BVerfG, BVerfGE 30, S. 47, 53; E 45, S. 187, 270 f.

667 Ausführlich zum Verhältnismäßigkeitsgrundsatz Emmerich-Fritsche: Der Grundsatz der Verhältnismäßigkeit als Direktive und Schranke der EG-Rechtsetzung, Bayreuth 1998

668 Dokument CONVENT 5 vom 15. Februar 2000

669 Erster Gesamtentwurf der Charta vom 28. Juli 2000 (Dokument CONVENT 45)

670 Kenntner, ZRP 2000, 423 ff. (425)

Aus der Entstehungsgeschichte wie auch aus dem Wortlaut des Art. 52 Abs. 1 GRC lässt sich folgern, dass sich der Verhältnismäßigkeitsgrundsatz als Schranken-Schranke aus den Teilprinzipien der Notwendigkeit und der Verfolgung eines legitimen Einschränkungsziels zusammensetzt. Als zulässige Zwecke einer Grundrechtseinschränkung führt Art. 52 Abs. 1 GRC zum einen von der Union anerkannte, dem Gemeinwohl dienende Zielsetzungen und zum anderen die Erfordernisse des Schutzes der Rechte und Freiheiten anderer an. Für eine Einbeziehung der genannten Teilprinzipien in den übergeordneten Grundsatz der Verhältnismäßigkeit spricht die Tatsache, dass sich der EuGH bei der Entwicklung des Grundsatzes der Verhältnismäßigkeit stark an den mitgliedstaatlichen Verfassungstraditionen, insbesondere aber der deutschen Verfassungsdogmatik orientiert hat, wonach ein Grundrechtseingriff unter dem Gesichtspunkt der Verhältnismäßigkeit nur dann gerechtfertigt ist, wenn er ein verfassungslegitimes Ziel mit einem verfassungslegitimen, d.h. einem zur Erreichung dieses Ziels geeigneten, erforderlichen und angemessenen Mittel verfolgt. Abweichend von der grammatikalischen Stellung dürfte jedoch das in Art. 52 Abs. 1 GRC enthaltene Notwendigkeitskriterium nachrangig gegenüber den zugelassenen Einschränkungszielen zu prüfen sein, da sich die Notwendigkeit einer Einschränkung immer nur im Hinblick auf ein zu erreichendes Ziel beurteilen lässt.

aa) Gemeinwohlvorbehalt

Nach dem Wortlaut des Art. 52 Abs. 1 GRC sind Einschränkungen der Grundrechte unter anderem dann gerechtfertigt, wenn sie den von der Union anerkannten dem Gemeinwohl dienenden Zielsetzungen tatsächlich entsprechen. Diese Formulierung kommt der früher in ständiger Rechtsprechung des EuGH verwandten Formel nahe, dass sich die Grundrechte in die Struktur und Ziele der Gemeinschaft einfügen müssen. Wie bei dieser Formel stellt sich auch im Hinblick auf Art. 52 Abs. 1 GRC die Frage, ob die nach dem Wortlaut erforderliche „Anerkennung" der Zielsetzungen durch die Union eine normative Verankerung im Primärrecht voraussetzt oder ob auch sonstige Willensäußerungen der Organe der Union, insbesondere etwa im Bereich des unverbindlichen „soft law" ausreichend sind. Aufschlussreich hierzu ist die Tatsache, dass die ursprünglich weite Formulierung „von der Union verfolgten Zielsetzungen" durch den Passus „von der Union anerkannten dem Gemeinwohl dienenden Zielsetzungen" ersetzt wurde. Daraus lässt sich schließen, dass es sich um explizit in den Verträgen verankerte Ziele handeln muss, wobei neben den in Art. 2 EGV aufgeführten Zielen auch solche Interessen in Betracht kommen, die durch spezielle Bestimmungen des Vertrages geschützt werden, wie in Art. 30, 39 Abs. 3 und 46 EGV[671].

bb) Schutz der Rechte und Freiheiten anderer

Nach Art. 52 Abs. 1 GRC können Grundrechtseinschränkungen auch dann gerechtfertigt sein, wenn sie den Erfordernissen des Schutzes der Rechte und Freiheiten anderer tatsächlich entsprechen. Damit sind die in Deutschland als „verfassungsimmanente Schranken" bezeichneten kollidierenden Grundrechte Dritter bzw. andere mit Verfassungsrang ausgestattete Rechtswerte ausdrücklich als Schranke benannt, da die Rechtsfigur der verfassungsimmanenten Schranken im Grundrechtssystem der Gemeinschaft[672] wie auch im Rahmen der EMRK nicht existiert. Kollidierende Grundrechte der Charta können damit ebenso wie die Grundfreiheiten des EG-Vertrages als Rechtfertigung für Grundrechtseinschränkungen herangezogen werden.

cc) Notwendigkeit

Wie bereits oben erwähnt, ist das Notwendigkeitskriterium im Hinblick auf das jeweilige Einschränkungsziel zu bestimmen. Inhaltlich kommt der Begriff der „Notwendigkeit" dem aus der deutschen Grundrechtsdogmatik bekannten Begriff der „Erforderlichkeit" gleich, so dass eine Einschränkung nur dann notwendig ist, wenn das zu erreichende Ziel nicht auf eine andere, den Einzelnen weniger belastende Weise ebenso gut erreicht werden kann, also ein milderes Mittel nicht zur Verfügung steht[673]. Erst recht ist aber eine Einschränkung nicht notwendig, wenn es zur Erreichung des angestrebten Einschränkungsziels untauglich, also ungeeignet ist. Im Ergebnis lässt sich damit feststellen, dass in dem Erfordernis der Notwendigkeit die aus der deutschen Grundrechtsdogmatik bekannten Kriterien der Geeignetheit und Erforderlichkeit aufgehen.

2. Interferenz mit dem europäischen Vertragswerk, Art. 52 Abs. 2 GRC

Mit dem Ziel, die Identität der Chartarechte mit den entsprechenden Rechten des europäischen Vertragswerks sicherzustellen und damit die Kohärenz des Unionsrechts zu wahren, wurde in Art. 52 Abs. 2 GRC eine Verweisungsklausel auf die in den Verträgen festgelegten Bedingungen und Grenzen der jeweiligen Rechte aufgenommen. In Bezug genommen werden dabei diejenigen Rechte, die im Vertragswerk der Union „begründet"

---

[671] Meyer/Borowsky, Kommentar, Art. 52, Rn. 21
[672] Vgl. Rengeling, S. 312
[673] Vgl. BVerfGE 33, 171 ff. (187)

sind, ohne diese im Einzelnen zu benennen, so dass auf die in den Erläuterungen des Präsidiums zu den einzelnen Rechten enthaltenen Quellenangaben Rückgriff genommen werden muss. Dabei kommt es nach Auffassung des Konvents nicht auf eine wortgleiche Formulierung der einander entsprechenden Rechte an, sondern vielmehr darauf, dass die Rechte der Charta in Rechten der Verträge gewissermaßen „angelegt“ sind. Insbesondere bezieht sich die Formulierung nur auf solche Rechte, die in den Gemeinschaftsverträgen oder im Vertrag über die Europäische Union selbst enthalten sind, nicht aber auf Rechte aus den gemeinsamen Verfassungsüberlieferungen oder Rechte der EMRK, auf die in Art. 6 Abs. 2 EUV lediglich verwiesen wird[674]. Zudem muss es sich um subjektiv-rechtliche Verbürgungen des Primärrechts handeln, so dass objektives Recht wie auch Sekundärrecht als Bezugsgrundlage ausscheidet[675]. Aufgrund dieser engen Vorgabe stellt beispielsweise aus dem Katalog der Freiheitsrechte Art. 15 Abs. 2 GRC die einzige Bestimmung dar, auf die Art. 52 Abs. 2 GRC zur Anwendung kommt, da die Personenverkehrsfreiheiten im EG-Vertrag selbst begründet sind. Große Bedeutung entfaltet die Vorschrift dagegen für die in Kapitel V enthaltenen Bürgerrechte, die nahezu vollständig dem europäischen Vertragswerk entlehnt sind.

Die in Art. 52 Abs. 2 GRC vorgesehene Akzessorietät von Chartarechten und Vertragsrechten hat dabei zur Folge, dass die vertraglichen Vorgaben in Bezug auf Schutzbereich und Einschränkbarkeit vollständig bei der Auslegung der Chartarechte zu beachten sind. Jedoch begegnet diese strenge Akzessorietät insofern Bedenken, als der Unionsgesetzgeber somit durch die Beschränkung oder Abschaffung von Vertragsrechten zugleich den Grundrechtsstandard der Charta beeinflussen kann, zumal eine dem Art. 79 des deutschen Grundgesetzes vergleichbare Bestandsgarantie nicht existiert. Sollte die Charta zudem in Zukunft als Teil eines europäischen Verfassungsvertrages im Rang über das Primärrecht gehoben werden, könnte auf diesem Weg Verfassungsrecht durch „einfaches Primärrecht“ abgeändert werden[676]. Allerdings hat der Konvent der Kohärenz des Unionsrechts den Vorzug vor diesen – zugegebenermaßen eher theoretischen – Gefahren gegeben.

---

[674] Dies ergibt sich nicht nur aus dem Wortlaut, sondern insbesondere auch aus der Tatsache, dass Art. 52 Abs. 3 GRC sinnentleert wäre, wenn EMRK-Rechte schon über Art. 6 Abs. 2 EUV in den Geltungsbereich des Art. 52 Abs. 2 GRC einbezogen würden; Meyer/Borowsky, Kommentar, Art. 52, Rn. 25.

[675] Meyer/Borowsky, Kommentar, Art. 52, Rn. 25

[676] Meyer/Borowsky, Kommentar, Art. 52, Rn. 28

3. Interferenz mit der EMRK, Art. 52 Abs. 3 S. 1 GRC

Um eine größtmögliche Kohärenz des Menschenrechtsschutzes in Europa und der Rechtsprechung der europäischen Gerichtshöfe zu erreichen, trifft Art. 52 Abs. 3 S. 1 GRC in Bezug auf die EMRK eine ähnliche Regelung wie Art. 52 Abs. 2 GRC in Bezug auf die europäischen Verträge. Da die EMRK für den Bereich der sozialen Rechte – mit Ausnahme des Rechts auf Bildung aus Art. 14 GRC – keine Bedeutung hat, soll lediglich der Vollständigkeit halber kurz auf diese Vorschrift eingegangen werden.

Die Bestimmung des Art. 52 Abs. 3 GRC stand im Mittelpunkt der Debatten des Konvents zu den Querschnittsbestimmungen und stellt das Ergebnis des Konflikts zwischen denjenigen Konventsvertretern dar, die im Interesse der Rechtssicherheit für eine wörtliche und umfassende Übernahme der Bestimmungen der EMRK plädierten[677] und einer anderen Gruppe, die für eine kurze und verständliche Neuformulierung und damit für die Aufnahme einer einzigen horizontalen Klausel eintrat. Die endgültige Fassung der Bestimmung beruht auf einem Vorschlag des niederländischen Regierungsvertreters *Korthals Altes*[678]: danach werden die Bestimmungen der EMRK zwar nicht wörtlich übernommen, aber materiell durch eine Verweisungsklausel in die Charta inkorporiert[679]. Maßgeblich sind damit auch hier allein der Schutzbereichsumfang und die Einschränkungsmöglichkeiten der entsprechenden Rechte der EMRK, so dass ein Rückgriff auf die allgemeine Schrankenklausel des Art. 52 Abs. 1 GRC nicht möglich ist[680]. Zugleich wird über die Transferklausel des Abs. 3 die Rechtsprechung des EGMR für die Auslegung der inkorporierten Rechte maßgeblich, deren Bedeutung für den europäischen Grundrechtsstandard bereits in der Präambel der Charta hervorgehoben ist[681].

---

[677] Von dem britischen Vertreter Goldsmith wurde eine Zweiteilung der Charta vorgeschlagen: ein an die Bürger gerichteter Teil A sollte die möglichst einfache und knappe Formulierung des Rechts enthalten, während der für die Rechtsanwender gedachte, gleichermaßen verbindliche Teil B Definitionen und Verweise auf die jeweiligen Quellen enthalten sollte; Meyer/Borowsky, Kommentar, Art. 52, Rn. 9; insbesondere sollten in den Teil B die Bestimmungen der EMRK möglichst unverändert übernommen werden, Altmaier, ZG 2001, 195 (197).

[678] Dokument CONTRIB 262 vom 6. Juli 2000

[679] Nachdem damit nahezu der gesamte materielle Rechtsschutz der EMRK und ihrer Zusatzprotokolle übernommen wird, handelt es sich im Ergebnis um einen materiellen Beitritt zur EMRK, der weit über den bisherigen Verweis auf die EMRK in Art. 6 Abs. 2 EUV hinausgeht, Meyer/Borowsky, Kommentar, Art. 52, Rn. 34; eine ähnliche materielle Inkorporation der EMRK sehen auch Art. 16 Abs. 2 der portugiesischen sowie Art. 10 Abs. 2 der spanischen Verfassung vor.

[680] Ein Rückgriff auf die allgemeine Schrankenklausel erübrigt sich aber schon deshalb, weil der EGMR sowohl den Grundsatz der Verhältnismäßigkeit als auch die Wesensgehaltsgarantie richterrechtlich anerkannt hat, vgl. nur EGMR, Urteil vom 28.5.1985, Ashingdane/Vereinigtes Königreich, Série A, Nr. 93, Rn. 57 (EuGRZ 1986, 8).

[681] Damit werden die europäischen Gerichtshöfe auf ein wirkliches „Kooperationsverhält-

Für welche Bestimmungen der Charta die Vorschrift des Art. 52 Abs. 3 GRC gilt, ergibt sich aus den in den Erläuterungen des Präsidiums enthaltenen Auflistungen, die von mehreren Konventsmitgliedern nachdrücklich gefordert wurden, anschließend zur Diskussion gestellt wurden und vom abschließenden Konsens des Konvents getragen sind[682]. Dabei wird unterschieden zwischen Artikeln der Charta, die dieselbe Bedeutung und Tragweite wie die entsprechenden Rechte der EMRK haben und solchen Artikeln, die zwar dieselbe Bedeutung haben, deren Tragweite aber umfassender ist. Zu letzteren Vorschriften ist auch das soziale Recht auf Bildung aus Art. 14 GRC zu zählen, dessen Anwendungsbereich im Gegensatz zu der entsprechenden Gewährleistung in Art. 2 des Zusatzprotokolls zur EMRK auf den Zugang zu beruflicher Aus- und Weiterbildung ausgedehnt ist. Damit gilt im „Überschneidungsbereich" die Schrankenregelung des Art. 52 Abs. 3 S. 1 GRC, außerhalb des „Überschneidungsbereichs" - also in Bezug auf den Zugang zu beruflicher Aus- und Weiterbildung - hingegen die allgemeine Schrankenregelung des Art. 52 Abs. 1 GRC.

Allerdings gilt es bei der materiellen Bindung der Mitgliedstaaten an die EMRK zu differenzieren, um die nach Art. 57 EMRK zulässigen einzelstaatlichen Vorbehalte nicht zu unterlaufen. Infolge dieser in der Systematik der EMRK angelegten Möglichkeit kann auch die Charta die Mitgliedstaaten bei der Durchführung des Rechts der Union nur in dem Maße binden, wie diese als Vertragsparteien durch die EMRK und deren Zusatzprotokolle verpflichtet sind, während in Bezug auf die Union in jedem Fall, also unabhängig von Ratifikationsstand und einzelstaatlichen Vorbehalten, eine umfassende und unbeschränkte Bindung an die EMRK eintritt[683]. Infolge des dynamischen Charakters der Verweisungsklausel in Art. 52 Abs. 3 GRC schlägt sich allerdings jede Änderung hinsichtlich der Bindung der Mitgliedstaaten an die EMRK automatisch in einem erhöhten Rechtsschutz durch die Charta nieder.

---

nis" verpflichtet, das auch zwingend notwendig ist, um Rechtsprechungsdivergenzen zu vermeiden. Interessanterweise hat der EGMR bereits die Charta als Hilfsmittel für die Auslegung inhaltsähnlicher Bestimmungen der EMRK herangezogen, vgl. Urteil vom 11.7.2002, Rs. 25680 / 94 (Rn. 80) und Urteil vom 11.7.2002, Rs. 28957 / 95 (Rn. 100).

682 Meyer/Borowsky, Kommentar, Art. 52, Rn. 31

683 Da die Union nicht Vertragspartei der EMRK ist, war sie bislang nicht unmittelbar, sondern nur mittelbar über die Mitgliedstaaten an die EMRK gebunden (Mosler / Bernhardt / Hilf, S. 71, 93; Eiffler, JuS 99, 1072); nunmehr führt Art. 52 Abs. 3 GRC zu einer unmittelbaren Bindung der Union.

4. Öffnungsklausel für weitergehenden Schutz, Art. 52 Abs. 3 S. 2 GRC

Die in Art. 52 Abs. 3 S. 2 GRC enthaltene zukunftsorientierte Öffnungsklausel macht zum einen deutlich, dass es sich bei dem in der EMRK enthaltenen Schutz nur um einen Mindeststandard handelt, zum anderen betont sie die fortbestehende Autonomie des Unionsrechts. Allerdings ist sie ausweislich der Erläuterungen des Präsidiums insofern einschränkend auszulegen, als Weiterentwicklungen des geltenden Grundrechtsschutzes nur durch den unionalen Gesetzgeber, nicht aber im Wege des Richterrechts durch den EuGH zulässig sind.

In der Gesamtschau lässt sich festhalten, dass die Charta entgegen des ersten Eindruckes eine durchaus differenzierte Schrankenregelung vorsieht, die allerdings angesichts der dabei zu berücksichtigenden Bestimmungen außerhalb der Charta für den Bürger wenig übersichtlich ist. Die Zusammenfassung der Schrankenbestimmungen in einer einzigen horizontalen Klausel anstelle von grundrechtsspezifischen Schranken entspricht nicht nur der bisherigen Rechtsprechung des EuGH, sondern auch den jüngeren Verfassungsgebungen, bei denen man ebenfalls zu einer generalisierenden Klausel zur Einschränkbarkeit der Grundrechte übergegangen ist[684]. Letztlich wird es allerdings dem EuGH überantwortet bleiben, die Tragweite der einzelnen Grundrechte verbindlich auszuloten, wenngleich er insoweit infolge der Inkorporierung der sehr ausführlichen Schrankenbestimmungen der EMRK sowie der Bestimmungen der Gründungsverträge und nicht zuletzt auch aufgrund der Maßgeblichkeit der Rechtsprechung des EGMR klareren Vorgaben als bisher unterliegt. Im Hinblick auf diese Letztverantwortung des EuGH für einen wirksamen Grundrechtsschutz unterscheidet sich die Charta jedoch nicht von anderen Verfassungstexten: denn auch das deutsche Grundgesetz beschränkt sich häufig auf die Nennung des Gesetzesvorbehalts und verdankt die Entfaltung der ausdifferenzierten Schrankensystematik allein der jahrzehntelangen Rechtsprechung des Bundesverfassungsgerichts.

Zu beachten ist schließlich, dass die dargestellten Schrankenregelungen – zum einen in Bezug auf die der EMRK entlehnten Rechte der Charta, zum anderen aufgrund des als „Refrain" bezeichneten Vorbehalts – in den einzelnen Mitgliedstaaten zu Rechtsschutzdivergenzen führen können. Dies liegt jedoch in der Natur der Union als Zusammenschluss von autonomen Mitgliedstaaten begründet, die eine vielfältige Verschränkung des Unionsrechts mit den innerstaatlichen Rechtsordnungen zur Folge hat. So ist auch

[684] So sieht beispielsweise Art. 36 der schweizerischen Bundesverfassung von 1999 eine Einheitsschranke vor; von Bogdandy JZ 2000, 157 (168); Meyer/Borowsky, Kommentar, Art. 52, Rn. 42.

die Charta ausweislich ihrer Präambel sowie der horizontalen Schlussbestimmungen von dem zentralen Anliegen geprägt, die Vielfalt der Kulturen und Traditionen der Völker Europas sowie die nationale Identität der Mitgliedstaaten zu achten und damit jedenfalls teilweise auch die nationalen Rechtsordnungen und Grundrechtstraditionen zu wahren. In diese Richtung zielt auch der von der im Rahmen des Verfassungskonvents eingesetzten Arbeitsgruppe II unterbreitete Vorschlag, die Vorschrift des Art. 52 GRC unter anderem um einen Absatz 4 zu ergänzen, in dem die Maßgeblichkeit der nationalen Verfassungstraditionen ausdrücklich hervorgehoben werden soll[685]. Zudem ist vorgesehen, zusätzlich in einem neuen Art. 52 Abs. 6 GRC die Rücksichtnahme auf nationale Traditionen zu erwähnen[686].

III. Schutzniveau, Art. 53 GRC

> Keine Bestimmung dieser Charta ist als eine Einschränkung oder Verletzung der Menschenrechte und Grundfreiheiten auszulegen, die in dem jeweiligen Anwendungsbereich durch das Recht der Union und das Völkerrecht sowie durch die internationalen Übereinkommen, bei denen die Union, die Gemeinschaft oder alle Mitgliedstaaten Vertragsparteien sind, darunter insbesondere die Europäische Konvention zum Schutze der Menschenrechte und Grundfreiheiten, sowie durch die Verfassungen der Mitgliedstaaten anerkannt werden.

Die Vorschrift des Art. 53 GRC, die an die nahezu gleichlautenden Bestimmungen der Art. 53 EMRK und Art. 27 der Erklärung zu den Grundrechten und Grundfreiheiten des Europäischen Parlaments von 1989 angelehnt ist, behandelt die Frage des Verhältnisses der gemeinschaftsrechtlichen Grundrechte zu Grundrechten in konkurrierenden Rechtsordnungen - ein Problem, das *Hirsch* mit dem Begriff des „Grundrechtspluralismus" bezeichnet[687]. Die Bestimmung verfolgt in diesem Zusammenhang das Ziel, die Grundrechte der Charta schonend in das bestehende Geflecht aus nationalen, europäischen und internationalen Grundrechten einzufügen, ohne eine Anpassung des Grundrechtsschutzes nach unten zu bewirken, was insbesondere im Hinblick auf das teilweise hohe Schutzniveau der nationalen Grundrechtsordnungen von größter Bedeutung ist. Soweit daher durch

---

[685] Vgl. den Schlussbericht der Arbeitsgruppe II „Einbeziehung der Charta/Beitritt zur EMRK" vom 22. Oktober 2002; danach ist folgender Wortlaut für Art. 52 Abs. 4 GRC vorgesehen: „Soweit in diesem Kapitel Grundrechte anerkannt werden, wie sie sich aus den gemeinsamen Verfassungsüberlieferungen der Mitgliedstaaten ergeben, werden diese im Einklang mit diesen Überlieferungen ausgelegt."

[686] „Den einzelstaatlichen Rechtsvorschriften und Gepflogenheiten ist, wie es in dieser Charta bestimmt ist, in vollem Umfang Rechnung zu tragen."

[687] Hirsch, Eine Grundrechtscharta für Europa?, FCE 5/99, Rn. 12

die in Art. 53 GRC genannten Rechtsquellen ein weitergehender Schutz gewährt wird, wird dieser durch die Charta nicht relativiert, d.h. dass die Charta zu keiner Änderung oder Anpassung der übrigen Grundrechtsordnungen zwingt und dass sie auch zu einer interpretatorischen Verringerung des Grundrechtsschutzes aus anderen Rechtsquellen nicht herangezogen werden darf. So hat auch die Kommission in einer Mitteilung „Zum Status der Grundrechtscharta der Europäischen Union" vom 11. Oktober 2000 betont, dass außer Zweifel stehe, „dass die Charta in ihrem Geltungsbereich nicht an die Stelle der nationalen Verfassungen tritt, wenn es gilt, die Achtung der Grundrechte auf innerstaatlicher Ebene durchzusetzen."[688] Umgekehrt beinhaltet Art. 53 GRC aber auch keine Mindestschutzklausel dergestalt, dass die Chartarechte nicht hinter dem Schutzniveau der übrigen Grundrechtskataloge zurückbleiben dürften. Allerdings stehen die verschiedenen Grundrechtsordnungen auch nicht völlig isoliert nebeneinander: soweit nämlich verschiedene Menschenrechtsinstrumente den gleichen Anwendungsbereich[689] aufweisen, lässt sich Art. 53 GRC als Meistbegünstigungsprinzip verstehen, so dass das jeweils günstigere Recht zur Anwendung gelangt[690]. Dieses Prinzip gilt es später noch näher zu entfalten.

Soweit Art. 53 GRC das Recht der Union als konkurrierende Rechtsquelle nennt, sind damit primär die Menschenrechte und Grundfreiheiten des EUV oder EGV gemeint, die nicht zugleich in der Charta aufgeführt sind. Darüber hinaus dürfte aber auch das durch den EuGH entwickelte Richterrecht durch den Verweis auf das Recht der Union erfasst sein, jedenfalls soweit dieses nicht bereits von der Charta abgelöst wurde[691].

Unter Völkerrecht ist in Abgrenzung zum gesondert aufgeführten Völkervertragsrecht das Völkergewohnheitsrecht, also insbesondere die allgemeinen Grundsätze des Völkerrechts, zu verstehen.

Einen zukunftsweisenden Charakter hat die Bezugnahme auf die „internationalen Übereinkommen, bei denen die Union, die Gemeinschaft oder alle Mitgliedstaaten Vertragsparteien sind", da die Union nach herrschender Auffassung derzeit keine Rechtsfähigkeit besitzt und daher auch nicht Vertragspartei eines völkerrechtlichen Abkommens sein kann. Insoweit sind mögliche zukünftige Entwicklungen bereits im Text der Grundrechtscharta berücksichtigt. Da die Gemeinschaft auch bisher nicht von der in Art. 300 EGV vorgesehenen Möglichkeit zum Abschluss völkerrechtlicher Abkom-

---

[688] Dokument CONTRIB 355 vom 18. Oktober 2000, S. 6 f.

[689] Vgl. den Wortlaut „in dem jeweiligen Anwendungsbereich"; der Anwendungsbereich der Charta bestimmt sich dabei allein nach Art. 51 GRC.

[690] Meyer/Borowsky, Kommentar, Art. 53, Rn. 14; Grabenwarter, DVBl. 2001, 1 (10/11)

[691] Dies betrifft beispielsweise den Schutz der allgemeinen Handlungsfreiheit, den der EuGH in Ansätzen anerkennt; Meyer/Borowsky, Kommentar, Art. 53, Rn. 16 a.E.

men Gebrauch gemacht hat, kommt der Vorschrift derzeit allein für solche internationalen Übereinkommen Bedeutung zu, bei denen alle Mitgliedstaaten Vertragsparteien sind. Als Beispiel für solche internationalen Übereinkommen ist in Art. 53 GRC die EMRK erwähnt, womit die herausgehobene Stellung, die der EMRK bereits durch Art. 52 Abs. 3 GRC verliehen ist, nochmals betont wird.

Besondere Bedeutung kommt dem Verweis auf die Verfassungen der Mitgliedstaaten zu. Nach den Erläuterungen des Präsidiums umfasst dieser Verweis alle nationalen Grundrechte unabhängig von deren jeweiliger Herleitung und Verankerung, so dass beispielsweise auch die Grundrechte in Großbritannien, die nicht in einer formellen Verfassungsurkunde enthalten sind, erfasst sind. Soweit sich die Anwendungsbereiche von Charta und nationalen Verfassungen bei der Durchführung des Rechts der Union durch die Mitgliedstaaten überschneiden, unterliegen die Organe einer doppelten Bindung. Dies führt jedoch nicht dazu, dass die gemeinschaftlichen Grundrechte in solchen Fällen nach Maßgabe der weiterreichenden nationalen Verfassungsordnung auszulegen sind; denn auf diese Weise würde eine Zersplitterung des Schutzniveaus der Gemeinschaftsgrundrechte und damit eine „relative" Grundrechtsgeltung in Bezug zu den einzelnen Mitgliedstaaten eintreten, die der Einheitlichkeit der Gemeinschaftsrechtsordnung widerspräche. Ebenso wenig schlägt der jeweils am weitesten reichende nationale Grundrechtsstandard auf die Gemeinschaftsebene durch im Sinne eines „Maximalstandards", der zwar einheitlich wäre, aber keiner gemeinsamen Rechtsüberzeugung der Mitgliedstaaten entspräche. Vielmehr gewährleistet Art. 53 GRC die Eigenständigkeit der verschiedenen Grundrechtsordnungen und führt daher in Fällen des „Grundrechtspluralismus" nach dem Grundsatz der Meistbegünstigung dazu, dass das jeweils günstigere Recht zur Anwendung gelangt[692]. Soweit also die nationalen Verfassungen einen weiterreichenden Grundrechtsschutz als die Charta gewährleisten, muss das nationale Durchführungsrecht dem nationalen Standard genügen und ist das in den Mitgliedstaaten unmittelbar anwendbare EG-Recht verfassungskonform im Sinne des weiterreichenden nationalen Grundrechtsschutzes auszulegen.

Die Anwendung des Grundsatzes der Meistbegünstigung hat zudem zur Folge, dass der *Solange II* - Rechtsprechung des Bundesverfassungsgerichts[693] der Boden entzogen wird, da auf Unionsebene ein wirksamer Schutz der Grundrechte, der dem vom Grundgesetz als unabdingbar gebotenen Grundrechtsschutz im wesentlichen gleichzuachten ist, auf diese Weise generell gewährleistet ist, so dass eine generelle und offenkundige

[692] Grabenwarter, DVBl. 2001, 1 (10/11)
[693] BVerfGE 73, 389 = NJW 1987, 577 ff.

Unterschreitung des vom Grundgesetz geforderten Ausmaßes an Grundrechtsschutz nicht mehr denkbar ist.

IV. Verbot des Missbrauchs der Rechte, Art. 54 GRC

> Keine Bestimmung dieser Charta ist so auszulegen, als begründe sie das Recht, eine Tätigkeit auszuüben oder eine Handlung vorzunehmen, die darauf abzielt, die in der Charta anerkannten Rechte und Freiheiten abzuschaffen oder sie stärker einzuschränken, als dies in der Charta vorgesehen ist.

Die Vorschrift des Art. 54 GRC will den Grundrechtsmissbrauch, also die Benutzung der Chartarechte zur unverhältnismäßigen Einschränkung oder Abschaffung der Rechte anderer, verhindern und verfolgt damit das Anliegen einer „streitbaren Demokratie". Dabei stützte sich der Konvent auf Vorschlag von *Fischbach*, dem Beobachter des EGMR im Konvent, nahezu wörtlich auf Art. 17 EMRK,[694] auf dessen Grundlage der EGMR das Konzept der streitbaren Demokratie entfaltet hat. Unter den wenigen mitgliedstaatlichen Verfassungen, die vergleichbare Vorschriften kennen, ragt insbesondere das deutsche Grundgesetz heraus, das ein vielschichtiges Konzept der „wehrhaften Demokratie" enthält[695]. Ferner steht die Vorschrift in Zusammenhang mit der durch den Amsterdamer Vertrag neu in das Unionsrecht eingefügten Bestimmung des Art. 7 EUV, der Sanktionsmöglichkeiten für den Fall der Verletzung fundamentaler Grundsätze durch einen Mitgliedstaat vorsieht.

Bedeutung wird der Vorschrift in Zukunft insbesondere im Hinblick auf rassistische und ausländerfeindliche Bestrebungen zukommen, da nach dem Zusammenbruch des Kommunismus und dem Nachlassen totalitärer Bedrohung die Gefahr einer Beseitigung der freiheitlichen demokratischen Grundordnung wohl nicht mehr zu besorgen ist[696].

In Anlehnung an die einschlägige Rechtsprechung des EGMR wird davon auszugehen sein, dass sich der Betroffene als Folge eines Rechtsmissbrauches auf diejenigen Grundrechte nicht mehr berufen kann, die er zur Bekämpfung der Grundrechtsordnung verwandt hat.

---

[694] Dokument CONVENT 31 vom 12. Mai 2000, S. 1

[695] So verbietet Art. 9 Abs. 2 des deutschen Grundgesetzes Vereinigungen, deren Zwecke oder Tätigkeiten sich gegen die Strafgesetze, die verfassungsmäßige Ordnung oder gegen den Gedanken der Völkerverständigung richten, Art. 18 sieht die Möglichkeit der Verwirkung von Grundrechten vor, Art. 20 Abs. 4 begründet ein Widerstandsrecht, nach Art. 21 Abs. 2 können Parteien verboten werden, die die verfassungsmäßige Ordnung beseitigen wollen und schließlich sieht Art. 79 Abs. 3 die Änderungsfestigkeit zentraler Verfassungsgrundsätze vor.

[696] Meyer/Borowsky, Kommentar, Art. 54, Rn. 11

5. Teil: Die Grundrechtscharta als Teil einer künftigen europäischen Verfassung

Abschließend stellt sich die in Europa schon seit längerer Zeit[697] viel diskutierte Frage, ob die Römischen Verträge als konstituierende Grundlagen der Gemeinschaft zu einer echten Verfassung ausgestaltet werden sollten, und damit letztlich die Frage nach der Finalität der europäischen Integration. Nach Auffassung des Europäischen Parlaments ist die Charta der Grundrechte nur ein erster Grundbestandteil in dem notwendigen Prozess, die Europäische Union mit einer Verfassung auszustatten[698]. Allerdings ist diese Entwicklung nicht zwingend durch die Entstehung der Europäischen Grundrechtscharta vorgezeichnet. So betonte auch der Konventspräsident *Roman Herzog*, dass dem Grundrechtskatalog nicht unbedingt eine Verfassung im formellen Sinn nachfolgen müsse, da eine Verfassung Machtfragen regele, während eine Charta der Grundrechte in erster Linie dem Menschen diene.

A. Die „Verfassungsfähigkeit" der Europäischen Union

Die Frage nach der Integration der Charta in eine noch zu schaffende europäische Verfassung bejaht implizit die vorrangig zu klärende Frage nach der "Verfassungsfähigkeit" der Europäischen Union[699]. So fragt *Hirsch* zu Recht: "Kann es eine Verfassung geben für einen "Staatenverbund", der weder Staat noch (auf absehbare Zeit) auf dem Weg zu einem souveränen Staat ist?"[700] Es ist daher zu klären, ob die Frage der Verfassungsgebung

---

[697] In Deutschland wurde diese Frage insbesondere im Gefolge des ersten Verfassungsentwurfs des Europäischen Parlaments aus dem Jahre 1984 (sog. Spinelli-Entwurf) diskutiert: Europäisches Parlament, Entwurf eines Vertrages zur Gründung der Europäischen Union vom 14.2.1984, in: ABl. EG C 77 vom 13.3.1984, S. 33.

[698] Entschließung des EP zur Erarbeitung einer Charta der Grundrechte der Europäischen Union (C5-0058/1999 - 1999/2064(COS)), Buchstabe V.; vgl. auch Scholz, Zur Europäischen Grundrechtscharta, in: Festschrift für Maurer, S. 993 ff. (994): „[Die Europäische Grundrechtscharta] weist zumindest faktisch auf den Einstieg in einen Prozess europäischer Verfassungsgebung hin."

[699] Vgl. z.B. Schwarze, Auf dem Wege zu einer europäischen Verfassung, EuR 2000 – Beiheft 1 -, S. 7 ff.; Di Fabio, Eine Europäische Charta – Auf dem Weg zur Unionsverfassung, JZ 2000, S. 737 ff.; Pernice, Der Europäische Verfassungsverbund auf dem Wege der Konsolidierung, JöR 48 (2000), S. 205 ff.; Häberle, Europa als werdende Verfassungsgemeinschaft, DVBl. 2000, S. 840 ff.; Piris, Hat die Europäische Union eine Verfassung? Braucht sie eine?, EuR 2000, S. 311 ff.; Klein, Europäische Verfassung im Werden, in: Bremische Bürgerschaft (Hrsg.), Charta der Grundrechte der Europäischen Union, S. 79 ff. u.v.m.

[700] Hirsch, NJW 2000, 46 f. (46)

abhängig von einer bestimmten Qualität des zu "verfassenden" Gemeinwesens ist.

Zwar existiert keine allgemeingültige Definition für den Begriff der "Verfassung", jedoch besteht Einigkeit über deren grundlegende Wesensmerkmale[701]: es handelt sich dabei um die rechtliche Grundordnung eines Gemeinwesens, die die Leitprinzipien für die Organisation des Staatsverbundes und die Funktionsweise der Staatsgewalt und damit die wesentlichen Entscheidungsstrukturen festlegt. Oftmals wird auch zwischen einem formellen und einem materiellen Verfassungsbegriff unterschieden[702]. Der Verfassung im formellen Sinn zuzuordnen sind alle jene Rechtsnormen, die von der verfassungsgebenden Gewalt in einem förmlichen Verfahren ordnungsgemäß gesetzt und in der Verfassung niedergelegt sind. Dagegen bildet die Verfassung im materiellen Sinn die Gesamtheit der geschriebenen und ungeschriebenen Rechtsnormen über die Grundlagen der Organisation, Aufgaben und Befugnisse des Staates sowie über die Stellung der Bürger im Staat.

Der Staatsbegriff wird damit zwar in allen Definitionen erwähnt, jedoch fragt sich, ob es sich dabei um ein konstitutives Begriffsmerkmal handelt[703]. Bejaht man diese Frage[704] und begrenzt die Verfassungsfähigkeit auf Staaten im traditionellen Sinne, so kann es eine Verfassung für die Europäische Union nicht geben. Denn nach der klassischen Staatselementelehre konstituiert sich ein Staat aus den drei Elementen Staatsgebiet, Staatsvolk und Staatsgewalt. Demgegenüber verfügt die Union weder über ein eigenes, von den Mitgliedstaaten unabhängiges Staatsgebiet, noch über ein Staatsvolk, da gemäß Art. 17 Abs. 1 S. 2 EGV die Unionsbürgerschaft an die Staatsangehörigkeit eines Mitgliedstaates geknüpft ist. Schließlich ist auch die Staatsgewalt der Union keine originäre, sondern aus den von den Mitgliedstaaten übertragenen Befugnissen abgeleitet. Die Europäische Union ist damit kein Staat, sondern ein Gebilde eigener Art zwischen Staatenbund und Bundesstaat, ein „supranationaler Staatenverbund"[705], der sich stetig in Richtung auf einen unbekannten Endzustand weiterentwickelt.

Aber auch die entgegengesetzte Auffassung, dass eine Verfassung nicht staatlichen Verbänden vorbehalten ist, sondern auch für eine sich verdichtende supranationale Hoheitsgewalt konstituiert werden kann, lässt sich

---

701 Dazu Schwarze, in: Schwarze (Hrsg.), Die Entstehung einer europäischen Verfassungsordnung, Deutscher Landesbericht, S. 109 ff. (109)

702 Maunz/Zippelius, Deutsches Staatsrecht, 30. Aufl. 1998, § 5 II 2

703 Hirsch, NJW 2000, 46 f. (46)

704 Nach Carl Schmitt ist Verfassung Dezision über die Form und Grundstruktur eines schon vorgegebenen Staates, Verfassungslehre (1928), S. 11 ff.; er geht damit von einer Konnexität von souveränem Staat und Verfassung aus (sog. normativer staatsbezogener Verfassungsbegriff).

705 BVerfGE 89, 155 (Maastricht-Urteil)

begründen[706]. Denn dass die Staatsqualität keine notwendige Voraussetzung für die Existenz einer Verfassung ist, folgt schon aus der Überlegung, dass jeder gesellschaftliche Verband in dem Sinne verfasst ist, als er Grundprinzipien des gemeinschaftlichen Zusammenlebens statuiert; so werden die Beziehungen der Glieder zueinander und zum Ganzen geordnet, die gemeinsamen Ziele bestimmt und Spielregeln festgelegt, nach denen die Entscheidungen verbindlich getroffen werden. In diesem Sinne stellt auch die EU als Verband von Staaten eine verfasste Einheit dar, denn die Gründungsverträge enthalten ausdifferenzierte Bestimmungen über Ziele, Organe und Entscheidungsverfahren.

In Deutschland hat sich zur Frage der Verfassungsfähigkeit der Union ein weites Meinungsspektrum herausgebildet.

Teilweise wird vertreten, eine Verfassung für Europa sei nicht erforderlich, da die Europäischen Verträge eine "verfasste" europäische Hoheitsgewalt bereits konstituierten[707]. So hat das Bundesverfassungsgericht bereits 1967 zum Ausdruck gebracht, dass der EWG-Vertrag „gewissermaßen die Verfassung dieser Gemeinschaft“ sei.[708] Gleichermaßen hat der EuGH die Gemeinschaftsverträge als „Verfassungsurkunde der Gemeinschaft“ bezeichnet[709].

Andere halten die Europäische Union dagegen mangels Staatlichkeit für grundsätzlich nicht verfassungsfähig[710], was zumeist aus der Befürchtung resultiert, die Entwicklung der Union laufe damit auf eine Staatswerdung hinaus. Dem ist jedoch entgegenzuhalten, dass die Entwicklung der nationalen Verfassungsstaaten zu „europäisierten Verfassungsstaaten“, die sich nicht zuletzt in dem Bekenntnis zum Prinzip der „offenen Staatlichkeit“ niederschlägt[711], auch verfassungsrechtliche Konsequenzen nach sich ziehen muss. Der Europäische Staatenverbund als ein dauerhaft angelegtes Sys-

---

706 In diesem Zusammenhang wird von einem neuen „postnationalen Verfassungsbegriff“ gesprochen; grundlegend Habermas, Die postnationale Konstellation, S. 105 ff. und Scheuing, Zur Europäisierung des deutschen Verfassungsrechts, in: Drexl u.a. (Hrsg.), Die Europäisierung der mitgliedstaatlichen Rechtsordnungen in der Europäischen Union, S. 87 ff.

707 Pernice, DVBl. 2000, 847 ff. (848)

708 BVerfGE 22, 293 ff. (296)

709 EuGH Slg. 1991 I, 6079 ff. (6102) - EWR-Gutachten („... stellt der EWG-Vertrag, obwohl er in der Form einer völkerrechtlichen Übereinkunft geschlossen wurde, nichtsdestoweniger die grundlegende Verfassungsurkunde einer Rechtsgemeinschaft dar.“); Slg. 1986, 1339 ff. (1365) - Les Verts

710 Grimm, Braucht Europa eine Verfassung?, JZ 1995, 581 ff.; Koenig, Ist die Europäische Union verfassungsfähig?, DÖV 1998, 268 ff.; ders., Anmerkungen zur Grundordnung der Europäischen Union und ihrem fehlenden Verfassungsbedarf, NVwZ 1996, 549 ff.

711 Vgl. die Präambel und Art. 23 des deutschen Grundgesetzes

tem miteinander kooperierender Verfassungsstaaten kann damit auf Dauer dem Prozess einer eigenständigen Verfassungsfindung und verfassungsrechtlichen Legitimation nicht ausweichen[712].

Demgemäß hält eine dritte Ansicht die Europäische Union - ausgehend von einem weiten Verfassungsverständnis im Sinne der rechtlichen Grundordnung eines politischen Herrschaftssystems - für grundsätzlich verfassungsfähig und im Gegensatz zur erstgenannten Ansicht angesichts der Defizite der bestehenden Verfassungsurkunde auch für dringend verfassungsbedürftig[713]. So sei ein neues Verfassungsdokument insbesondere zur Vereinfachung des bestehenden Primärrechts erforderlich, da die Normenmasse den eigentlichen Verfassungskern der Verträge "verschütte"[714]. Kernpunkt der Kritik ist in diesem Zusammenhang aber das Fehlen eines geschriebenen Grundrechtskataloges und eines Kompetenzkataloges; insgesamt mangele es an einer eindeutigen und transparenten Regelung des Verhältnisses zwischen den Organen der EU, den Mitgliedstaaten und den Unionsbürgern. Auf der Basis dieser dritten Ansicht hat sich in jüngerer Zeit der bereits oben angedeutete so genannte „postnationale Verfassungsbegriff" herausgebildet: während ein Bundesstaat in einer Verfassung und ein Staatenbund in einem Vertrag seine konstitutive Grundlage finde, sei es an der Zeit, für die zwischen diesen beiden idealtypischen Gebilden angesiedelte EU einen Verfassungsvertrag auszuarbeiten[715]. Damit soll sprachlich zum Ausdruck kommen, dass die Verfassungsbestrebungen nicht auf die Gründung eines europäischen Bundesstaates hinauslaufen, sondern eine den Eigenheiten der EU als supranationalem Zusammenschluss von einzelnen Nationalstaaten gerecht werdende Grundordnung der Union intendiert ist[716]. Auf diesen Begriff des europäischen Verfassungsvertrages hat man sich sowohl in der wissenschaftlichen als auch in der politischen Debatte jedenfalls in der Bundesrepublik Deutschland weitgehend geeinigt[717], wenngleich es nach wie vor Stimmen gibt, die eine Aufgabe der "Befangenheit in nationalstaatliche Kategorien"[718] einer Verfassung zugunsten des

---

712 Scholz, Zur Europäischen Grundrechtscharta, in: Festschrift für Maurer, S. 993 ff. (996/997)

713 Vgl. die zahlreichen Nachweise bei Schwarze, Die Entstehung einer europäischen Verfassungsordnung, S. 109 ff. (194), Fn. 477

714 Roman Herzog hat in diesem Zusammenhang den Begriff des "Vorschriftenmolochs" geprägt, vgl. ders., Gesetzgebung und Einzelfallgerechtigkeit, NJW 1999, 25 ff. (27).

715 Hirsch, NJW 2000, 46 f. (47)

716 So hat auch der Präsident des Verfassungskonvents Giscard d'Estaing in seiner Eröffnungsrede ausdrücklich unterstrichen: „Um jeglichen semantischen Streit auszuschließen, schlage ich vor, dass wir uns bereits heute auf die Bezeichnung „Verfassungsvertrag für Europa" einigen.", Dok. SN 1565/02.

717 Schwarze, Europäische Verfassungsperspektiven nach Nizza, NJW 2002, S. 993 ff. (997) m.w.N.

718 Schäuble, Wege zur europäischen Einigung, in: Schäuble / Heintzen, Die Entwicklung

Symbolwerts dieses Begriffes fordern; denn der Begriff der Verfassung könne sich zur Förderung von Bürgernähe, europäischer Identität und Identifikation mit der Europäischen Union als durchaus nützlich erweisen[719].

Unabhängig von den dargestellten terminologischen Unterscheidungen[720] ist rechtstechnisch die angestrebte Konstitutionalisierung nur in der Form eines völkerrechtlichen Vertrages zu realisieren[721].

In diesem Zusammenhang wird allerdings die Frage aufgeworfen, ob eine derartige Vertragslösung nicht zu einem demokratiestaatlichen Legitimationsdefizit der zukünftigen Verfassung Europas führt, da ein völkerrechtlicher Vertrag nicht die unmittelbare Zustimmung durch die Staatsvölker der Mitgliedstaaten als „pouvoir constituant" erfährt[722]. Diese Kritik übersieht, dass es bei dem angestrebten Verfassungsvertragsentwurf nicht um die Schaffung eines visionären europäischen Zentralstaates und eines einheitlichen Unionsvolkes geht, sondern um den konsensual errichteten Überbau einer Föderation von europäischen Staaten, dem durch die repräsentative Zustimmung der Staatsvölker der Mitgliedstaaten bei der innerstaatlichen Ratifikation demokratischer Geltungsrang vermittelt wird. Da die Mitgliedstaaten der Europäischen Union alle demokratisch verfasst sind, handeln also nicht „Dritte", sondern die „Völker Europas" - gemäß ihren verfassungsrechtlichen Verfahren durch die zuständigen Organe.

So hat auch das Bundesverfassungsgericht in seinem *Maastricht* – Urteil festgestellt, dass in einer Staatengemeinschaft demokratische Legitimation nicht in gleicher Form hergestellt werden kann wie innerhalb einer durch eine Staatsverfassung einheitlich und abschließend geregelten Staatsordnung[723]; denn mit der durch Art. 23 Abs. 1 S. 2 Grundgesetz zugelassenen Übertragung von Hoheitsbefugnissen auf die Europäische Union hat das Grundgesetz auch die dieser besonderen zwischenstaatlichen Einrichtung adäquate Form der Willensbildung akzeptiert[724]. Ein Verstoß gegen das Demokratieprinzip ist demnach solange nicht gegeben, als sich die Wahrnehmung staatlicher Aufgaben auf das Staatsvolk zurückführen lässt und

---

des Rechts in der EU - Ein Weg zur Einheit Europas, S. 9 ff. (11)

719 Schwarze, Die Entstehung einer europäischen Verfassungsordnung, S.196

720 Für wie unbedeutend Hirsch das terminologische Problem hält, bringt er nachdrücklich zum Ausdruck in: Nizza: Ende einer Etappe, Beginn einer Epoche?, NJW 2001, S. 2677 (2678 a.E.)

721 Scholz, Zur Europäischen Grundrechtscharta, in: Festschrift für Maurer, S. 993 ff. (997)

722 Kirchhof, Der deutsche Staat im Prozeß der Europäischen Integration, in: HBdStR, Bd. VII (1992), § 183, Rn. 37; „Während Nationen sich selbst eine Verfassung geben, wird der europäischen Union eine Verfassung von Dritten gegeben." klagt Grimm, Braucht Europa eine Verfassung?, S. 31

723 BVerfGE 89, 155 (182)

724 Streinz, Europarecht, Rn. 281

grundsätzlich ihm gegenüber verantwortet bleibt. Diesen Erfordernissen ist aber durch das geltende Vertragsänderungsverfahren nach Art. 48 EUV hinreichend Genüge getan.

Im Ergebnis entspringt daher die Forderung nach der Durchführung eines europäischen Referendums[725] nicht einem zwingenden Erfordernis demokratischer Legitimation, sondern allein einem rechtspolitischen Wunsch, der angesichts der Tragweite der Reform verständlich erscheint; denn ein Referendum würde den auf die Union bezogenen politischen Status der Bürger in besonderer Weise sichtbar machen.

B. Der Konvent zur Zukunft der Union

Der so genannte Post-Nizza-Prozess wurde durch die „Erklärung zur Zukunft der Union" des Europäischen Rats vom 9.12.2000 in Nizza eingeleitet, in der vier Eckpunkte der künftigen europäischen Vertragsreform formuliert wurden. Gegenstand der zukünftigen Reformarbeiten sollte danach erstens die genauere, dem Subsidiaritätsprinzip entsprechende Abgrenzung der Zuständigkeiten zwischen der Europäischen Union und den Mitgliedstaaten, zweitens der Status der Europäischen Grundrechtscharta, drittens die Vereinfachung der Verträge und viertens eine verstärkte Einbeziehung der nationalen Parlamente in die Architektur Europas sein[726].

Auf dem EU-Gipfel vom 14./15. Dezember 2001 in Laeken (Belgien) wurde der Europäische Konvent zur Zukunft Europas einberufen und damit beauftragt, zur Vorbereitung der für das Jahr 2004 vorgesehenen Regierungskonferenz zur Reform der Verträge ein „Abschlussdokument" zu erarbeiten[727]. Der Auftrag des Konvents wurde dabei anhand der bereits in der „Erklärung über die Zukunft der Union" von Nizza aufgeworfenen Fragen weiterentwickelt und konkretisiert. In Laeken verständigte sich der Europäische Rat zudem über den Präsidenten des Konvents, den früheren französischen Staatspräsidenten *Valéry Giscard d'Estaing* und die beiden Vizepräsidenten, den Italiener *Giuliano Amato* und den Belgier *Jean-Luc Dehaene*.

Wie bereits der zur Erarbeitung der Europäischen Grundrechtscharta eingesetzte Konvent war auch der Konvent zur Zukunft Europas pluralistisch zusammengesetzt aus jeweils einem Vertreter der Staats- und Regierungschefs und jeweils zwei Vertretern der nationalen Parlamente der 15 Mitgliedstaaten und 13 Beitrittsländer sowie 16 Vertretern des Europäischen

---

[725] So die Präsidentin des BVerfG Limbach, FAZ vom 29.8.2001, S. 2 und der bayerische Ministerpräsident Edmund Stoiber in seiner Rede vor der Berliner Humboldt-Universität vom 8.11.2001, im Internet unter www.whi-berlin.de/stoiber.htm; ebenso Hirsch, Soziale Grundrechte in der Europäischen Grundrechtscharta, S. 23

[726] ABl. EG 2001 Nr. C 80, S. 85

[727] EuGRZ 2001, 662; ausführlich dazu Riedel, ZRP 2002, S. 241 ff.

Parlaments und zwei Vertretern der Europäischen Kommission. Durch die Zusammensetzung des Konvents wurde somit bereits die zukünftige Erweiterung der Union berücksichtigt, wobei den Beitrittsländern allerdings nur ein Mitspracherecht, nicht aber ein Mitentscheidungsrecht eingeräumt wurde. Den institutionellen Gremien der EU, also dem Wirtschafts- und Sozialausschuss, dem Ausschuss der Regionen und den Sozialpartnern, kam ebenso wie dem europäischen Bürgerbeauftragten ein Beobachterstatus zu. Zusätzlich wurde die Beteiligung der „Zivilgesellschaft", also von Nichtregierungsorganisationen, Wirtschaft, Hochschulen usw. über ein Forum sichergestellt, in dem insgesamt 1264 Beiträge eingingen.

Von der Eröffnungssitzung des Konvents am 1. März 2002 an erstreckten sich die Arbeiten über 17 Monate, in denen 26, für die Öffentlichkeit zugängliche Plenartagungen stattfanden[728]; die daraus hervorgehenden amtlichen Dokumente wurden zum Zwecke einer größtmöglichen Transparenz im Internet veröffentlicht[729]. Wie groß das Interesse der Öffentlichkeit an den Arbeiten des Konvents tatsächlich war, zeigt der Umstand, dass die eingerichtete Webseite im Internet monatlich im Durchschnitt von 47.000 Personen und im Juni 2003 sogar von 100.000 Personen aufgerufen wurde[730].

Parallel zu den Arbeiten des Konvents zur Zukunft der Europäischen Union wurden nach der feierlichen Proklamation der Europäischen Grundrechtscharta zahllose Verfassungsentwürfe vorgelegt, die teilweise von Konventsmitgliedern oder der Europäischen Kommission, vielfach aber auch von Vertretern der nationalen und europäischen Parteien erarbeitet wurden[731]. Allein aus deutscher Quelle stammen unter anderem der „Berliner Entwurf – Verfassung für die Europäische Union"[732], der „Freiburger Entwurf für einen Europäischen Verfassungsvertrag"[733] und der „Vertrag über die Europäische Union"[734]. Allen Entwürfen ist dabei gemeinsam, dass sie entweder die Bestimmungen der Europäischen Grundrechtscharta mehr oder weniger wörtlich in einem eigenen Kapitel übernehmen oder auf die Charta Bezug nehmen und diese als integralen Bestandteil der Verfassung bezeichnen.

---

[728] Im Juni 2002 fand eine Sondertagung des Plenums statt, die der Zivilgesellschaft gewidmet war; im Juli 2002 wurde der Jugendkonvent abgehalten, dessen Vorsitzender als weiterer Beobachter an den laufenden Arbeiten des Konvents teilnahm.

[729] http://european-convention.eu.int/

[730] Übermittlungsvermerk des Sekretariats des Europäischen Konvents vom 18. Juli 2003, Dokument CONV 851/03

[731] Eine vollständige Zusammenstellung ist im Internet unter der Adresse http://www.cap.uni-muenchen.de/konvent/entwuerfe.htm zu finden.

[732] Von Günter Gloser und Michael Roth (beide MdB, SPD)

[733] Vom Konventsmitglied Erwin Teufel, CONV 496/03 vom 20.01.2003

[734] Von Rupert Scholz, ZG Sonderheft 2002

Der ersten Alternative folgt der am 13. Juni[735] und 10. Juli 2003[736] im Konsensverfahren angenommene und dem Präsidenten des Europäischen Rates am 18. Juli 2003 überreichte Entwurf eines Vertrages über eine Verfassung für Europa des Europäischen Konvents, der in seinem Teil II die Charta der Grundrechte der Union mitsamt der Präambel vollständig und nahezu wörtlich übernimmt[737]. Dieser Entwurf dient als Grundlage für die Arbeiten der Regierungskonferenz, die die Verhandlungen über den Konventsentwurf am 4. Oktober 2003 in Rom aufnahm.

C. Überblick über den Inhalt des Verfassungsvertragsentwurfs

Die wesentlichen Inhalte des rund 250 Seiten umfassenden Verfassungsvertragsentwurfs, der redaktionell auf EU-Vertrag und EG-Vertrag aufbaut und diese ablöst, seien nur kurz umrissen[738]:

Die Europäische Union tritt die Rechtsnachfolge der Europäischen Gemeinschaft und der Union an und wird mit Rechtspersönlichkeit ausgestattet[739]. Damit hat sich die zukunftsweisende Regelung des Art. 53 GRC als richtig erwiesen, weil die Europäische Union damit in Zukunft selbst Vertragspartei eines internationalen Übereinkommens sein kann.

Für künftige wesentliche Vertragsänderungen erhält das Prinzip des Konvents Verfassungsrang, d.h. dass dieses dem bestehen bleibenden völkerrechtlichen Verfahren nach Art. 48 EUV vorgeschaltet wird[740].

Im Bereich der Organe der Union sieht der Entwurf drei wesentliche Änderungen vor: Zum einen wird im Sinne einer größeren Kontinuität beim Vorsitz über den Europäischen Rat die bisher praktizierte Rotation abgeschafft und ein hauptamtlicher Präsident für zunächst zweieinhalb Jahre gewählt[741]. Im Bereich der EU-Kommission schlägt der Entwurf eine Abänderung des Abstimmungsverfahrens vor, damit die Kommission auch nach der

---

[735] Der erste Entwurf vom 13.06.2003 wurde bereits vom Europäischen Rat in Thessaloniki am 20.06.2003 als Grundlage für die nächste Regierungskonferenz angenommen.

[736] Überarbeitete Fassung

[737] Art. II-1 bis Art. II-54 des Entwurfs des Vertrages über eine Verfassung für Europa (EVerfV); gem. Art. 7 Abs. 1 EVerfV wird die Charta verbindlich, daneben gelten aber die bisher in Art. 6 Abs. 2 EUV verankerten Gemeinschaftsgrundrechte fort (Art. 7 Abs. 3 EVerfV); der Wortlaut der Charta erfährt nur marginale Änderungen, z.B. wird statt „Person" der Begriff „Mensch" verwendet, vgl. dazu Streinz, EUV/EGV, Vorbem. GR-Charta, Rn. 15. Zu der Ergänzung des Art. 52 GRC um die Absätze vier bis sechs vgl. bereits Teil 4 Buchst. H dieser Arbeit, Ziff. I.3 und II.4 sowie Streinz, EUV/EGV, Art. 52 GR-Charta, Rn.13.

[738] Einen genaueren Überblick gibt Streinz, Europarecht, Rn. 55h – 55j; eingehend auch Schwarze: Der Verfassungsentwurf des Europäischen Konvents, Verfassungsrechtliche Grundstrukturen und wirtschaftsverfassungsrechtliches Konzept.

[739] Art. 6 und IV-3 EVerfV

[740] Art. IV-7 EVerfV

[741] Art. 21 EVerfV

Erweiterung der Union am 1.5.2004 entscheidungsfähig bleibt. Künftig sollen daher nur jeweils 15 Kommissare stimmberechtigt sein, wobei durch eine „gleichwertige Rotation" sichergestellt wird, dass jedes Land in gewissem Abstand einen stimmberechtigten Kommissar nach Brüssel entsenden kann[742]. Um das außenpolitische Gewicht Europas in der Welt zu stärken, sieht der Entwurf schließlich die Schaffung des Postens eines EU-Außenministers vor, der den Vorsitz unter den Außenministern der Mitgliedstaaten übernimmt, von Weisungen des EU-Präsidenten unabhängig ist und zugleich das Amt des Vizepräsidenten der Kommission wahrnimmt[743].

Die Kompetenzen der EU werden im Verfassungsvertragsentwurf in die drei Kategorien der ausschließlichen, geteilten und ergänzenden Kompetenzen gegliedert[744], wobei auch erstmals Bereiche erwähnt sind, in die sich die EU überhaupt nicht einmischen darf[745]. Die nationalen Parlamente sollen zudem als Wächter über die Subsidiarität eine europäischen Rolle zugewiesen erhalten[746]; in dieser Funktion können sie alle Vorschläge der Kommission prüfen und im Notfall vor dem Europäischen Gerichtshof klagen.

Die Ausübung der Unionszuständigkeiten soll künftig in den Rechtsformen des Europäischen Gesetzes, des Europäischen Rahmengesetzes, der Europäischen Verordnung, des Europäischen Beschlusses sowie durch Empfehlungen und Stellungnahmen erfolgen[747]. In zahlreichen Politikbereichen wird schließlich das Prinzip der „qualifizierten Mehrheit" eingeführt, wonach die Beschlussfassung nur mehr eine Mehrheit voraussetzt, die gleichzeitig drei Fünftel der EU-Bevölkerung repräsentiert[748]. Durch die Ausweitung der Mehrheitsentscheidungen werden zugleich die Mitentscheidungskompetenzen des Europäischen Parlaments beträchtlich erweitert.

Im Hinblick auf die Charta der Grundrechte ist schließlich die Ausgestaltung des Rechtsschutzsystems durch den Verfassungsvertrag von größter Bedeutung, da die effektive Gewährleistung von Grundrechten auch ein funktionierendes System des Individualrechtsschutzes voraussetzt. Daher soll noch kurz der Frage nachgegangen werden, inwieweit der Verfassungsver-

[742] Art. 25 Abs. 3 EVerfV
[743] Art. 27 EVerfV
[744] Art. 11 EVerfV
[745] Nach Art. 5 EVerfV achtet die Union die grundlegende politische und verfassungsrechtliche Struktur der Mitgliedstaaten einschließlich der regionalen und kommunalen Selbstverwaltung und nach Art. 51 EVerfV den Status der Kirchen und weltanschaulichen Gemeinschaften.
[746] Art. 9 Abs. 3 EVerfV
[747] Art. 32 EVerfV
[748] Art. 24 EVerfV

trag eine der deutschen Verfassungsbeschwerde vergleichbare Grundrechtsbeschwerde vorsieht bzw. zulässt.

Im Ergebnis hat sich die zum Thema der Einbeziehung der Charta in den Verfassungsvertrag eingesetzte Arbeitsgruppe II gegen die Einführung eines speziellen Verfahrens für den Schutz der Grundrechte entschieden, da über die Einbeziehung der Charta in den Verfassungsvertrag das bestehende Rechtsschutzsystem der Union – also insbesondere Nichtigkeitsklagen von Einzelpersonen nach Art. 230 Abs. 4 EGV einerseits und Vorlageverfahren nationaler Gerichte nach Art. 234 EGV andererseits – auch für den Schutz der Grundrechte eröffnet sei[749]. Der Vorschlag des deutschen Konventsvertreters *Meyer*[750], angesichts der sich aus dem bestehenden Rechtsschutzsystem ergebenden Lücken die Voraussetzungen für eine Nichtigkeitsklage von Privatpersonen dahingehend abzuändern, dass die bisher kumulativ geforderten Voraussetzungen der unmittelbaren und individuellen Betroffenheit nur mehr alternativ formuliert werden, wurde wohl nicht zuletzt aufgrund der damit einhergehenden Zusatzbelastung für die Gemeinschaftsgerichte nicht umgesetzt. Stattdessen sieht Art. III-270 Abs. 4 EVerfV Nichtigkeitsklagen natürlicher Personen zum einen bei unmittelbarer und individueller Betroffenheit durch „Handlungen" der Organe sowie zum anderen gegen Rechtsakte mit Verordnungscharakter vor, die den Einzelnen unmittelbar betreffen und keine Durchführungsmaßnahmen nach sich ziehen.

Damit werden die Grundrechte infolge der Einbeziehung der Charta in den Verfassungsvertrag zwar Maßstab für die gerichtliche Überprüfung, allerdings ist der Schutz gegen Grundrechtsverletzungen nach dem vorliegenden Entwurf nicht lückenlos gewährleistet. Denn die Klagebefugnis ist nach wie vor an die einschränkende und von der Rechtsprechung eng ausgelegte Voraussetzung der unmittelbaren und individuellen Betroffenheit geknüpft[751], die bei legislativen Akten in der Regel nicht gegeben sein wird[752].

---

[749] Dokument CONVENT 354/02; auch der von Meyer geforderte klarstellende Hinweis in Art. 47 der Charta, dass jede Person unter den in Art. 230 Abs. 4 EGV vorgesehenen Bedingungen das Recht habe, eine Klage wegen Verletzung der in der Charta anerkannten Rechte und Freiheiten zu erheben, wurde nicht aufgenommen.

[750] Siehe dazu Arbeitsdokument 17 der Arbeitsgruppe II (im Internet unter http://european-convention.eu.int/ abrufbar)

[751] Vgl. dazu das Urteil des EuGH in der Rs. C-263/02 P vom 1.April 2004 (Jégo Quéré), durch das das Urteil des Gerichts erster Instanz in der Rs. T-177/01 vom 3. Mai 2002 (Slg. 2002, II-2365) aufgehoben wurde. Das Gericht erster Instanz hatte das Merkmal der individuellen Betroffenheit im Interesse eines wirksamen gerichtlichen Rechtsschutzes des Einzelnen (Art 6, 13 EMRK, Art. 47 GRC) erweiternd dahingehend ausgelegt, dass eine natürliche oder juristische Person bereits dann von einer Bestimmung mit allgemeiner Geltung als individuell betroffen anzusehen ist, wenn diese ihre Rechtsposition unzweifelhaft und gegenwärtig beeinträchtigt, indem sie ihre Rechte einschränkt oder ihr Pflichten auferlegt. Der EuGH sah darin jedoch eine Überschreitung der dem Gemein-

Darüber hinaus ist das Handeln der Europäischen Union im Bereich der zweiten und dritten Säule, für die nach Art. 51 Abs. 1 GRC die Charta gleichfalls gelten soll, gemäß Art. 46 EUV, 68 EGV nur beschränkt gerichtlich überprüfbar; und schließlich ist die Tätigkeit des Gerichtshofs auf die Kontrolle der Rechtmäßigkeit der Handlungen der europäischen Organe beschränkt, so dass mitgliedstaatliche Akte, die Grundrechte der Charta verletzen, nicht mit der Nichtigkeitsklage angegriffen werden können.

Auch das in Art. 234 EGV eröffnete Vorlageverfahren vermag diese Defizite nicht zu beseitigen, zumal entsprechende Vorlagebeschlüsse der nationalen Gerichte durch den Einzelnen allenfalls bei Überschreitung der Willkürschwelle wegen der Verweigerung des Rechts auf den gesetzlichen Richter erzwungen werden können[753].

Im Ergebnis bleibt daher festzustellen, dass die nach dem Verfassungsvertragsentwurf zur Verfügung stehenden Rechtsschutzinstrumentarien bei der Verletzung von Grundrechten noch ergänzungsbedürftig sind, sei es durch die Einführung einer europäischen Grundrechtsbeschwerde[754] oder auch einer Nichtvorlagebeschwerde bei unzureichender Beachtung des in der Charta gewährleisteten Grundrechtsschutzes durch die nationalen Gerichte[755].

---

schaftsgericht durch den Vertrag verliehenen Befugnisse, da die durch das Gericht erster Instanz vorgenommene Auslegung die Voraussetzung der individuellen Betroffenheit praktisch aufhebe. Das Merkmal der individuellen Betroffenheit sei vielmehr nur dann erfüllt, wenn die fragliche Bestimmung eine natürliche oder juristische Person wegen bestimmter besonderer Eigenschaften oder aufgrund von Umständen betrifft, die sie aus dem Kreis aller übrigen Personen herausheben und sie in ähnlicher Weise individualisieren wie einen Adressaten.

[752] Callies / Ruffert – Cremer, EUV/EGV, Art. 230, Rn. 27 ff.; gegenüber der Regelung in Art. 230 Abs. 4 EGV ist die Klagebefugnis allerdings insofern an erleichterte Voraussetzungen geknüpft, als Art. III-270 Abs. 4 EVerfV die Nichtigkeitsklage ganz allgemein gegen „Handlungen" unabhängig von der Rechtsnatur der Maßnahme eröffnet.

[753] Callies, EuZW 2001, 261 (268) mit Verweis auf BVerfGE 75, 223 (233 ff.) = NJW 1988, 1459

[754] Reich, Zur Notwendigkeit einer Europäischen Grundrechtsbeschwerde, ZRP 2000, 375 ff.; allerdings erscheint es fraglich, inwieweit die Einführung einer Grundrechtsbeschwerde nach deutschem Vorbild innerhalb der Europäischen Union überhaupt konsensfähig wäre. Denn ein derartiges Individualbeschwerdeverfahren ist den meisten Mitgliedstaaten der Union fremd und würde zudem die Grundlagen des gemeinschaftsrechtlichen Klagesystems entscheidend verändern: der EuGH hätte nicht nur über Klagen gegen Handlungen der Organe, sondern auch gegen mitgliedstaatliche Akte zu entscheiden und ggf. diese Akte für nichtig zu erklären, Schröder JZ 2002, 849 (853).

[755] Magiera, DÖV 2000, 1017 (1024); Pernice, DVBl. 2000, 847 (858); Weber, NJW 2000, 537 (544)

D. Ausblick

Auf dem Europäischen Gipfel in Brüssel am 12./13. Dezember 2003 scheiterte die Annahme des inhaltlich weitgehend unstreitigen Verfassungsvertrages vor allem an zwei Punkten: zum einen an dem umstrittenen Vorhaben, in Zukunft die EU-Kommission so auszugestalten, dass zwischen 15 stimmberechtigten Kommissionsmitgliedern und einem äußeren Kreis von Kommissaren ohne Stimmrecht unterschieden wird[756]; zum anderen an dem Widerstand Spaniens und Polens gegen die Einführung des Abstimmungsprinzips der „doppelten Mehrheit" im Rat, wonach ein Beschluss dann zustande kommt, wenn er von einer Mehrheit der Staaten, die zugleich 60 Prozent der in der Union lebenden Bevölkerung repräsentieren, getragen wird[757].

Im Rahmen der Regierungskonferenz zur Zukunft der EU am 17./18. Juni 2004 in Brüssel einigten sich die 25 EU-Staats- und Regierungschefs unter irischer Ratspräsidentschaft schließlich auf einen Vertragstext für das neue Fundament der EU. Hinsichtlich der auf dem Gipfel in Brüssel strittigen Punkte wurden jeweils Kompromisse gefunden. So soll die Zahl der Kommissionsmitglieder erst ab dem Jahr 2014 auf zwei Drittel der EU-Länder reduziert werden[758]. Für das Abstimmungsverfahren im Rat der EU wurde ein „abgeschwächtes" Prinzip der doppelten Mehrheit beschlossen: danach müssen zur Herbeiführung einer Entscheidung künftig 55 Prozent der Mitgliedstaaten - mindestens aber 15 Länder - zustimmen, die zugleich mindestens 65 Prozent der Bevölkerung repräsentieren[759].

Bevor der Verfassungsvertrag aber in Kraft treten kann, bedarf er der Ratifizierung durch die Mitgliedstaaten durch ein gemäß den jeweiligen verfassungsrechtlichen Vorschriften zu beschließendes Zustimmungsgesetz, in einigen Ländern auch der Zustimmung des Staatsvolkes in Form von Plebisziten[760]; denn da der Verfassungskonvent gemäß seiner Konstituierung

---

[756] Eine Mehrzahl „kleinerer" Staaten tritt demgegenüber dafür ein, dass wie bisher jeder Mitgliedstaat einen vollberechtigten Vertreter in die Kommission entsenden kann.

[757] Diese Regelung soll die Bildung von Blockade-Minderheiten im Rat erschweren und damit schnellere Entscheidungen auf europäischer Ebene ermöglichen; aufgrund des zusätzlichen „Bürgerquorums" verlieren durch diese Regelung jedoch bevölkerungsarme Mitgliedstaaten an Gewicht; auf der Grundlage des Vertrags von Nizza verfügen Spanien und Polen dagegen über 27 Stimmen und damit über ein nahezu gleiches Gewicht wie Deutschland, Frankreich, Großbritannien und Italien mit jeweils 29 Stimmen. Nach dem Modell von Nizza sind für die Beschlussfassung 245 von 345 Stimmen (entspricht 73,9 Prozent) neben einer Mehrheit der Staaten, die gleichzeitig 62 Prozent der EU-Bevölkerung repräsentieren müssen, erforderlich.

[758] Art. I-25 Abs. 6 EVerfV in der Fassung vom 17./18. Juni 2004

[759] Art. I-24 EVerfV in der Fassung vom 17./18. Juni 2004

[760] Ob auch in Deutschland eine Volksabstimmung über die EU-Verfassung durchgeführt werden soll, ist derzeit Gegenstand einer heftigen Diskussion. Die Bundesregierung lehnt ein Referendum, das nur nach einer Änderung des Grundgesetzes durchgeführt

nicht mit gesetzgeberischer Regelungshoheit ausgestattet ist, obliegt es den einzelnen Mitgliedstaaten, dem Verfassungsvertragsentwurf letztendlich Gültigkeit zu verleihen.

Der Ratifizierungsprozess des Verfassungsvertrages soll bis zum Jahr 2007 abgeschlossen sein. Erst dann wird auch der Charta der Grundrechte der Europäischen Union als Bestandteil des Verfassungsvertrages volle Verbindlichkeit zukommen.

---

werden könnte, ab. In einer Vielzahl von Mitgliedstaaten ist dagegen eine Volksabstimmung gesetzlich vorgesehen oder von den jeweiligen Regierungen gewollt, u.a. in Dänemark, Irland, Großbritannien, Frankreich, Luxemburg, Spanien, Portugal, Belgien, den Niederlanden sowie voraussichtlich auch in Tschechien und Polen.

Literaturverzeichnis

Albel, Franz (Hrsg.): Soziale Grundrechte für eine europäische Verfassung, Dresden 1999

Alber, Siegbert / **Widmaier**, Ulrich: Die EU-Charta der Grundrechte und ihre Auswirkungen auf die Rechtsprechung, EuGRZ 2000, S. 497 ff.

Alexy, Robert: Theorie der Grundrechte, 3. Auflage, Frankfurt 1996

Altmaier, Peter: Die Charta der Grundrechte der Europäischen Union, ZG 2001, S. 195 ff.

Arango, Rodolfo: Regionaler und internationaler Schutz sozialer Menschenrechte – Von der Philosophie zur Kodifizierung, in: Frank / Jenichen / Rosemann (Hrsg.): Soziale Menschenrechte – die vergessenen Rechte? Zur Unteilbarkeit der Menschenrechte, S. 43 ff.

Arl, Thorsten: Sozialpolitik nach Maastricht, Kompetenzgefüge und Rechtssetzung unter EWG/EG-Vertrag und Sozialabkommen, Frankfurt a.M. 1997

Badura, Peter: Das Prinzip der sozialen Grundrechte und seine Verwirklichung im Recht der Bundesrepublik Deutschland, in: Der Staat 14 (1975), S. 17 ff.

Baer, Susanne: Grundrechtecharta ante portas, ZRP 2000, S. 361 ff.

Balze, Wolfgang: Die sozialpolitischen Kompetenzen der Europäischen Union, Baden-Baden 1994

Bernsdorff, Norbert: Soziale Grundrechte in der Charta der Grundrechte der Europäischen Union, VSSR 2001, S. 1 ff.

Bernsdorff, Norbert: Die Charta der Grundrechte der Europäischen Union – Notwendigkeit, Prozess und Auswirkungen, NdsVBl. 2001, S. 177 ff.

Bernsdorff, Norbert / **Borowsky**, Martin: Die Charta der Grundrechte der Europäischen Union. Handreichungen und Sitzungsprotokolle, Baden-Baden 2002

Bieback, Karl-Jürgen: Sozialstaatsprinzip und Grundrechte, EuGRZ 1985, S. 657 ff.

Blanke, Hermann-Josef: Das Subsidiaritätsprinzip als Schranke des Europäischen Gemeinschaftsrechts ?, ZG 1991, S. 133 ff.

Bleckmann, Albert: Grundgesetz und Völkerrecht, Berlin 1975

Bleckmann, Albert: Zur Entwicklung europäischer Grundrechte, DVBl. 1978, S. 457 ff.

Bleckmann, Albert: Die Grundrechte im Europäischen Gemeinschaftsrecht, EuGRZ 1981, S. 257 ff.

Bleckmann, Albert: Europarecht – Das Recht der Europäischen Gemeinschaft, 5. Auflage; Köln, Berlin, Bonn, München 1990

Bleckmann, Albert: Der Vertrag über die Europäische Union, DVBl. 1992, S. 335 ff.

Bleckmann, Albert: Die wertende Rechtsvergleichung bei der Entwicklung europäischer Grundrechte, in: Baur, Jürgen F. u.a. (Hrsg.): Europarecht, Energierecht, Wirtschaftsrecht; Festschrift für Bodo Börner; Köln, München 1992, S. 29 ff.

Bleckmann, Albert: Die Rechtsquellen des Europäischen Gemeinschaftsrechts, NVwZ 1993, S. 824 ff.

Bleckmann, Albert: Staatsrecht II - Die Grundrechte, 4. Auflage; Köln, Berlin, Bonn, München 1997

Blumenwitz, Dieter: Das Subsidiaritätsprinzip und die Stellung der Länder und Regionen der Europäischen Union, in: Randelzhofer / Scholz / Wilke, Gedächtnisschrift für E. Grabitz, München 1995, S. 1 ff.

Böckenförde, Ernst-Wolfgang: Staat, Gesellschaft, Freiheit; Frankfurt 1976

Böckenförde, Ernst-Wolfgang / **Jekewitz**, Jürgen / **Ramm**, Thilo (Hrsg.): Soziale Grundrechte, Heidelberg 1981

Böckenförde, Ernst-Wolfgang: Die sozialen Grundrechte im Verfassungsgefüge, in: Böckenförde / Jekewitz / Ramm (Hrsg.): Soziale Grundrechte, Heidelberg 1981, S. 7 ff.

Böckenförde, Ernst-Wolfgang: Die sozialen Grundrechte im Verfassungsgefüge, in: ders., Staat, Verfassung, Demokratie. Studien zur Verfassungstheorie und zum Verfassungsrecht, 2. Auflage, Frankfurt a.M. 1992, S. 146 ff.

von **Bogdandy**, Armin: Grundrechtsgemeinschaft als Integrationsziel? – Grundrechte und das Wesen der Europäischen Union, JZ 2001, S. 157 ff.

Borchardt, Klaus-Dieter: Vertrauensschutz im Europäischen Gemeinschaftsrecht, EuGRZ 1988, S. 309 ff.

Borchardt, Klaus-Dieter: Richterrecht durch den EuGH, in: Randelzhofer / Scholz / Wilke, Gedächtnisschrift für E. Grabitz, München 1995, S. 29 ff.

Borowsky, Martin: Wertegemeinschaft Europa, DRiZ 2001, S. 275 ff.

Bothe, Michael: „Soft Law" in den Europäischen Gemeinschaften?, in: von Münch, Ingo (Hrsg.), Staatsrecht – Völkerrecht – Europarecht, Festschrift für Hans Jürgen Schlochauer, Berlin 1981, S. 761 ff.

Bremische Bürgerschaft (Hrsg.): Charta der Grundrechte der Europäischen Union – Dokumentation der Fachtagung vom 26. September 2000, Bremen 2000

Bryde, Brun-Otto: Grundrechte der Arbeit in Europa, RdA 2003, Sonderbeilage Heft 5, S. 5 ff.

Bundesministerium für Arbeit und Sozialordnung, Max-Planck-Institut für ausländisches und internationales Sozialrecht, Akademie der Diözese Rottenburg Stuttgart (Hrsg.) - Soziale Grundrechte in der Europäischen Union, Baden-Baden 2000/2001

Butt, Marc Eric / **Kübert**, Julia / **Schultz**, Christine Anne: Soziale Grundrechte in Europa, Europäisches Parlament, Generaldirektion Wissenschaft, Arbeitsdokument SOCI 104 DE 2-2000, Luxemburg 1999

Calliess, Christian: Die Charta der Grundrechte der Europäischen Union – Fragen der Konzeption, Kompetenz und Verbindlichkeit, EuZW 2001, S. 261 ff.

Calliess, Christian / **Ruffert**, Matthias (Hrsg.): Kommentar zu EU-Vertrag und EG-Vertrag, 2. Auflage, Neuwied, Kriftel 2002

Coen, Martin: Abgestufte soziale Integration nach Maastricht, EuZW 1995, S. 50 ff.

Commichau, Michael Friedrich: Die Entwicklung des Europäischen Gemeinschaftsrechts durch die Rechtsprechung des Europäischen Gerichtshofs und das nationale Verfassungsrecht, Baden-Baden 1995

Dauses, Manfred A.: Zur neueren Grundrechtsproblematik in der EG, JZ 1980, S. 293 ff.

Deutscher Bundestag, Referat für Öffentlichkeitsarbeit (Hrsg.): Die Charta der Grundrechte der Europäischen Union – Berichte und Dokumentation, Zur Sache 1/2001, Berlin 2001

Dietlein, Johannes: Die Lehre von den grundrechtlichen Schutzpflichten, Diss. Münster 1991

Diez-Picazo, Luis-Maria / **Ponthoreau**, Marie-Claire: The Constitutional Protection of Social Rights – Some Comparative Remarks, European University Institute, Florenz 1991

Di Fabio, Udo: Eine europäische Charta, JZ 2000, S. 737 ff.

Dröge, Cordula / **Marauhn**, Thilo: Soziale Grundrechte in der Europäischen Grundrechtscharta – aus der Perspektive der EMRK, in: Bundesministerium für Arbeit und Sozialordnung, Max-Planck-Institut für ausländisches und internationales Sozialrecht, Akademie der Diözese Rottenburg Stuttgart (Hrsg.) - Soziale Grundrechte in der Europäischen Union, Baden-Baden 2000/2001; S. 77 ff.

Ehricke, Ulrich: „Soft law" - Aspekte einer neuen Rechtsquelle, NJW 1989, S. 1906 ff.

Eichenhofer, Eberhard: Das dem Vertrag über die Europäische Union angefügte „Protokoll über die Sozialpolitik", Osnabrücker Rechtswissenschaftliche Abhandlungen 1996, S. 151 ff.

Eichenhofer, Eberhard: Sozialrecht der Europäischen Union, 2. Auflage, Berlin 2003

Eiffler, Sven-R.: Der Grundrechtsschutz durch BVerfG, EGMR und EuGH, JuS 1999, S. 1068 ff.

Emmerich-Fritsche, Angelika: Der Grundsatz der Verhältnismäßigkeit als Direktive und Schranke der EG-Rechtsetzung, Diss. Bayreuth 1998

Engels, Markus: Soziale Grundrechte in der Europäischen Grundrechtecharta, in: Frank / Jenichen / Rosemann (Hrsg.): Soziale Menschenrechte – die vergessenen Rechte? Zur Unteilbarkeit der Menschenrechte, S. 77 ff.

Engels, Markus: Verbesserter Menschenrechtsschutz durch Individualbeschwerdeverfahren? Zur Frage der Einführung eines Fakultativprotokolls für den internationalen Pakt über wirtschaftliche, soziale und kulturelle Rechte, München 2000

Europäische Kommission: Bericht der Expertengruppe „Grundrechte" unter dem Vorsitz von Spiros Simitis, „Die Grundrechte in der Europäischen Union verbürgen, es ist Zeit zu handeln", Brüssel 1999

Europäisches Parlament, Rat und Kommission: Gemeinsame Erklärung vom 05.04.1977 zum Grundrechtsschutz in der EG, EuGRZ 1977, S. 157 ff.

Europäisches Parlament: Entwurf eines Vertrages zur Gründung der Europäischen Union, ABl. EG 1984 Nr. C 77, S. 33

Europäisches Parlament: Erklärung der Grundrechte und Grundfreiheiten vom 12.04.1989, ABl. EG 1989 Nr. C 120, S. 52 (EuGRZ 1989, S. 204 ff.)

Europäisches Parlament: Entschließung über „das Projekt einer Europäischen Verfassung" vom 10.02.1994, ABl. EG 1994 Nr. C 61, S. 155

Europäischer Rat: Erklärung zur Demokratie vom 08.04.1978, Bulletin EG Nr. 3 / 1978, S. 5

Europäischer Rat: Deklaration zur Europäischen Union vom 20.06.1983, Bulletin EG Nr. 6 / 1983, S. 26

Everling, Ulrich: Weiterentwicklung des Grundrechtsschutzes durch den Europäischen Gerichtshof, in: Weidenfeld (Hrsg.): Der Schutz der Grundrechte in der Europäischen Gemeinschaft, Bonn 1992, S. 73 ff.

Everling, Ulrich: BVerfG und EuGH nach dem Maastricht-Urteil, in: Randelzhofer / Scholz / Wilke, Gedächtnisschrift für E. Grabitz, München 1995, S. 57 ff.

Falke, Josef: Soziale Grundrechte als Bestandteil einer Charta der Grundrechte der Europäischen Union, in: Bremische Bürgerschaft (Hrsg.): Charta der Grundrechte der Europäischen Union, Bremen 2000, S. 27 ff.

Frank, Thomas / **Jenichen**, Anne / **Rosemann**, Nils (Hrsg.): Soziale Menschenrechte – die vergessenen Rechte? Zur Unteilbarkeit der Menschenrechte, Berlin 2001

Franzen, Martin: Rechtsangleichung der Europäischen Union im Arbeitsrecht, ZeuP 1995, S. 796 ff.

Frerich, Johannes / **Frey**, Martin: Handbuch der Geschichte der Sozialpolitik in Deutschland, Band 1: Von der vorindustriellen Zeit bis zum Ende des Dritten Reiches, München 1993

Friese, Arne: Notwendigkeit einer Verfassung für Europa?, ZFSH/SGB 2/2000, S. 76 ff.

Frowein, Jochen Abr. / **Marauhn**, Thilo (Hrsg.): Grundfragen der Verfassungsgerichtsbarkeit in Mittel- und Osteuropa, Beiträge zum ausländischen öffentlichen Recht und Völkerrecht, Band 130, Berlin 1998

Fuchs, Maximilian: Kommentar zum europäischen Sozialrecht, 3. Auflage, Baden-Baden 2002

Gärtner, Wolfram: Die Neugestaltung der Wirtschaftsverfassungen in Ostmitteleuropa, Berlin 1996

Gersdorf, Hubertus: Funktionen der Gemeinschaftsgrundrechte im Lichte des Solange II Beschlusses des Bundesverfassungsgerichts, AöR 119 (1994), S. 400 ff.

Gersdorf, Hubertus: Das Kooperationsverhältnis zwischen deutscher Gerichtsbarkeit und EuGH, DVBl. 1994, S. 674 ff.

Gitter, Wolfgang: Sozialrecht, 4. Auflage, München 1996

Glaesner, Hans-Joachim: Einige Überlegungen zum Beitritt der Europäischen Gemeinschaft zur Europäischen Konvention für Menschenrechte, EuR 1980, S. 119 ff.

Goll, Ulrich / **Kenntner**, Markus: Brauchen wir ein europäisches Kompetenzgericht?, EuZW 2002, S. 101 ff.

Grabenwarter, Christoph: Die Charta der Grundrechte für die Europäische Union, DVBl. 2001, S. 1 ff.

Grabitz, Eberhard / **Hilf**, Meinhard: Das Recht der Europäischen Union, Band I, EUV / EGV, München 2003; Altband II, München 2000

Graser, Alexander: Auf dem Weg zur Sozialunion – Wie „sozial" ist das europäische Sozialrecht?, ZIAS 2000, S. 336 ff.

Grehan, Duncan S.J.: Irland, in: Grabitz, E. (Hrsg.), Grundrechte in Europa und USA, Bd. I. Strukturen nationaler Systeme, Kehl/Straßburg/Arlington 1986, Kapitel 5, S. 259 ff.

Von der **Groeben**, Hans / **Schwarze**, Jürgen (Hrsg.): Vertrag über die Europäische Union und Vertrag zur Gründung der Europäischen Gemeinschaft, Kommentar, Band 1, 6. Auflage, Baden-Baden 2003/2004

Grimm, Dieter: Braucht Europa eine Verfassung?, München 1994

Grimm, Dieter: Braucht Europa eine Verfassung?, JZ 1995, S. 581 ff.

De **Gucht**, Karel: Bericht im Namen des Institutionellen Ausschusses über die Erklärung der Grundrechte und Grundfreiheiten, EuGRZ 1989, S. 207 ff.

Gündisch, Jürgen: Allgemeine Rechtsgrundsätze in der Rechtsprechung des Europäischen Gerichtshofs, in: Schwarze, Jürgen: Das Wirtschaftsrecht des Gemeinsamen Marktes in der aktuellen Rechtsentwicklung, Baden-Baden 1983, S. 97 ff.

Hailbronner, Kay: Die Einschränkung von Grundrechten in einer demokratischen Gesellschaft. Zu den Schrankenvorbehalten der Europäischen Menschenrechtskonvention, in: Völkerrecht als Rechtsordnung, Internationale Gerichtsbarkeit, Menschenrechte; Festschrift für Hermann Mosler; Berlin, Heidelberg, New York 1983

Häberle, Peter: Grundrechte im Leistungsstaat, VVDStRL 30 (1972), S. 43 ff.

Häberle, Peter: Europa als werdende Verfassungsgemeinschaft, DVBl. 2000, S. 840 ff.

Habermas, Jürgen: Die postnationale Konstellation, Frankfurt a.M. 1998

Häfner, Gerald / **Strawe**, Christoph / **Zuegg**, Robert: In der Auseinandersetzung um eine Charta der Grundrechte der Europäischen Union, ZRP 2000, S. 365 ff.

Heinze, Meinhard: Soziale Grundrechte in Europa – Chancen und Risiken, in: Bundesministerium für Arbeit und Sozialordnung, Max-Planck-Institut für ausländisches und internationales Sozialrecht, Akademie der Diözese Rottenburg Stuttgart (Hrsg.) - Soziale Grundrechte in der Europäischen Union, Baden-Baden 2000/2001, S. 227 ff.

Herzog, Roman: Gesetzgebung und Einzelfallgerechtigkeit. Vortrag auf dem 62. Deutschen Juristentag in Bremen am 25.9.1998, NJW 1999, S. 25 ff.

Hilf, Meinhard: Ein Grundrechtskatalog für die Europäische Gemeinschaft, EuR 1991, S. 19 ff.

Hilf, Meinhard: Die Notwendigkeit eines Grundrechtskatalogs, in: Weidenfeld (Hrsg.): Der Schutz der Grundrechte in der Europäischen Gemeinschaft, Bonn 1992, S. 56 ff.

Hilf, Meinhard: Europäische Union und nationale Identität der Mitgliedstaaten, in: Randelzhofer / Scholz / Wilke, Gedächtnisschrift für E. Grabitz, München 1995, S. 157 ff.

Hilf, Meinhard: Amsterdam - Ein Vertrag für die Bürger?, EuR 1997, S. 347 ff.

Hirsch, Günter: Eine Grundrechtscharta für Europa? Vortrag am Walter Hallstein-Institut für Europäisches Verfassungsrecht der Humboldt-Universität zu Berlin am 5. Juli 1999, Dok. FCE 5/99

Hirsch, Günter: EG: Kein Staat, aber eine Verfassung?, NJW 2000, S. 46 f.

Hirsch, Günter: Der EuGH im Spannungsverhältnis zwischen Gemeinschaftsrecht und nationalem Recht, NJW 2000, S. 1817 ff.

Hirsch, Günter: Nizza: Ende einer Etappe, Beginn einer Epoche?, NJW 2001, S. 2677 ff.

Hirsch, Günter: Soziale Grundrechte in der Europäischen Grundrechtscharta, in: Schriftenreihe der Otto Brenner Stiftung, Band 80, Soziale Grundrechte in der Europäischen Grundrechtscharta, Frankfurt am Main 2002, S. 9 ff.

Hoffmann, Gunter M.: Grundrechte in Europa – braucht Europa einen Grundrechtskatalog?, Aachen 1995

Hrbek, Rudolf (Hrsg.): Das Subsidiaritätsprinzip in der Europäischen Union – Bedeutung und Wirkung für ausgewählte Politikbereiche, Baden-Baden 1995

Huber, Ernst Rudolf: Grundrechte im Bismarckschen Rechtssystem, in: Ehmke, Horst u.a. (Hrsg.), Festschrift für Ulrich Scheuner, Berlin 1973

Isensee, Josef: Verfassung ohne soziale Grundrechte, in: Der Staat, 19. Jg. (1980), S. 367 ff.

Jaeckel, Liv: Schutzpflichten im deutschen und europäischen Recht, Baden-Baden 2001

Jarass, Hans / **Pieroth**, Bodo: Grundgesetz für die Bundesrepublik Deutschland, 7. Auflage, München 2004

Joussen, Jacob: Die Stellung europäischer Sozialpolitik nach dem Vertrag von Amsterdam, ZIAS 2000, S. 191 ff.

Jürgensen, Thomas / **Schlünder**, Irene: EG-Grundrechtsschutz gegenüber Maßnahmen der Mitgliedstaaten, AöR 1996, S. 200 ff.

Kampmeyer, Eva: Protokoll und Abkommen über die Sozialpolitik der Europäischen Union; Köln, Berlin, Bonn, München 1998

Kenntner, Markus: Das Subsidiaritätsprotokoll des Amsterdamer Vertrages, NJW 1998, S. 2871 ff.

Kenntner, Markus: Die Schrankenbestimmungen der EU-Grundrechtecharta - Grundrechte ohne Schutzwirkung?, ZRP 2000, S. 423 ff.

Kingreen, Thorsten: Die Gemeinschaftsgrundrechte, JuS 2000, S. 857 ff.

Kirchhof, Paul: Der deutsche Staat im Prozeß der Europäischen Integration, in: Isensee / Kirchhof (Hrsg.), Handbuch des Staatsrechts Bd. VII, Heidelberg 1992, S. 855 ff.

Kirchhof, Paul: Die Gewaltenbalance zwischen staatlichen und europäischen Organen, Vortrag im Rahmen des Forum Constitutionis Europae des Walter Hallstein-Institutes der Humboldt-Universität zu Berlin am 25. 5. 1998, Dok. FCE 2/98

Klein, Eckart: Grundrechtsdogmatische und verfassungsprozessuale Überlegungen zur Maastricht-Entscheidung des BVerfG, in: Randelzhofer / Scholz / Wilke, Gedächtnisschrift für E. Grabitz, München 1995, S. 271 ff.

Klein, Eckart: Europäische Verfassung im Werden, in: Bremische Bürgerschaft (Hrsg.), Charta der Grundrechte der Euorpäischen Union, Bremen 2000, S. 79 ff.

Klein, Hans H.: Die grundrechtliche Schutzpflicht, DVBl. 1994, S. 489 ff.

Knöll, Ralf: Die Diskussion um die Grundrechtscharta der Europäischen Union aus dem Blickwinkel der deutschen Länder, NJW 2000, S. 1845 ff.

Knöll, Ralf: Die Charta der Grundrechte der Europäischen Union – Inhalte, Bewertung und Ausblick, NVwZ 2001, S. 392 ff.

Koenig, Christian: Anmerkungen zur Grundordnung der Europäischen Union und ihrem fehlenden Verfassungsbedarf, NVwZ 1996, S. 549 ff.

Koenig, Christian: Ist die Europäische Union verfassungsfähig?, DÖV 1998, S. 268 ff.

Kokott, Juliane: Der Schutz der Menschenrechte im Völkerrecht, in: Brunkhorst, H. / Köhler, W. / Lutz-Bachmann, M. (Hrsg.), Recht auf Menschenrechte, Menschenrechte, Demokratie und internationale Politik, Frankfurt a.M. 1999, S. 176 ff.

Köppen, Kirsten: Die Rolle der Internationalen Arbeitsorganisation (ILO) bei der Verwirklichung internationaler Sozialstandards – Aufgaben, Organisation, Arbeitsweise und aktuelle Herausforderungen der ältesten Sonderorganisation der Vereinten Nationen, in: Frank / Jenichen / Rosemann

(Hrsg.): Soziale Menschenrechte – die vergessenen Rechte? Zur Unteilbarkeit der Menschenrechte, S. 155 ff.

Krebsbach, Ulrich: Europäische Sozialpolitik, Hemmschuh der Integration?, Diss. Hamburg 1974

Kutscher, Hans: Der Grundrechtsschutz im Europäischen Gemeinschaftsrecht, Heidelberg 1982

Lange, Klaus: Soziale Grundrechte in der deutschen Verfassungsentwicklung, in: Böckenförde / Jekewitz / Ramm (Hrsg.): Soziale Grundrechte, Heidelberg 1981, S. 49 ff.

Langer, Stefan: Subsidiarität und Anerkennungsprinzip, ZG 1993, S. 193 ff.

Läufer, Thomas: Zum Stand der Verfassungsdiskussion in der Europäischen Union, in: Randelzhofer / Scholz / Wilke, Gedächtnisschrift für E. Grabitz, München 1995, S. 355 ff.

Lecheler, Helmut: Die allgemeinen Rechtsgrundsätze in der Rechtsprechung des Europäischen Gerichtshofes, Erlangen-Nürnberg 1967

Lecheler, Helmut: Braucht die „Europäische Union" eine Verfassung? – Bemerkungen zum Verfassungsentwurf des Europäischen Parlaments vom 9. September 1993, in: Randelzhofer / Scholz / Wilke, Gedächtnisschrift für E. Grabitz, München 1995, S. 393 ff.

Lenz, Carl Otto: Der europäische Grundrechtsstandard in der Rechtsprechung des Europäischen Gerichtshofes, EuGRZ 1993, S. 585 ff.

Lenz, Carl Otto: Ein Grundrechtskatalog für die Europäische Gemeinschaft?, NJW 1997, S. 3289 f.

Lenz, Carl Otto / **Borchardt**, Klaus-Dieter: EG-Vertrag, Kommentar zu dem Vertrag zur Gründung der Europäischen Gemeinschaften, 3. Auflage, Köln 2003

Limbach, Jutta: Die Kooperation der Gerichte in der zukünftigen europäischen Grundrechtsarchitektur, EuGRZ 2000, S. 417 ff.

Limbach, Jutta: Das Bundesverfassungsgericht und der Grundrechtsschutz in Europa, NJW 2001, S. 2913 ff.

Lindner, Josef Franz: EG-Grundrechtscharta und gemeinschaftsrechtlicher Kompetenzvorbehalt, DÖV 2000, S. 543 ff.

Losch, Bernhard / **Radau**, Wiltrud Christine: Grundrechtskatalog für die Europäische Union, ZRP 2000, S. 84 ff.

Lücke, Jörg: Soziale Grundrechte als Staatszielbestimmungen und Gesetzgebungsaufträge, AöR 107 (1982), S. 15 ff.

Magiera, Siegfried: Die Grundrechtecharta der Europäischen Union, DÖV 2000, S. 1017 ff.

Mahlmann, Matthias: Die Grundrechtscharta der Europäischen Union, ZeuS 2000, S. 419 ff.

Marauhn, Thilo: Wirtschaftliche und soziale Rechte im Spiegel der Verfassungsrechtsprechung mittel- und osteuropäischer Staaten unter vergleichender Berücksichtigung der deutschen Verfassungsgerichtsbarkeit, in: Frowein / Marauhn (Hrsg.): Grundfragen der Verfassungsgerichtsbarkeit in Mittel- und Osteuropa, S. 135 ff.

Martinek, Oswin u.a. (Hrsg.): Arbeitsrecht und soziale Grundrechte, Festschrift für Hans Floretta, Wien 1983

Maunz, Theodor / **Zippelius**, Reinhold: Deutsches Staatsrecht, 30. Auflage, München 1998

von **Maydell**, Bernd (Hrsg.): Soziale Rechte in der EG – Bausteine einer zukünftigen europäischen Sozialunion, Beiträge zur Sozialpolitik und zum Sozialrecht, Band 8, Berlin 1990

von **Maydell**, Bernd: Die europäische Charta sozialer Grundrechte, in: ders. (Hrsg.), Soziale Rechte in der EG – Bausteine einer zukünftigen europäischen Sozialunion, S. 122 ff.

von **Maydell**, Bernd: Soziale Grundrechte in der Europäischen Union: Folgerungen, in: Bundesministerium für Arbeit und Sozialordnung, Max-Planck-Institut für ausländisches und internationales Sozialrecht, Akademie der Diözese Rottenburg Stuttgart (Hrsg.) - Soziale Grundrechte in der Europäischen Union, Baden-Baden 2000/2001, S. 269 ff.

Meyer, Jürgen: Die EU ist auch eine Wertegemeinschaft, ZRP-Rechtsgespräch, ZRP 2000, S. 114 f.

Meyer, Jürgen: Der Grundrechtekonvent und die Annäherung von Common Law und Civil Law, Betrifft Justiz 2001, S. 181 ff.

Meyer, Jürgen (Hrsg.): Kommentar zur Charta der Grundrechte der Europäischen Union, 1. Auflage, Baden-Baden 2003

Meyer, Jürgen / **Engels**, Markus: Aufnahme von sozialen Grundrechten in die Europäische Grundrechtecharta?, ZRP 2000, S. 368 ff.

Meyer, Jürgen / **Engels**, Markus: Die Charta der Grundrechte der Europäischen Union – Eine Einführung, in: Deutscher Bundestag, Referat für Öffentlichkeitsarbeit (Hrsg.): Die Charta der Grundrechte der Europäischen Union – Berichte und Dokumentation, Zur Sache 1/2001, Berlin 2001, S. 7 ff.

Möschel, Wernhard: Zum Subsidiaritätsprinzip im Vertrag von Maastricht, NJW 1993, S. 3025 ff.

Mosler, Hermann / **Bernhardt**, Rudolf / **Hilf**, Meinhard (Hrsg.): Grundrechtsschutz in Europa; Berlin, Heidelberg, New York 1977

Murswiek, Dietrich: Grundrechte als Teilhaberechte, soziale Grundrechte, in: Isensee / Kirchhof, HBdStR Band V, Heidelberg 1992, S. 243 ff.

Murswiek, Dietrich: Maastricht und der pouvoir constituant – Zur Bedeutung der verfassungsgebenden Gewalt im Prozeß der Europäischen Einigung, Der Staat 1993, S. 161 ff.

Nettesheim, Martin: Der Grundsatz der einheitlichen Wirksamkeit des Gemeinschaftsrechts, in: Randelzhofer / Scholz / Wilke, Gedächtnisschrift für E. Grabitz, München 1995, S. 447 ff.

Neuner, Jörg: Privatrecht und Sozialstaat, München 1999

Nickel, Dietmar: Zum Grundrechtsdefizit der Europäischen Gemeinschaften, ZRP 1980, S. 161 ff.

Nicolaysen, Gert: Notwendige Rechtsetzung – Auch ein Beitrag zum Thema Subsidiarität, in: Randelzhofer / Scholz / Wilke, Gedächtnisschrift für E. Grabitz, München 1995, S. 469 ff.

Novak, Meinhard: EG-Grundfreiheiten und Europäisches Sozialrecht, EuZW 1998, S. 366 ff.

Okresek, Wolf: Die Durchsetzung wirtschaftlicher und sozialer Grundrechte – Die Entwicklung in Österreich, in: Matscher, Franz (Hrsg.), Die Durchsetzung wirtschaftlicher und sozialer Grundrechte: Eine rechtsvergleichende Bestandsaufnahme, Kehl / Straßburg / Arlington 1991, S. 185 ff.

Oppermann, Thomas: Europarecht, 2. Auflage, München 1999

Pache, Eckhard: Die Europäische Grundrechtscharta – ein Rückschritt für den Grundrechtsschutz in Europa?, EuR 2001, S. 475 ff.

Pernice, Ingolf: Religionsrechtliche Aspekte im Europäischen Gemeinschaftsrecht, JZ 1977, S. 777 ff.

Pernice, Ingolf: Gemeinschaftsverfassung und Grundrechtsschutz – Grundlagen, Bestand und Perspektiven, NJW 1990, S. 2409 ff.

Pernice, Ingolf: Eine Grundrechte-Charta für die Europäische Union, DVBl. 2000, S. 847 ff.

Pernice, Ingolf: Kompetenzabgrenzung im Europäischen Verfassungsverbund, Vortrag an der Humboldt-Universität zu Berlin am 6. Juli 2000 im Rahmen des "Forum Constitutionis Europae", Dok. FCE Spezial 4/00

Pernice, Ingolf: Der Europäische Verfassungsverbund auf dem Wege der Konsolidierung, JöR 48 (2000), S. 205 ff.

Peters, Horst: Die Geschichte der sozialen Versicherung, 3. Auflage, St. Augustin 1978

Philippi, Nina: Die Charta der Grundrechte der Europäischen Union. Entstehung, Inhalt und Konsequenzen für den Grundrechtsschutz in Europa, Baden-Baden 2002

Picker, Rolf Jürgen H.: Charta der Grundrechte der Europäischen Union: Kurz-Kommentar, Starnberg 2001

Pieper, Stefan Ulrich: Subsidiaritätsprinzip – Strukturprinzip der Europäischen Union, DVBl. 1993, S. 705 ff.

Pieroth, Bodo / **Schlink**, Bernhard: Grundrechte, Staatsrecht II, 19. Auflage, Heidelberg 2003

Pieters, Danny: Luxemburg, in: Grabitz, Eberhard (Hrsg.), Grundrechte in Europa und USA, Bd. I. Strukturen nationaler Systeme, Kehl / Straßburg / Arlington 1986, Kapitel 7, S. 437 ff.

Pipkorn, Jörn: Das Subsidiaritätsprinzip im Vertrag über die Europäische Union - rechtliche Bedeutung und gerichtliche Überprüfbarkeit, EuZW 1992, S. 697 ff.

Piris, Jean-Claude: Hat die Europäische Union eine Verfassung? Braucht sie eine?, EuR 2000, S. 311 ff.

Pitschas, Rainer: Die soziale Dimension der Europäischen Gemeinschaft, DÖV 1992, S. 277 ff.

Randelzhofer, Albrecht / **Scholz**, Rupert / **Wilke**, Dieter: Gedächtnisschrift für Eberhard Grabitz, München 1995

Reich, Norbert: Zur Notwendigkeit einer Europäischen Grundrechtsbeschwerde, ZRP 2000, S. 375 ff.

Rengeling, Hans-Werner: Der Grundrechtsschutz in der Europäischen Gemeinschaft und die Überprüfung der Gesetzgebung, DVBl. 1982, S. 140 ff.

Rengeling, Hans-Werner: Grundrechtsschutz in der Europäischen Gemeinschaft, München 1993

Riedel, Eibe: Der internationale Menschenrechtsschutz. Eine Einführung, in: Menschenrechte, Dokumente und Deklarationen, Textsammlung der Bundeszentrale für politische Bildung, 3. Auflage, Bonn 1999

Riedel, Norbert: Der Konvent zur Zukunft Europas, ZRP 2002, S. 241 ff.

Ritgen, Klaus: Grundrechtsschutz in der Europäischen Union, ZRP 2000, S. 371 ff.

Rodriguez Iglesias, Gil Carlos: Zur „Verfassung“ der Europäischen Gemeinschaft, EuGRZ 1996, S. 125 ff.

Rodriguez Iglesias, Gil Carlos: Gedanken zum Entstehen einer Europäischen Rechtsordnung, NJW 1999, S. 1 ff.

Rosas, Allan: The Implementation of Economic and Social Rights: Nordic Legal Systems, in: Matscher, Franz (Hrsg.), Die Durchsetzung wirtschaftlicher und sozialer Grundrechte: Eine rechtsvergleichende Bestandsaufnahme, Kehl / Straßburg / Arlington 1991, S. 223 ff.

Rosemann, Nils: Die Entwicklung der wirtschaftlichen, sozialen und kulturellen Menschenrechte und ihre Bedeutung in der Bundesrepublik Deutschland, in: Frank / Jenichen / Rosemann (Hrsg.): Soziale Menschenrechte – die vergessenen Rechte? Zur Unteilbarkeit der Menschenrechte, S. 91 ff.

Sack, Jörg: Die Europäische Gemeinschaft als Mitglied internationaler Organisationen, in: Randelzhofer / Scholz / Wilke, Gedächtnisschrift für E. Grabitz, München 1995, S. 631 ff.

Schäuble, Wolfgang: Wege zur europäischen Einigung, in: Schäuble/Heintzen, Die Entwicklung des Rechts in der EU – Ein Weg zur Einheit Europas, Sankt Augustin 1996, S. 9 ff.

Scheuing, Dieter H.: Zur Europäisierung des deutschen Verfassungsrechts, in: Kreuzer, Karl F. / Scheuing, Dieter / Sieber, Ulrich (Hrsg.), Die Europäisierung der mitgliedstaatlichen Rechtsordnungen in der Europäischen Union, Baden-Baden 1997, S. 87 ff.

Schiffauer, Peter: Überlegungen zur Kodifizierung der Grundrechte der Europäischen Gemeinschaften aus der Sicht der Grundrechtstheorie, EuGRZ 1981, S. 193 ff.

Schildknecht, Urs: Grundrechtsschranken in der Europäischen Gemeinschaft, Diss. Leipzig 2000

Schmitt, Carl: Verfassungslehre, Berlin 1928

Schmitz, Thomas: Die EU-Grundrechtecharta aus grundrechtsdogmatischer und grundrechtstheoretischer Sicht, JZ 2001, S. 833 ff.

Schnapp, Friedrich E.: Soziale Grundrechte aus verfassungsrechtlicher Sicht, in: von Maydell (Hrsg.), Soziale Rechte in der EG – Bausteine einer zukünftigen europäischen Sozialunion, S. 5 ff.

Schneider, Heinrich: Die Europäische Union als Staatenverbund oder als multinationale „Civitas Europea“, in: Randelzhofer / Scholz / Wilke, Gedächtnisschrift für E. Grabitz, München 1995, S. 677 ff.

Scholler, Heinrich: Die Interpretation des Gleichheitssatzes als Willkürverbot oder als Gebot der Chancengleichheit, Berlin 1969

Scholler, Heinrich: Die sozialen Grundrechte in der Paulskirche, in: Der Staat, Band 13 (1974), S. 51 ff.

Scholler, Heinrich: Soziale Frage und soziale Rechte im Spiegel der „Deutschen Zeitung“ vom Vormärz bis zur Frankfurter Nationalversammlung, in: Ruland / von Maydell / Papier (Hrsg.), Verfassung, Theorie und Praxis (Festschrift für Hans Zacher), Heidelberg 1998, S. 965 ff.

Scholler, Heinrich: Die soziale Frage und die Forderung sozialer Grundrechte, in: Bahners / Roellecke (Hrsg.), 1948 – Die Erfahrung der Freiheit, Heidelberg 1999, S. 71 ff.

Scholz, Rupert: Wie lange bis „Solange III“?, NJW 1990, S. 941 ff.

Scholz, Rupert: Der europäische Rechtsstaat, in: Baur, Jürgen F. (Hrsg.), Festschrift für Ernst Steindorff; Berlin, New York 1990, S. 1413 ff.

Scholz, Rupert: Grundgesetz und europäische Einigung, NJW 1992, S. 2593 ff.

Scholz, Rupert: Der Verfassungsstaat im Wandel: Europäisierung der Verfassung im Prozess der Verfassung Europas, dargestellt am Beispiel des Grundgesetzes, in: Battis, Ulrich / Kunig, Philip / Pernice, Ingolf / Randelzhofer, Albrecht: Das Grundgesetz im Prozess europäischer und globaler Verfassungsentwicklung, Baden-Baden 2000, S. 21 ff.

Scholz, Rupert: Frauen an die Waffe kraft Europarechts? – Zum Verhältnis von Art. 12a Abs. 4 S. 2 GG zur EU-Gleichbehandlungsrichtlinie, DÖV 2000, S. 417 ff.

Scholz, Rupert: Zur Europäischen Grundrechtscharta, in: Geis, Max-Emanuel / Lorenz, Dieter (Hrsg.), Festschrift für Hartmut Maurer zum 70. Geburtstag, München 2001, S. 993 ff.

Scholz, Rupert: „Vertrag über die Europäische Union“ (Neufassung), ZG Sonderheft 2002

Schröder, Meinhard: Wirkungen der Grundrechtscharta in der europäischen Rechtsordnung, JZ 2002, S. 849 ff.

Schulte, Bernd: Sozialpolitische Zielsetzungen des EG-Vertrages, in: Bundesministerium für Arbeit und Sozialordnung, Max-Planck-Institut für ausländisches und internationales Sozialrecht, Akademie der Diözese Rottenburg Stuttgart (Hrsg.) - Soziale Grundrechte in der Europäischen Union, Baden-Baden 2000/2001, S. 25 ff.

Schwarze, Jürgen: Die Befugnis zur Abstraktion im europäischen Gemeinschaftsrecht, Baden-Baden 1976

Schwarze, Jürgen: Schutz der Grundrechte in der Europäischen Gemeinschaft, EuGRZ 1986, S. 293 ff.

Schwarze, Jürgen: Auf dem Wege zu einer europäischen Verfassung – Wechselwirkungen zwischen europäischem und nationalem Verfassungsrecht, EuR 2000, Beiheft 1, S. 7 ff.

Schwarze, Jürgen (Hrsg.): Die Entstehung einer europäischen Verfassungsordnung, Baden-Baden 2000

Schwarze, Jürgen: Europäische Verfassungsperspektiven nach Nizza, NJW 2002, S. 993 ff.

Schwarze, Jürgen (Hrsg.): Der Verfassungsentwurf des Europäischen Konvents, Verfassungsrechtliche Grundstrukturen und wirtschaftsverfassungsrechtliches Konzept, Baden-Baden 2004

Schweitzer, Michael / **Hummer**, Waldemar: Europarecht, 5. Aufl., Neuwied 1996

Seewald, Otfried: Zum Verfassungsrecht auf Gesundheit; Köln, München u.a. 1981

Shue, Henry: Basic Rights. Subsistence, Affluence und U.S. Foreign Policy, New Jersey/Guildford 1980

Simitis, Spiros: Auf dem Weg zu einer Grundrechtscharta für Europa?, Vortrag am Walter Hallstein-Institut für Europäisches Verfassungsrecht der Humboldt-Universität zu Berlin am 9.12.1999, Dok. FCE 8/99

Simma, Bruno: Fragen der zwischenstaatlichen Durchsetzung vertraglich vereinbarter Menschenrechte, in: von Münch, Ingo (Hrsg.), Staatsrecht – Völkerrecht – Europarecht, Festschrift für Hans Jürgen Schlochauer, Berlin 1981, S. 635 ff.

Smend, Rudolf: Integrationslehre, in: ders., Staatsrechtliche Abhandlungen, 2. Auflage, Berlin 1968, S. 475 ff.

Sobotka, Elzbieta: Soziale Grundrechte in Polen – Ein Abriss, in: Bundesministerium für Arbeit und Sozialordnung, Max-Planck-Institut für ausländisches und internationales Sozialrecht, Akademie der Diözese Rottenburg Stuttgart (Hrsg.) - Soziale Grundrechte in der Europäischen Union, Baden-Baden 2000/2001, S. 167 ff.

Sólyom, László: Anmerkungen zur Rezeption auf dem Gebiet der wirtschaftlichen und sozialen Rechte aus ungarischer Sicht, in: Frowein / Marauhn (Hrsg.): Grundfragen der Verfassungsgerichtsbarkeit in Mittel- und Osteuropa, S. 213 ff.

Starck, Christian: Staatliche Organisation und staatliche Finanzierung als Hilfen zu Grundrechtsverwirklichungen?, in: Starck, Christian (Hrsg.), Bundesverfassungsgericht und Grundgesetz, Festgabe aus Anlass des 25jährigen Bestehens des Bundesverfassungsgerichts, Bd. II, Tübingen 1976, S. 480 ff.

Starck, Christian: Ein Grundrechtskatalog für die Europäischen Gemeinschaften, EuGRZ 1981, S. 545 ff.

Stein, Torsten: Richterrecht wie woanders auch? In: Richterliche Rechtsfortbildung. Erscheinungsformen, Auftrag und Grenzen, Festschrift der Juristischen Fakultät Heidelberg, 1986, S. 619 ff.

Steiner, Udo: Richterliche Grundrechtsverantwortung in Europa, in: Geis, Max-Emanuel / Lorenz, Dieter (Hrsg.), Festschrift für Hartmut Maurer zum 70. Geburtstag, München 2001, S. 1005 ff.

Steinmeyer, Heinz-Dietrich: Der Vertrag von Amsterdam und seine Bedeutung für das Arbeits- und Sozialrecht, RdA 2001, S. 10 ff.

Stewing, Clemens: Das Subsidiaritätsprinzip als Kompetenzregel im Europäischen Recht, DVBl. 1992, S. 1516 ff.

Stolleis, Michael: Europa nach Nizza. Die historische Dimension, NJW 2002, S. 1022 ff.

Straßmair, Stefan: Der besondere Gleichheitssatz aus Art. 3 Abs. 3 Satz 2 GG, Berlin 2002

Streinz, Rudolf: Bundesverfassungsgerichtlicher Grundrechtsschutz und Europäisches Gemeinschaftsrecht, Baden-Baden 1989

Streinz, Rudolf: Europarecht, 6. Auflage, Heidelberg 2003

Streinz, Rudolf: EUV / EGV, Kommentar, München 2003

Terwey, Franz: Soziale Grundrechte für Europa, BG 2000, S. 666 ff.

Tettinger, Peter J.: Die Charta der Grundrechte der Europäischen Union, NJW 2001, S. 1010 ff.

Thym, Daniel: Die verfassungsgebende Gewalt in demokratischen Gesellschaften: Homogenität als Voraussetzung oder Ziel, Volksbegriff, Staat und „Civil Society", WHI-Paper 1/97 des Walter Hallstein-Instituts für Europäisches Verfassungsrecht der Humboldt-Universität, Berlin

Tomuschat, Christian: Aller guten Dinge sind III? – Zur Diskussion um die Solange-Rechtsprechung des BVerfG, EuR 1990, S. 340 ff.

Trautwein, W.: Der Schutz der bürgerlichen Freiheiten und der sogenannten sozialen Grundrechte in England – Ein Beitrag zur Grundrechtsproblematik im englischen Recht, Saarbrücken 1977

Tröster, Petr: Soziale Grundrechte in Europa – Landesbericht Tschechische Republik, in: Bundesministerium für Arbeit und Sozialordnung, Max-Planck-Institut für ausländisches und internationales Sozialrecht, Akademie der Diözese Rottenburg Stuttgart (Hrsg.) - Soziale Grundrechte in der Europäischen Union, Baden-Baden 2000/2001, S. 159 ff.

Tsatsos, Dimitris Th.: Die Europäische Unionsgrundordnung im Schatten der Effektivitätsdiskussion, EuGRZ 2000, S. 517 ff.

Villiger, Mark E.: Handbuch der Europäischen Menschenrechtskonvention (EMRK), 2. Auflage, Zürich 1999

Vitorino, Antonio: La Charte des droits fondamentaux de l'Union européenne, Revue du droit de l'Union européenne 2001, S. 27 ff.

Weber, Albrecht: Die Grundrechte im Integrationsprozeß der Gemeinschaft in vergleichender Perspektive, JZ 1989, S. 965 ff.

Weber, Albrecht: Die Europäische Grundrechtscharta – auf dem Weg zu einer europäischen Verfassung, NJW 2000, S. 537 ff.

Weidenfeld, Werner (Hrsg.): Der Schutz der Grundrechte in der Europäischen Gemeinschaft, Bonn 1992

Wetter, Irmgard: Die Grundrechtscharta des Europäischen Gerichtshofes, Diss. Münster 1997

Winkler, Sebastian: Der Europäische Gerichtshof für Menschenrechte, das Europäische Parlament und der Schutz der Konventionsgrundrechte im Europäischen Gemeinschaftsrecht, EuGRZ 2001, S. 18 ff.

Wipfelder, Hans-Jürgen: Die verfassungsrechtliche Kodifizierung sozialer Grundrechte, ZRP 1986, S. 140 ff.

Zachert, Ulrich: Die Arbeitnehmergrundrechte in einer Europäischen Grundrechtscharta, NZA 2001, S. 1041 ff.

Zuleeg, Manfred: Das Bundesverfassungsgericht als Hüter der Grundrechte gegenüber der Gemeinschaftsgewalt, DÖV 1975, S. 44 ff.

Zuleeg, Manfred: Die Charta der Rechte des Bürgers der Europäischen Gemeinschaft, in: von Münch, Ingo (Hrsg.), Staatsrecht – Völkerrecht – Europarecht, Festschrift für Hans Jürgen Schlochauer, Berlin 1981, S. 983 ff.

Zuleeg, Manfred: Der Schutz sozialer Rechte in der Rechtsordnung der Europäischen Gemeinschaft, EuGRZ 1992, S. 329 ff.

Zuleeg, Manfred: Die Aufteilung der Hoheitsgewalt zwischen der Europäischen Union und ihren Mitgliedstaaten aus der Sicht der deutschen Verfassung, erweiterte Fassung des Vortrags am 22. Oktober 1998 an der Humboldt-Universität Berlin im Rahmen des Forum Constitutionis Europae des Walter Hallstein-Institutes, Dok. FCE 5/98

Zuleeg, Manfred: Zum Verhältnis nationaler und europäischer Grundrechte, EuGRZ 2000, S. 511 ff.

Zuleeg, Manfred: Die föderativen Grundsätze der Europäischen Union, NJW 2000, S. 2846 ff.

FSC
www.fsc.org
MIX
Papier | Fördert gute Waldnutzung
FSC® C083411

Kolibri 360 GmbH
Ferdinand-Jühlke-Straße 7
99095 Erfurt, Deutschland
produktsicherheit@kolibri360.de

Druck:
CPI Druckdienstleistungen GmbH
im Auftrag der
Kolibri 360 GmbH
Ferdinand-Jühlke-Str. 7
99095 Erfurt